普通高等教育"十二五"规划教材

汽车类高端技能人才实用教材

汽车单片机与车载网络技术

（第2版）

李 勇 主 编

李鹏伟 苟丹丹 副主编

电子工业出版社

Publishing House of Electronics Industry

北京·BEIJING

内 容 简 介

本书内容分为两大部分。其中第一部分（第 1 至 7 章）为汽车单片机部分，前 6 章主要介绍通用单片机 MCS-51 的内部结构、工作原理与典型应用系统，单片机的指令系统和程序设计过程，以及典型接口电路的硬件和软件构成，并在此基础上介绍典型的汽车单片机类型、ECU 的组成和玛瑞利单点电脑的工作原理与典型故障分析等，配合第 7 章的项目实训，让汽车类专业的读者对单片机系统有一个较为全面的认识；第二部分（第 8 至 12 章）为车载网络部分，首先介绍车载网络的发展历史以及有关通信与网络技术的基础知识，然后重点分析 CAN 网络数据链路层的工作原理，并在此基础上进一步分析车载网络的最新发展成果——FlexRay 网络的基本工作原理，再介绍 VAN、LIN、MOST 等其他车载网络技术，最后介绍奥迪车系的车载网络及其常见故障。

本书可作为汽车工程类专业本科、高职高专的教材，也可作为汽车类工程技术人员，中等职业学校汽车专业教师的参考书。

图书在版编目（CIP）数据

汽车单片机与车载网络技术 / 李勇主编. —2 版. —北京：电子工业出版社，2015.8

汽车类高端技能人才实用教材

ISBN 978-7-121-26663-8

Ⅰ. ①汽… Ⅱ. ①李… Ⅲ. ①汽车—单片微型计算机—高等学校—教材 ②汽车—计算机网络—高等学校—教材 Ⅳ. ①U463.6

中国版本图书馆 CIP 数据核字（2015）第 161262 号

责任编辑：竺南直
印　　刷：北京盛通数码印刷有限公司
装　　订：北京盛通数码印刷有限公司
出版发行：电子工业出版社
　　　　　北京市海淀区万寿路 173 信箱　邮编 100036
开　　本：787×1 092　1/16　印张：21　字数：538 千字
版　　次：2011 年 8 月第 1 版
　　　　　2015 年 8 月第 2 版
印　　次：2025 年 2 月第 19 次印刷
定　　价：45.00 元

出 版 说 明

··

自 2002 年起，中国汽车行业开始进入爆发式增长阶段。2009 年，中国取代美国成为世界上最大的汽车销售市场，当年中国的汽车产量超过了日本和美国的总和，成为名副其实的汽车产销量双重世界第一。2011 年，平均每月产销量突破 150 万辆，全年汽车销售超过 1850 万辆，再次刷新全球历史纪录。未来十年自主品牌将完成从"中国制造"到"中国创造"的发展过程。预计未来十年，我国汽车市场年均增长率将达到 7.1%，到 2020 年中国汽车市场的销量有望占据全球汽车总销量的一半以上，中国汽车市场前景非常广阔。汽车行业突飞猛进的发展对汽车专业人才特别是高端技能型人才的培养提出了前所未有的高要求。一个是行业的发展和扩张在人才数量上的要求，全国每年汽车专业高端技能型人才的缺口在数十万人；另一个是技术的进步和发展对于人才培养质量的要求，大量新技术、新工艺的应用对于从业技术人员在学科基础理论和职业技能方面提出了更高的要求。

作为全国最大的汽车类高等职业学校，西安汽车科技职业学院近年来根据汽车行业发展的需要，紧贴职业岗位，引进吸收德国奥迪、瑞典沃尔沃、英国捷豹和路虎等世界顶尖企业汽车职业教育的先进理念和思想，深入开展教学改革，形成了一套独特的课程体系和教学模式。汽车类高端技能人才实用教材就是我们近年来教学改革成果的总结，是课程改革和新的教学模式的具体体现。

这套系列教材具有以下几个特点：

一是实用性。在编写过程中，从企业岗位需求和学生发展空间两个方面考虑编排内容，既注重专业基础和专业理论的系统性，又重点考虑了职业技能训练的需求，对于学习汽车类专业的学生而言，是一套学习效率很高的教材。

二是通俗性。在编写过程中，充分考虑到高职学生文化基础的现实状况，降低对学生文化基础知识的要求，让大多数学生能够学得懂。

三是系统性。从机械和电子技术基础课程，到汽车的基本理论，汽车的各种技术，再到汽车的最新技术的介绍；从基本的电工、机械实验，到专业实习，再到职业技能实训，形成了一整套较为完备的汽车理论教学和实训教学的体系。

四是适度超前性。除了涉及目前已经应用的各种汽车技术和技能知识之外，还在新能源汽车、先进车载网络技术等方面进行了介绍，为学生开拓了视野，为其将来向行业的深度和广度发展具有一定的引导作用。

五是实践性。力图采用项目教学和任务驱动教学等方法进行编排，强调理论验证实验、基本专业技能实习和职业技能实训的重要性，将实践教学环节贯穿于课程教学的始终。

本套教材紧紧把握高职教育的方向和培养目标，严格按照新的国家职业标准对人才的要求编排内容，贯彻以技能训练为主，着重提高学生操作技能的原则。在技能训练的内容安排上富有弹性，在保证教学的前提下积极培养学生的创新能力。

本套教材内容丰富、图文并茂、体例饱满，选材来源于最新的技术手册；难易适中、应用性强，有利于知识的吸收和技能的迅速提高。可作为高等职业技术院校或应用型本科汽车类各专业的必修课教材，也可作为成人高校汽车类各专业的教材，同时可作为相关从业人员的参考用书。

教材编写过程中，由于各种原因，疏漏和不尽如人意之处在所难免，敬请广大师生提出宝贵意见，以便再版时修订完善。

《汽车类高端技能人才实用教材》编委会

再版说明

本书在 2011 年 8 月出版以来，编者收到了许多读者的建议和反馈意见。为此，结合编者在教学中的体会，决定对本书部分内容进行修订。

首先，根据部分高职高专老师和同学的意见，对车载网络部分难以理解的内容重新进行了修订，力求用通俗的语言将复杂抽象的基本概念描述清楚。删除了第 1 版中对 CAN 控制器 SJA1000 和 CAN 节点工作过程的介绍，把重点放在对 CAN 网络工作原理的介绍上。

其次，考虑到课程课时的限制，以及在汽车中应用的广泛程度，删除了第 1 版中对 SAE J1939 协议的介绍。考虑到近几年汽车车载网络发展的现状，以及线控技术应用迅速普及的发展趋势，增加了 FlexRay 网络的内容。

考虑到第 1 版中对大众和奥迪两个车系车载网络的检测和典型故障介绍的内容相近，在知识体系上有些重复，在第 2 版中删除了大众车系车载网络部分的内容，使整个教材知识体系更加科学。

编　者
2015 年 6 月于西安

第1版前言

从 20 世纪 60 年代开始，随着电子技术的飞速发展，汽车性能也由于电子技术的应用得到了迅猛的提高。汽车的电子化已经成为公认的汽车技术的发展方向。到目前为止，汽车电子化程度的高低，已经成为当今世界衡量汽车技术先进水平的重要标志。在如今生产的中档以上汽车上，电子装置所占的成本已经达到整车成本的 30%～35%，在豪华轿车上已经占到 50% 以上。

随着电子技术在汽车中的拓展，特别是在 20 世纪 80 年代以后，MCU/MPU 在汽车中得到了广泛应用，出现了基于数据通信的车载网络，这为提高汽车性能和减少线束数量提供了有效的解决途径。UART 在汽车中的成功应用，标志着汽车电子开始走向成熟，并逐步迈向网络化。

作为汽车工程类专业，设置汽车电子技术方面的专业课程是各院校的必然选择。汽车单片机和车载网络技术是汽车电子应用技术的基础，在此基础上才可以更加深入地理解诸如 ABS、ESP 等系统的工作原理。

对于汽车工程类专业的学生而言，单片机和通信网络方面的知识太过抽象。本书编写中尤其注意两点：一是通俗易懂，二是理论联系实际。本书力求用浅显通俗的语言先介绍单片机、通信和网络的基本概念，在此基础上逐渐扩展到专业理论。因为通用单片机容易获得，各高校实验条件成熟，所以在汽车单片机的介绍中，首先用通用单片机作为实体边学边练，通过通用单片机掌握系统的工作原理，然后再介绍汽车单片机的类型、ECU 的组成和玛瑞利单点电脑。在车载网络部分，通过 CAN 总线系统重点介绍 CAN 数据链路层的工作原理，通过 J1939 协议重点介绍 CAN 应用层的工作原理，最后通过两种典型车型的车载网络及其常见故障的学习，将理论知识和实际汽车电路结合起来，为学生提供一个从理论到实践的学习过程。

本书可作为汽车工程类本科、高职高专的教材使用，也可作为汽车工程技术人员和中等职业学校汽车专业教师的参考书使用。本书为高等院校汽车工程类专业教材，要求学生具有模拟和数字电子技术的基本知识。本书用于本科教材时应将教学重点放在理论教学部分，作为高职高专教材使用时，在注重基本理论讲解的同时，应配合实训加强实践部分教学内容的实施力度。

本书由西安汽车科技职业学院高级工程师李勇担任主编，电子工程系讲师李鹏伟、苟丹丹担任副主编。书中第 1 章至第 7 章由李鹏伟老师编写，第 8、9、10、12 和 13 章由李勇老师编写，第 11 章由苟丹丹老师编写。本书出版前作为校本教材，已经在西安汽车科技职业学院汽车电子技术专业试用两届。

本书在编写过程中参阅了大量相关资料，并引用了不少参考文献中的内容，由于时间仓促，无法联系，未能一一与著作者协商，在此致以歉意并表示衷心的感谢。

最后竭诚欢迎广大读者对书中存在的错漏之处提出批评指正，交流讨论，以便我们改正提高。

编　者

2011 年 6 月于西安

目 录

第一部分 汽车单片机

第二部分　车 载 网 络

第一部分
汽车单片机

第 1 章

概　述

随着电子技术的发展和应用，基于改善安全、舒适、节能和环保等性能的电控系统在汽车电子系统中占有非常重要的地位，这些电控系统的核心是电子控制单元，即人们常说的ECU，ECU 由微型计算机、输入、输出及控制电路等部分组成，而 ECU 的核心是单片机。例如，发动机电控单元的功用是根据其内存的程序和数据对空气流量计及各种传感器输入的信息进行运算、处理、判断，然后输出指令，向喷油器提供一定宽度的电脉冲信号以控制喷油量，并适时发出点火信号控制火花塞点火；驾驶员侧车窗的电控单元可以控制车窗的四挡升降，还可以通过总线技术控制其他三个车窗的升降及与舒适系统电控单元通信等，这些电控单元都用到了单片机。

电子控制单元 ECU（Electronic Control Unit），又称"行车电脑"、"车载电脑"等。从用途上讲则是汽车专用微机控制器，也叫汽车专用单片机。它和普通的单片机一样，由微处理器（CPU）、存储器（ROM、RAM）、输入/输出接口（I/O）、模数转换器（A/D）以及放大、整形、限幅和驱动等大规模集成电路组成。如图 1.1 所示为大众 POLO 轿车的驻车辅助系统电控单元和车载网络电控单元，内部有一个大规模集成电路（芯片），就是汽车专用单片机。汽车专用单片机资料属于内部资料，而且没有针对研究汽车专用单片机原理的实验实训设备，因此研究汽车专用单片机有很大难度，硬件条件很难保证能将汽车专用单片机学懂会用，又因为汽车专用单片机和通用单片机内部结构和工作原理极其相似，因此本教材所讲单片机着重介绍普通单片机的原理、接口技术及使用方法。

图 1.1　POLO 轿车驻车辅助系统电控单元（左）和车载网络电控单元（右）

普通单片机中，Intel 公司的 MCS-51 系列单片机在我国流行最广，Intel 公司也是最早研发出并大量生产、销售单片机的国际大公司，后来 Intel 公司将单片机的生产资料和权力卖给其他一些 IC 公司。现在市场上可以买到不同厂家生产的多种不同型号的单片机，可谓是琳琅满目。MCS-51 系列单片机在市场上很多见，成本较低，各种参考资料非常丰富，实验实训设备种类众多，成本低廉，应用实例非常广泛，特别有利于初学者对单片机的学习和使用。本书以 MCS-51 系列单片机为例，对单片机的内部结构、指令系统、中断定时系统、外围接口技术、程序编译方法、程序下载过程和几个典型的项目应用等分别予以介绍，使读者较快掌握单片机的基础知识和基本应用技能，进而对汽车专用单片机有直接的认识。

1.1 汽车电工电子技术的发展

1.1.1 汽车电工电子技术的发展历程

20 世纪初，正在研究高频整流器的英国发明家弗莱明（John Ambrose Fleming，1849～1945）在真空中加热的灯丝前加了一块极板，从而发明了第一只电子管，他把这种装有两个极的电子管称为真空二极管，利用新发明的电子管可以给电流整流。电子管的发明被称为是电子工业的起点。此后不久，美国发明家德福雷斯特（De Forest Lee，1873～1961）在二极管的灯丝和极板间加了一个栅极，从而发明了第一只真空三极管，这个发明大大提高了器件的灵敏度，应用极为广泛，许多人都将真空三极管的发明看作电子工业诞生的真正起点。

1947 年，美国电话电报公司贝尔实验室的三位科学家肖克莱（W.B.Shockley）、巴丁（John. Bardeen）和布赖顿（Walter.Brattain）合作发明了晶体管，即三个引脚的半导体固体器件，引起了电子技术的一场革命，这三人也因此共同获得 1956 年最高科学奖——诺贝尔物理奖。晶体管与电子管相比，有寿命长、消耗电能极少、不需预热、可靠、耐冲击、耐震动等众多优点，因此被广泛应用于家电、玩具、汽车、轮船、飞机、高铁、无线通信、航天、军事、工业制造等各行各业的各个领域。

随着晶体管的问世，硅二极管整流式交流发电机取代了直流发电机，晶体管电路开始在汽车上应用，并逐步集成化。

1958 年 5 月，美国人杰克·基尔比（Jack Kilby，1923～2005）进入德克萨斯仪器公司，他思考采用半导体制造整个电路的途径，经过无数次的实验和挫折，到 1959 年一项新兴技术终于在基尔比手中诞生了，就是今天大放异彩的集成电路。集成电路根据集成度（集成度是指单块芯片上所容纳的元件数目）分为四种：小规模集成电路（SSI：Small Scale Integration）、中规模集成电路（MSI: Medium Scale Integration）、大规模集成电路（LSI: Large Scale Integration）和超大规模集成电路（VLSI：Very Large Scale Integration）。

汽车电控技术在 20 世纪七八十年代开始形成，点火装置、电子燃油喷射装置等技术逐渐成熟，并大规模使用。之后，以微处理器为核心的微机控制系统在汽车上大规模使用，并且各微机控制系统采用不同局域网络标准（CAN、LIN、MOST、FlexRay、VAN、蓝牙等），可以相互通信，实现信息共享，使汽车的舒适性、安全性等性能得到较大的提高，如图 1.2 所示为车载网络系统的总体构成。汽车的发展已经进入了汽车电子化、智能化和网络化的时代，同时在汽车各部分电控单元中大规模数字集成电路也得到大量应用。

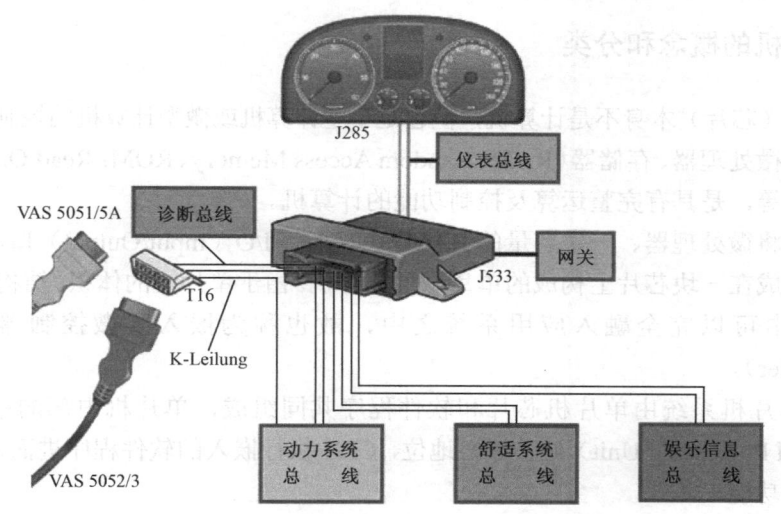

图 1.2　车载网络系统的总体构成

汽车电工电子技术已涉及到汽车的各个方面，如动力控制系统、安全与底盘电子系统、车身电子系统和信息与通信系统。随着汽车电工电子技术的飞速发展，汽车电子设备的技术含量、可靠性、安全性和经济性等直接决定着汽车的档次、竞争力及其发展市场等。电子设备及线路的综合成本占汽车总成本的比重也会越来越大。

1.1.2　汽车电工电子在整车系统中的地位

汽车电工电子技术的发展及在汽车上的广泛应用使得汽车的各项性能指标得到了较大改善，如发动机电控单元的闭环控制可以使发动机在各种工况下始终处于较佳工作状态。电工电子技术使汽车、道路、环境和乘员间形成完整的系统，这一完美结合是纯机械方法无法实现的。

汽车电子控制设备成本低，控制精确，使用寿命长，对汽车的性能发挥起着至关重要的作用，其通用性较好，便于维修和更换。电子技术的发展使得电子电路高度集成化，体积小、使用方便等优点使电子设备成本越来越低，品种越来越多。在未来的汽车发展上，机械方面的发展空间越来越小，而汽车电子设备会得到较快较大的发展。随着石油危机的加剧，即使燃油汽车慢慢退出历史舞台，取而代之的是新能源汽车，如纯电动汽车、混合动力电动汽车、燃料电池电动汽车等，它们都需要电子控制单元对其关键部件做出可靠控制，如电池管理系统 BMS（Battery Management System）需要对电池进行状态监测和管理，功率变换器需要对电动机进行功率输出控制等，这些电控单元还可以通过 CAN-BUS 总线组成车载局域网络进行信息共享和通信。可见电工电子技术对汽车发展的作用重大。

1.2　单片机的基础知识

1.2.1　单片机的概念和分类

微处理器（芯片）本身不是计算机，但它是小型计算机或微型计算机的控制和处理部分。

微机包括微处理器、存储器（RAM: Random Access Memory、ROM: Read Only Memory）、输入输出设备等，是具有完整运算及控制功能的计算机。

单片机是将微处理器、一定容量的 RAM 和 ROM、I/O（Input/Output）口、定时器、计数器等电路集成在一块芯片上构成的单片微型计算机。由于单片机的体积、结构和功能特点，在实际应用中可以完全融入应用系统之中，故也称为嵌入式微控制器（Embedded Micro-Controller）。

基本的单片机系统由单片机芯片和软件程序共同组成，单片机内部的中央处理单元（CPU：Central Processing Unit）处于核心地位，CPU 执行嵌入的软件程序进而调动硬件电路工作完成控制功能。

常用的单片机类型有 MCS-51 系列单片机、PIC 系列单片机、MSP430 单片机、AVR 单片机等。其中 MCS-51 系列及其兼容产品是目前最常用的一种单片机类型，产品较多，成本低，资料齐全，应用广泛，已被单片机开发设计者普遍接受。本书重点讨论 MCS-51 系列普通单片机的工作原理及接口技术。

一般，根据工作温度单片机可分为民用级（商业级）、工业级和军用级三种：民用级的温度范围是 0℃～70℃，工业级的温度范围是−40℃～85℃，军用级的温度范围是−55℃～125℃。如果是一般普通商业级单片机，在超规格范围使用 IC（Integrated Circuit，集成电路）时，就有可能无法工作，或工作运作不正常等现象发生。

1.2.2　常见单片机的类型、特点和用途

1. MCS-51 系列单片机

MCS-51 系列单片机及其兼容产品的生产厂家很多，如 Intel、Philips、Atmel、Dallas、Siemens、Motorola 和国内的宏晶科技等，它们生产的单片机芯片已经广泛应用于各个领域。现列出具有代表性的部分产品，如表 1.1 所示。

表中，SPI（Serial Peripheral Interface）为串行外设接口，该总线是 Motorola 公司推出的一种同步串行外设接口，与其他外设以串行方式通信，系统可配置为主或从操作模式。ISP（In System Programming）为在系统编程，也就是说单片机可以直接安装在目标系统上，编程的时候不需要拆下单片机芯片，也不需要专门的编程器，可以直接在目标系统上编程，而很多 89C51 芯片在编程的时候需要用专门的编程器烧写程序，很不方便，现在绝大多数单片机都有 ISP 或者 JTAG 功能。PWM 为脉冲宽度调制（Pulse Width Modulation），脉冲载波的

脉冲持续时间（脉宽）随调制波的样值而变的脉冲调制方式，简称脉宽调制，主要可以应用在电机调速等方面。表 1.1 中，宏晶科技的三种单片机是笔者常用的芯片，成本低，技术资料详尽，下载程序方便，可以通过计算机 USB 口给单片机下载程序，下载器电路简单，成本低。在初学时可以先学习 STC89C52RC 的使用，一段时间后考虑学习使用后两个系列的芯片，自学时可以参考宏晶科技官网上相关芯片的技术资料，技术资料中一些功能的范例程序可以在我们编程时提供很多便利，很值得学习。

表 1.1　常用 MCS-51 系列单片机

公　司	品　　名	特　　点
Intel	8051	MCS-51CMOS 单片 8 位微处理器，32 条 I/O 引线，2 个定时器/计数器，5 个中断源，2 个优先级，128B 片内 RAM
Philips	80C562	基于 8051CMOS 控制器，8 位 A/D，PWM，48 条 I/O 引线，3 个定时器/计数器，14 个中断源，4 个优先级，无片内 ROM，256B 片内 RAM
Atmel	89C51	基于 8051 全兼容 CMOS 控制器，3 级程序存储器加密，32 条 I/O 引线，2 个定时器/计数器，6 个中断源，4KB Flash 存储器，256B 片内 RAM
	89C2051	基于 8051 全兼容 CMOS 控制器，2 级程序存储器加密，15 条 I/O 引线，2 个定时器/计数器，6 个中断源，2KB Flash 存储器，128B 片内 RAM
	89S51	基于 8051 全兼容 CMOS 控制器，3 级程序存储器加密，32 条 I/O 引线，2 个定时器/计数器，6 个中断源，4KB Flash 存储器，256B 片内 RAM，编程看门狗定时器，电源关断标志，SPI 串行接口，ISP
STC 宏晶科技	STC89C52RC	基于 8051 全兼容 CMOS 控制器，加密性强，32 条 I/O 引线，3 个 16 位定时器/计数器，最高时钟频率 80MHz，8KB Flash 程序存储器，512B 数据存储器，编程看门狗定时器，8 个中断源，4 个优先级别，通用异步串行接口（UART），ISP 在系统可编程
	STC12C5A60S2	增强型 8051CPU，指令代码兼容传统 8051，60KB Flash 程序存储器，1280B 数据存储器，2 个 PCA 定时器，2 个 UART 串口，8 路 10 位 A/D，至少 36 个 I/O 口，具有看门狗定时器，内置复位电路，2 路 8 位 PWM，有外部低压检测等，ISP 在系统可编程
	STC15F204EA	基于 8051 全兼容 CMOS 控制器，加密性强，2 个定时器/计数器，4KB Flash 程序存储器，256B 数据存储器，8 路 10 位 A/D，具有看门狗定时器，ISP 在系统可编程

　　MCS-51 单片机的封装形式有好几种，平时使用以表面贴装和双列直插为主，型号也有很多，其中最常用的三种双列直插型封装的单片机实物图如图 1.3 所示。

2. PIC 系列单片机

　　PIC 系列单片机由美国 Microchip 公司设计生产，广泛应用于各种电子产品、汽车电子及工业控制等领域，如大众 POLO 轿车的驻车辅助系统（PDC：Parking Distance Control）控制器就采用 PIC 单片机。该单片机的特点有：采用哈佛结构（程序存储器和数据存储器分开的结构），流水线结构（取指令和执行指令采用流水线形式），寄存器组结构（I/O 口、定时器等以寄存器方式工作和寻址），精简指令系统且种类齐全。如图 1.4 所示为两种 PIC 单片机芯片图。

图 1.3　三种不同型号的 51 系列双列直插单片机芯片图　　　　图 1.4　PIC 单片机芯片图

3．MSP430 单片机

MSP430 系列单片机是美国德州仪器公司（Texas Instruments，TI）设计生产的一种 16 位单片机，采用精简指令系统，具有运算处理能力强、极低的功耗、开发方便灵活等优点。该系列单片机均为工业级，适合工业环境下使用。如图 1.5 所示为一种 MSP430 单片机。

4．AVR 单片机

1997 年，由美国爱特梅尔（ATMEL）公司挪威设计中心的两位研发员利用 ATMEL 公司的 Flash 新技术，共同研发出 RISC（Retrenched Injunction System Computer，精简指令系统计算机）精简指令集的高速 8 位单片机，简称 AVR。相对于出现较早也较为成熟的 51 系列单片机，AVR 系列单片机片内资源更为丰富，接口也更为强大，同时由于其价格低等优势，在很多场合可以替代 51 系列单片机。AVR 单片机属于高速嵌入式单片机，具有预取指令功能、多累加器型、处理数据速度快、中断响应速度快、保密性能好等优点，被广泛应用于 GPS、空调控制板、打印机控制板、智能电表、智能手电、LED 控制屏和医疗设备等。如图 1.6 所示，为 AVR 单片机芯片的其中一种。

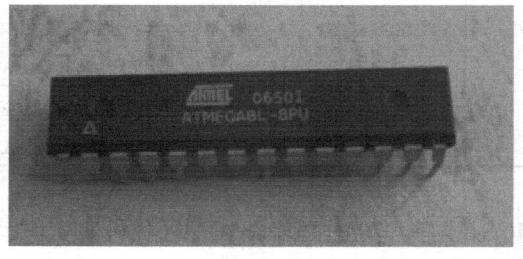

图 1.5　MSP430 单片机芯片图　　　　　图 1.6　型号为 ATMEGA8L 的 AVR 单片机

1.2.3　单片机的发展趋势

单片机的应用特别广泛，凡是与控制和计算有关的电子设备都可以用单片机来实现。工业自动化中的数据采集和测控等，通讯方面的手机、电话、交换机等，智能仪表中的数字示波器、数字电压表、数字信号发生器等，消费电子产品中的汽车控制器、电视机、电磁炉、空调、冰箱、洗衣机、儿童音乐玩具等，武器装备中的飞机、坦克、导弹、军舰、潜艇等，众多领域都有单片机的使用。

单片机从 8 位机、16 位机到 32 位机，功能各具特色，目前正朝着高性能和多样化方向发展，体积小、功耗小、容量大、性能高、低价格等成为发展新产品的要求，最重要的是实现应用系统与控制对象的最佳结合，即将单片机的基本组成单元与模拟、数字外设集成在一个芯片上而组成的片上系统，形成 SoC（System on Chip，系统级芯片）化趋势，显示单片机的智能化控制能力。

1.2.4　单片机在汽车上的应用

电子技术的迅速发展使得单片机在汽车上广泛使用。点火系统 ECU，废气再循环控制系统 ECU，自动变速器 ECU，悬架控制 ECU，自动空调系统 ECU，制动防抱死系统 ECU，安全气囊 ECU，雷达防撞 ECU，舒适 ECU，网关，仪表，空调，导航，车窗控制器等，新能源汽车上的电机控制器，电池管理系统，整车控制器，车载充电器，充电桩等系统电控单元中都有单片机的身影。在以后的汽车发展中，单片机会出现于更多的部分，使汽车的性能得到真正的提高。图 1.7 所示为 POLO 轿车的左前侧、左后侧车窗电控单元和舒适系统电控单元。

（a）左前侧车窗电控单元　　　（b）左后侧车窗电控单元　　　（c）舒适系统电控单元

图 1.7　POLO 轿车的左前侧、左后侧车窗电控单元和舒适系统电控单元

1.3　数制与编码

1.3.1　数制

单片机是处理数字信息的，因此各种数据和信息进入单片机处理前必须转换成二进制数或二进制编码。

数制也称进位制，是按进位方式实现计数的一种规则。单片机中常用的有 3 种数制：二进制、十进制和十六进制。数制有两个基本要素：一是基数，表示某种数制具有的数字符的个数以及进位的规则；二是位权，表示一个进位计数制的数中不同数位上数字的单位数值，第 i 位的位权即为基数的 i 次幂。

1．十进制（Decimal，用 D 表示）

十进制数的基数为 10，有 0～9 十个数字符，逢十进一。小数点左边第一位的位权为 10^0，第二位的位权为 10^1，往左依次为 10^2……小数点右边第一位的位权为 10^{-1}，往右依次为 10^{-2}……

任何一个十进制数 N 可以表示为：

$$(N)_{10}=K_{n-1}\times10^{n-1}+K_{n-2}\times10^{n-2}+\cdots+K_1\times10^1+K_0\times10^0+K_{-1}\times10^{-1}+K_{-m}\times10^{-m}=\sum_{i=-m}^{n-1}K_i\times10^i$$

其中，m 表示小数位的位数，n 表示整数位的位数，K_i 为 0～9。

2．二进制（Binary，用 B 表示）

计算机或单片机内的 CPU 真正处理的就是二进制的 0 和 1。在数字电路中，按照正逻辑思维，1 表示高电平，0 表示低电平。

单片机的电平信号为 TTL（晶体管—晶体管逻辑电平）电平，高电平为+5V，低电平为 0V。计算机的串口电平为 RS232 电平，高电平为-12V，低电平为+12V。因此单片机与计算机通信时，如果使用计算机给单片机下载程序，需要通过转换芯片来转换电平，如 MAX232 芯片即可实现此功能，也可通过两个三极管组成反相电路来实现通信。

基数为 2 的数制为二进制，有 0、1 两个数字符，逢二进一。

任何一个二进制数 N 可以表示为：

$$(N)_2=K_{n-1}\times2^{n-1}+K_{n-2}\times2^{n-2}+\cdots+K_1\times2^1+K_0\times2^0+K_{-1}\times2^{-1}+K_{-m}\times2^{-m}=\sum_{i=-m}^{n-1}K_i\times2^i$$

其中，m 表示小数位的位数，n 表示整数位的位数，K_i 为 0～1。

3．十六进制（Hexadecimal，用 H 表示）

基数为 16 的数制为十六进制，有 0～9、A、B、C、D、E、F 十六个数字符，其中 A～F 分别表示 10～15，逢十六进一。

任何一个十六进制数 N 可以表示为：

$$(N)_{16}=K_{n-1}\times16^{n-1}+K_{n-2}\times16^{n-2}+\cdots+K_1\times16^1+K_0\times16^0+K_{-1}\times16^{-1}+K_{-m}\times16^{-m}=\sum_{i=-m}^{n-1}K_i\times16^i$$

其中，m 表示小数位的位数，n 表示整数位的位数，K_i 为 0～F。

4．数制间的转换

（1）十进制 ↔ 二进制

十进制数转换成二进制数，只要把十进制数依次除以 2 并记下每次所得的余数，所得的余数倒相排列即为相应的二进制数，即"除 2 取余"法。

例 1：把十进制数 25 转换成二进制数。

分析：
```
2|25
2|12      余 1
2|6       余 0
2|3       余 0
2|1       余 1
  0       余 1
```

所以，25D=11001B。

小数部分的转换采用"乘 2 取整"法：乘 2 取整，直到小数部分为 0 或满足精度要求，整数部分正向排列。

把二进制数按位权展开，利用十进制数运算法则求和，即可得相应的十进制数。

例 2：把二进制数 11101110.01 转换为十进制数。

分析：$(11101110.01)_2=1\times2^7+1\times2^6+1\times2^5+1\times2^3+1\times2^2+1\times2^1+1\times2^{-2}=(238.25)_{10}$

（2）十进制 ↔ 十六进制

十进制转换为十六进制的方法和十进制转换为二进制的方法类似，只要将基数 2 换成 16 即可。

把十六进制数按位权展开，利用十进制数运算规则求和，则可得相应的十进制数。

例 3：将十六进制数（FA）$_{16}$ 转换成十进制数。

分析：$(FA)_{16}=F\times16^1+A\times16^0=(250)_{10}$

（3）二进制 ↔ 十六进制

1 位十六进制数需要 4 位二进制数表示。

一般把四个二进制数放在一起转换成一个十六进制数，转换时先把二进制数转换成十进制，再把十进制数转换成十六进制数。如 1010B→10→AH。

例 4：将十六进制数（8E）$_{16}$ 转换为二进制数。

分析：$(8E)_{16}=(10001110)_2$

例 5：将二进制数（10110101）$_2$ 转换为十六进制数。

分析：$(10110101)_2=(B5)_{16}$

为了区别不同的数制，通常在数字后面加上一个后缀，**B** 表示二进制，**H** 表示十六进制。各种进位制的关系如表 1.2 所示。

表 1.2　各种进位制的关系

十进制	二进制	十六进制	十进制	二进制	十六进制
0	0	0	8	1000	8
1	01	1	9	1001	9
2	10	2	10	1010	A
3	11	3	11	1011	B
4	100	4	12	1100	C
5	101	5	13	1101	D
6	110	6	14	1110	E
7	111	7	15	1111	F

1.3.2 编码

单片机中，数字、字母和符号用二进制编码来表示。编码，是指按一定规则组合成的若干位二进制代码。

1．二—十进制编码——BCD（Binary Coded Decimal）码

1 位十进制数用 4 位二进制编码来表示的方法很多，最常用的是 8421BCD 码，简称 BCD 码。4 位二进制数从左至右各位的位权分别为 8、4、2、1，4 位权之和即为所表示的 1 位十进制数。8421BCD 码如表 1.3 所示。

表 1.3　8421BCD 码表

十进制数	8421BCD 码	二进制数	十进制数	8421BCD 码	二进制数
0	0000	0000	8	1000	1000
1	0001	0001	9	1001	1001
2	0010	0010	10	0001 0000	1010
3	0011	0011	11	0001 0001	1011
4	0100	0100	12	0001 0010	1100
5	0101	0101	13	0001 0011	1101
6	0110	0110	14	0001 0100	1110
7	0111	0111	15	0001 0101	1111

2．ASCII（American Standard Code for Information Interchange）码

ASCII 码是一种字符编码，是美国信息交换标准代码的简称，它由 7 位二进制数码构成，共有 128 个字符，表 1.4 为 ASCII 码表的部分内容，详细 ASCII 码表请读者查阅相关资料。

表 1.4　ASCII 码表部分内容

Bin	Dec	Hex	缩写/字符	Bin	Dec	Hex	缩写/字符
0011 0000	48	30	0	0101 0110	86	56	V
0011 0001	49	31	1	0101 0111	87	57	W
0011 0010	50	32	2	0101 1000	88	58	X
0011 0011	51	33	3	0101 1001	89	59	Y
0011 0100	52	34	4	0101 1010	90	5A	Z
0011 0101	53	35	5	0110 0001	97	61	a
0011 0110	54	36	6	0110 0010	98	62	b
0011 0111	55	37	7	0110 0011	99	63	c
0011 1000	56	38	8	0110 0100	100	64	d
0011 1001	57	39	9	0110 0101	101	65	e
0100 0001	65	41	A	0110 0110	102	66	f
0100 0010	66	42	B	0110 0111	103	67	g

Bin	Dec	Hex	缩写/字符	Bin	Dec	Hex	缩写/字符
0100 0011	67	43	C	0110 1000	104	68	h
0100 0100	68	44	D	0110 1001	105	69	i
0100 0101	69	45	E	0110 1010	106	6A	j
0100 0110	70	46	F	0110 1011	107	6B	k
0100 0111	71	47	G	0110 1100	108	6C	l
0100 1000	72	48	H	0110 1101	109	6D	m
0100 1001	73	49	I	0110 1110	110	6E	n
0100 1010	74	4A	J	0110 1111	111	6F	o
0100 1011	75	4B	K	0111 0000	112	70	p
0100 1100	76	4C	L	0111 0001	113	71	q
0100 1101	77	4D	M	0111 0010	114	72	r
0100 1110	78	4E	N	0111 0011	115	73	s
0100 1111	79	4F	O	0111 0100	116	74	t
0101 0000	80	50	P	0111 0101	117	75	u
0101 0001	81	51	Q	0111 0110	118	76	v
0101 0010	82	52	R	0111 0111	119	77	w
0101 0011	83	53	S	0111 1000	120	78	x
0101 0100	84	54	T	0111 1001	121	79	y
0101 0101	85	55	U	0111 1010	122	7A	z

1.3.3 基本逻辑运算

1．"与"运算

只有决定事物结果的全部条件同时具备时，结果才会发生。A 和 B 进行"与"运算时可写成 Y=A·B。"与"运算的真值表如表 1.5 所示，可以理解为"有 0 为 0，全 1 为 1"。

2．"或"运算

在决定事物结果的诸多条件中只要有任何一个满足，结果就会发生。A 和 B 进行"或"运算时可写成 Y=A+B。"或"运算的真值表如表 1.6 所示，可以理解为"有 1 为 1，全 0 为 0"。

表 1.5　逻辑"与"运算的真值表

A	B	Y
0	0	0
0	1	0
1	0	0
1	1	1

表 1.6　逻辑"或"运算的真值表

A	B	Y
0	0	0
0	1	1
1	0	1
1	1	1

3."非"运算

只要条件具备了，结果便不会发生；而条件不具备时，结果一定发生。逻辑"非"也叫做逻辑求反。A进行"反"运算时可写成$Y=\overline{A}$。"非"运算的真值表如表1.7所示，可以理解为"0反为1，1反为0"。

4."异或"运算

"异或"的逻辑关系是，当A、B不同时，输出Y为1；而A、B相同时，输出Y为0。A和B进行"异或"运算时可写成$Y=A\oplus B$。逻辑"异或"的真值表如表1.8所示，可以理解为"相同为0，不同为1"。

表1.7 逻辑"非"运算的真值表

A	Y
0	1
1	0

表1.8 逻辑"异或"运算的真值表

A	B	Y
0	0	0
0	1	1
1	0	1
1	1	0

1.3.4 几个术语

1. 位（bit）

位是单片机所能表示的最小数据单位，即1位二进制数。

2. 字节（Byte）

8位二进制数称为一个字节。

3. 字（Word）

16位二进制数称为一个字，一个字有两个字节。

4. K、B、KB、MB、GB 和 TB

$K=2^{10}=1024$，1B（Byte）=8b（bit）

1 KB=1024B（Byte）=1024×8b（bit）

1 MB=2^{20} B =1024KB

1 GB=2^{30} B =1024MB

1 TB=2^{40} B =1024GB

第 2 章

MCS-51 单片机内部结构和原理

MCS-51 单片机是高性能 8 位单片机，其代表是 8051。该系列其他单片机是以 8051 为核心，再增加一定的功能部件后构成的。

单片机中除了有 CPU、存储器和输入/输出接口外，还有定时器/计数器、串行 I/O 接口和中断系统等逻辑部件。本章主要介绍 MCS-51 单片机的基本结构和功能、存储器、I/O 口以及单片机的引脚功能等。

2.1 MCS-51 单片机内部结构与封装

2.1.1 MCS-51 单片机基本结构及功能

MCS-51 单片机由 8 位 CPU、程序存储器（EPROM/ROM）、数据存储器（RAM）、并行 I/O 口、串行 I/O 口、定时器/计数器、中断系统、振荡器和时钟电路等部分组成，各部分通过单片机内部总线（地址总线（AB：Address Bus）、数据总线（DB：Data Bus）和控制总线（CB：Control Bus））相连。MCS-51 单片机系统结构框图如图 2.1 所示。

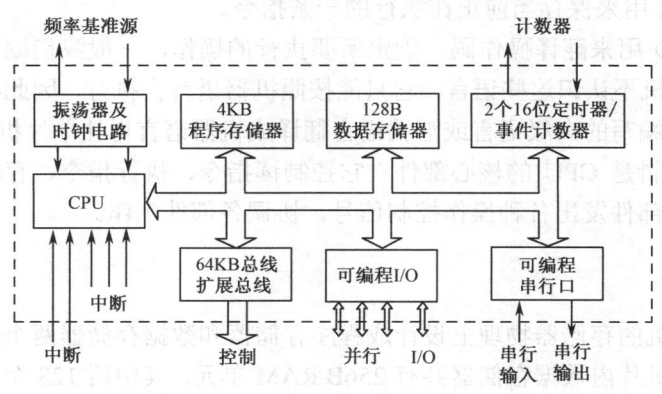

图 2.1 MCS-51 单片机系统结构框图

下面介绍各部分的功能。

1．中央处理器（CPU）

中央处理器是 MCS-51 单片机的核心，主要完成数据运算和控制操作。CPU 由运算器和控制器两大部分组成。

（1）运算器。用来完成算术运算、逻辑运算和位操作。它由算术/逻辑单元（ALU）、累加器 A、寄存器 B、暂存寄存器、程序状态字寄存器 PSW 等组成。

算术/逻辑单元（ALU：Arithmetic Logic Unit）由加法器和相应的控制器逻辑电路组成，可实现 8 位数据的加减乘除算术运算和与、或、非、异或等逻辑运算，又具有位处理功能。

累加器 A（Accumulator）是一个非常常用的寄存器，有时也写成 ACC。A 和 ACC 的实质是一样的，对应地址都是 0E0H，只是在使用汇编语言时，在格式上取了两个名字。使用有一定的规律：当其要进行位表示时，必须用 ACC，比如要写成 ACC.7，而不能写成 A.7；但当其作为 8 位二进制数时，ACC 和 A 都能用，但还是有区别。比如 INC ACC 和 INC A 都能用，但是 PUSH ACC 和 POP ACC 指令不可以写成 PUSH A 和 POP A。累加器 A 可出现在用直接寻址的任何地方，运算时将一个操作数经暂存寄存器送至 ALU，与另一个来自暂存寄存器的操作数在 ALU 中运算，结果又送入累加器 A 中，它是编程时使用频率最高的 8 位存储单元。

寄存器 B 在乘、除运算时用来存放一个操作数，也用来存放结果的一部分。

暂存寄存器用来暂时存放数据总线和其他寄存器送来的操作数。

程序状态字寄存器 PSW 是状态标志寄存器，用来保存 ALU 运算结果的特征和处理状态。

（2）控制器。用来统一控制和协调单片机进行工作的部件。由程序计数器 PC（Program Counter）、指令寄存器 IR（Instruction Register）、指令译码器 ID（Instruction Decoder）和定时及控制逻辑电路等部分组成。

程序计数器 PC 是 16 位计数器，总是存放下一条要读取指令所在存储单元的 16 位地址。每取完一个字节后 PC 自动加 1，为下一条字节的读取做好准备。单片机复位时 PC 自动清 0，即装入地址 0000H。在执行转移指令、子程序调用和中断响应时，PC 的值由指令或中断响应过程自动装入。

指令寄存器 IR 用来保存当前正在执行的一条指令。

指令译码器 ID 用来翻译操作码，确定所要执行的操作，一般我们编写的是高级语言或汇编语言，但单片机不认识这些语言，它只能按照机器语言去执行，因此在单片机内部的指令译码器会把我们编写的高级语言或汇编语言翻译成机器语言再让单片机执行。

定时与控制逻辑是 CPU 的核心部件，它控制读指令、执行指令、存取操作数或运算结果等操作，向其他部件发出各种操作控制信号，协调各部件工作。

2．存储器

MCS-51 单片机的存储器物理上设计成程序存储器和数据存储器两个独立空间。

MCS-51 单片机片内数据存储器共有 256B RAM 单元，其中后 128 个单元被特殊功能寄存器占用（80H～FFH），供用户使用的是前 128B 单元（00H～7FH），用于存放运算结果、暂存数据和数据缓存。因此前 128B 单元简称内部 RAM。

片内程序存储器为 4KB ROM，用于存放程序和原始数据，简称片内 ROM，地址范围为 0000H～0FFFH。

3．定时器/计数器

MCS-51 单片机有 2 个 16 位定时器/计数器 T0 和 T1，分别可以实现定时和计数两个功能。

4．并行 I/O 口

MCS-51 单片机有 4 组 8 位 I/O 口，即 P0（Port0）、P1（Port1）、P2（Port2）和 P3（Port3），可实现数据并行输入输出。

5．串行口

MCS-51 单片机有一个全双工通用异步收发传输器（UART：Universal Asynchronous Receiver and Transmitter），利用 P3.0（RXD）和 P3.1（TXD）实现单片机与外设的数据传送。

6．中断控制系统

MCS-51 单片机有 5 个中断源，包括 2 个外部中断，2 个定时器/计数器中断，1 个串行通信中断。有高级和低级两个优先级别，可通过编程控制每个中断源的启动和优先级高低的设定。

7．时钟电路

主要为单片机产生时钟脉冲序列，石英晶体和微调电容需要外接，典型晶振频率为 11.0592MHz、12 MHz、22.1184 MHz 和 24 MHz，微调电容容量为 20pF～30pF，部分单片机内部已经集成好可编程的时钟电路，因此不需外接晶振和微调电容，下载程序时只需要选择好工作频率即可，使用非常方便。

8．总线

为了减少单片机的连线和引脚，提高集成度和可靠性，系统的地址信号、数据信号和控制信号都是通过总线传送的。总线（Bus）是连接系统中各扩展部件的一组公共信号线，是计算机各部件之间传送信息的公共通道，微机中的总线有内部总线和外部总线两类。内部总线是 CPU 内部之间的连线，外部总线是 CPU 与其它部件之间的连线。有三种总线，即地址总线（AB）、数据总线（DB）和控制总线（CB）。地址总线是单向的，数据总线是双向的。

2.1.2 MCS-51 单片机引脚分布及功能

图 2.2 所示是 89C51 的引脚结构图，有双列直插封装（PDIP）方式和塑封有引线芯片载体封装（PLCC）方式等。下面以 PDIP 为例分别叙述这些引脚的功能。

1．电源引脚 V_CC 和 V_SS

V_{CC}（40 脚）：电源端，接+5V。

V_{SS}（20 脚）：接地端，有时标为 GND。

从单片机的应用角度看，单片机的供电电压有 5V 的，还有 3V 的，使用时要查阅单片机的技术参数，电压不能超过工作电压的最高值，否则容易烧坏单片机，电压低于工作电压的最低值，单片机也不能正常工作。应用时 Vcc 和 Vss 不能接反，否则也可能烧坏单片机。

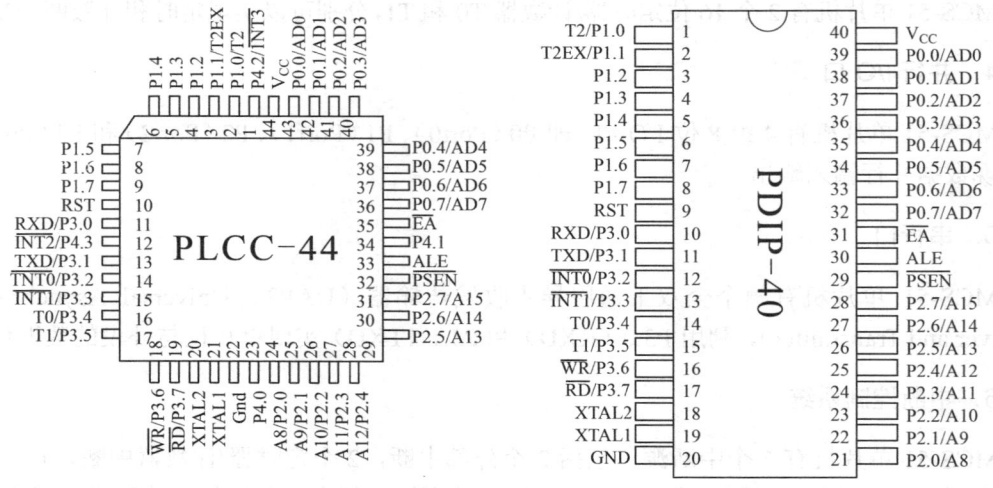

图 2.2　89C51 的引脚结构

2．时钟信号引脚 XTAL1 和 XTAL2

XTAL1（19 脚）：接外部晶振和微调电容的一端，也是外部时钟源的输入端。

XTAL2（18 脚）：接外部晶振和微调电容的另一端，采用外部时钟源时该脚悬空。判断单片机的振荡电路是否正常工作，可用示波器查看 XTAL2 端是否有脉冲信号输出。

3．控制信号引脚 RST、ALE、$\overline{\text{PSEN}}$ 和 $\overline{\text{EA}}$

RST（Reset ，9 脚）：复位信号输入端，高电平有效。

ALE（30 脚）：地址锁存允许信号端。CPU 访问片外存储器时该引脚输出信号作为锁存低 8 位地址的控制信号。单片机正常工作时该引脚不断向外输出正脉冲信号，频率为振荡频率的 1/6，因此可以用此来判断单片机是否可以正常工作。

$\overline{\text{PSEN}}$（29 脚）：片外程序存储允许输出信号端。单片模式时该引脚不接。

$\overline{\text{EA}}$（31 脚）：外部程序存储器地址允许输入端。当 $\overline{\text{EA}}$ 引脚接高电平时，CPU 从片内 ROM 访问并从内部程序存储器中的指令执行；当 $\overline{\text{EA}}$ 引脚接低电平时，CPU 只访问片外 ROM 并执行片外程序存储器中的指令。对于初学者来讲，单片机的片内存储器已经足够使用了，不需要扩展外部存储器，因此可以直接将该引脚接至 V_{CC}。

4．输入/输出端口 P0、P1、P2 和 P3

P0 口（32～39 脚）：8 位漏极开路型准双向并行 I/O 口。

P1 口（1～8 脚）：8 位具有内部上拉电阻的准双向 I/O 口。

P2 口（21～28 脚）：8 位具有内部上拉电阻的准双向 I/O 口。

P3 口（10～17 脚）：8 位具有内部上拉电阻的准双向 I/O 口，每一位又具有特殊功能（第二功能），如表 2.1 所示。

表 2.1 P3 口引脚与特殊功能表

端口引脚	特殊功能
P3.0	RXD（串行输入口）
P3.1	TXD（串行输出口）
P3.2	$\overline{INT0}$（外部中断 0）
P3.3	$\overline{INT1}$（外部中断 1）
P3.4	T0（定时器 0 的外部输入）
P3.5	T1（定时器 1 的外部输入）
P3.6	$\overline{WR}$（外部数据存储器写选通）
P3.7	$\overline{RD}$（外部数据存储器读选通）

2.2 MCS–51 单片机内部存储器

CPU 访问存储器时，一个地址对应唯一的存储器单元，可以是 ROM，也可以是 RAM，并用同类访问指令，此种存储器结构称为普林斯顿结构。MCS-51 单片机的存储器在物理上是分开的，共有 4 个存储空间：片内程序存储器、片外程序存储器、片内数据存储器和片外数据存储器，这种程序存储器和数据存储器分开的结构形式称为哈佛结构。

MCS-51 单片机的存储器从逻辑上划分为 3 个存储地址空间：片内外统一编址的 64KB 程序存储器地址空间（0000H～FFFFH），64KB 片外数据存储器地址空间（0000H～FFFFH），256 字节片内数据存储器地址空间（00H～FFH）。CPU 访问片内、片外 ROM 用 MOVC 指令，访问片外 RAM 用 MOVX 指令，访问片内 RAM 用 MOV 指令。图 2.3 所示为 MCS-51 单片机的存储器配置。

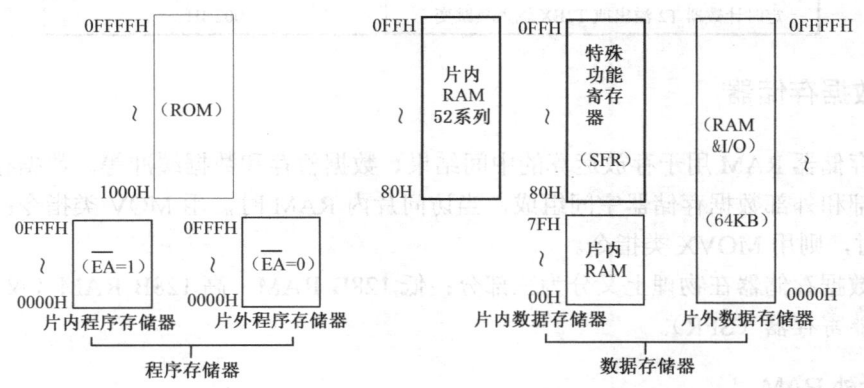

图 2.3 MCS-51 单片机的存储器配置

2.2.1 程序存储器

程序存储器用来存放调试好的应用程序和表格常数。内部有 ROM 的单片机，在正常运

行时应把 $\overline{EA}$ 引脚接高电平，使程序从内部 ROM 开始执行，当 PC 值超过内部 ROM 地址空间时，自动转向外部 ROM 去执行程序。对内部无 ROM 的单片机，$\overline{EA}$ 引脚应始终接低电平，即直接接地即可，迫使 CPU 从外部 ROM 取指令。

64KB 程序存储器中的 7 个入口地址具有特殊功能。

0000H 单元：程序的起始地址，系统复位后 PC 的值为 0000H，0000H～0002H 单元用于初始化，一般在起始地址单元中设置一条绝对转移指令使之转向主程序处执行。

其他 6 个特殊功能的入口地址分别对应 6 种中断源的中断服务程序入口地址，如表 2.2 所示。通常在中断入口地址处写一条跳转指令，跳转到中断服务程序处执行。换句话说，如果单片机在应用系统中有中断源向它申请中断，那么 CPU 响应后就要去执行中断服务子程序，而中断源的服务子程序的存放地址是从与之对应的入口地址开始的，CPU 要直接去该入口地址处开始执行，因此主程序一般被安排在 0030H 以下的地址空间，刚好避开了这些中断源的服务子程序存储区；又因为中断服务子程序语句可能比较多，在它的入口地址到下一个中断源的入口地址之间的 8 个单元存放不下，所以在入口地址处存放一条跳转指令，然后将中断服务子程序安排在主程序之后，当 CPU 需要执行中断服务子程序时先去该中断源的入口地址处，执行那条跳转指令，然后按照入口地址处存放的跳转指令地址跳到真正存放中断服务子程序处执行该中断服务子程序，执行完后返回主程序。

表 2.2 中断向量入口地址表

中 断 源	入 口 地 址
外部中断 0	0003H
定时计数器 T0 溢出	000BH
外部中断 1	0013H
定时计数器 T1 溢出	001BH
串行口中断	0023H
定时计数器 T2 溢出或 T2EX 输入负跳变	002BH

2.2.2 数据存储器

数据存储器 RAM 用于存放运算的中间结果、数据暂存和数据缓冲等。数据存储器地址空间由内部和外部数据存储器空间组成，当访问片内 RAM 时，用 MOV 类指令；当访问片外 RAM 时，则用 MOVX 类指令。

片内数据存储器在物理上又分为三部分：低 128B RAM、高 128B RAM（仅 52 系列）和特殊功能寄存器（SFR）。

1. 片外 RAM

片外 RAM 与片内 RAM 的低地址部分（0000H～00FFH）是重叠的。片内 RAM 使用 MOV 指令，片外 64KB RAM 空间专门为 MOVX 指令所用，用不同的指令访问地址相同的存储单元，CPU 是不会找错地方的。采用 R0、R1 或 DPTR 寄存器间接寻址方式访问。如 MOVX A，@DPTR。

2．片内 RAM

（1）低 128B RAM（00H～7FH）

片内 RAM 的低 128B RAM 由三大区组成，分别是工作寄存器区、位寻址区和数据缓冲区，如图 2.4 所示。

	通用RAM（堆栈、数据缓冲）							
7F～30								
2F	7F	7E	7D	7C	7B	7A	79	78
2E	77	76	75	74	73	72	71	70
2D	6F	6E	6D	6C	6B	6A	69	68
2C	67	66	65	64	63	62	61	60
2B	5F	5E	5D	5C	5B	5A	59	58
2A	57	56	55	54	53	52	51	50
29	4F	4E	4D	4C	4B	4A	49	48
28	47	46	45	44	43	42	41	40
27	3F	3E	3D	3C	3B	3A	39	38
26	37	36	35	34	33	32	31	30
25	2F	2E	2D	2C	2B	2A	29	28
24	27	26	25	24	23	22	21	20
23	1F	1E	1D	1C	1B	1A	19	18
22	17	16	15	14	13	12	11	10
21	0F	0E	0D	0C	0B	0A	09	08
20	07	06	05	04	03	02	01	00

可位寻址RAM区域（左侧标注）

1F～18	R7～R0	3组
17～10	R7～R0	2组
0F～08	R7～R0	1组
07～00	R7～R0	默认寄存器组（0组）

通用工作寄存器区（左侧标注）
SP复位值→（指向07）

图 2.4　低 128BRAM 区

00H～1FH 地址安排为 4 组工作寄存器区，每组有 8 个工作寄存器（R0～R7），共占 32 个单元，如表 2.3 所示。通过对程序状态字 PSW 中 RS1、RS0 的设置，每组寄存器均可选作 CPU 的当前工作寄存器组。编程时如不做特殊设定，程序中使用的 R0～R7 是第 0 组的默认寄存器，如果第 0 组的 8 个寄存器不够使用，则可以通过设定 PSW 中 RS1 和 RS0 的值使用其他组的寄存器。例如，在程序中编写 MOV　PSW,#10H 这条指令，后边使用的 R0～R7 就是第 2 组的寄存器。

表 2.3　工作寄存器地址表

RS1	RS0	寄存器组	R0	R1	R2	R3	R4	R5	R6	R7
0	0	工作寄存器组 0	00H	01H	02H	03H	04H	05H	06H	07H
0	1	工作寄存器组 1	08H	09H	0AH	0BH	0CH	0DH	0EH	0FH
1	0	工作寄存器组 2	10H	11H	12H	13H	14H	15H	16H	17H
1	1	工作寄存器组 3	18H	19H	1AH	1BH	1CH	1DH	1EH	1FH

内部 RAM 中的 20H～2FH 是 16 个单元的位寻址区，这 16 个单元共有 128 位，其位地

址为00H～7FH。所谓位寻址是指CPU能直接对这些位进行置"1"、清"0"、求反、传送等逻辑操作。

数据缓冲区是片内RAM中30H～7FH的80个单元，只能以存储单元的形式使用，一般常把堆栈开辟于此区中，即CPU在执行主程序时有中断源申请中断，这时CPU要暂停主程序的执行，在中断处有一些暂时数据需要压入堆栈保护起来（保护现场），当中断服务子程序执行完后CPU再从堆栈中把暂存的数据取出来（恢复现场）继续执行主程序。

（2）高128B RAM（80H～0FFH）

该存储区仅52子系列有，只可用间接寻址方式访问。

（3）特殊功能寄存器（SFR：Special Function Register）（80H～0FFH）

该区存放相应功能部件的控制命令的状态或数据，MCS-51系列单片机的特殊功能寄存器共有22个，可直接寻址的有21个，如表2.4所示。

表2.4　特殊功能寄存器地址表

D7			位地址				D0	字节地址	SFR	寄存器名
P0.7	P0.6	P0.5	P0.4	P0.3	P0.2	P0.1	P0.0	80H	P0*	P0端口
87H	86H	85H	84H	83H	82H	81H	80H			
								81H	SP	堆栈指针
								82H	DPL	数据指针
								83H	DPH	
SMOD	—	—	—	GF1	GF0	PD	IDL	87H	PCON	电源控制
TF1	TR1	TF0	TR0	IE1	IT1	IE0	IT0	88H	TCON*	定时器控制
8FH	8EH	8DH	8CH	8BH	8AH	89H	88H			
GATE	C/T	M1	M0	GATE	C/T	M1	M0	89H	TMOD	定时器模式
								8AH	TL0	T0低字节
								8BH	TL1	T1低字节
								8CH	TH0	T0高字节
								8DH	TH1	T1高字节
P1.7	P1.6	P1.5	P1.4	P1.3	P1.2	P1.1	P1.0	90H	P1*	P1端口
97H	96H	95H	94H	93H	92H	91H	90H			
SM0	SM1	SM2	REN	TB8	RB8	TI	RI	98H	SCON*	串行口控制
9FH	9EH	9DH	9CH	9BH	9AH	99H	98H			
								99H	SBUF	串行口数据
P2.7	P2.6	P2.5	P2.4	P2.3	P2.2	P2.1	P2.0	A0H	P2*	P2端口
A7H	A6H	A5H	A4H	A3H	A2H	A1H	A0H			
EA	—	—	ES	ET1	EX1	ET0	EX0	A8H	IE*	中断允许
AFH	AEH	ADH	ACH	ABH	AAH	A9H	A8H			
P3.7	P3.6	P3.5	P3.4	P3.3	P3.2	P3.1	P3.0	B0H	P3*	P3端口
B7H	B6H	B5H	B4H	B3H	B2H	B1H	B0H			

续表

D7	位地址						D0	字节地址	SFR	寄存器名
—	—	—	PS	PT1	PX1	PT0	PX0	B8H	IP*	中断优先级
BFH	BEH	BDH	BCH	BBH	BAH	B9H	B8H			
CY	AC	F0	RS1	RS0	OV	—	P	D0H	PSW*	程序状态字
D7H	D6H	D5H	D4H	D3H	D2H	D1H	D0H			
								E0H	A*	A 累加器
E7H	E6H	E5H	E4H	E3H	E2H	E1H	E0H			
								F0H	B*	B 寄存器
F7H	F6H	F5H	F4H	F3H	F2H	F1H	F0H			

注：*SFR 既可以按位寻址，也可直接按字节寻址。

① 程序计数器 PC（Program Counter）。PC 是 16 位计数器，内容为将要执行的指令地址，有自动加 1 功能，以实现程序顺序执行。PC 没有地址，不可以寻址。但在执行转移、调用、返回等指令时自动改变其内容实现程序执行顺序的改变。

② 累加器 A（ACC，Accumulator）。ACC 为 8 位寄存器，用于寄放操作数，是 ALU 运算结果的暂存单元，也是数据的中转站，在变址寻址方式中把累加器作为变址寄存器使用。因此累加器 A 使用非常频繁。

③ 寄存器 B。8 位通用寄存器，主要用于乘、除运算，可存放一个操作数或结果的一部分。

④ 程序状态字 PSW（Program Status Word）。8 位寄存器，寄存指令执行的状态信息。PSW 的各位定义如下：

位　序	PSW.7	PSW.6	PSW.5	PSW.4	PSW.3	PSW.2	PSW.1	PSW.0
位标志	CY	AC	F0	RS1	RS0	OV	—	P

PSW 各位的功能如下：

CY（PSW.7）进位标志。加减法运算时，如果结果的最高位（D7 位）向上有进位或借位，CY 置 1，否则清 0。在位操作时，CY 又作为位累加器使用。

AC（PSW.6）半进位标志。加减运算时，如果运算结果低半字节（D3 位）向高半字节有进位或借位，AC 置 1，否则清 0。

F0（PSW.5）用户标志位。

RS1、RS0（PSW.4、PSW.3）工作寄存器组选择控制位。用软件对 RS1、RS0 作不同组合，以确定工作寄存器的组号，如表 2.3 所示。

OV（PSW.2）溢出标志。带符号数补码运算时，如果有溢出，即当运算结果超出 -128 ~ +127 的范围时，OV 置 1；无溢出时 OV 清 0。

—（PSW.1）为保留位。

P（PSW.0）奇/偶标志。每个指令周期均由硬件来置位或清 0，以指出累加器 A 中 1 的个数的奇偶性。若 1 的个数为奇数，则 P 置位，否则清 0。每条指令执行完后该位始终跟踪指示 ACC 中 1 的个数，常用于校验串行通信中的数据传送是否出错。

⑤ 堆栈指针 SP。堆栈是一个特殊的存储区，暂存数据和地址，它是按"先进后出"或"后进先出"的原则存放数据的。

第一个进栈的数据所在的存储单元称为栈底，最后进栈数据的存储单元叫做栈顶，SP 是 8 位特殊功能寄存器，始终指向栈顶在片内 RAM 中的位置，每存或取一字节数据 SP 就自动加或减 1，系统复位后 SP 的初始值为 07H，即堆栈实际从 08H 单元开始工作。

堆栈的操作有两种：一种叫做数据压入（PUSH），另一种叫做数据弹出（POP）。压栈前要对 SP 赋值，以规定堆栈的起始位置，即栈底，推荐修改为 2FH（MOV SP，#2FH）。

⑥ 数据指针 DPTR。DPTR 是 16 位的特殊功能寄存器，由高 8 位字节 DPH 和低 8 位字节 DPL 组成。用于存放 16 位地址，作间址寄存器和基址寄存器使用，以便访问片外 RAM 和 ROM。DPTR 可以作为 2 个独立的 8 位寄存器 DPH 和 DPL 使用。

⑦ 并行 I/O 接口 P0、P1、P2 和 P3。均为 8 位，可以实现数据的输入或输出。

其余的特殊功能寄存器将在后续章节介绍。

2.3 MCS–51 单片机的 I/O 端口电路、时钟电路与工作方式

2.3.1 MCS-51 单片机 I/O 端口的结构及使用方法

对于单片机的控制，实际就是对 I/O 端口的控制，无论单片机需要对外部设备做何种控制，或单片机接受外部设备的何种控制，都需要通过单片机的 I/O 端口进行操作。MCS-51 单片机内有 4 组 8 位并行 I/O 口，分别为 P0、P1、P2 和 P3。每个端口都是 8 位准双向 I/O 口，共占 32 个引脚。每个端口都包含一个锁存器，一个输出驱动器和一个输入缓冲器。在具有片外扩展存储器的系统中，P2 口送出高 8 位地址，P0 口为双向总线，分时送出低 8 位地址和数据的输入/输出。

单片机的四组 I/O 端口内部线路每组都不一样，学习端口逻辑电路前先复习一下电工电子知识，I/O 端口内部电路非常经典，深入理解端口内部线路有助于更好地正确使用端口，也有利于设计单片机的外围电路。下面简要介绍一下单片机 I/O 端口的基本结构。

1. P0 口

P0 口的字节地址为 80H，位地址为 80H～87H。图 2.5 所示为 P0 口某一位的结构图。它由一个输出锁存器、2 个三态输入缓冲器和输出驱动电路及控制电路组成。图中控制信号 C 的状态决定转换开关的位置。当 C=0 时，开关处于图示位置；当 C=1 时，开关拨向反相器输出端位置，主要在扩展外部存储器时使用。VT1 导通时上拉电位，即可将引脚电位拉至接近 V_{CC} 的电压（+5V），VT2 导通时下拉电位，即可将引脚电位拉至接近 GND 的电压（0V），故把这种结构称为推拉式输出电路或推挽式输出电路。在图 2.5 中虚线左边是集成在单片机芯片内部的，而在芯片外部，作为输入输出口使用时，需要外接上拉电阻 R，一般取值为 10kΩ。

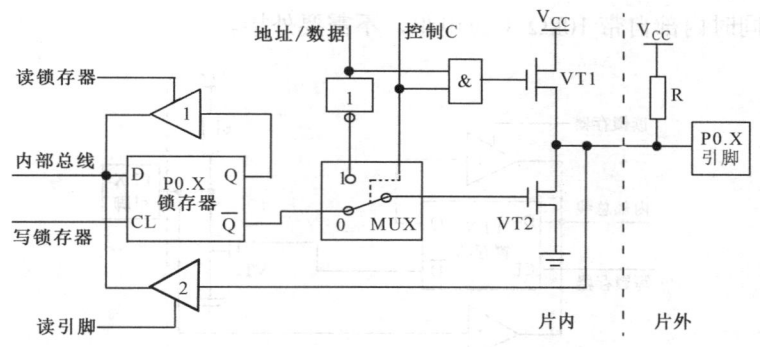

图 2.5　P0 口某位结构图

（1）P0 口用作输入/输出口

当执行一条由端口输入的指令时，"读引脚"脉冲把三态缓冲器 2 打开，这样，端口引脚上的数据经过缓冲器 2 读入到内部总线。在读入端口引脚数据时，由于输出驱动 VT2 并接在引脚上，如果 VT2 导通，就会将输入的高电平拉成低电平，产生误读。因此在端口执行输入操作前，应先向端口锁存器写入 1，也就是使锁存器 $\overline{Q}=0$。由于控制线 C=0，因此 VT1 和 VT2 全截止，引脚处于悬浮状态，可作高阻抗输入，在引脚上外接一个电阻 10kΩ 可以保证输出 0 和 1 电平时 VT2 可靠导通和截止，使输出准确无误。

例如执行：

　　　MOV　A，P0

CPU 执行的是"读引脚"的操作，将 P0 口上的数据读入累加器 A，必须注意，执行该类输入指令前必须把锁存器写入"1"，即读引脚前先写一条指令 MOV　P0，#0FFH。

当 P0 口作为输出端口时，CPU 执行"读—修改—写"的操作，内部数据总线上的数据在"写锁存器"的信号作用下由 D 端进入锁存器，经锁存器的反相端送至 VT2，再经 VT2 反相，在 P0.X 引脚上出现的数据正好是内部总线的数据。

例如执行：

　　　ANL　P0，A

内部产生的"读锁存器"操作信号使锁存器 Q 端数据进入内部数据总线，在与累加器 A 进行逻辑运算后，结果又送回 P0 的接口锁存器并出现在引脚上。

（2）P0 口用作地址/数据总线

当系统进行片外 ROM 扩展或进行片外 RAM 扩展时，P0 口用作地址/数据总线，一般我们在使用单片机时，其内部的存储器足够使用，因此很少扩展存储器，具体扩展方法大家可以参考其他资料，在此不再赘述。

2．P1 口

P1 口的字节地址为 90H，位地址为 90H～97H。图 2.6 所示为 P1 口某一位的结构图。它由一个输出锁存器、2 个三态输入缓冲器和输出驱动电路组成。输出驱动电路只有一个场效应管 VT1，同时内部自带 10kΩ 上拉电阻，不需要外接。

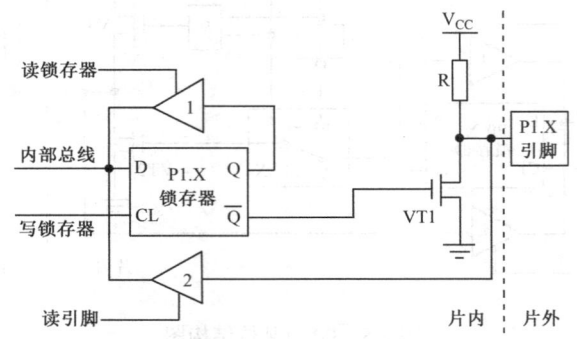

图 2.6　P1 口某位结构图

P1 口可作通用双向 I/O 口用，不必再外接上拉电阻。当端口用作输入时和 P0 口一样，必须先向对应的锁存器写入"1"，即读引脚前先写一条指令 MOV　P1，#0FFH，使 VT1 截止，然后读引脚，这样不会出现信息误读。

当 P1 口作为输出端口时，CPU 执行"读—修改—写"的操作，内部数据总线上的数据在"写锁存器"的信号作用下由 D 端进入锁存器，经锁存器的反相端送至 VT1，再经 VT1 反相，在 P1.X 引脚上出现的数据正好是内部总线的数据，其原理与 P0 口的操作相同。

3．P2 口

P2 口的字节地址为 0A0H，位地址为 0A0H～0A7H。图 2.7 所示为 P2 口某一位的结构图。它由一个输出锁存器、2 个三态输入缓冲器和输出驱动电路及控制电路组成。输出驱动电路只有一个场效应管 VT1，同时内部自带 10kΩ 上拉电阻。

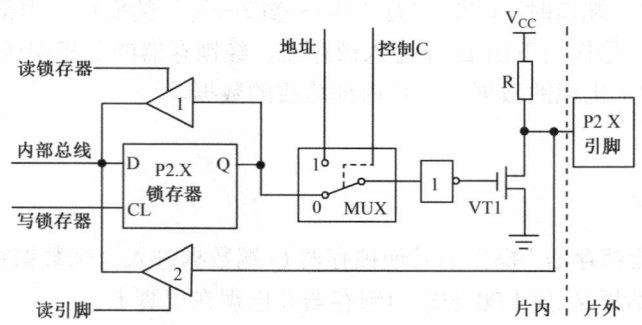

图 2.7　P2 口某位结构图

P2 口作为输入/输出口使用时和 P0 口一样。
例如执行：

　　ANL　P2，A

P2 口作为输出口使用时，CPU 执行的是"读—修改—写"的操作。内部产生的"读锁存器"操作信号使锁存器 Q 端数据进入内部数据总线，在与累加器 A 进行逻辑运算后，结

果又送回 P2 口的接口锁存器并出现在引脚上。

例如执行：

　　MOV　A，P2

P2 口作为输入口使用时，CPU 执行的是"读引脚"的操作。将 P2 口锁存器的内容送入累加器 A。必须注意，执行该类输入指令前必须把锁存器写入"1"，即在读引脚前先写一条指令 MOV　P2，#0FFH。

当单片机系统需要进行片外 ROM 扩展或进行片外 RAM 扩展时，P2 口可用于输出高 8 位地址。具体扩展外部存储器的方法在此不再赘述。

4．P3 口

P3 口的字节地址为 0B0H，位地址为 0B0H～0B7H。图 2.8 所示为 P3 口某一位的结构图。它由一个输出锁存器、3 个三态输入缓冲器和输出驱动电路组成。输出驱动电路只有一个场效应管 VT1，同时内部自带 10kΩ 上拉电阻。它比 P1 口多了一个第二功能控制部分的逻辑电路。

P3 口是一个多功能端口。图中"与非"门的作用是一个开关，决定是输出锁存器 Q 端数据，还是输出第二功能（W）的信号。当 W=1 时，输出 Q 端信号；当 Q=1 时，可输出 W 线信号。

当 P3 口作为输入使用时，同 P0～P2 口一样，先由软件向口锁存器写 1，即使 D 锁存器 Q 端保持"1"，"与非"门输出为 0，场效应管截止，引脚端可作为高阻输入，防止信息误读。当 CPU 执行读命令操作时，使缓冲器 2 上的"读引脚"信号有效，三态缓冲器 2 开通，于是引脚的状态经缓冲器 3、缓冲器 2 送至 CPU 内部总线。

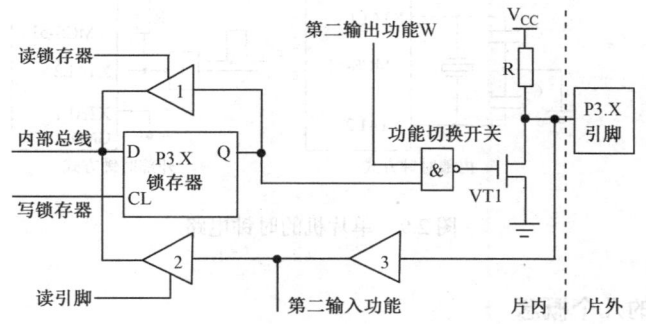

图 2.8　P3 口某位结构图

当某位被用作第二功能时，该位 D 锁存器 Q 端被内部硬件自动置"1"，使"与非"门对第二功能是畅通的。由于端口不作为 I/O 口（不执行 MOV　A，P3），故"读引脚"信号无效，缓冲器 2 不通，第二输入功能信号经缓冲器 3 送入第二输入功能端。

注意：P0 口与其他口不同，它的输出级无上拉电阻，作为输入输出接口使用时必须外接 10kΩ 的上拉电阻。P1～P3 口都是准双向口，内部自带 10kΩ 上拉电阻。四组 I/O 口作为输入口使用时必须先对相应端口锁存器写 1，即读引脚前必须先写一句指令 MOV　PX，

#0FFH，将内部场效应管截止，这样才可以保证外部输入的 1 电平不会被导通的场效应管拉至低电位。另外，单片机所有 I/O 口上电后默认都为高电平，使用时要特别注意，根据具体应用要在程序的初始化中做出正确的设置。

2.3.2 MCS-51 单片机时钟电路

时钟电路用于产生单片机工作所需的时钟信号。单片机是一个复杂的同步时序数字电路，因此必须受控于唯一的时钟信号，而时序所研究的则是指令执行时各信号之间的相互时间关系。

1. 单片机时钟电路

单片机芯片内部有一个高增益反相放大器，用于构成振荡器，XTAL1 为反相放大器的输入端，XTAL2 为输出端，两端跨接石英晶体振荡器（简称晶振）和两个电容就构成稳定的自激振荡器，如图 2.9 图所示。电容器 C_1 和 C_2 通常取 30pF 左右，可稳定频率并对振荡频率有微调作用。振荡脉冲频率范围为 $f_{osc}=0\sim24MHz$，有些单片机的脉冲频率更高。

单片机的时钟电路有两种方式：内部时钟方式和外部时钟方式（见图 2.9）。其中内部时钟方式的接法属于石英晶体振荡电路类型中的并联型晶振振荡器。我们常用的是内部时钟方式，该方式连接简单，外部只需要三个元器件就可满足工作要求，而外部时钟方式需要外接信号源，在许多场合使用时无外部信号源，自制信号源势必会增大电路成本，极不方便。

现在还有一些单片机不需要外接晶振，也不需要外接信号源就能工作，例如宏晶科技的 STC15F204EA 单片机芯片，内部集成高精度 R/C 时钟，5MHz～35MHz 宽范围可通过下载软件设置单片机的工作频率，运行速度快，成本低，使用非常方便。

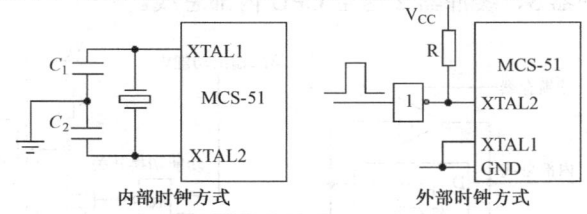

内部时钟方式　　　　　外部时钟方式

图 2.9　单片机的时钟电路

2. CPU 时序的几个概念

（1）节拍与状态周期

节拍（用 P 表示）是指振荡脉冲的周期，是最小的时序单位。振荡脉冲经过两分频后就是单片机的时钟信号，把时钟信号的周期定义为状态（用 S 表示）。即一个状态包含两个节拍。

时钟周期也称为状态周期，它是计算机中最基本的时间单位。MCS-51 单片机中的一个时钟周期为振荡周期的 2 倍。

（2）机器周期和指令周期

一个机器周期是指 CPU 访问存储器一次所需要的时间，一个机器周期包括 12 个振荡周期（即 12 个节拍），分为 6 个状态：S1～S6，每个状态两个节拍。

振荡周期、时钟周期与机器周期的关系如图 2.10 所示。

指令周期是完成一条指令所需要的时间。MCS-51 单片机系统中有单机器周期指令、双机器周期指令和四机器周期指令。四机器周期指令只有乘、除两条指令。

振荡周期 $=1/f_{\text{osc}}$（f_{osc}：$f_{\text{oscillator}}$，指振荡频率）

状态周期 $=2/f_{\text{osc}}$

机器周期 $=12/f_{\text{osc}}$

指令周期 $=$（1～4）机器周期

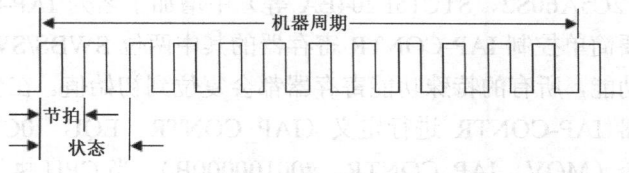

图 2.10　振荡周期、时钟周期和机器周期的关系

2.3.3　MCS-51 单片机工作方式

1. 复位操作

复位是单片机的初始化操作，使单片机系统处于初始状态，并从这个状态开始工作。即把 PC 初始化为 0000H，使单片机从 0000H 单元开始执行程序。通俗的讲就是在单片机执行程序的过程中，如果不想让单片机继续执行、单片机死机或程序跑飞，都可以通过复位使它从头开始执行程序。

RST 引脚是复位信号的输入端，复位信号高电平有效，有效时间应持续 24 个振荡周期（即两个机器周期）以上。

一般的 8051 单片机复位操作有上电自动复位和按键手动复位两种方式，如图 2.11 所示。

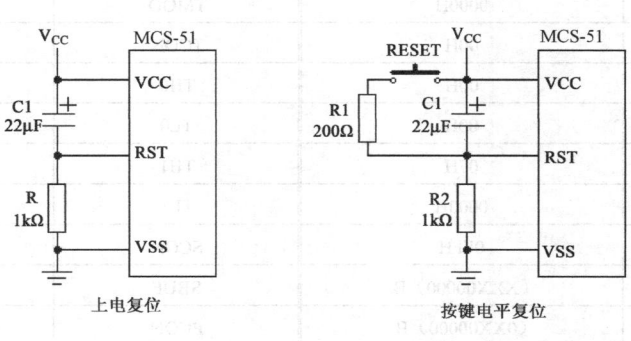

图 2.11　各种复位电路

上电自动复位是在加电瞬间电容通过充电来实现的。通电瞬间，电容 C1 通过电阻 R 充电，此时电容相当于直线，RST 端与 V_{CC} 相连，出现高电压，用以复位，电容很快充完电，相当于断路，RST 被电阻 R 拉低，完成复位操作。

手动复位是指通过接通按键开关，使单片机进入复位状态。该复位方式可以在不断电源电的前提下实现复位，需要复位时按下按键开关，电阻 R1 和 R2 分压，R1 选择 100Ω，R2 选择 1kΩ，在 RST 端分得的电压接近 V_{CC}，使系统复位。

部分单片机除了上电自动复位和手动复位外，还有软件复位、内部低压检测复位、专用复位电路复位和看门狗复位等复位方式。

软件复位：用户的应用程序在运行过程中，有时会有特殊需求，需要实现单片机系统的软复位，传统的 8051 单片机在硬件上不支持该功能，软件模拟也比较麻烦。宏晶科技在部分单片机（如 STC12C5A60S2、STC15F204EA 等）中增加了名为 IAP-CONTR 的特殊功能寄存器，用户只需要简单控制 IAP-CONTR 寄存器的其中两位 SWBS/SWRST 就可以实现整个系统的软件复位功能，所有特殊功能寄存器都会复位到初始值。在使用软件复位时，需要对特殊功能寄存器 IAP-CONTR 进行定义（IAP_CONTR EQU 0C7H），然后在需要复位的条件中编写指令（MOV IAP_CONTR，#00100000B），当 CPU 执行该条指令后即可实现全系统软件复位。

内部低压检测复位：当电源电压 VCC 低于内部低压检测门槛电压时，可产生复位，前提是下载用户程序时，在软件中设置允许低压检测复位，即将低压检测门槛电压设置为复位门槛电压，复位门槛电压可根据工作温度不同设置不同的电压值。

专用复位电路复位：当单片机内部集成了 MAX810 专用复位电路后即可实现此复位功能。

看门狗复位：在工业控制、汽车电子、航空航天等领域需要高可靠性的控制系统，为了防止系统干扰出现异常情况，或单片机程序跑飞，通常使用看门狗，如果 CPU 不在规定的时间按要求访问看门狗，则认为系统工作异常，看门狗就会强迫单片机复位，使系统重头开始按规律执行用户程序。看门狗使单片机系统可靠性设计变得更加方便简洁。

复位后各特殊功能寄存器的状态如表 2.5 所示。

表 2.5 复位后各特殊功能寄存器的状态

寄 存 器	内 容	寄 存 器	内 容
PC	0000H	TMOD	00H
A	00H	TCON	00H
B	00H	TH0	00H
PSW	00H	TL0	00H
SP	07H	TH1	00H
DPTR	0000H	TL1	00H
P0～P3	0FFH	SCON	00H
IP	（XXX00000）B	SBUF	不变
IE	（0XX00000）B	PCON	（0XXXXXXX）B

2．待机运行模式与掉电工作方式

单片机的待机运行模式也称为空闲模式，进入待机模式的条件是通过软件将电源控制寄存器 PCON 的 D0 位 IDL 置 1。待机运行模式下内部时钟不向 CPU 提供，只供给中断、串行口、定时器部分。CPU 的内部状态维持，即包括堆栈指针 SP、程序计数器 PC、程序状态字 PSW、累加器 ACC 等所有的内容保持不变，端口状态也保持不变。该模式适用于采用 CMOS 工艺的 MCS-51 系列单片机。进入待机方式后，有两种方法可以使系统退出待机方式。一是任何中断请求被响应都可以由硬件将 PCON.0（IDL）清 0 而中止，另一种退出待机方式的方法是硬件复位。

当单片机进入掉电（Power Down）模式，可由外部中断或硬件复位模式唤醒，进入掉电模式后，外部晶振停振，CPU、定时器、串行口全部停止工作，只有外部中断工作。

PCON 的各位定义如下：

D7	D6	D5	D4	D3	D2	D1	D0
SMOD	—	—	—	GF1	GF0	PD	IDL

SMOD：该位与串口通信有关。当 SMOD=0 时，在串口方式 1、2、3 时，波特率正常。当 SMOD=1 时，在串口方式 1、2、3 时，波特率加倍。

GF1，GF0：两个通用工作标志位，用户可以自由使用。

PD：掉电模式设定位。当 PD=0 时，单片机处于正常工作状态。当 PD=1 时，单片机进入掉电（Power Down）模式。

IDL：空闲模式设定位。当 IDL=0 时，单片机处于正常工作状态。当 IDL=1 时，单片机进入空闲（Idle）模式，除 CPU 不工作外，其余仍继续工作，在空闲模式下可由任一个中断或硬件复位唤醒。

待机运行模式和掉电工作方式是单片机的两种低功耗工作方式。

第 3 章

MCS-51 单片机指令系统与程序设计

MCS-51 单片机指令系统简明，易于掌握，效率高，共有 111 条汇编指令，分为 5 大类，7 种寻址方式。本章将介绍指令的格式、寻址方式、功能和使用规则等，以及汇编语言程序设计的方法和技巧。

3.1 MCS-51 单片机指令系统详解

3.1.1 MCS-51 单片机指令概述

指令是 CPU 根据人的意图来执行某种操作的命令，是单片机的软件资源，供编程者编写程序时使用。程序是按人的要求编排的指令操作序列，能够实现相应功能的一段指令组合。所有指令的集合组成单片机的指令系统，51 单片机的指令系统共有 111 条指令。汇编语言是以助记符或操作码表示的指令，用汇编语言编写的程序称为汇编语言程序。编写程序的过程称为程序设计。

指令格式是指令的表示方法，通常由操作码和操作数两部分组成。

MCS-51 单片机汇编语言指令格式为：

    标号：操作码 操作数 1，操作数 2   ；注释

标号表示该条指令在 ROM 中的存放首地址，字母开头，最多可跟 8 个字母或数字，但不能和操作码重复，否则程序在编译时会出错。编程的时候，标号通常用该段程序功能的英文单词或英文单词的缩写来表示，例如一般延时子程序用英文"DELAY"表示标号，按键扫描子程序用英文"KEY"或"KEY_SCAN"表示标号，主程序用英文"MAIN"或"START"表示标号，显示子程序用"DISPLAY"表示标号等。在 CPU 需要执行该功能程序的时候，调用或跳转指令里程序员不需要计算编写该段程序首条指令的地址，只需要编写首条指令前的标号即可。在此需要注意调用或跳转指令的寻址范围，避免 CPU 访问不到地址较远的指令。

操作码即指令的助记符，规定了指令执行的操作功能。

操作数表示指令操作的对象，可以是一个具体的数据，也可以是数据的存放地址或符号。

在指令格式中，操作数 1 还称为目的操作数，操作数 2 还称为源操作数。

注释是对该条指令所实现功能的解释或是别的说明，之前必须是分号，在指令中可以不出现。注释只是便于分析程序，CPU 是不编译的。

通常，在 MCS-51 指令系统中有一字节、二字节和三字节指令。

例如：指令 SWAP A，操作码和操作数信息在一个字节里；指令 MOV A，#30H，操作码占第一个字节，#30H 称为 8 位立即数，占第二个字节；指令 DJNZ R2，DELAY，操作码占第一个字节，操作数占后两个字节，操作数可以是地址，也可以是数据。

在 MCS-51 指令系统中常用的符号有：

A：累加器 A。

B：寄存器 B。

C：进位、借位标志位，是程序状态字 PSW 中的一位。

Rn：当前寄存器组中的 8 个工作寄存器（R0～R7）。编程的时候，不能写成 Rn，否则编译会出错误，应该写成 R0～R7 这 8 个工作寄存器的具体名称。

Ri：间接寻址工作寄存器（R0、R1）。编程的时候，不能写成 Ri，否则编译会出错误，应该写成 R0 或 R1 这两个工作寄存器的具体名称。间接寻址时会和@一起使用。

@：间接寄存器或基址寄存器的前缀标志。

#data8：8 位立即数。例如：#49H，为十六进制数 49H，对应的二进制为 "01001001"，"4" 对应二进制 "0100"，"9" 对应二进制 "1001"，共 8 位。

#data16：16 位立即数。例如：#64ADH，为十六进制数 64ADH，对应的二进制为 "0110010010101101"，"6" 对应二进制 "0110"，"4" 对应二进制 "0100"，"A" 对应二进制 "1010"，"D" 对应二进制 "1101"，共 16 位。

addr11：11 位目的地址。编程时如果需要知道某句指令的地址，通常用该指令前的标号表示。

addr16：16 位目的地址。

direct：片内 RAM 单元地址和 SFR 地址（直接地址）。

DPTR：16 位外部数据指针寄存器，其中 DPH 为高 8 位寄存器，DPL 为低 8 位寄存器。

rel：8 位带符号数，为相对转移指令中的偏移量。编程时也经常用需要偏移到的指令前的标号来表示。

bit：片内 RAM 中可以直接位寻址的位。

$：当前指令的存放地址。

3.1.2　MCS-51 单片机寻址方式

获得指令操作对象，即获得操作数的方式称为寻址方式，是如何找到存放操作数的地址，把操作数提取出来的方法。一般来讲，寻址方式越多，编程的灵活性就越大。MCS-51 系列单片机的指令系统共有七种寻址方式：立即寻址、直接寻址、寄存器寻址、寄存器间接寻址、变址寻址、相对寻址和位寻址。

1. 立即寻址

指令中直接给出操作数，该操作数又称为立即数，其前必须加前缀 "#"。操作数前加 "#"

的指令都是立即寻址。

例如：

      MOV　A，#30H　　　　　　　　　　；A←30H

该条指令的功能是把 8 位立即数 30H 送到累加器 A 中。

      MOV　DPTR，#2AF9H　　　　　　　；DPTR←2AF9H

该条指令的功能是把 16 位立即数 2AF9H 送到数据指针 DPTR 中。

2．直接寻址

直接寻址是在指令中直接给出存放数据的地址，该寻址方式只能访问片内 RAM 和特殊功能寄存器（SFR），即片内 RAM。

例如：

      MOV　30H，31H　　　　　　　；30H←（31H）

该条指令的功能是把片内 RAM 内 31H 单元的数据送到片内 RAM 内的 30H 单元。指令中的 30H 和 31H 都表示数据存放的地址，类似于一栋大楼每间房子的门牌号。

访问特殊功能寄存器即可以使用它们的地址，也可以使用它们的名字，地址和名称的对应关系见表 2.4。类似于一个部门的处长办公室，门牌号假如是 1201，门上也有指示牌"处长办公室"，找处长的人可以直接找"处长办公室"，如果知道处长办公室门牌号的话可以直接找 1201 办公室。为了便于分析程序，通常编程时都使用寄存器的名字。

例如：

      MOV　A，P1　　　　　　；A←（P1）
      MOV　A，90H　　　　　　；A←（90H）

这两条指令对应的功能是一样的，即将 P1 口上的信息传给累加器 A，P1 口是单片机的一组 I/O 端口的名字，90H 是 P1 端口寄存器对应的地址。一般编程时我们使用前者。

3．寄存器寻址

寄存器寻址是由指令指出某一寄存器的内容作为操作数。该寻址方式中，寄存器用寄存器名来表示。能实现该寻址的寄存器有：累加器 A、寄存器 B、进位 C、DPTR 和寄存器 R0～R7。

例如：

      MOV　A，R7　　　　　　；A←（R7）

该条指令的功能是把寄存器 R7 中的数据送到累加器 A 中。

      INC　R2　　　　　　；R2←（R2）+1

该条指令的功能是把寄存器 R2 中的数据加 1 后再送回寄存器 R2 中。

4．寄存器间接寻址

指令操作数对应的寄存器中存放的不是操作数，而是操作数所在的地址，该地址内存放

的数据才是操作数。能实现该寻址的寄存器有 R0、R1 和 DPTR。

例如：

```
MOV   30H, #0AH        ；把立即数 0AH 送到 30H 单元中
MOV   R0, #30H         ；把立即数 30H 送到寄存器 R0 中
MOV   A, @R0           ；把 30H 中的内容送到累加器 A 中，A←（（R0））=0AH
```

寄存器间接寻址类似于提货物，按规定货物要被存放于 A 仓库，可是 A 仓库因为某种原因不能存这批货，那么货物被存放在了 B 仓库，在 A 仓库留下这批货存放的地址指示，提货人去 A 仓库提货时找到地址指示，即货物真正的存放地址，然后提货人按地址指示去 B 仓库提货。

访问片内 RAM 的 256B 时使用 R0 或 R1 寄存器作为地址指针，访问全部 64KB 外部 RAM 时使用 DPTR 作为地址指针进行间接寻址。因为 R0 和 R1 寄存器是 8 位的，只能访问低 256 字节的范围，而 DPTR 是 16 位的，可以访问 64KB RAM 范围内的任何一个地址。

5．变址寻址

变址寻址方式常用于访问程序存储器中的数据表，即查表指令。只能访问，不能修改，助记符为 MOVC。

该寻址方式以程序计数器 PC 或数据指针 DPTR 作为基址寄存器，以累加器 A 作为变址寄存器，A 中的数据即为被寻址操作数相对于基地址的偏移量。

被寻址操作数地址=基址寄存器 PC 或数据指针 DPTR+累加器 A

例如：

```
设（DPTR）=2000H，（A）=30H，执行如下指令
MOVC   A, @A+DPTR     ；取 ROM 中 2030H 单元的数据送累加器 A
```

变址寻址方式的指令只有两条，另一条为 MOVC   A, @A+PC。这两条指令只能访问 64KB 范围的程序存储器，且仅有这两条。

6．相对寻址

相对寻址方式是寻找下一条要执行指令的地址。下一条要执行指令的目标地址为：

目的地址=转移指令所在地址+偏移量（rel）+转移指令字节数

注意：偏移量为一字节二进制补码数，它的范围为-128～+127。

例如：

```
LJMP   START          ；该条指令的功能是跳转到标号为"START"的程序段开始执行
```

7．位寻址

位寻址是对片内 RAM 的位寻址区和某些可位寻址的特殊功能寄存器的各位进行位操作的寻址方式。

片内 RAM 的位寻址区为 20H～2FH 的 128 个位；SFR 中字节地址能被 8 整除的寄存器各位都可位寻址。

例如：

  SETB P1.7

该条指令的功能是将 P1 口的第 8 位置"1"。

3.1.3　MCS-51 单片机指令功能

一般来说，单片机的寻址方式越多，指令集合越丰富。寻址方式和指令系统是衡量单片机的重要指标。MCS-51 系列单片机指令系统按字节数分为：单字节指令（49 条），双字节指令（46 条）和三字节指令（16 条）；还可按执行时间分为：单机器周期指令（64 条），双机器周期指令（45 条）和四机器周期指令（2 条）。

MCS-51 系列单片机指令系统的指令按其功能可分为五类：

（1）数据传送类指令；

（2）算术运算类指令；

（3）逻辑运算类指令；

（4）控制转移类指令；

（5）位操作类指令。

下面分别介绍各指令的功能，也可查阅附录。

1．数据传送类指令（29 条）

数据传送类指令是单片机指令系统中最基本、最常用的指令。主要功能是完成寄存器、累加器、片内 RAM 等的数据传送。

一般指令格式为：MOV　<目的操作数>，<源操作数>

按指令的目的操作数不同，分别介绍如下。

（1）以累加器 A 为目的操作数（4 条）

  MOV　A，#data ；A←data，将立即数传送给累加器 A。例如：MOV　A，#39H

  MOV　A，Rn ；A←（Rn），将寄存器 Rn 中的数据传送给累加器 A。

          例如：MOV　A，R6

  MOV　A，@Ri ；A←（（Ri）），把寄存器 R0 或 R1 中的内容作为地址，该地址中的数据传

          送给累加器 A。例如：MOV　A，@R0

  MOV　A，direct ；A←（direct），把直接地址 direct 中的数据传送给累加器 A 。

          例如：MOV　A，@R1

注意，在编程的时候，十六进制数的最高位如果是 A—F 这 6 位字母的话，在最高位的字母前加"0"，例如"0D3H"，如果写成"D3H"，程序编译的时候会报错，编译不能通过。

如果十六进制数的最高位是 0—9 这 10 个数字，可以在最高位前加"0"，也可以不加"0"，程序编译可以通过。

（2）以寄存器 Rn 为目的操作数（3 条）

MOV	Rn，A	；Rn←（A），把累加器 A 中的数据传送给寄存器 Rn。

例如：MOV　R4，A

MOV	Rn，direct	；Rn←（direct），把直接地址 direct 中的数据传送给寄存器 Rn。

例如：MOV　R3，51H

MOV	Rn，#data	；Rn←data，把立即数传送给寄存器 Rn。

例如：MOV　R3，#51H

（3）以直接地址为目的操作数（5 条）

MOV　direct，#data　；direct←data，把立即数传送给直接地址。

例如：MOV　38H，#38H

MOV　direct，A　；direct←（A），把累加器 A 中的数据传送给直接地址。

例如：MOV　38H，A

MOV　direct，Rn　；direct←（Rn），把寄存器 Rn 中的数据传送给直接地址。

例如：MOV　38H，R4

MOV　direct，@Ri　；direct←（（Ri）），把寄存器 R0 或 R1 中的内容作为地址，该地址中的数据传送给直接地址。

例如：MOV　38H，@R0

MOV　direct1，direct2　；direct1←（direct2），将直接地址 direct2 中的数据传送给直接地址 direct1。

例如：MOV　38H，39H

（4）以间接地址为目的操作数（3 条）

MOV　@Ri，A　；（Ri）←（A），把累加器 A 中的数据传送给寄存器 Ri 中的内容所对应的存储单元。

例如：MOV　@R0，A

MOV　@Ri，direct　；（Ri）←（direct），把直接地址中存放的数据传送给寄存器 Ri 中的内容所对应的存储单元。

例如：MOV　@R1，0CDH

MOV　@Ri，#data　；（Ri）←data，把立即数传送给寄存器 Ri 中的内容所对应的存储单元。

例如：MOV　@R0，#0B9H

（5）以 DPTR 为目的操作数（1 条）

MOV　DPTR，#data16　；DPTR←data16，把 16 位立即数传送给数据指针 DPTR。

例如：MOV　DPTR，#0A78EH

该指令是唯一的一条 16 位数据传送指令。由于 DPTR 是由高 8 位的 DPH 和低 8 位的 DPL 构成，那么在上例指令中，0A7H 这 8 位存放在 DPH 中，8EH 这 8 位存放在 DPL 中。

（6）片外 RAM 数据传送指令（4 条）

MOVX　A，@Ri　　　；A←（（Ri）），把寄存器 Ri 中存的数据对应的片外 RAM 空间中的数据传送给累加器 A。

例如：MOVX　A，@R1

MOVX　A，@DPTR　　；A←（（DPTR）），把数据指针 DPTR 中存的数据对应的片外 RAM 空间中的数据传送给累加器 A。

以上两条指令是读片外 RAM 的指令。

MOVX　@Ri，A　　　；（Ri）←（A），把累加器 A 中的数据传送给寄存器 Ri 中数据对应的片外 RAM 空间。

例如：MOVX　@R1，A

MOVX　@DPTR，A　　；（DPTR）←（A），把累加器 A 中的数据传送给数据指针 DPTR 中存的数据对应的片外 RAM 空间。

以上两条指令是写片外 RAM 的指令。在以上四条指令中推荐使用第二条和第四条。

（7）查表指令（2 条）

MOVC　A，@A+DPTR　；DPTR 为基址，A 为变址，A←（（A）+（DPTR））。
MOVC　A，@A+PC　　；以 PC 的当前值为基址，A 为变址，A←（（A）+（PC））。

51 单片机汇编指令系统只有这两条查表指令。

（8）字节交换指令（5 条）

XCH　A，direct　　　；累加器 A 中的数据与直接地址中的数据互换。

例如：XCH　A，80H

XCH　A，Rn　　　　；寄存器 Rn 中的数据与累加器 A 中的数据互换。

例如：XCH　A，R5

XCH　A，@Ri　　　　；寄存器 Ri 中数据所对应的存储单元中的数据与累加器 A 中的数据互换。

例如：XCH　A，@R0

XCHD　A，@Ri　　　　；寄存器 Ri 中数据所对应的存储单元中的数据的低 4 位与累加器 A 中的数据的低 4 位互换。

例如：XCHD　A，@R1

SWAP　A 　　　　　　　　；累加器 A 中数据的高 4 位与低 4 位互换。

（9）堆栈操作指令（2 条）

堆栈操作遵守"后进先出"或"先进后出"的原则，在片内 RAM 中开辟的用于暂存数据的空间区域叫做堆栈，地址指针为 SP，始终指向栈顶的位置。

PUSH　direct 　　　　　；进栈（压入）指令，SP←（SP）+1，（SP）←（direct）。

例如：PUSH　48H

该条指令的功能是先将堆栈指针 SP 的内容加 1，指向栈顶的空单元，将直接地址中的数据压入 SP 指向的单元，SP 的内容就变为新的栈顶。

POP　direct 　　　　　；出栈（弹出）指令，direct←（（SP）），SP←（SP）−1。

例如：POP　48H

该条指令的功能是先将栈顶 SP 指向的单元内容弹出给直接地址单元，SP 的内容自动减 1，SP 又指向新的栈顶。

注意：系统复位后 SP 的值为 07H，也就是工作寄存器第 0 组的 R7 寄存器，一般在编程时把 SP 的值设定在片内 RAM 的 30H～7FH 区域，即通用 RAM 区（堆栈、数据缓冲），那么该值一般都设置为 2FH，则将要压栈存放的第一个数据的存放单元地址就是 30H。

2．算术运算类指令（24 条）

算术运算类指令包括 8 位无符号数的加法、减法、乘法和除法四则运算，增 1、减 1 等指令。读者必须注意这些指令在应用时会对程序状态字寄存器 PSW 的某些标志位产生影响。

（1）加法指令（8 条）

ADD　A，#data 　　；A←（A）+data，累加器 A 中的数据与立即数相加，和存于累加器 A 中。

例如：ADD　A，#0D8H

ADD　A，direct 　　；A←（A）+（direct），累加器 A 中的数据与直接地址中存的数据相加，和存于累加器 A 中。

例如：ADD　A，0D8H

ADD　A，@Ri 　　；A←（A）+（（Ri）），累加器 A 中的数据与寄存器 Ri 中存的数据的对应单元中的数据相加，和存于累加器 A 中。

例如：ADD　A，@R1

ADD　A，Rn 　　；A←（A）+（Rn），累加器 A 中的数据与寄存器 Rn 中存的数据相加，和存于累加器 A 中。

ADDC　A，#data 　　；A←（A）+data+（CY），累加器 A 中的数据、立即数和进位 CY（PSW 中的一位）的值三者相加，和存于累加器 A 中。

例如：ADDC　A，#8EH

ADDC　A，direct　　；A←（A）+（direct）+（CY），累加器 A 中的数据、直接地址中存的数据与进位 CY 的值三者相加，和存于累加器 A 中。

例如：ADDC　A，8EH

ADDC　A，@Ri　　；A←（A）+（（Ri））+（CY），累加器 A 中的数据、寄存器 Ri 中存的数据对应的单元中的数据与进位 CY 的值三者相加，和存于累加器 A 中。

例如：ADDC　A，@R0

ADDC　A，Rn　　；A←（A）+（Rn）+（CY），累加器 A 中的数据、寄存器 Rn 中存的数据与进位 CY 的值三者相加，和存于累加器 A 中。

例如：ADDC　A，R0

加法指令的目的操作数都存储在累加器 A 中，并且加法指令影响 PSW 中的 CY、OV 和 AC 位。

（2）加 1 指令（5 条）

INC　A　　；A←（A）+1，累加器 A 中的数据加 1。

INC　direct　　；direct←（direct）+1，直接地址中的数据加 1。

例如：INC　78H

INC　Rn　　；Rn←（Rn）+1，寄存器 Rn 中的数据加 1。

例如：INC　R2

INC　@Ri　　；（Ri）←（（Ri））+1，寄存器 Ri 中数据对应的单元里的数据加 1。

例如：INC　@R0

INC　DPTR　　；DPTR←（DPTR）+1，数据指针 DPTR 中的数据加 1。

（3）带借位的减法指令（4 条）

SUBB　A，#data　　；A←（A）−data−（CY），累加器 A 中的数据减去立即数，再减去 CY 的值，差存于累加器 A 中。

例如：SUBB　A，#59H

SUBB　A，direct　　；A←（A）−（direct）−（CY），累加器 A 中的数据减去直接地址中存的数据，再减去 CY 的值，差存于累加器 A 中。

例如：SUBB　A，59H

SUBB　A，@Ri　　；A←（A）−（（Ri））−（CY），累加器 A 中的数据减去寄存器 Rn 中存的数据对应的单元中的数据，再减去 CY 的值，差存于累加器 A 中。

例如：SUBB　A，@R1

SUBB　A，Rn　　；A←（A）−（Rn）−（CY），累加器 A 中的数据减去寄存器 Rn 中存的数据，再减去 CY 的值，差存于累加器 A 中。

例如：SUBB　A，R1

MCS-51 指令系统中没有不带借位的减法指令，如果作两个数据的减法运算，需要在"SUBB"指令前用"CLR　C"指令将 CY 清 0，然后再使用减法指令，这样在减法指令中减 CY 的值时相当于减 0，计算结果不会出现错误。

（4）减 1 指令（4 条）

| DEC　A | ；A←（A）−1，累加器 A 中的数据减 1。 |

| DEC　direct | ；direct←（direct）−1，直接地址中的数据减 1 。 |

例如：DEC　39H

| DEC　Rn | ；Rn←（Rn）−1，寄存器 Rn 中的数据减 1。 |

例如：DEC　R3

| DEC　@Ri | ；（Ri）←（（Ri））−1，寄存器 Ri 中的数据对应的单元数据减 1。 |

例如：DEC　@R1

注意：没有对 DPTR 的减 1 操作指令。

（5）乘法指令（1 条）

| MUL　AB | ；累加器 A 中的 8 位无符号二进制数与寄存器 B 中的 8 位无符号二进制数相乘，积的高字节存于 B 中，低字节存于 A 中。 |

（6）除法指令（1 条）

| DIV　AB | ；累加器 A 中的 8 位无符号二进制数除以寄存器 B 中的 8 位无符号二进制数，商存于 A 中，余数存于 B 中。 |

（7）十进制调整指令（1 条）

| DA　A |

如果用 ADD 和 ADDC 对两个 BCD 码数相加时需要用 DA　A 指令对结果调整，否则会出错。

调整原理为：如果（A0～A3）＞9 或（AC）=1，则低 4 位（A0～A3）+6 调整；如果（A4～A7）＞9 或（CY）=1，则高 4 位（A4～A7）+6 调整。

注意：DA　A 指令只对累加器 A 起作用，不能单独使用，必须在 ADD 和 ADDC 后，不适用于减法指令。

3. 逻辑运算类指令（24 条）

此类指令包括逻辑与、或、非、异或、求反、清 0、循环移位等。

（1）逻辑"或"运算（6 条）

| ORL　direct，A | ；direct←（direct）∨（A）。 |

例如：ORL　78H，A

```
ORL   direct，#data        ；direct←（direct）∨data。
                          例如：ORL   78H，#78H
ORL   A，#data            ；A←（A）∨data。
                          例如：ORL   A，#78H
ORL   A，direct           ；A←（A）∨（direct）。
                          例如：ORL   A，78H
ORL   A，@Ri              ；A←（A）∨（（Ri））。
                          例如：ORL   A，@R1
ORL   A，Rn               ；A←（A）∨（Rn）。
                          例如：ORL   A，R5
```

逻辑"或"指令的功能是两个操作数按位相"或"，也可对某位置1（其余位不变）。"或"的逻辑功能是：有1为1，全0为0。

例如：30H存储单元里的数据是58H（01011000B），需要对数据里的第2位（数据的高低位是从右向左排列，最右边是第0位，也是最低位，最左边是第7位，也是最高位。）置1，则通过下边两条指令实现。计算后30H存储单元里的数据变为5CH（01011100B）。

```
ORL   30H，#00000100B   或  ORL   30H，#04H
```

（2）逻辑"与"运算（6条）

```
ANL   direct，A          ；direct←（direct）∧（A）。

                          例如：ANL   4AH，A
ANL   direct，#data       ；direct←（direct）∧data。

                          例如：ANL   4AH，#4AH
ANL   A，#data            ；A←（A）∧data。

                          例如：ANL   A，#0D2H
ANL   A，direct           ；A←（A）∧（direct）。

                          例如：ANL   A，0D2H
ANL   A，@Ri              ；A←（A）∧（（Ri））。

                          例如：ANL   A，@R1
ANL   A，Rn               ；A←（A）∧（Rn）。

                          例如：ANL   A，R6
```

逻辑"与"指令的功能是两个操作数按位相"与"，也可对某位置0（其余位不变）。"与"的逻辑功能是：有0为0，全1为1。

例如：30H存储单元里的数据是58H（01011000B），需要对数据里的第4位（数据的高低位是从右向左排列，最右边是第0位，也是最低位，最左边是第7位，也是最高位。）清0，则通过下边两条指令实现。计算后30H存储单元里的数据变为48H（01001000B）。

ANL　30H，#11101111B　或　ANL　30H，#0EFH

（3）逻辑"异或"运算（6条）

XRL　direct，A　　　　　　　；direct←（direct）⊕（A）。

　　　　　　　　　　　　　　　　　例如：XRL　0CDH，A

XRL　direct，#data　　　　；direct←（direct）⊕data。

　　　　　　　　　　　　　　　　　例如：XRL　0CDH，#72H

XRL　A，#data　　　　　　　；A←（A）⊕data。

　　　　　　　　　　　　　　　　　例如：XRL　A，#72H

XRL　A，direct　　　　　　　；A←（A）⊕（direct）。

　　　　　　　　　　　　　　　　　例如：XRL　A，72H

XRL　A，@Ri　　　　　　　　；A←（A）⊕（（Ri））。

　　　　　　　　　　　　　　　　　例如：XRL　A，@R1

XRL　A，Rn　　　　　　　　　；A←（A）⊕（Rn）。

　　　　　　　　　　　　　　　　　例如：XRL　A，R7

　　　逻辑"异或"指令的功能是两个操作数按位相"异或"。也可对某位取反（其余位不变）。"异或"的逻辑功能是：相同为 0，不同为 1。

　　　例如：使 P1 口的低 2 位为 0，高 2 位取反，其余位不变。

分析：

ANL　P1，#11111100B　　　　　　；低两位清 0。

XRL　P1，#11000000B　　　　　　；高两位取反。

（4）循环移位指令（4条）（见图 3.1）

RR　A　　　　　　　；累加器 A 中的数据逐位向右循环移动 1 位。

RRC　A　　　　　　；CY 的值在 A 中的数据之前组成 9 位二进制数，逐位向右循环移
　　　　　　　　　　　动 1 位。

RL　A　　　　　　　；累加器 A 中的数据逐位向左循环移动 1 位。

RLC　A　　　　　　；CY 的值在 A 中的数据之前组成 9 位二进制数，逐位向左循环移
　　　　　　　　　　　动 1 位。

"RLC　A"指令可以将累加器 A 的内容做乘 2 运算，注意 CY 要清零。

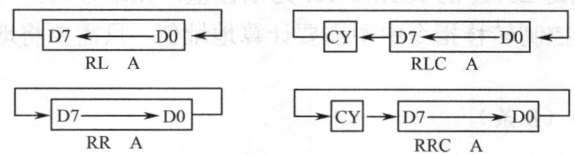

图 3.1　移位循环指令操作示意图

（5）求反指令（1 条）

    CPL　A　　　　　　　　　　；累加器 A 中的数据逐位求反。

（6）清 0 指令（1 条）

    CLR　A　　　　　　　　　　；累加器 A 中的数据清 0。

对字节求反、清零操作只有上述这两条指令。

4．控制转移类指令（19 条）

控制转移类指令的作用是改变程序执行的方向，或调用子程序，或从子程序返回。

（1）无条件转移指令（4 条）

    LJMP　addr16　　　　　　　；长跳转指令，功能是把转移地址 addr16 送入程序计数器 PC，CPU
    　　　　　　　　　　　　　　无条件转移到 addr16 处执行程序。
    　　　　　　　　　　　　　　例如：LJMP　MAIN

该指令的寻址范围是 64KB 的 ROM。在编程时，可以在 16 位地址程序处设置标号，这样在控制转移指令中不需要计算地址值，只需要将地址值变成地址标号即可。

    AJMP　addr11　　　　　　　；绝对转移指令，功能是把转移地址 addr11 送入程序计数器 PC，CPU
    　　　　　　　　　　　　　　无条件转移到 addr11 处执行程序，但程序只能转移到下一条指令附
    　　　　　　　　　　　　　　近的 2KB 范围内执行。
    　　　　　　　　　　　　　　例如：AJMP　START

该指令的寻址范围是 2KB 的 ROM。

    JMP　@A+DPTR　　　　　　；变址寻址转移指令，指令执行后，CPU 把 DPTR 中的基地址和累加
    　　　　　　　　　　　　　　器 A 中的地址偏移量相加，形成目标转移地址送入程序计数器 PC。

该指令还称为无条件间接转移指令或散转指令，它的寻址范围是 256B 的 ROM。

    SJMP　rel　　　　　　　　　；短转移指令，指令执行后，程序便转移到当前 PC 值与 rel 值之和所
    　　　　　　　　　　　　　　指示的地址单元。
    　　　　　　　　　　　　　　例如：SJMP　DISPLAY

该指令的寻址范围是 256B 的 ROM。rel 为偏移量，在编程时，可以在偏移目的地址程序处设置标号，这样在控制转移指令中不需要计算地址值，只需要将地址值变成地址标号即可。

（2）条件转移指令（8 条）

    JZ　rel　　　　　　　　　　；若（A）=0，则 PC←（PC）+2+rel，即转移；否则顺序执行。
    JNZ　rel　　　　　　　　　 ；若（A）≠0，则 PC←（PC）+2+rel，即转移；否则顺序执行。

以上两条指令为累加器 A 判 0 转移指令。

JC   rel   ; 若（CY）=1，PC←（PC）+2+rel，转移；否则顺序执行。

JNC   rel   ; 若（CY）=0，PC←（PC）+2+rel，转移；否则顺序执行。

以上两条指令通过判断程序状态字 PSW 里进位标志位 CY 的值来判断是否转移。

CJNE   A，#data，rel   ; 若（A）≠data，则 PC←（PC）+3+rel，否则顺序执行。

CJNE   A，direct，rel   ; 若（A）≠（direct），则 PC←（PC）+3+rel，否则顺序执行。

CJNE   @Ri，#data，rel   ; 若（（Ri））≠data，则 PC←（PC）+3+rel，否则顺序执行

CJNE   Rn，#data，rel   ; 若（Rn）≠data，则 PC←（PC）+3+rel，否则顺序执行

以上指令的功能是比较两个数是否相等，同时影响 PSW 的 CY 位。若第一个操作数大于第二个操作数，则 CY=0，程序跳转；若第一个操作数小于第二个操作数，则 CY=1，程序跳转；若两数相等，则 CY=0，程序顺序执行。

DJNZ   Rn，rel   ; Rn←（Rn）−1，结果不为 0，转 PC←（PC）+2+rel；结果为 0，顺序执行。

例如：DJNZ   R2，DELAY

DJNZ   direct，rel   ; direct←（direct）−1，结果不为 0，转 PC←（PC）+2+rel；结果为 0，顺序执行。

例如：DJNZ   47H，DELAY10MS

以上指令为循环转移指令，也称为减 1 不为 0 转移指令，其功能是把源操作数先减 1，再判断其结果是否为 0，若不为 0 就跳到目的地址去执行，若为 0，则顺序执行。

LCALL   addr16   ; 长调用指令，addr16 为入口地址，先将该指令的下一条指令的地址压入堆栈，将子程序入口地址装入程序计数器 PC，CPU 再转去执行子程序。本指令可调用 64KB 范围内的子程序。

ACALL   addr11   ; 短调用指令，或称绝对调用指令，本指令和长调用指令的功能相同，只是 addr11 为 11 位入口地址，被调用的子程序入口地址必须和调用指令下一条指令的第一个字节在同一 2KB 存储区内。

RET   ; 子程序返回指令，当 CPU 执行完一段子程序后，将堆栈内的断点地址弹出，并送 PC，CPU 返回到原断点处继续执行原程序。

RETI   ; 中断返回指令，具有 RET 指令的功能，还能将中断状态寄存器内容清除，该返回指令出现在中断处理函数之后。

NOP   ; 空操作，仅将 PC 的内容加 1。

5．位操作类指令（15 条）

MOV   C，bit   ; C←（bit），将指定位地址中的 1 位二进制数送入 CY。

　　　　　　　　　　　　例如：MOV　C，P1.1

MOV　bit，C　　　　　；bit←（C），将 CY 中的 1 位二进制数送入指定的位地址。

　　　　　　　　　　　　例如：MOV　P3.0，C

以上两条指令为位传送指令。

CLR　　C　　　　　　；C←0，将 PSW 中的 CY 清 0。

CLR　　bit　　　　　；bit←0，将指定位的数据清 0。

　　　　　　　　　　　例如：CLR　P2.3

CPL　　C　　　　　　；C←（$\overline{C}$），将 PSW 中的 CY 取反。

CPL　　bit　　　　　；bit←（$\overline{bit}$），将指定位的数据取反。

　　　　　　　　　　　例如：CPL　P0.7

SETB　C　　　　　　；C←1，将 PSW 中的 CY 置位，或置 1。

SETB　bit　　　　　；bit←1，将指定位置位，或置 1。

　　　　　　　　　　　例如：SETB　P1.5

以上六条指令为位修改指令。

ANL　C，bit　　　；CY←（CY）∧（bit），进位位与直接地址位相"与"。

ANL　C，$\overline{bit}$　　　；CY←（CY）∧（$\overline{bit}$），进位位与直接地址位的反码相"与"。

ORL　C，bit　　　；CY←（CY）∨（bit），进位位与直接地址位相"或"。

ORL　C，$\overline{bit}$　　　；CY←（CY）∨（$\overline{bit}$），进位位与直接地址位的反码相"或"。

以上四条指令为位逻辑运算指令。

JB　bit，rel　　　；若直接位地址（bit）=1，则 PC←（PC）+3+rel，跳转；否则顺序执行。

JNB　bit，rel　　；若直接位地址（bit）=0，则 PC←（PC）+3+rel，跳转；否则顺序执行。

JBC　bit，rel　　；若直接位地址（bit）=1，则 PC←（PC）+3+rel，跳转，并且该位清 0；
　　　　　　　　　否则顺序执行。

　　以上三条指令和累加器判 0 指令都属于位控制转移指令。常用于比较两数大小、用户设定的标志位判断控制、I/O 端口位状态测试等。指令中位地址 bit 若为 00H~7FH，则位地址在片内 RAM（20H~2FH）中共 128 位；bit 若为 80H~FFH，则位地址在 11 个特殊功能寄存器中。

3.2　MCS–51 单片机汇编语言程序设计

　　在学习单片机的过程中，会设计硬件电路是远远不够的，软件编程非常关键，只有软件程序和硬件电路配合工作，才会体现出单片机的魅力。编写单片机程序的语言按结构及功能

可分为三种：机器语言、汇编语言和高级语言。单片机能直接识别和执行机器语言程序。MCS-51 单片机的程序设计常用汇编语言和 C 语言两种语言，本书主要介绍汇编语言的指令及程序设计，读者如果对单片机编程很感兴趣，根据作者的单片机项目开发经验，建议在学习汇编语言编程后学习用 C 语言编程。C 语言有如下一些优点：数据类型和寄存器的分配由编译器管理，编程和调试的时间减少，开发周期缩短，软件的可读性增强，便于扩充和移植。

3.2.1　MCS-51 单片机汇编语言及其特点

汇编语言是以助记符或操作码表示的指令，用汇编语言编写的程序称为汇编语言程序。MCS-51 单片机汇编语言指令格式为：

标号：操作码　操作数 1，操作数 2　　　　　　;注释

单片机不能直接执行汇编语言程序，必须翻译成机器语言程序才能执行，这个翻译过程被称为汇编，由指令译码器来完成。

汇编语言有以下特点：

（1）指令系统丰富，易于理解和记忆，程序可读性强。

（2）汇编语言指令与机器语言指令一一对应，运行速度快，占用存储空间小。

（3）汇编语言可直接访问寄存器、存储单元、I/O 端口等，可满足实时控制要求。

（4）编程时必须对单片机的外围硬件电路非常熟悉。

（5）通用性较差，不同单片机的汇编语言之间很难通用。

汇编语言程序设计时，也就是用汇编语言编写单片机程序时需要注意，单片机的寄存器、存储空间等要做出合理的具体安排，而且设计人员必须对单片机的结构及各类寄存器、定时计数器及中断等非常熟悉，这样在设计程序时才会方便使用。

3.2.2　MCS-51 单片机汇编语言的伪指令

伪指令是非执行指令，只在对源程序汇编过程中起某种控制作用，并不产生目标代码，也不影响程序的执行，即 CPU 不执行伪指令。

1. ORG（Origin，起点）

用来指出此语句后的程序或数据块的起始地址。格式为：

ORG　16 位地址

该指令规定了下一条指令的存放首地址，在一个源程序里可以多次使用，应从小到大，不能重叠，即不同程序段间不能重叠。

2. EQU（Equate，等值）

EQU 为赋值指令，把操作数段中的地址或数据赋值给字符名称。格式为：

字符名称　EQU　操作数

例如：

  HOUR　EQU　30H　　　　　　　　　　　;给字符名称 HOUR 赋值为 30H

使用该指令时必须先赋值，后使用，优点是字符名称对应的值需要改动时，只改此赋值指令后的值，程序内的值也就全修改了，节省了大量修改程序的时间，非常方便。

3．DB（Define Byte，定义字节）

定义从指定地址单元开始存放的若干字节数据，常用于定义数据常数表格。格式为：

  标号：DB　字节数据表

例如：分析如下程序段的数据常数存放位置。

```
          ORG      2000H
          DB       0A3H
LIST:     DB       26H，03H
STR:      DB       'A B C'
          ⋮
```

分析：　　（2000H）=0A3H

    （2001H）=26H

    （2002H）=03H

    （2003H）=41H

    （2004H）=42H

    （2005H）=43H

其中"A、B、C"这三个英文字母分别是以它们的 ASCII 码的形式存放的。

4．DW（Dwfine Word，定义一个字）

与 DB 指令的功能相似，DW 用来定义一个字，一个字为两个字节，即 16 位二进制数。格式为：

  标号：DW　字或字符串

由于一个字为 16 位二进制数，故高字节数存入低位地址，低字节数存入高位地址。

例如：分析如下程序段的数据常数存放位置。

```
          ORG      2000H
TAB:      DW       2345H，20H
          ⋮
```

分析：　　（2000H）=23H

　　　　（2001H）=45H
　　　　（2002H）=00H
　　　　（2003H）=20H

5．BIT

该指令为位地址符号指令，功能是把位地址赋给规定的字符名称。格式为：

　　字符名称　BIT　位地址

例如：

　　AA　BIT　P2.0

在编程时，如果程序内部多处用到 P2.0 端口，可以用 AA 来代替表示，若需要修改端口，在该条指令中修改 P2.0 即可，程序内部多处用到的 P2.0 也都修改了。如果程序内部多处都编写成 P2.0，那么更换端口时必须在程序内部将所有分散的 P2.0 都修改，工作量会增大，也浪费时间，还容易漏改而出现编译报错，非常麻烦。

6．DATA

该指令是数据地址赋值指令，功能是把数据地址或代码地址赋给规定的字符名称。格式为：

　　字符名称　DATA　表达式

例如：

　　AA　DATA　1000H　　　；汇编后 AA 的值为 1000H

注意：EQU 和 DATA 都为赋值指令，但它们有不同点：
① EQU 定义的字符名必须先定义后使用，而 DATA 定义的字符名可后定义先使用；
② EQU 可把一个汇编符号赋给一个名字，而 DATA 只能把数据赋给字符名。

7．DS

汇编时从指定地址开始保留 DS 之后表达式的值所规定个数的存储单元，以备后用。格式为：

　　DS　表达式

例如：分析如下程序段的数据常数存放位置。

　　　　ORG　　1000H
　　　　DS　　　08H
　　　　DB　　　30H，8AH
　　　　　　⋮

分析：　　（1008H）=30H

　　　　　（1009H）=8AH

DB、DW 和 DS 这三条伪指令都只对 ROM 起作用。

8．END

该指令表示程序结束，一个源程序只能有一个 END 指令，并且在源程序的末端。如果 END 出现在程序中间，则其后的语句不予汇编。

3.2.3　汇编程序设计步骤与基本结构

1．编写汇编语言程序的步骤

（1）分析任务：分析要完成的设计任务，明确系统设计条件、要求等，确定系统的硬件资源。

（2）确定算法：算法是程序设计的依据，决定了将来的单片机系统工作的正确性和可靠性。

（3）构思流程：程序流程图可以直观的体现出设计者的设计思想，程序设计者可以根据要实现的目标先画出整体流程图，再画出局部流程图。

（4）编写程序：根据流程图，结合单片机指令系统，编写源程序，要求程序简单，层次分明，可读性强。

（5）上机调试：编写好的程序一定要上机调试，可以消除语法等错误，最后在硬件系统上调试、修改，直至达到预期效果。

2．程序基本结构

程序按照执行方式可分为三种基本结构：顺序结构、分支结构和循环结构。

（1）顺序结构

顺序结构的程序是按编写顺序依次往下逐条执行，是最简单、最基础的程序结构。

例 1：编写 1+2 的程序，要求将加数和被加数分别送入 50H 和 51H 单元，它们的和送入 52H 单元。

分析：程序段如下：

```
ORG     0000H
MOV     50H, #01H      ; 将 1 存入 50H 中。
MOV     51H, #02H      ; 将 2 存入 51H 中。
MOV     R0, #50H       ; 设 R0 为数据指针。
MOV     A, @R0         ; 取出 1。
INC     R0             ; 修改数据指针。
ADD     A, @R0         ; 取出 2 和 1 相加，和在累加器 A 中。
```

INC	R0	；修改数据指针。
MOV	@R0，A	；将结果存在 52H 单元中。

（2）分支结构

在程序设计中，需要对单片机的某种情况进行判断，根据判断的结构选择程序执行的方向。利用条件转移指令形成不同的程序分支就是分支程序。

例 2：设片内 RAM40H 和 41H 单元各存一个 8 位二进制无符号数，编程比较它们的大小，大数存入 42H 单元。

分析：判断两数的大小，根据 CY 位的值判断分支。有两种实现方法：用减法指令或用比较指令。

程序段如下：

	ORG	0000H	；程序从 0000H 开始存放。
	LJMP	MAIN	；跳到主程序执行。
	ORG	0030H	；主程序的存放首地址。
MAIN:	CLR	C	；PSW 的 CY 位（进位/借位位）清 0。
	MOV	A，40H	；把 40H 单元里的数送给累加器 A。
	SUBB	A，41H	；A 里的数据减去 41H 里的数，无借位，CY=0；有借位，CY=1。
	JNC	LP	；CY=0，转移到标号 LP 指令处；CY=1，顺序执行。
	MOV	42H，41H	；最大数存入 42H 单元。
	SJMP	$	；程序跳转到自身。
LP:	MOV	42H，40H	；最大数存入 42H 单元。
	END		；程序结束。

分支程序设计的关键是如何判断分支条件。MCS-51 单片机是把标志位或累加器 A 或片外 RAM 某位的结果状态作为判断的条件，正确选择条件转移指令也是至关重要的。

（3）循环结构

程序设计时，有时一部分程序会在源程序里重复执行多次，可采用循环结构程序，这样可使程序得到很大简化，节省存储空间。

循环程序一般由四部分组成：

① 循环初始化：设置地址指针、工作寄存器、循环次数等循环开始时的状态。

② 循环体：循环程序重复执行的程序段。

③ 循环控制部分：修改指针、寄存器的值等检查循环是否继续，若循环条件满足，继续循环；否则结束循环。

④ 结束部分：循环结束，保存结果。

循环程序按循环次数可分为单循环程序和多循环程序，单循环程序又可分为次数已知的循环程序和次数未知的循环程序。

例 3：将 50H 为起点的 6 个单元清 0。

分析： 程序段如下：

```
            ORG      0000H
    CLEAR:  CLR      A             ；累加器 A 清 0。
            MOV      R0，#50H       ；确定清 0 单元的起始地址。
            MOV      R1，#06H       ；确定清 0 单位的个数，也是循环次数。
    LP:     MOV      @R0，A         ；清 50H 单元。
            INC      R0            ；指针指向下一个单元。
            DJNZ     R1，LP        ；控制循环。
            SJMP     $
```

此程序为循环次数已知的循环程序，其 2～4 句程序为循环初始化，5～7 句为循环体。

例 4： 设晶体振荡器的频率为 12MHz，编写一段延时 10s 的程序段。

分析： 程序段如下：

```
    DELAY： MOV      R7，#0BFH                  ；该类型指令执行需要 1 个机器周期。
    DL1:    MOV      R6，#0BDH
    DL0:    MOV      R5，#89H
            DJNZ     R5，$                     ；该类型指令执行需要 2 个机器周期。
            DJNZ     R6，DL0
            DJNZ     R7，DL1
            NOP                                ；该指令执行需要 1 个机器周期。
            RET                                ；该指令执行需要 2 个机器周期。
```

延时程序段的执行时间计算公式为：

$$t=1+ \{ 1+ \lfloor 1+2\times(R5)+2 \rfloor \times(R6)+2 \} \times(R7)+1+2$$

以上延时程序为多重循环程序，改变寄存器 R5、R6 或 R7 的值可以改变延迟时间，在编程时非常常用，读者可以在网上下载相关软件，该类软件输入晶振频率和延时时间后代码会直接生成。延时误差非常小，晶振选择 12MHz 时没有误差，如果根据以上公式人工选取三个寄存器的值确定需要的时间是非常困难的事情。

3.2.4 常用子程序

实际编程时会遇到多次执行一些相同计算和操作的情况，例如使用延时函数、键盘扫描函数和显示函数等，如果每次使用都要从头编写这些程序，不但程序烦琐，而且占用存储空间大，调试也增加了难度。若采用子程序，使一些使用频繁的程序成为独立的程度段，需要时再调用，不需要重复编写，节省存储空间，程序可读性有所提高。子程序可以嵌套，即子程序可以调用子程序。子程序通过 LCALL 和 ACALL 指令调用，子程序结束后，必须通过返回指令 RET 来返回到主程序断点处继续执行主程序。

例 5： 编写 1 位十六进制数转换为 ASCII 码的子程序，设该数存于累加器 A 中，转换后的值也存于 A 中。

分析： 十六进制数 0～9 的 ASCII 码为 30H～39H，A～F 的 ASCII 码为 41H～46H，如果十六进制数小于 0AH，则该数相应的 ASCII 码为（A）+30H，如果十六进制数等于或大于 0AH，则该数相应的 ASCII 码为（A）+37H。

程序段如下：

```
          ORG     2000H
ASC:      CJNE    A，#0AH，L1
L1:       JNC     L2          ;（A）≥0AH，跳转到 L2。
          ADD     A，#30H      ;（A）<0AH，则（A）+30H。
          SJMP    L3
L2:       ADD     A，#37H      ;（A）≥0AH，则（A）+37H。
L3:       RET
```

例 6： 编写程序，将累加器 A 中的 ASCII 码转换为 1 位十六进制数，结果存于 A 中。

程序段如下：

```
ASC:      CLR     C           ; 进位标志 CY 清 0。
          SUBB    A，#30H      ; 累加器 A 里的值减去 30H，结果存入 A。
          CJNE    A，#0AH，L1   ; 判断 A 里的值与 0AH 的大小。
L1:       JC      L2          ; 如果 CY 的值为 1，跳转到标号 L2 处。
          SUBB    A，#07H      ; 如果 CY 的值为 0，A 里的值减去 07H。
L2:       RET                 ; 返回。
```

例 7： 编写多字节无符号数的加法运算子程序，设 R0 为被加数低位字节地址指针，R1 为加数低位字节地址指针，R2 为字节数，结果存放在被加数单元中。

程序段如下：

```
            ORG     1100H
ADDMB:      CLR     C           ; 进位标志 CY 清零
LOOP:       MOV     A，@R0       ; 取被加数
            ADDC    A，@R1       ; 相加
            MOV     @R0，A       ; 存结果
            INC     R0          ; 修改地址指针
            INC     R1
            DJNZ    R2，LOOP     ; R2 的值减 1 判 0，不为零跳至标号 LOOP 处。
            JNZ     DONE        ; 若 A 的值不等于 0，跳至标号 DONE 处。
            MOV     @R0，#1      ; 若 A 的值为 0，则将 1 送给 R0 存放的数对应
                                  的地址中。
DONE:       RET
```

常用的子程序还有多字节二进制数求补码子程序，多字节 BCD 码取补子程序，单字节带符号数加法子程序，两个双字节无符号数乘法子程序，两个双字节无符号数除法子程序等，

作为子程序里最常用的延时子程序，在循环结构里已经列举过。更多相关子程序，读者可查阅单片机原理及接口技术参考书。

下面举两个例子说明一下程序段如何分析。

例 8：设片内 RAM 中 45H 单元的内容为 50H，写出当执行下列程序段后累加器 A、寄存器 R0、片内 RAM 中 50H、51H 单元的内容分别为何值？

程序段如下：

```
MOV     A，45H
MOV     R0，A
MOV     A，#00H
MOV     @R0，A
MOV     A，#25H
MOV     51H，A
MOV     52H，#70H
```

分析：

45H	A	R0	50H	51H	52H
50H	50H	50H	00H	25H	70H
	00H				
	25H				

每一存储单元对应的一列值里最下边的值为最终该存储单元里存放的值。即累加器 A 中的值为 25H，寄存器 R0 中的值为 50H，50H 存储单元中的值为 00H，51H 存储单元中的值为 25H。

例 9：若（A）=40H，试写出执行以下程序段后累加器 A、寄存器 R0 及片内 RAM 中 40H、41H 和 42H 单元的内容分别为何值？

程序段如下：

```
MOV     A，#40H
MOV     R0，A
MOV     A，#00H
MOV     @R0，A
MOV     A，#40H
MOV     41H，A
MOV     42H，41H
```

分析：

A	R0	40H	41H	42H
40H	40H	00H	40H	40H
00H				
40H				

累加器 A 中的值为 40H，寄存器 R0 中的值为 40H，40H 存储单元中的值为 00H，41H 存储单元中的值为 40H，42H 存储单元中的值为 40H。

第4章

MCS–51 单片机中断、定时系统及串行数据通信

中断是单片机不断地与外部输入/输出设备交换信息的一种方式。MCS-51 单片机系统有 5 个中断源，两个优先级。

定时系统有定时和事件计数两个功能，可用于定时控制、延时、对外部事件计数和检测等场合。MCS-51 单片机系统有两个 16 位定时器/计数器：定时器 0（T0）和定时器 1（T1）。52 单片机除两个定时器外，还有一个定时器/计数器 T2。

单片机与外部设备之间常常要进行信息交换，这一交换过程称为通信。基本的通信方式有两种，即并行通信和串行通信。串行通信只用一位数据线传送数据的位信号，即使加上几条通信联络控制线，也用不了很多电缆线，比较适合远距离通信。并行通信一般采用 8 根线，同时传输数据，一次传输一个字节。

本章主要介绍 MCS-51 系列单片机的中断系统、定时/计数系统和串行数据通信。

4.1 MCS–51 单片机中断系统

现代计算机都具有实时处理功能，能对外界随机发生的事件做出及时处理，这主要是靠中断技术来实现的。

4.1.1 中断的概念

当 CPU 正处理某一事件时外部发生的另一事件请求 CPU 迅速处理，CPU 暂时中止当前工作，转去处理所发生的事件，处理完后再回到原来被中止的地方继续处理原事件，这个过程称为中断，如图 4.1 所示。

中断系统：实现中断功能的部件。

中断源：产生中断的请求源，即产生中断的原因。引起中断的

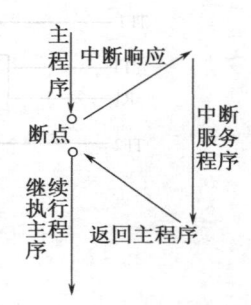

图 4.1 中断流程示意图

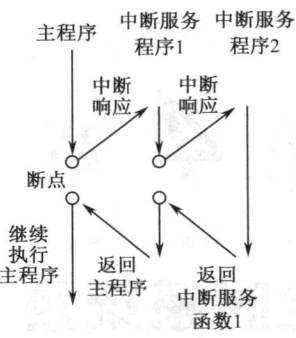

图 4.2　二级中断服务嵌套

原因是随机发生的，因而转向中断服务子程序进行中断处理也是随机的，而 CPU 所调用的中断服务子程序是在程序中安排好的。

中断请求或中断申请：中断源向 CPU 提出的中断处理请求。

中断响应过程：CPU 暂时中止自身事务，转去执行所发生的事件的过程。

中断服务（中断处理）：对外部事件的整个处理过程。

中断返回：处理完毕，再回到原来被中止的地方。

MCS-51 单片机共有 5 个中断源，可实现二级中断服务嵌套，如图 4.2 所示。当 CPU 正在执行主程序时，中断源 1 向 CPU 申请中断，CPU 保护现场后开始执行中断服务程序 1，当中断服务程序 1 还没有执行完毕时中断源 2 向 CPU 申请中断，由于中断源 2 的优先级别高于中断源 1 的优先级别，因此 CPU 再次保护现场，转而执行中断服务程序 2，执行完毕后返回继续执行中断服务程序 1，当中断服务程序 1 执行完毕后返回到主程序继续执行。

CPU 是否响应中断请求由片内特殊功能寄存器中的中断允许寄存器 IE 控制；中断优先级寄存器 IP 安排 5 个中断源的优先级别。C52 单片机中断系统的结构如图 4.3 所示，它由中断请求标志位、中断允许寄存器 IE、中断优先级寄存器 IP 和硬件查询电路组成。以外部中断 $\overline{INT0}$（P3.2）为例，通过设置 IT0 为 0，选择该引脚的外部中断源低电平有效，即可以使 CPU 响应，再设置 EX0 为 1，相当于图 4.3 中 EX0 开关闭合，允许外部中断源 $\overline{INT0}$ 申请 CPU 中断，然后设置 EA 为 1，相当于图 4.3 中 EA 开关闭合，允许所有中断源申请 CPU 中断，这几个步骤可基本完成中断设置工作，如果还需要设置该中断源的优先级别，则还得设置 PX0，当 PX0 的值为 1 时，中断源 $\overline{INT0}$ 为高优先级别，当 PX0 的值为 0 时，中断源 $\overline{INT0}$ 为低优先级别，如果不做设定，系统默认为低优先级别。

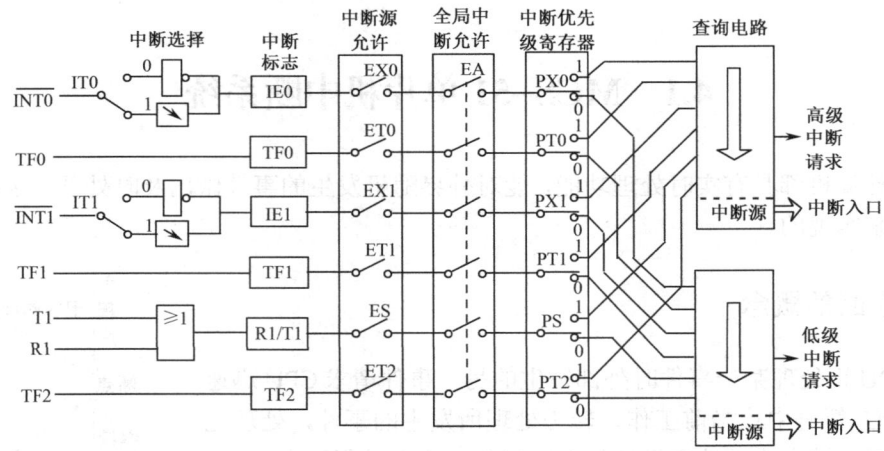

图 4.3　C52 单片机的中断系统结构图

4.1.2 MCS-51 单片机中断源

1. 中断源

中断源是指在计算机系统中向 CPU 发出中断请求的来源，可以人为设定，也可将突发性随机事件设置为中断源。MCS-51 单片机有 5 个中断源：

- $\overline{\text{INT0}}$ （P3.2）：外部中断 0 请求，低电平或下降沿有效；
- $\overline{\text{INT1}}$ （P3.3）：外部中断 1 请求，低电平或下降沿有效；
- TF0（P3.4）：定时器/计数器 0 溢出中断请求；
- TF1（P3.5）：定时器/计数器 1 溢出中断请求；
- RI/TI：串行口中断请求。串行口完成一帧数据的传送时请求中断。

以上中断源请求中断时，相应的标志分别由 TCON 和 SCON 中的相应位来锁存。

通常中断源有 I/O 设备、硬件故障、实时时钟和人为设置等。

2. 中断请求标志

MCS-51 单片机的中断系统有以下四个特殊功能寄存器：

- 定时器控制寄存器 TCON（用 6 位）；
- 串行口控制寄存器 SCON（用 2 位）；
- 中断允许寄存器 IE；
- 中断优先级寄存器 IP。

（1）定时器/计数器控制寄存器（TCON）

TCON 字节地址为 88H，位地址 88H～8FH。它用于保存定时器/计数器的溢出中断标志和外部中断标志。与中断有关的位如下：

位地址	8FH	8EH	8DH	8CH	8BH	8AH	89H	88H
位定义	TF1		TF0		IE1	IT1	IE0	IT0

TF1 和 TF0 是定时器/计数器 T1 和 T0 的溢出中断请求标志位，定时器/计数器从初值开始加 1 操作，计满溢出后该相应位置 1，请求中断，CPU 响应后由硬件自动清零。

IE0 和 IE1：外部中断请求标志。当 CPU 采样到外部中断请求时，该位由硬件置"1"。在 CPU 响应中断并执行中断服务程序时由硬件自动清 0。

IT0 和 IT1：选择外部中断源触发方式控制位。

IT0 为 0 时，外部中断 0 程控为电平触发方式。当外部中断请求为低电平，则使 IE0 置 1；若为高电平，则使 IE0 清 0，即低电平有效。

IT0 为 1 时，外部中断 0 程控为边沿触发方式。若采样到外部中断请求出现下降沿，则使 IE0 置 1。直到 CPU 响应中断，才由硬件使 IE0 清 0，即下降沿有效。

IT1 的含义与 IT0 类同。

（2）串行口控制寄存器（SCON）

SCON 字节地址为 98H，位地址 98H～9FH，与中断有关的只有低两位，如下：

位地址	9FH	9EH	9DH	9CH	9BH	9AH	99H	98H
位定义							TI	RI

TI：串行口发送中断请求标志。CPU 将一个数据写入发送缓冲器 SBUF 时就启动发送，发送完一帧数据后硬件置位 TI，CPU 响应中断时必须由软件对 TI 清 0。

RI：串行口接收中断请求标志。串行口允许接收数据时，每收完一帧数据硬件置位 RI，CPU 响应中断时必须用软件对其清 0。

单片机系统复位后，TCON 和 SCON 各位清 0。

3．中断控制

MCS-51 单片机系统中，由中断源发出中断请求，但 CPU 是否响应，如何响应，都由中断允许控制寄存器 IE 和中断优先级控制寄存器 IP 来决定。

（1）中断允许控制寄存器（IE）

中断允许控制寄存器 IE 的字节地址为 0A8H，位地址为 0A8H～0AFH。IE 对中断的开放和关闭实现两级控制，有一个总的开关中断控制位 EA（IE.7），5 个中断源作为另一级中断控制，5 个中断源由 IE 低 5 位的各对应控制位的状态进行中断允许控制。与中断有关的控制位如下：

位地址	0AFH	0AEH	0ADH	0ACH	0ABH	0AAH	0A9H	0A8H
位定义	EA			ES	ET1	EX1	ET0	EX0

EA：中断允许总控制位。EA=0 时，关掉所有中断；EA=1 时，CPU 开总中断。

ES：串行口中断允许控制位。ES=0，禁止串行口中断；ES=1，允许串行口中断。

ET0：定时器/计数器 T0 的溢出中断允许位。ET0=0，禁止 T0 中断；ET0=1，允许 T0 中断。

ET1：定时器/计数器 T1 的溢出中断允许位。ET1=0，禁止 T1 中断；ET1=1，允许 T1 中断。

EX0：外部中断 $\overline{INT0}$ 的中断允许位。EX0=0，禁止外部中断 $\overline{INT0}$ 向 CPU 申请中断；EX0=1，允许外部中断 $\overline{INT0}$ 向 CPU 申请中断。

EX1：外部中断 $\overline{INT1}$ 的中断允许位。EX1=0，禁止外部中断 $\overline{INT1}$ 向 CPU 申请中断；EX1=1，允许外部中断 $\overline{INT1}$ 向 CPU 申请中断。

例 1：假设允许定时器/计数器中断，禁止其他中断。IE 如何设置？

分析：两种方式可以实现：

用位操作指令

SETB	ET0	；定时器/计数器 0 允许中断
SETB	ET1	；定时器/计数器 1 允许中断
SETB	EA	；CPU 开总中断

用字节操作指令

MOV	IE，#8AH	或
MOV	A8H，#8AH	；A8H 为中断允许控制寄存器的地址值。

以上两条指令中的 8AH 对应的二进制为 10001010B，即 IE 的值为 10001010B，那么 EA=1，ET0=1，ET1=1，实现了开总中断和定制器/计数器 T0 和 T1 的中断，关闭其他中断。

（2）中断优先级控制寄存器（IP）

MCS-51 单片机系统的中断源有两个优先级，每个中断源均可由中断优先级寄存器 IP 来设置优先级别。IP 的字节地址为 0B8H，位地址为 0B8H～0BFH。与中断有关的控制位如下：

位地址	0BFH	0BEH	0BDH	0BCH	0BBH	0BAH	0B9H	0B8H
位定义				PS	PT1	PX1	PT0	PX0

PS：串行口中断优先级控制位。PS=0，低优先级；PS=1，高优先级。

PT1/PT0：定时器/计数器 T1/T0 中断优先级控制位。为 0 是低优先级；为 1 是高优先级。

PX1/PX0：外部中断 1/外部中断 0 中断优先级控制位。为 0 是低优先级；为 1 是高优先级。

若有几个中断源同时申请中断，CPU 先响应优先级高的。当同时接收到几个同一优先级中断请求，响应哪个中断源取决于内部硬件查询顺序，同级中断源优先级排列顺序如表 4.1 所示。当 CPU 处理某一中断服务程序时，第二个比它优先级高的中断源可以使前一中断服务程序中断；若第二个中断源与第一个中断源优先级相同，则当第一个中断服务程序执行完后才执行第二个中断服务程序。

表 4.1　同级中断源优先级排列顺序

中　断　源	同级内的优先级
外部中断 0（IE0）	最高级
定时器/计数器 T0 中断（TF0）	↓
外部中断 1（IE1）	
定时器/计数器 T1 中断（TF1）	
串行口中断（RI+TI）	最低级

当单片机系统复位后，IE 中各位均被清 0，所有中断源禁止；IP 中各位均被清 0，5 个中断源均为低优先级。

例 2：如何设置 IP 相应位的值使片外中断为高优先级，片内中断为低优先级。

分析：两种实现方式：

用字节操作指令：

```
MOV     IP，#05H     或
MOV     0B8H，#05H
```

用位操作指令：

```
SETB    PX0
SETB    PX1
CLR     PS
CLR     PT0
CLR     PT1
```

4.1.3　MCS-51 单片机中断响应与服务

1．中断响应

中断处理过程分为 3 个阶段：中断响应、中断处理和中断返回。

中断响应是满足 CPU 的中断响应条件后，CPU 对中断源中断请求的回答。

CPU 响应中断的条件有：有中断源发出中断请求，CPU 开中断，申请中断的中断源没有被关闭，无同级或更高级中断服务程序正在被服务，当前指令周期已结束。

2．中断响应过程及返回

MCS-51 单片机中断系统有两个不可编程的"优先级生效"触发器：一个"高优先级生效"触发器，一个"低优先级生效"触发器。前者指示某高优先级的中断正在执行，所以后来的中断都将被阻止；后者指示某低优先级的中断正在执行，所有同级中断都将被阻止，但不阻止优先级较高的中断。CPU 在每个机器周期对各中断源采样，设置相应的中断标志位，并在下一个机器周期按优先级顺序查询各中断标志，如查询某个中断标志为 1，将在下下一个机器周期按优先级进行中断处理。单片机一旦响应中断，先置位相应的中断"优先级生效"触发器，然后由硬件执行长调用指令（LCALL），PC 值压栈保护（即保护现场），再将中断服务程序的入口地址送入 PC，于是 CPU 接着从中断服务程序的入口处开始执行。中断源入口地址如表 4.2 所示。

单片机的两个相邻中断源中断服务程序入口地址相距只有 8 个单元，一般中断服务程序容纳不下，因此在该中断的入口地址处放一条长跳转指令 LJMP，这样就可以转到 64KB 的任何可用区域了。在 2KB 范围内转移可用短跳转 AJMP 指令。

表 4.2　中断源入口地址表

中　断　源	中断服务程序入口地址
外部中断 0	0003H
定时器/计数器 T0	000BH
外部中断 1	0013H
定时器/计数器 T1	001BH
串行口中断	0023H

一般情况下，中断处理包括两部分内容：一是保护现场，即进入中断服务程序前保存 PSW、工作寄存器和 SFR 等的内容；二是中断源服务。

中断服务程序开始执行，直到返回指令 RETI 为止。RETI 指令表示该中断服务程序执行完毕，把压入堆栈的断点地址弹出，并装入 PC（即恢复现场），使程序返回到被中断的程序断点处继续执行。

在中断服务程序中，PUSH 指令和 POP 指令必须成对使用，否则不会正确恢复现场。

3．中断请求的撤除

CPU 响应中断请求后，在中断返回前，中断请求信号必须撤除，否则会引起另一次中断。
一般在使用中断时需要对中断进行初始化设置，设置步骤如下：

① 开中断：中断总允许位（EA）置"1"，相应中断源中断允许位置"1"；
② 对外部中断应选定中断触发方式，确定电平触发或负边沿触发；
③ 对多个中断源，需设定中断优先级。

例 3：如图 4.4 所示是外部中断源为单片机控制的数据传输系统。P1 口设置为数据输入口，外围设备每准备好一个数据时，发出一个选通信号，向 CPU 发出中断请求（$\overline{INT0}$）。

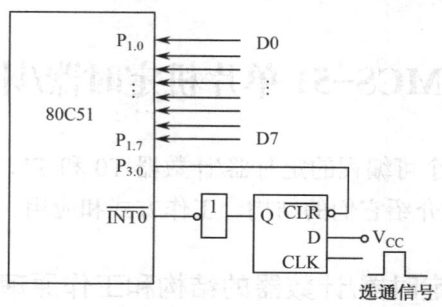

图 4.4　外部中断源为单片机控制的数据传输系统

分析：采用电平触发方式时，外部中断请求标志 IE0/IE1 在 CPU 响应中断时不能由硬件自动清除，本系统采用的是硬件清除的方法。单片机发出一个选通信号，$\overline{INT0}$ 端出现低电平，即来一个下降沿，引起中断，CPU 响应后再由 P3.0 送出一个脉冲，使 $\overline{INT0}$ 的低电平变为高电平，撤销外部中断请求输入信号。

程序清单：

```
            ORG     0000H
START:      LJMP    MAIN            ；跳转到主程序
            ORG     0003H
            LJMP    INT0            ；转向中断服务程序
            ORG     0030H           ；主程序
MAIN:       CLR     IT0             ；设 INT0 为电平触发方式
            SETB    EA              ；CPU 开放中断
            SETB    EX0             ；允许 INT0 中断
            MOV     R0, #30H        ；设置数据区地址指针
            ⋮                       ；主程序的其他工作
            ORG     0100H           ；INT0 中断服务程序
INT0:       PUSH    PSW             ；保护现场
            PUSH    A
            CLR     P3.0            ；P3.0 输出"0"
            NOP                     ；空操作
```

```
            NOP
            SETB      P3.0                      ；P3.0 输出"1"
            MOV       A，P1                     ；输入外部数据
            MOV       @ R0，    A                ；存入数据存储器
            INC       R0                        ；修改数据指针，指向下一个单元
            ⋮                                   ；可以加入其他工作
            POP   A                             ；恢复现场
            POP   PSW
            RETI                                ；中断返回
```

4.2   MCS–51 单片机定时器/计数器

MCS-51 单片机共有两个可编程的定时器/计数器 T0 和 T1，它们都是 16 位，都有定时和事件计数功能。本节主要介绍它们的结构、工作方式和应用。

4.2.1   MCS-51 单片机定时器/计数器的结构和工作原理

1．定时器/计数器的结构

在单片机控制应用中，定时方式有：软件定时、硬件定时和可编程定时器定时。MCS-51 单片机的定时器/计数器 T0 和 T1 都有 16 位加法计数结构，每个定时器/计数器分别由两个 8 位特殊功能寄存器组成：T0 由 TH0 和 TL0 构成，T1 由 TH1 和 TL1 构成。这 4 个寄存器均属特殊功能寄存器，用来存放定时器/计数器的初始值或计数值。

TMOD 是定时器/计数器的工作方式寄存器，TCON 是定时器/计数器的控制寄存器，用于对 T0 和 T1 的管理和控制。

2．定时器/计数器的工作原理

16 位定时器/计数器的核心是一个加 1 计数器，如图 4.5 所示。

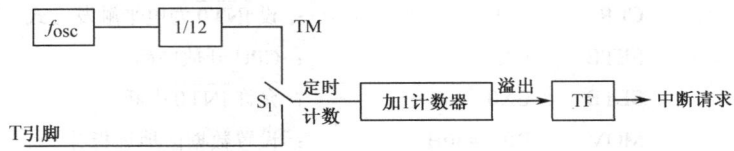

图 4.5   定时器/计数器工作原理图

若设置为定时方式，S_1 开关拨向上，对机器周期 TM 计数，即每经过一个机器周期，加 1 计数器执行一次加 1 操作，直至溢出，溢出标志 TF0 或 TF1 置 1，若中断打开，可向 CPU 申请中断。从开始计数到溢出所用的时间就是定时时间，定时时间跟计数初值有关。

若设置为计数方式，S_1 开关拨向下，通过 P3.4（T0）或 P3.5（T1）引脚对外部脉冲信

号计数。当外部信号出现下降沿时，加 1 计数值执行一次加 1 操作。

用软件设定定时器 T0 或 T1 的工作模式后，定时器会按设定方式与 CPU 并行运行，不再占用 CPU 的操作时间，除非定时器溢出才可能中断 CPU 的当前工作。

4.2.2　MCS-51 单片机定时器/计数器的工作方式

MCS-51 单片机内部的定时器/计数器可设置为 4 种工作方式，由两个 8 位特殊功能寄存器 TMOD 和 TCON 管理和控制。使用前由 CPU 将一些命令和初始值写入 TMOD 和 TCON，并给对应的定时器/计数器赋初值，设置定时器/计数器的工作模式（定时还是计数）、工作方式（方式 0、方式 1、方式 2 或方式 3）和控制功能。

1．工作模式寄存器（TMOD）

TMOD 用于控制 T0 和 T1 的工作模式，其各位定义如下：

位　序	D7	D6	D5	D4	D3	D2	D1	D0
位符号	GATE	C/$\overline{\text{T}}$	M1	M0	GATE	C/$\overline{\text{T}}$	M1	M0

其中，低 4 位用于设置 T0，高 4 位用于设置 T1。

M1 和 M0：操作模式控制位。两位形成 4 种编码，对应 4 种工作模式，如表 4.3 所示。

表 4.3　M1 和 M0 控制的 4 种工作模式

M1　M0	工　作　方　式	功　能　说　明
0　　0	方式 0	13 位定时器/计数器
0　　1	方式 1	16 位定时器/计数器
1　　0	方式 2	自动再装入 8 位定时器/计数器
1　　1	方式 3	T0 分为 2 个 8 位计数器 T1 停止计数

C/$\overline{\text{T}}$：定时器/计数器功能选择位。C/$\overline{\text{T}}$=0 时，作为定时器使用；C/$\overline{\text{T}}$=1 时，作为计数器使用。

GATE：门控位。GATE=0，只要用软件使 TR0 或 TR1 置 1 就可启动定时器；GATE=1，只有 $\overline{\text{INT0}}$ 或 $\overline{\text{INT1}}$ 为高电平且由软件使 TR0 或 TR1 置 1 才能启动定时器。

该寄存器只能通过字节传送指令来设置定时器的工作方式。

2．控制寄存器（TCON）

TCON 除可字节寻址外，还可位寻址，它主要用于定时器/计数器的启、停控制，标志定时器的溢出和中断情况。与定时器有关的前四位如下：

位地址	8FH	8EH	8DH	8CH	8BH	8AH	89H	88H
位定义	TF1	TR1	TF0	TR0				

TF0 和 TF1：定时器/计数器溢出标志。定时器/计数器被启动后，从初始值开始进行加 1 计数，最高位产生溢出时该位为 1，向 CPU 申请中断，CPU 响应后硬件自动将该位清 0。

TR0 和 TR1：定时器/计数器运行控制位。TR0 和 TR1 由软件来置 1 和清 0。当 TR0 或 TR1 为 1 时，启动定时器/计数器；当 TR0 或 TR1 为 0 时，定时器/计数器停止工作。

单片机系统复位后，TMOD 和 TCON 所有位均被清 0。

3．定时器/计数器的 4 种工作方式

对 M1 和 M0 位的设置对应 4 种工作方式，即方式 0、方式 1、方式 2 和方式 3。T0 和 T1 的前三种方式相同，方式 3 只有 T0 有。方式 0 与方式 1 很类似，很少用，常以方式 1 替代，所以这里不介绍方式 0。

（1）方式 1

该方式对应 16 位定时器/计数器，如图 4.6 所示。用于定时工作方式时，定时时间为：

$$t=(2^{16}-T0\ 初值)\times 振荡周期 \times 12$$

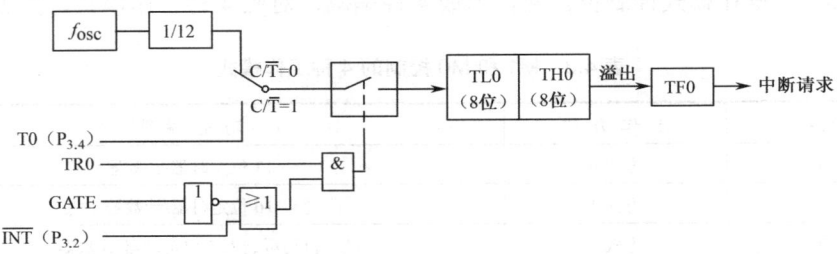

图 4.6　定时器/计数器工作方式 1

用于计数工作方式时，计数长度为 $2^{16}=65536$ 个外部脉冲。

以使用定时器/计数器 T1 为例，在使用定时器前，先确定所要定的时间长度，然后计算初始值，将初始值传送给 TH1 和 TL1 寄存器，再设置 TMOD 的高四位，使高四位的值为 0001B，最后启动定时器（TR1=1）。每来一个机器周期，TL1 的值就执行一次加 1 操作，加满后向 TH1 进位，直到 TH1 也加满后溢出，溢出标志 TF1 为 1，可以向 CPU 申请中断。定时器的定时过程类似于给水桶装水，假设一个水桶装 10 瓢水就可将其装满，每装一瓢水的时间是 1 秒钟，那么装满水桶需要 10 秒钟。如果需要定时 5 秒钟，则事先给水桶里装 5 瓢水，然后开始计数，每装一瓢是一秒，装满 5 瓢后即可将水桶装满溢出，根据水溢出即可判断所定时间已到。

例 4：用定时器 T1 产生一个 50Hz 的方波，由 P1.1 口输出，f_{OSC}=12MHz。

分析：方波周期 T1=1/（50Hz）=0.02s=20ms，用 T1 定时 10 ms，计数初值 X 为：

$$X=2^{16}-12\times 10 \times 1000/12=65536-10000=55536=D8F0H$$

程序段如下：

```
            MOV     TMOD, #10H        ; 使用 T1, 方式 1, 定时功能
            SETB    TR1               ; 启动 T1
    LOOP:   MOV     TH1, #0D8H        ; 装入 T1 计数初值的高 8 位
            MOV     TL1, #0F0H        ; 装入 T1 计数初值的低 8 位
            JNB     TF1, $            ; T1 没有溢出, 等待
            CLR     TF1               ; 产生溢出, 清溢出标志位
            CPL     P1.1              ; P1.1 取反输出
            SJMP    LOOP              ; 循环
```

（2）方式 2

定时器/计数器工作于方式 2 时，将 TH 和 TL 分成两个独立部分，组成可自动重装载的 8 位定时器/计数器。逻辑结构如图 4.7 所示。

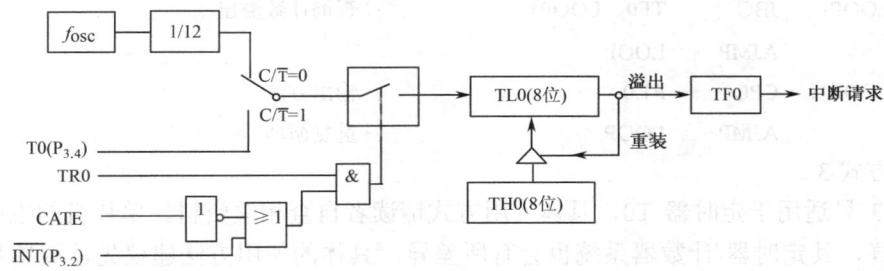

图 4.7　定时器/计数器工作方式 2

TH 用以存放 8 位的计数初值，TL 也用以存放 8 位的计数初值。在程序初始化时，TH 和 TL 由软件赋予相同的初值。计数时，若 TL 计数溢出，一方面将 TF 置 1，请求中断；另一方面自动将 TH 中的初值重新装入 TL 中，使 TL 从初值开始重新计数。可以多次循环重装入，直到 TR 为 0（关闭定时器/计数器）才停止计数。

用于定时工作方式时，定时时间为：

$$t = (2^8 - 计数初值 TC) \times 机器周期$$

用于计数工作方式时，最大计数值是 2^8。该方式适用于精确的定时和脉冲信号发生器，也用作串行口波特率发生器。

例 5：使用定时器 0 以工作方式 2 产生 100μs 定时，在 P1.0 口输出周期为 200μs 的连续方波脉冲。晶振频率为 6MHz。

分析：第一步，计算计数初始值。

晶振频率为 6MHz，则一个机器周期为 2μs，假设计数初值为 X，则

$$t = (2^8 - 计数初值 TC) \times 机器周期$$

$$100 = (2^8 - X) \times 2$$

$$X = 206D = 11001110B = 0CEH$$

$$TH0 = TL0 = 0CEH$$

第二步，TMOD 初始化。

定时器/计数器 0 为工作方式 2，M1M0=10；

定时功能 C/$\overline{\text{T}}$=0；

要实现定时器/计数器 0 的运行，GATE=0；

定时器/计数器 1 不用，相关位设为 0。

则 TMOD=02H。

第三步，程序设计。

查询方式的程序段如下：

```
              MOV       IE，#00H           ; 禁止中断
              MOV       TMOD，#02H         ; 设置定时器 0 为工作方式 2
              MOV       TH0，#0CEH         ; 设置计数初值
              MOV       TL0，#0CEH         ; 设置计数初值
              SETB      TR0               ; 启动定时器
LOOP：        JBC       TF0，LOOP1         ; 查询计数溢出
              AJMP      LOOP
LOOP1：       CPL       P1.0              ; 输出方波
              AJMP      LOOP              ; 重复循环
```

（3）方式 3

方式 3 只适用于定时器 T0，具体使用方式请读者自查相关资料。单片机的生产厂家或型号不一样，其定时器/计数器系统也会有所差异，具体的使用方法建议先读取单片机芯片的技术资料。

4.3　MCS-51 单片机串行数据通信

信息交换的过程称为通信，通信是单片机应用系统必不可少的重要功能之一，可以是单片机与外部设备的通信，也可以是单片机与单片机之间的通信。基本的通信方式有两种：并行通信和串行通信，串行通信方式应用较为广泛。下面主要介绍 MCS-51 单片机的串行通信原理和工作方式。

4.3.1　MCS-51 单片机串行数据通信的基本原理

1．通信方式

并行通信是指所传送的数据各位同时进行传送。传送速度高，但传送线多，成本高，不利于长距离传送。

串行通信是指所传送的数据各位按分时顺序一位一位传送。传输线少，成本低，利于长距离传送，但速率低。

2．串行通信方式

串行通信方式传输信息时，传输在一个方向上只占用一根通信线，既是数据线又是联络线。因此需要对信息进行约定，在信息格式上分为异步和同步方式，与之对应的有异步通信和同步通信两种方式。

（1）异步通信方式

在异步通信方式中，数据或字符是一帧一帧传送的，每帧格式如图 4.8 所示。帧格式中包括 4 部分：起始位（占 1 位）、数据位（占 5～8 位）、奇偶校验位（占 1 位，可以没有）、停止位（占 1 或 2 位）。

起始位用逻辑值"0"表示字符的开始，该位使通信双方在传送数据位前协调同步。

数据位的个数可以是 5 位、6 位、7 位或 8 位，传送时低位在前，高位在后。

停止位用逻辑"1"表示一个字符传送的结束。

传送数据前通信双方必须约定所采用的信息格式和数据传输速率。传送开始后接收设备不断检测传输线，当收到一系列"1"之后，检测到一个"0"，说明起始位到了，接收数据，处理掉停止位，将数据位拼成并行字节，校验无误后才算正确地接收到一个字符。下一个字符的接收方式如上所述。

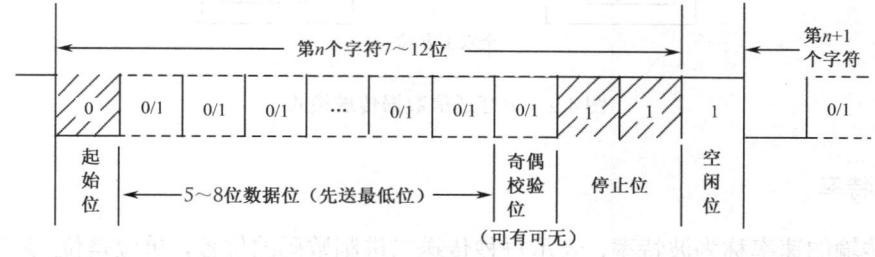

图 4.8　异步串行通信格式

（2）同步通信方式

同步通信时的一帧信息包括由固定长度（50 个）的字符组成的一个数据块，每一字符由 5～8 位组成。同步数据块中在字符间不允许留空。

异步方式面向字节传送，同步方式面向数据块传送。

3．串行通信数据传送模式

通信双方之间的数据传送方向有 3 种形式：单工通信、半双工通信和双工通信，如图 4.9 所示。

单工通信：单工通信信道是单向信道，发送端和接收端的身份是固定的，发送端只能发送信息，不能接收信息；接收端只能接收信息，不能发送信息，数据信号仅从一端传送到另一端，即信息流是单方向的。例如遥控大门，可以通过遥控器控制大门的开闭，大门却不可以控制遥控器。

半双工通信：通信双方只有一条双向传输线，可以双向传送数据，但每一时刻只能由一方发送数据，而另一方接收数据。例如对讲机，发送信息时手必须按住通话开关，说完话后释放通话开关，让出信道以供对方发送信息。

双工通信：通信双方具有两条传输线，允许数据同时双向传输。例如打电话。

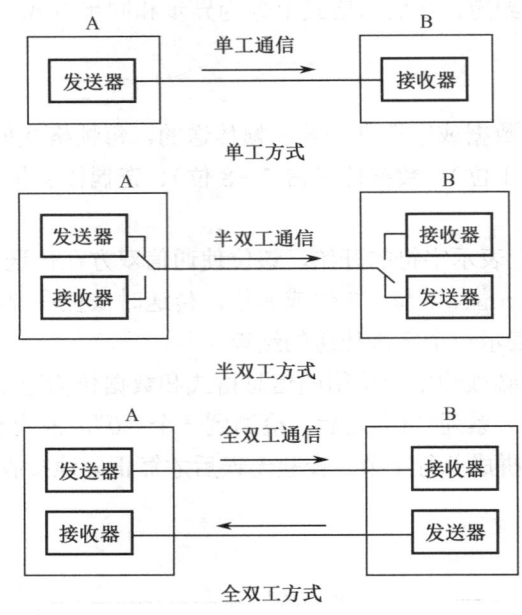

图4.9　串行通信数据传送模式

4．波特率

数据传输的速率称为波特率，表示每秒传送二进制数码的位数，单位是位/秒（b/s、bit/s或bps）。它反映了串行通信的速率，也反映了对传输通道的要求。

串行通信中，数据是按位传送的，波特率用来表示每秒钟传送多少位二进制数。假如数据传输速率为120个字符/秒，每一个字符包含8个位，则传送的波特率为

$$8×120=960\ 位/秒（b/s）=960\ 波特（b/s）$$

每一位的传送时间即为波特率的倒数。

串行通信中，时钟频率高，波特率也高，通信速度就快。

4.3.2　MCS-51单片机串行口的控制寄存器与工作方式

1．MCS-51单片机串行接口的结构

MCS-51单片机有一个可编程的全双工串行 I/O 口，可以作 UART（Universal Asynchronous Receiver/Transmitter：通用异步收发传输器）用，也可以作同步移位寄存器用。

MCS-51单片机的串行口通过引脚 TXD（P3.1）和 RXD（P3.0）与外界通信。其内部有两个独立的数据缓冲寄存器 SBUF、发送控制器、接收控制器、输入移位寄存器、输出门、

串行控制寄存器 SCON 和一个波特率发生器 T1 组成，其结构框图如图 4.10 所示。

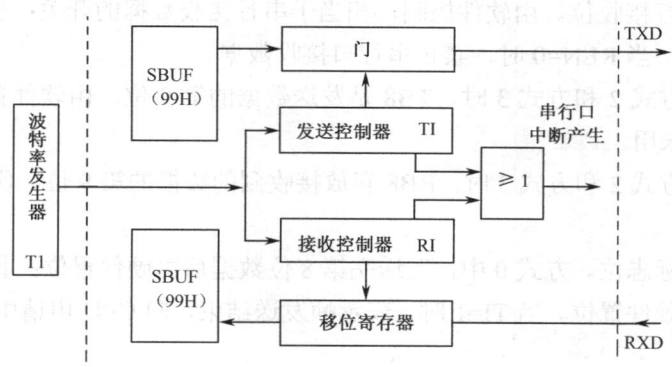

图 4.10　MCS-51 单片机串行口基本结构框图

串行口的发送和接收都是以特殊功能寄存器 SBUF 的名义进行读/写的。当向 SBUF 发 "写" 命令时（执行 "MOV　SBUF，A" 指令），即是向发送缓冲器 SBUF 装载并开始由 TXD 引脚向外发送一帧数据，发送完便使发送中断标志位 TI=1。在满足串行接收中断标志位 RI （SCON.0）=0 的条件下，置允许接收位 REN（SCON.4）=1 就会接收一帧数据进入移位寄存器，并装载到接收 SBUF 中，使 RI=1。当发 "读" SBUF 命令时（执行 "MOV　A，SBUF" 指令），便由接收缓冲器 SBUF 取出信息通过单片机内部总线送 CPU。

2. 串行口控制字及控制寄存器

MCS-51 单片机的串行口是可编程的，对它初始化编程只需向两个控制字（串行口控制寄存器 SCON 和电源控制寄存器 PCON）中分别写入控制信息即可。

（1）串行口控制寄存器（SCON）

SCON 是一个特殊功能寄存器，来设定串行口的工作方式、接收/发送控制和设置状态标志，可位寻址，字节地址为 98H，位地址为 98H～9FH。其各位如下：

D7	D6	D5	D4	D3	D2	D1	D0
SM0	SM1	SM2	REN	TB8	RB8	TI	RI

SM0、SM1：串行口工作方式选择位，4 种方式如表 4.4 所示。

表 4.4　串行口工作方式选择

SM0 SM1	工作方式	功　能	波特率
0　　0	方式 0	同步移位寄存器	$f_{osc}/12$
0　　1	方式 1	8+2 异步收发方式	可变
1　　0	方式 2	9+2 异步收发方式	$f_{osc}/32$ 或 $f_{osc}/64$
1　　1	方式 3	9+2 异步收发方式	可变

SM2：多机通信控制位，用于工作方式 2 和方式 3。如果 SM2=1，则允许多机通信。

如果 SM2=0，则不允许多机通信。

REN：允许串行接收位。由软件控制，相当于串行接收数据的开关；当 REN=1 时，允许串行口接收数据，当 REN=0 时，禁止串行口接收数据。

TB8：在工作方式 2 和方式 3 时，TB8 是发送数据的第 9 位，由软件置位或清 0。方式 0 和方式 1 中该位未用。

RB8：在工作方式 2 和方式 3 时，RB8 存放接收到的数据的第 9 位，代表收到的数据的某种特征。

TI：发送中断标志位。方式 0 中，发送完第 8 位数据后由硬件置位；其他方式中，在开始发停止位时，由硬件置位。当 TI=1 时，表示帧发送结束，向 CPU 申请中断。TI 必须由软件清 0。

RI：接收中断标志位。方式 0 时，接收完第 8 位数据后由硬件置位；其他方式中，当接收到停止位的中间时由硬件置位。当 RI=1 时，表示帧接收结束，向 CPU 申请中断。RI 必须由软件清 0。

（2）电源控制寄存器 PCON

PCON 的字节地址为 97H，不能位寻址，只有最高位 SMOD 与串行口工作有关。

SMOD：串行口波特率倍增位。方式 1、方式 2、方式 3 时，当 SMOD=1，串行口波特率加倍；复位时，SMOD=0。

单片机系统复位后，SCON 各位的值和 SMOD 的值均为 0。

3．串行口通信工作方式

MCS-51 单片机系统的可编程串行口通信工作方式有 4 种，方式 0 主要用于 I/O 口的扩展，串行通信一般使用方式 1、2 和 3。这四种方式传输的数据格式有 8 位、10 位和 11 位帧。

（1）方式 0

方式 0 的一帧数据为 8 位，没有起始位和停止位，8 个数据位，先发或先收最低位。

工作在方式 0 时，串行口是作为同步移位寄存器使用的。串行数据由 RXD（P3.0）端输入/输出，同步移位脉冲由 TXD（P3.1）端输出。

方式 0 输出时，串行口可以外接串行输入并行输出的移位寄存器，如 74LS164、CD4094 等，逻辑电路如图 4.11（a）所示，TXD 端输出的移位脉冲将 RXD 端输出的数据（低位在先）逐位移入 74LS164 或 CD4094。

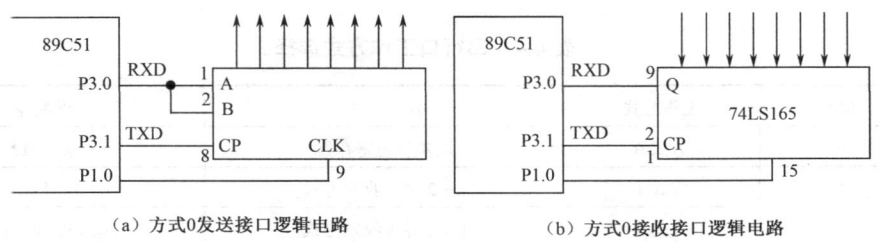

（a）方式0发送接口逻辑电路　　　　　　（b）方式0接收接口逻辑电路

图 4.11　方式 0 发送/接收接口逻辑电路

方式 0 输入时，串行口外接并行输入串行输出的移位寄存器，如 74LS165，其逻辑电路

如图 4.11（b）所示。当 REN=1 和 RI=0 时，就会启动串行口接收。移位脉冲由 TXD 输出，使外部移位寄存器输入，并且左移位，最右端的数据为最后一位数据，移位结束后由硬件将输入移位寄存器的内容写入 SBUF，TXD 端停止输出脉冲，中断标志 RI 自动置 1，完成 8 位数据的输入。

（2）方式 1

方式 1 的一帧数据为 10 位，有 1 个起始位（0）、8 个数据位和 1 个停止位（1）。

方式 1 真正用于串行发送或接收。TXD 和 RXD 分别用于发送和接收数据。接收时，停止位进入 SCON 的 RB8，该方式的波特率可调。

方式 1 发送时，数据从引脚 TXD（P3.1）端输出。执行数据写入发送缓冲器 SBUF 命令时就启动发送器并开始发送。发送移位时钟是由定时器 T1 送来的溢出信号 16 或 32 分频后得到的，这就是发送波特率。发送开始后从起始位开始向 TXD 输出，每经过一个移位时钟，由 TXD 输出一个数据位，完后置位 TI，并申请中断。

接收时从引脚 RXD（P3.0）端输入，接收前提是 SCON 中 REN=1 且检测到起始位。当确认是真正的起始位（0）后，就开始接收一帧数据。

（3）方式 2 和 3

方式 2 和方式 3 的一帧数据为 11 位，有 1 个起始位（0）、8 个数据位、1 个附加第 9 位和 1 个停止位（1）。

其操作与方式 1 类似。发送前，先由软件设置 TB8，然后将要发送的数据写入 SBUF，启动发送过程。串行口自动将 TB8 取走，并装入到第 9 位数据位的位置，再逐一发送，完后使 TI=1。

接收时，使 SCON 中的 REN=1，允许接收。检测到 RXD 端出现下跳变时开始接收 9 位数据，送入 9 位移位寄存器。满足 RI=0 且 SM0=0，或收到第 9 位数据为 1 时，前 8 位送入 SBUF，附加位送入 SCON 中的 RB8，置 RI 为 1；否则接收无效。

4．波特率设计

通信时的双方必须约定相同的数据传输速率，如果双方的数据传输速率不一致，则通信会出错，使得通信过程失去意义。通过软件可以设定 4 种工作方式，方式 0 和方式 2 的波特率是固定的，而方式 1 和方式 3 的波特率是可变的，由定时器 T1 的溢出率来决定。表 4.5 列出了串行口方式 1 和方式 3 的常用波特率及其初值。

表 4.5　串行口方式 1 和方式 3 的常用波特率及其初值

串行口工作方式	波特率/（kb/s）	f_{OSC}/MHz	定时器 T1			
			SMOD	C/$\overline{T}$	模式	定时器初值
方式 0	1000	12	×	×	×	×
方式 2	375	12	1	×	×	×
	187.5	12	0	×	×	×
方式 1 方式 3	62.5	12	1	0	2	FFH
	19.2	11.059	1	0	2	FDH
	9.6	11.059	0	0	2	FDH
	4.8	11.059	0	0	2	FAH

串行口工作方式	波特率/（kb/s）	f_{osc}/MHz	定时器 T1			
			SMOD	C/$\overline{T}$	模式	定时器初值
方式 1 方式 3	2.4	11.059	0	0	2	F4H
	1.2	11.059	0	0	2	E8H
	0.1375	11.059	0	0	2	1DH
	0.11	12	0	0	1	FEEBH
方式 0	500	6	×	×	×	×
方式 2	187.5	6	1	×	×	×
方式 1 方式 3	19.2	6	1	0	2	FEH
	9.6	6	1	0	2	FDH
	4.8	6	0	0	2	FDH
	2.4	6	0	0	2	FAH
	1.2	6	0	0	2	F3H
	0.6	6	0	0	2	E6H
	0.11	6	0	0	2	72H
	0.055	6	0	0	1	FEEBH

第5章

MCS-51 单片机接口技术

单片机芯片需要与外部设备配合才能够实现具体功能，组成实用、完整的计算机控制系统。其完整的功能表现为系统软、硬件与外部设备的结合，这样就需要完成信号输入、输出控制，现场数据采集及参数显示等功能。键盘接口、显示器接口、D/A 和 A/D 转换器接口就是这些功能的具体体现。而键盘和显示器就是完成单片机应用系统人—机对话活动的人—机通道。

5.1 MCS-51 单片机键盘接口技术

键盘是一组按键的集合，它是最常用的单片机输入设备。操作人员通过键盘输入数据或命令实现人—机通信。键盘分编码键盘和非编码键盘。人们使用的电脑键盘为编码键盘，可通过两根电源线和两根数据线完成上百按键的键值传输。而在单片机实验板上设计的大多为非编码键盘。当然，单片机也可以和电脑键盘接口来完成输入控制。键盘上闭合键的识别由专用的硬件译码器实现，并产生键编号或键值的称为编码键盘；靠单片机软件识别键值的键盘称为非编码键盘。下面只介绍与单片机经常接口的非编码键盘的结构和工作原理。

单片机的键盘按键常使用机械弹性按键开关，因此在闭合和断开的瞬间均伴随一连串的抖动，抖动时间长短由按键的机械特性决定，一般为 5～10ms，如图 5.1 左图所示。按键抖动会造成按键被单片机系统误读，为了系统能够可靠工作，必须去除键抖动。按键的抖动可以用软件和硬件两种方法消除，硬件去抖动的方法需要在单片机与键盘之间连接去抖动的硬件电路，电路稍显复杂，并且系统成本上升，一般采用软件去抖动，即通过编程来避免抖动，具体思想是：按键没有被按下时端口为高电平 1，按键被按下时端口为低电平 0，当按键被按下时的初期会有按下抖动，在编程时通过软件先检测到键被按下的低电平 0，但系统不响应，而是通过延时函数延时一段时间（10ms 即可），然后再次检测按键是否被按下，如果检测到的值确实还为低电平 0，说明确实是按键被按下（相当于按下抖动过后再次检测键值），则 CPU 响应该按键，如果延时后检测到的值为高电平 1，说明按键出现了抖动，CPU 不作响应。如图 5.1 所示为按键抖动波形和硬件去抖动电路。

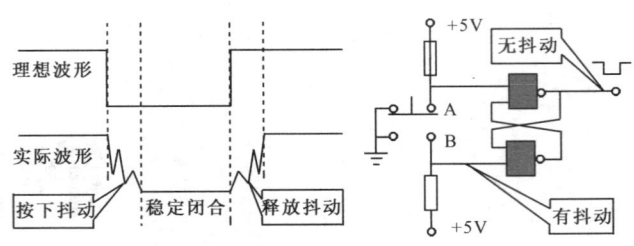

图 5.1　按键抖动波形和硬件去抖动电路

5.1.1　独立式非编码键盘接口的实现

独立式按键是指各按键相互独立地接通一条输入数据线，如图 5.2 所示，该电路为查询式键盘电路。在该电路中，每个按键开关连接一个 10 kΩ 的上拉电阻。当单片机的 I/O 口作为输入口使用时，先给每个输入引脚写入数据 1，当按键开关没有被按下时，引脚被上拉电阻拉至电源，相当于输入信号 1；当按键开关被按下时，相应的引脚被接地，相当于输入信号 0，即 CPU 读到引脚信号为 0 时说明相应的按键被按下。

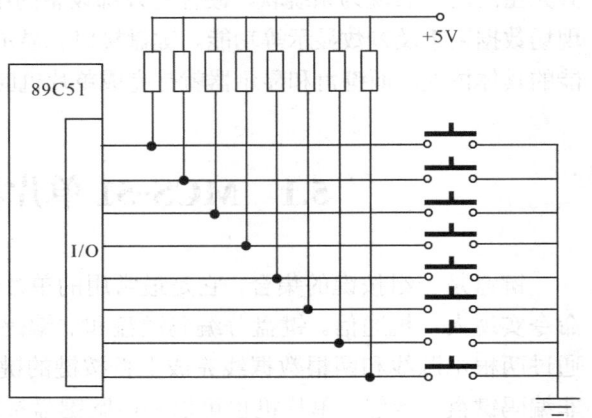

这种电路简单，但按键数较多时占用的 I/O 口较多，适合需要按键较少的系统。以下程序是查询式键盘的键处理程序段，该段程序省略了软件去抖动，只有键值的查询和键功能程序的转移。

程序段如下：

图 5.2　独立式非编码键盘电路

```
START:  MOV    A, #0FFH
        ; 输入时先置 P1 口为全 1
        MOV    P1, A
        MOV    A, P1        ; 键状态输入
PL1:    JNB    ACC.0, P0F   ; 0 号键按下转 P0F 标号地址
        JNB    ACC.1, P1F   ; 1 号键按下转 P1F 标号地址
        JNB    ACC.2, P2F   ; 2 号键按下转 P2F 标号地址
        JNB    ACC.3, P3F   ; 3 号键按下转 P3F 标号地址
        JNB    ACC.4, P4F   ; 4 号键按下转 P4F 标号地址
        JNB    ACC.5, P5F   ; 5 号键按下转 P5F 标号地址
        JNB    ACC.6, P6F   ; 6 号键按下转 P6F 标号地址
        JNB    ACC.7, P7F   ; 7 号键按下转 P7F 标号地址
        LJMP   START        ; 无键按下返回
P0F:    LJMP   PROM0
```

```
P1F:       LJMP      PROM1
            ⋮
P7F:       LJMP      PROM7
PROM0:     …                       ; 0 号键功能程序
           LJMP      START         ; 0 号键执行完返回
PROM1:     …
           LJMP      START
            ⋮
PROM7:     …
           LJMP      START
```

5.1.2　矩阵键盘接口的实现

独立式非编码键盘的按键数过多会占用过多的 I/O 口，为了克服这一缺点，在键数较多的时候通常都将键盘排列成行列矩阵式。

矩阵式键盘的每一水平线（行线）和垂直线（列线）的交叉处不相通，而是通过按键开关连接，也就是说按键开关的一端连接在行线上，另一端连接在列线上。矩阵键盘有行扫描方式和列扫描方式，如图 5.3 所示为 4×4 矩阵键盘的行扫描方式。下面说明行扫描法识别哪个按键被按下的工作原理。

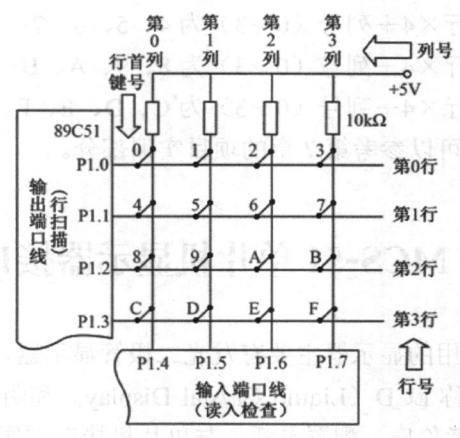

图 5.3　4×4 矩阵键盘接口图

首先判断键盘有无键按下，向行线输出全扫描字 00H，把全部行线置为低电平，然后将列线的电平状态读入累加器 A 中。如果有按键按下，总有一根列线电平被拉至低电平 0，从而使列输入不全为 1。

再判断键盘的哪一个键被按下，依次给行线送低电平，然后查所有列线状态，称行扫描。如果全为 1，则所按下的键不在此行；如果不全为 1，则所按下的键必在此行，而且是在与零电平列线相交的交点上的那个键。

行扫描法识别键号的工作原理如下：

将第 0 行变为低电平，其余为高电平时，输出编码为 1110。再读列的电平来判断第 0 行有无键按下。若有，则相应的列被拉至低电平，表示第 0 行和此列相交的位置上有按键按下。若没有任一列线为低电平，说明第 0 行无键按下。

将第 1 行变为低电平，其余为高电平时，输出编码为 1101。再读列的电平来判断第 1 行有无键按下。若有，则相应的列被拉至低电平，表示第 1 行和此列相交的位置上有按键按下。若没有任一列线为低电平，说明第 1 行无键按下。

将第 2 行变为低电平，其余为高电平时，输出编码为 1011。再读列的电平来判断第 2 行有无键按下。若有，则相应的列被拉至低电平，表示第 2 行和此列相交的位置上有按键按下。若没有任一列线为低电平，说明第 2 行无键按下。

将第 3 行变为低电平，其余为高电平时，输出编码为 0111。再读列的电平来判断第 3 行有无键按下。若有，则相应的列被拉至低电平，表示第 3 行和此列相交的位置上有按键按下。若没有任一列线为低电平，说明第 3 行无键按下。

按键的位置码并不等于按键的实际定义键值，必须进行转换，这个过程称为键值译码，得到按键的顺序编号，最后根据按键编号执行相应的功能子程序，完成按键键帽上定义的实际按键功能。

键值的获得通常采用计数译码法，键盘原理图如图 5.3 所示，每个按键值=行号×每行的按键个数+列号，即

第 0 行的键值为：0 行×4＋列号（0～3）为 0、1、2、3；

第 1 行的键值为：1 行×4＋列号（0～3）为 4、5、6、7；

第 2 行的键值为：2 行×4＋列号（0～3）为 8、9、A、B；

第 3 行的键值为：3 行×4＋列号（0～3）为 C、D、E、F。

矩阵键盘的程序编写可以参考第 7 章的项目实训部分。

5.2　MCS-51 单片机显示器接口技术

单片机应用系统中使用的显示器主要有发光二极管显示器，简称 LED（Light Emitting Diode）；液晶显示器，简称 LCD（Liquid Crystal Display）和阴极射线管显示器，简称 CRT（Cathode Ray Tube）。前者价廉，配置灵活，与单片机接口方便；后者可显示图形，但接口复杂，成本较高。

5.2.1　LED 数码管显示接口

如图 5.4 所示为几种常见的简单 LED 数码管显示器，其中右图为点阵显示屏，它们内部都是由各种颜色的发光二极管构成的，常用于显示数字、文字、日期等，大型点阵显示屏还可以显示非常清晰的画面，可作为电视显示器或电脑显示器使用。

图 5.4　常见的几种简单 LED 显示器

单片机系统中通常使用 7 段 LED 构成字型"8"，另外，还有一个小数点发光二极管以显示数字、符号及小数点，实质上是 8 段，这种显示器有共阴极和共阳极两种。LED 七段数码管显示器的结构如图 5.5 所示。

对于七段数码管的驱动电流应加以控制，在保证不超过单片机或其他驱动芯片功耗的前提下保证 LED 有正常的发光亮度。一般在使用的时候根据供电电压的不同来选择不同的限流电阻，如果是 12V 供电，一般选择 1kΩ 的限流电阻；如果是 5V 供电，一般选择 510Ω 的限流电阻。

共阴极与共阳极 7 段 LED 显示数字 0~F、"−"符号及"灭"的编码（a 段为最低位，dp 点为最高位），如表 5.1 所示。

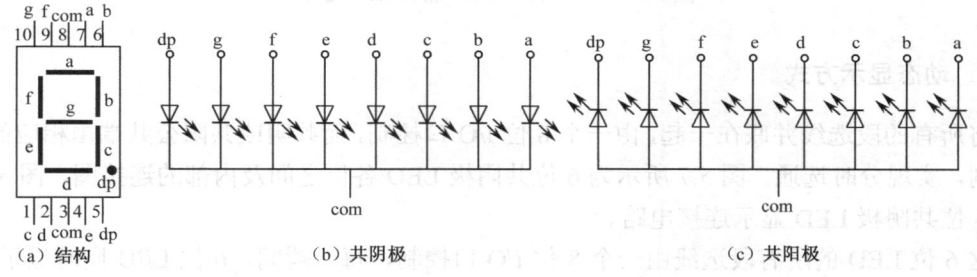

图 5.5　LED 七段数码管显示器的结构

表 5.1　共阴极和共阳极 7 段 LED 显示字型编码表

显示字符	0	1	2	3	4	5	6	7	8
共阴极	3F	06	5B	4F	66	6D	7D	07	7F
段选码	(BF)	(36)	(DB)	(CF)	(F6)	(ED)	(FD)	(87)	(FF)
共阳极	C0	F9	A4	B0	99	92	82	F8	80
段选码	(40)	(79)	(24)	(30)	(19)	(12)	(02)	(78)	(00)
显示字符	9	A	B	C	D	E	F	—	熄灭
共阴极	6F	77	7C	39	5E	79	71	40	00
段选码	(EF)	(F7)	(FC)	(B9)	(DE)	(F9)	(F1)	(C0)	(80)
共阳极	90	88	83	C6	A1	86	8E	BF	FF
段选码	(10)	(08)	(03)	(46)	(21)	(06)	(0E)	(3F)	(7F)

1．LED 静态显示方式

静态显示就是当显示器显示某个字符时，相应的段（发光二极管）恒定地导通或截止，直到显示另一个字符为止。

LED 显示器工作于静态显示方式时，各位的共阴极接地，若为共阳极，则公共端接+5V电源。每位的段选码（a～dp）分别与 I/O 口相连，显示器的各位互不影响，如图 5.6 所示，为 1 位共阳极 LED 静态显示电路。显示的内容一旦确定将维持不变，因此编程容易，管理简单，显示亮度高，但占用 I/O 口资源较多，若采用多位 7 段 LED 显示器，那么 I/O 口占用太多，甚至不够用。所以，一般采用动态显示方式。

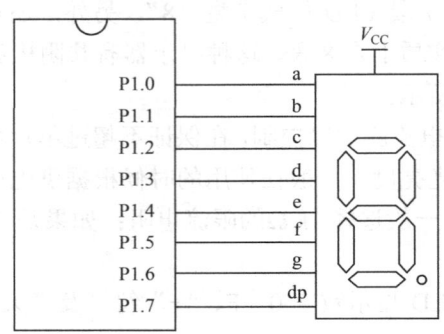

图 5.6　1 位共阳极 LED 静态显示电路

2．动态显示方式

将所有的段选线并联在一起，由一个 8 位 I/O 口控制，而共阴或共阳公共端由相应的 I/O线控制，实现分时选通。图 5.7 所示为 6 位共阴极 LED 各位之间及内部的连接图，图 5.8 所示为 6 位共阴极 LED 显示连接电路。

这 6 位 LED 的所有段选线由一个 8 位 I/O 口控制，每一瞬间，6 位 LED 同时显示相同的字符。要显示不同的字符，必须采用扫描方法轮流点亮各位 LED，也就是说每一瞬间只有一位显示字符。在此瞬间，段选控制 I/O 口输出相应字符段选码，而位选则控制 I/O 口在该显示位送入选通信号，以保证该位显示相应的字符。如此轮流，使每位分时显示该位应显示的字符。例如要显示"123456"，先给第一位的位选信号端送低电平 0，选通第一位 LED，接着给段选端送入显示"1"的段码，那么第一位的 LED 就显示出"1"。延时短暂的时间后，给第一位的位选信号端送高电平 1，关闭第一位 LED，段选信号清 0，给第二位的位选信号端送低电平，选通第二位 LED，接着给段选端送入显示"2"的段码，那么第二位的 LED 就显示出"2"。再延时短暂的时间后，给第二位的位选信号端送高电平 1，关闭第二位 LED，段选信号清 0，给第三位的位选信号端送低电平，选通第三位 LED，接着给段选端送入显示"3"的段码，那么第三位的 LED 就显示"3"。以此类推，当显示完第六位的"6"之后再从第一位的"1"开始轮流点亮。段选码、位选码每送入一次后延时 1ms，因人眼的视觉暂留时间为 0.1s，所以每位显示的时间间隔不应超过 20ms，并保持延时一段时间，以造成视觉暂留效果，使人看上去每位 LED 总在亮。这种方式称为动态扫描显示或软件扫描显示。

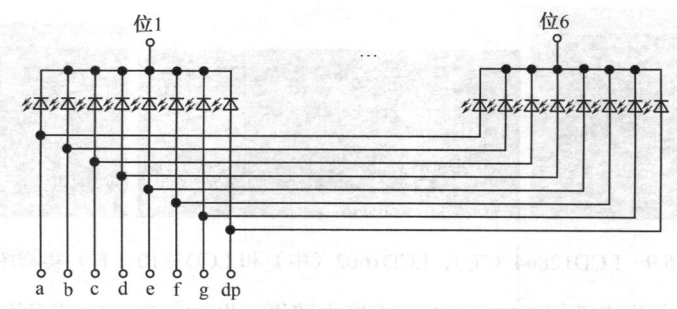

图 5.7 6 位共阴极 LED 各位之间及内部的连接图

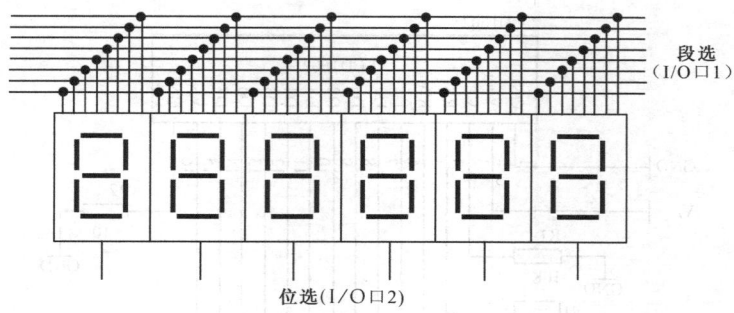

图 5.8 6 位共阴极 LED 动态显示连接电路

5.2.2 LCD 液晶显示接口

LCD 显示器按显示效果可分为笔段型、字符型和点阵图形型三类。

笔段型液晶显示器：由长条状显示像素组成一位显示。主要用于数字、字母或某些字符显示，显示效果与数码管类似。

字符型液晶显示器：专门显示字母、数字、符号等的点阵型液晶显示模块。

点阵图形型液晶显示器：在平板上排列多行和多列，形成矩阵形式的晶格点，广泛用于图形显示，点阵图形显示器显示的内容丰富，但电路结构及控制复杂。

LCD 显示器按采光方式可分为自然采光和背光源采光。

为了方便使用，LCD 点阵图形显示器常以 LCM（液晶显示模组）形式出现，LCM 中封装了显示器、驱动电路、控制电路和背光调节电路等。

LCD 显示器的特点如下：

● 低压微功耗：工作电压 3V～5V，工作电流为几个 μA；
● 平板型结构：安装时占用体积小；
● 被动显示：液晶本身不发光，靠调制外界光进行显示；
● 显示信息量大：LCD 像素小，相同面积上可容纳更多信息；
● 没有电磁辐射，易于彩色化，寿命长。

单片机应用系统中最常见的 LCD 显示器有 LCD12864、LCD1602 和 LCD3310 等，本书主要介绍 LCD1602 显示器及其控制。如图 5.9 所示为这三种液晶显示器的实物图。

图 5.9　LCD12864（左）、LCD1602（中）和 LCD3310（右）实物图

如图 5.10 所示为单片机与 LCD1602 的连接电路图。图中，S1、S2 分别接单片机的 I/O 口。

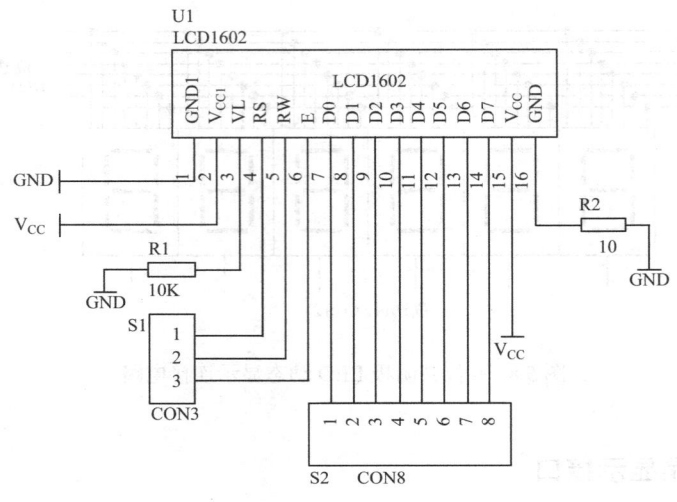

图 5.10　单片机与 LCD1602 的连接电路图

LCD1602 可以显示 2 行，每行显示 16 个 ASCII 字符，并且可以自定义图形，只需要写入相对应字符的 ASCII 码就可以显示，相对于数码管它能显示更丰富的信息。表 5.2 所示是 LCD1602 各引脚的功能。不同厂家生产的引脚可能不一样，使用前要注意查阅厂家提供的资料。

表 5.2　LCD1602 各引脚的功能表

编　号	符　号	引 脚 说 明	编　号	符　号	引 脚 说 明
1	GND1	电源地	9	D2	Data I/O
2	V$_{CC1}$	电源正极	10	D3	Data I/O
3	VL	液晶显示偏压信号	11	D4	Data I/O
4	RS	数据/命令选择端（H/L）	12	D5	Data I/O
5	R/W	读/写选择端（H/L）	13	D6	Data I/O
6	E	使能信号	14	D7	Data I/O
7	D0	Data I/O	15	BLA	背光源正极
8	D1	Data I/O	16	BLK	背光源负极

D0～D7 端为 8 位数据口，进行数据传送，而 RS、R/W、E 端的配合可以做出不同的操作，对 1602 进行操作主要有如下四种：

① 读状态。输入：RS＝L，RW＝H，E＝H。输出：D0～D7＝状态字。

② 写指令。输入：RS＝L，RW＝L，D0～D7＝指令，E＝高脉冲。输出：无。

③ 读数据。输入：RS＝H，RW＝H，E＝H。输出：D0～D7＝数据。

④ 写数据。输入：RS＝H，RW＝L，D0～D7＝数据，E＝高脉冲。输出：无。

从以上可以看出，如果想对 1602 进行何种操作，只要按其相对应的操作规程来做即可。虽然以上有四种操作，但实际上归类起来只有二种，一种读一种写。

5.3　MCS-51 单片机与 D/A、A/D 转换器接口技术

在测控系统和智能仪表中需要处理传感器检测到的信号，如温度、湿度、速度、压力等，这些信号必须转变为数字电压或数字电流信号，再送至单片机处理实现控制输出。汽车电控系统也不例外，如节气门位置传感器、加速踏板位置传感器、NTC 温度传感器等，都需要 A/D 转换器转换成数字信号后送给汽车单片机去处理。传感器输出大多是模拟信号，而单片机处理的是数字信号，因此必须设置 A/D 转换环节，将模拟信号转换为数字信号；另外，利用单片机的数字化控制产生模拟信号、驱动模拟形式的负载设备也要 D/A 转换环节，将数字信号转换为模拟信号。由于 A/D 和 D/A 转换芯片种类繁多，型号各异，因此在本节内容里以常用的 DAC0832 和 ADC0809 芯片为例做简单介绍。

5.3.1　采用 DAC0832 芯片的 D/A 转换接口技术

数模转换芯片的类型非常多，各有特点。如何选用 D/A 转换芯片还需要根据需求对照 D/A 转换芯片的主要参数作出决定， D/A 转换器的主要性能指标有以下几项：

（1）分辨率

分辨率以 D/A 转换器能够转换的二进制数位数决定，位数越多分辨率就越高。分辨率等于满量程的 $1/2^n$（n 表示输入二进制数的位数），它反映了输出模拟量的最小变化值。

（2）建立时间

建立时间是指从输入数字量开始变化至输出电压或电流信号的变化达到相应稳定值所需要的时间。

（3）精度

精度表现了实际输出电压或电流与理论值之间的误差。

DAC0832 芯片是一种应用比较典型的 D/A 转换器件，分辨率为 8 位，电流建立时间为 1 微秒，输入数据可以采用双缓冲、单缓冲或直通形式，输入逻辑电平与 TTL 兼容，单一电源供电，电压范围为+5V～+15V，功耗为 20mW。如图 5.11 所示为 DAC0832 的实物图。

DAC0832 芯片有 20 个引脚，通常采用双列直插（DIP）形式，芯片引脚图和内部结构图可查阅相关资料，各引脚功能说明如下：

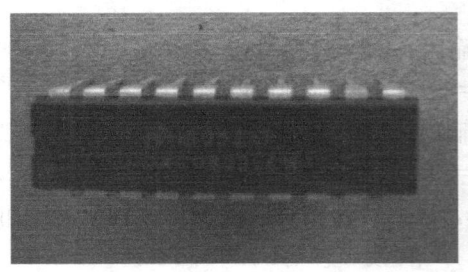

图 5.11　DAC0832 实物图

$\overline{\text{CS}}$：片选信号。低电平有效，与 I_{LE} 配合，决定数据输入控制信号 $\overline{\text{WR}}_1$ 是否有效。

I_{LE}：允许锁存信号。高电平有效，当 $\overline{\text{CS}}$、$\overline{\text{WR}}_1$ 为低电平时，I_{LE} 的电平上升沿使数据线的数据信息进入 8 位输入锁存器。

$\overline{\text{WR}}_1$：写控制信号 1。低电平有效，与 I_{LE}、$\overline{\text{CS}}$ 配合控制 8 位数据信息的输入。

$\overline{\text{WR}}_2$：写控制信号 2。低电平有效，与传送控制信号 $\overline{\text{XFER}}$ 配合控制锁存器中的 8 位输入数据进入 DAC 寄存器。

$\overline{\text{XFER}}$：传送控制信号。低电平有效，与 $\overline{\text{WR}}_2$ 配合控制锁存器中的 8 位输入数据进入 DAC 寄存器。

VREF：基准电压输入端。可以通过调节设置，在 $-10V\sim+10V$ 内改变基准电压范围。

$DI_0\sim DI_7$：8 位数字量输入端。与单片机数据输出口线连接，接收转换数据。

I_{OUT1}、I_{OUT2}：转换电流输出端。两电流之和为常数，可直接与外接运算放大器的反相、同相端连接。

R_f：内部反馈电阻引脚。作为反馈电路，与外接运算放大器的输出端连接。

V_{CC}：电源输入引脚。

DGND、AGND：分别为数字信号接地和模拟接地引脚。

在 DAC0832 芯片的单缓冲工作方式的接线电路中，当有转换数据输入时，在单片机的控制下地址和控制线同时有效，直接产生转换输出。单缓冲工作方式适用于单路模拟量转换，或几路模拟量转换但不要求同步的场合。如图 5.12 所示为 DAC0832 芯片在单缓冲工作方式下与单片机的接口电路。

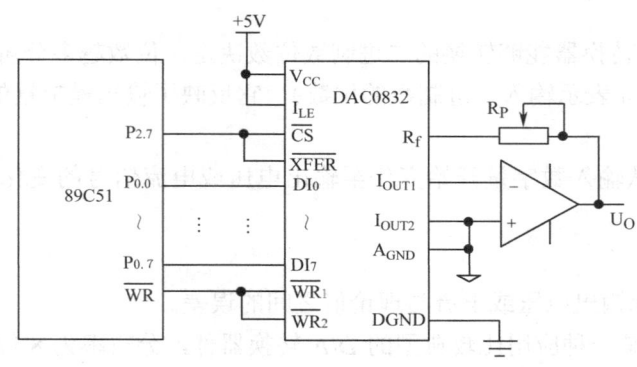

图 5.12　DAC0832 芯片在单缓冲工作方式下与单片机的接口电路

实现单缓冲工作方式的单片机程序如下：

```
MOV      DPTR，#2FFFH          ；指向 DAC0832 的选通地址
```

...

MOV	A，#data	；待转换数据送入累加器 A
MOV	@DPTR，A	；送出转换数据并启动转换

下面程序段将在运放输出端 U_O 产生程控方波。

MOV	DPTR，#2FFFH	；设置 D/A 口地址
MOV	A，#0FFH	；给 A 送最大值
MOVX	@DPTR，A	；D/A 输出相应模拟量
ACALL	$2700H	；延时
MOV	A，#00H	；给 A 送最小值
MOVX	@DPTR，A	；D/A 输出相应模拟量
ACALL	$2700H	；延时
AJMP	$2003H	；返回循环

5.3.2　ADC0809 芯片的 A/D 转换接口技术

A/D 转换芯片的类型也很多，ADC0809 芯片是常用的一种，它采用 CMOS 工艺制造，为 8 位 A/D 转换芯片，28 引脚 DIP 封装。该芯片的管脚图和内部结构图可查阅相关资料，外形如图 5.13 所示。

ADC0809 各引脚功能说明如下：

IN0～IN7：8 个输入通道的模拟输入端。

D0（2^{-8}）～D7（2^{-1}）：8 位数字量输出端。

START：启动信号，加上正脉冲后，A/D转换开始进行。

ALE：地址锁存信号。上升沿时，把三位地址信号送入通道号地址锁存器，并经译码器得到地址输出，以选择相应的模拟输入通道。

EOC：转换结束信号，是芯片的输出信号。

OE：输出允许控制端。

CLK：时钟信号。最高允许值为 640kHz。

V_{REF+}、V_{REF-}：A/D 转换器的参考电压。

V_{CC}：电源电压。允许电压范围为+5V～+15V。

图 5.13　ADC0809 实物图

ADC0809 与 89C51 连接可采用查询方式，也可采用中断方式。如图 5.14 所示为中断方式连接的电路图。

启动 ADC0809 的过程是：先送通道号地址 ADDA、ADDB 和 ADDC；由单片机的 ALE 信号锁存通道号地址后，让 START 有效；启动 A/D 转换（MOVX　@DPTR，A），产生 $\overline{WR}$ 信号，使 ALE 和 START 有效；锁存通道号并启动 A/D 转换。转换完后 EOC 端发出正脉冲申请中断。中断服务程序中"MOV　A，@DPTR"指令产生 $\overline{RD}$ 信号，使 OE 端有效，打开输出锁存器，8 位数据读入 CPU。

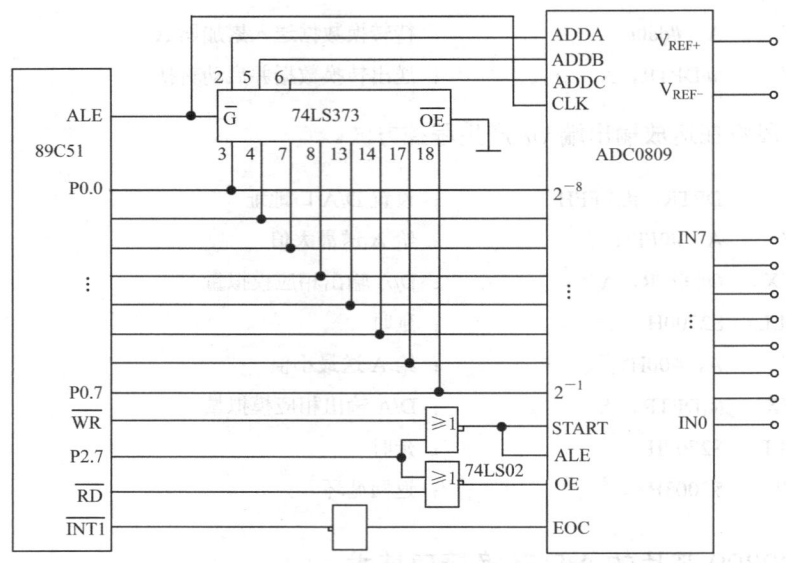

图 5.14　ADC0809 与 89C51 中断方式连接的电路图

例： 某冷冻厂需对 8 个冷冻室进行温度巡回检测。要求设计一个单片机巡回检测系统，使其能对各冷冻室的温度巡回检测并加以处理。设被测温度范围为－30℃～＋50℃，温度检测精度不大于±1℃。

分析： 将读数依次存放在片外数据存储器 A0H～A7H 单元。主程序和中断服务程序如下：

主程序：

MAIN:	MOV	R0, #0A0H	；数据暂存区首址
	MOV	R2, #08H	；8 路计数初值
	SETB	IT1	；脉冲触发方式
	SETB	EA	；开中断
	SETB	EX1	
	MOV	DPTR, #7FF8H	；指向 0809 首地址
	MOVX	@DPTR, A	；启动 A/D 转换
HERE:	SJMP	HERE	；等待中断

中断服务程序：

	MOVX	A, @DPTR	；读数
	MOVX	@R0, A	；存数
	INC	DPTR	；更新通道
	INC	R0	；更新暂存单元
	DJNZ	R2, DONE	
	RETI		
DONE:	MOVX	@DPTR, A	
	RETI		

第**6**章

汽车单片机与电子控制单元

单片机被广泛地用于工业智能化控制、家电、通信等许多领域,汽车领域更不例外。汽车控制装置中有低性能的 8 位机,也有高性能的 16 位机和 32 位机。随着现代汽车功能越来越完善,控制系统变得更加复杂,电子控制单元不断增多,单片机在汽车上也得到广泛使用。

6.1　汽车单片机

世界上的单片机生产厂商很多,各厂家的芯片名称、性能指标等也不尽相同。下面简单介绍几种汽车专用单片机。

6.1.1　摩托罗拉汽车单片机介绍

摩托罗拉公司开发了很多微处理单元(MCU),可广泛用于汽车电控发动机、车身、乘员安全、车门和座椅、车窗、通风和空调、天窗和灯光控制,汽车局域网的网关、通信设备、全球定位系统及其他汽车控制单元中。其产品主要有 8 位、16 位微控制器(包括 HC08/HCS08、HC12/HCS12 等)、32 位微控制器(包括 PowerPC、ColdFire、ARM 等)。

摩托罗拉公司是世界上生产单片机的大厂商,该公司生产的电控单元在国产汽车中应用非常广泛,广泛应用于丰田、夏利、万丰、五菱等国产客货汽车中,但故障率较高。

(1)摩托罗拉 8 位单片机 M68HC11F1

金杯等汽车单点玛瑞利电脑采用摩托罗拉公司的 M68HC11F1 型单片机,为 8 位汽车专用 MCU,是发动机电控单元的核心,是摩托罗拉公司的早期产品,是采用高性能闪存技术的低成本芯片。

MC68HC11F1 的主要特征:两种省电模式,停止和等待;3.0~5.5V 电压均可正常工作;0、256B、512B 或 768B 片内 RAM,RAM 数据在待机时保留;0、12KB 或 20KB 片内 ROM 或 EPROM;异步串行通信接口 SCI、8 通道、8 位 A/D 转换器;16 位定时器系统;8 位脉冲累加器,实时中断电路等。

MC68HC11F1 的具体技术数据和应用将在后续章节中重点讲解。

（2）摩托罗拉 8 位单片机 MC68HC711K4

五菱之光等车型发动机电脑的 CPU 是摩托罗拉公司 MC68HC11K 家族的 MC68HC711K4 8 位单片机，采用的是 80 脚 QFP 封装，其结构框图如图 6.1 所示。

（3）摩托罗拉 16 位单片机 MC9S12DP256

MC9S12DP256 是基于 16 位 HCS12CPU 及 0.25μm 微电子技术的高速、高性能、带 5.0V Flash 存储器的 16 位微控制器。其较高的性价比非常适合于一些中高档汽车控制系统，较简单的背景开发模式也会使开发成本进一步降低，同时也使现场开发与系统升级变得更加方便。

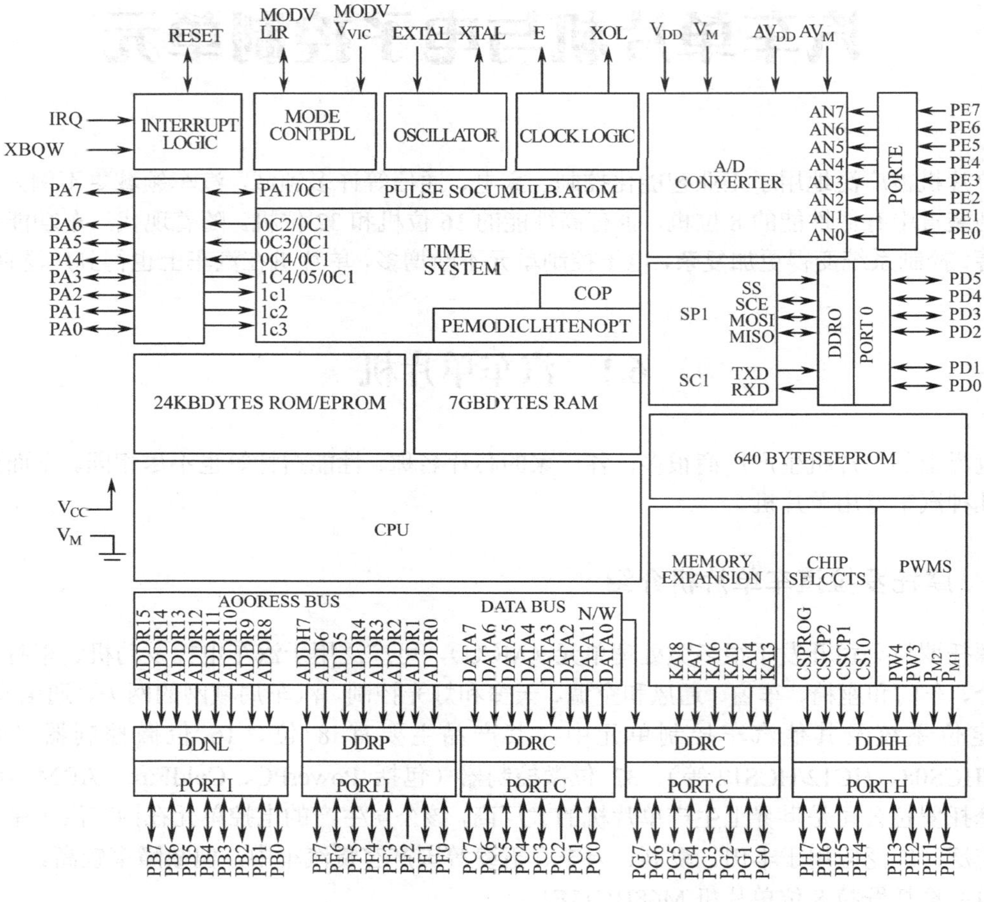

图 6.1　MC68HC711K4 单片机的结构框图

MC9S12DP256 的主频高达 25MHz，片内还集成了许多标准模块，包括 2 个异步串行通信口 SCI、3 个同步串行通信口 SPI、8 通道输入捕捉/输出比较定时器、2 个 10 位 8 通道 A/D 转换模块、1 个 8 通道脉宽调制模块、49 个独立数字 I/O 口（其中 20 个具有外部中断及唤醒功能）、兼容 CAN2.0A/B 协议的 5 个 CAN 模块以及一个内部 IC 总线模块；片内拥有 256KB 的 Flash EEPROM、12KB 的 RAM、4KB 的 EEPROM。

图 6.2 所示为典型的汽车门控系统示意图。其中央微控制器选用 MC9S12DP256 单片机，MC33389A、MC33884、MC33887、MC33486 等均为摩托罗拉智能模拟器件。其中：

MC33389A 为开关电源芯片，提供 CPU 工作电压（5V）；可将点火开关信号、车门开关信号及面板开关信号由 SPI 接入微控制器，进行唤醒、复位和中断等工作；还具有容错功能的 CAN 物理层驱动器；此外，它可将系统接入整车网络中。MC33884 的主要作用是实时监测面板开关的状态并驱动面板的照明灯。MC33887 是一个驱动电路芯片，可用于后视镜位置电机、后视镜折叠电机及门锁电机的驱动，该功能也可选用 MC33884 配合独立的 MOS 驱动管来完成。MC33290 主要用于整个系统的诊断。

（4）摩托罗拉 32 位单片机 MPC500

MPC500 系列单片机经专门设计，满足了高速行驶汽车所需的严格工作环境要求。整个产品系列包括无闪存的 MPC561 和内置 1 MB 闪存的 MPC566 等，以针对多种不同的应用环境。可应用于汽油机管理、直接燃油喷射、电子传动控制等动力传输系统及稳定控制系统和悬挂应用系统。MPC500 系列 MCU 还具有浮点单元和智能时钟等创新功能，能满足控制速度和精度要求。MPC500 内包含一个系统集成模组（SIM）、一个时间处理单元（TPU）、一个队列串行接口模组（QSM）、2KB 静态随机存储器，带有 TPU 仿真能力（TPURAM）。采用 HCMOS 技术，可进一步降低产品功耗，同时指令系统包含专用低功耗指令 LP2STOP。系统时钟停止状态下，功率消耗最低。

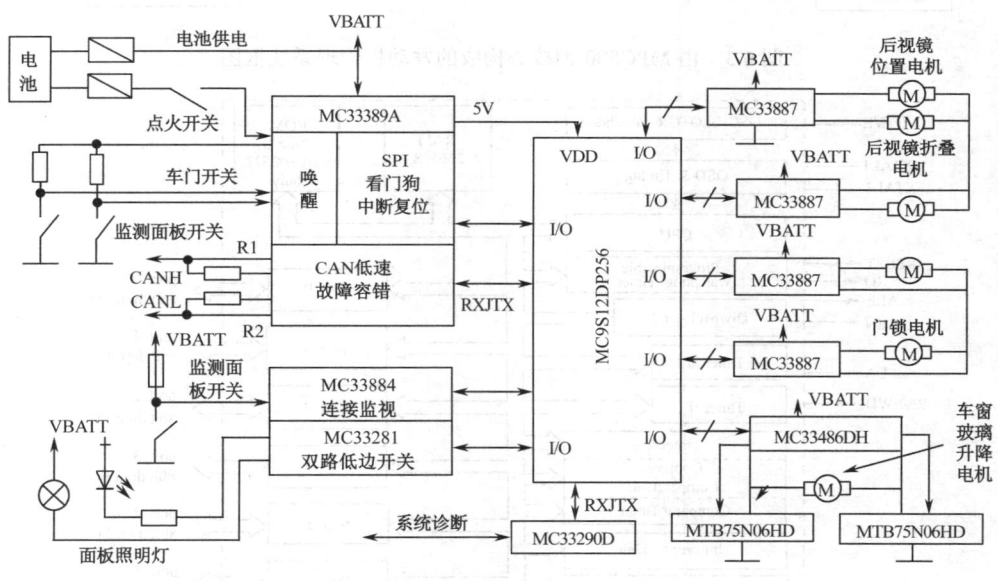

图 6.2　由 MC9S12DP256 单片机为核心构成的门控电路

MPC500 主要应用于新型汽车发动机管理系统中，如 GM 的 P5、P6 系列发动机管理系统。图 6.3 是基于 32 位 MPC500 微控制器的发动机管理系统组成框图。

6.1.2　英飞凌公司生产的 8 位单片机 B58468

联合电子 Motronic1.5.4 型 ECU 主板上使用的是英飞凌公司生产的 8 位单片机 B58468，它具有 80C537 的典型内核，是 8 位单片机家族中的高端产品。如图 6.4 所示为 B58468 的内

部原理框图。该单片机负责整个电脑的控制工作。如损坏会引起发动机不点火、不喷油、检测仪无法与电控单元通信，以致整个电控单元不工作。

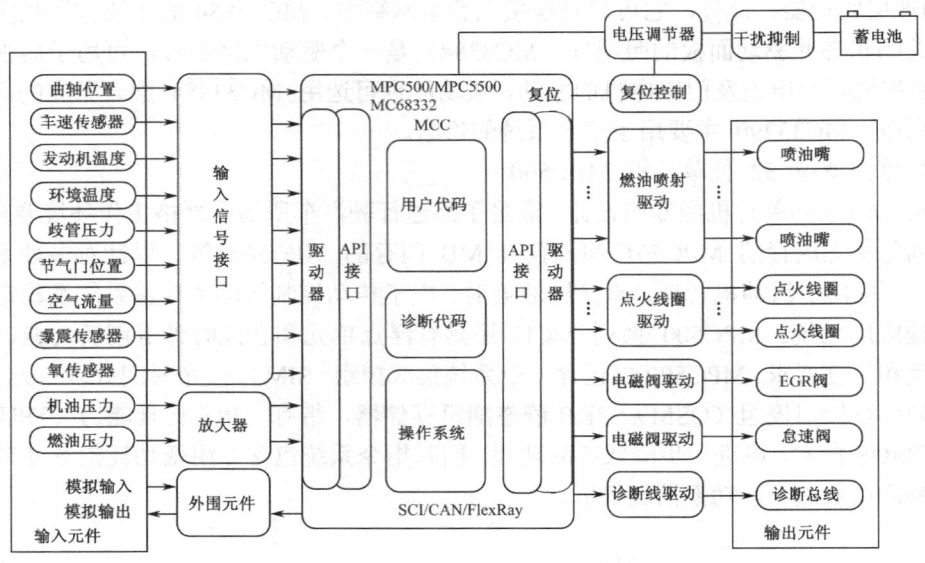

图 6.3　由 MPC500 为核心构成的发动机管理系统框图

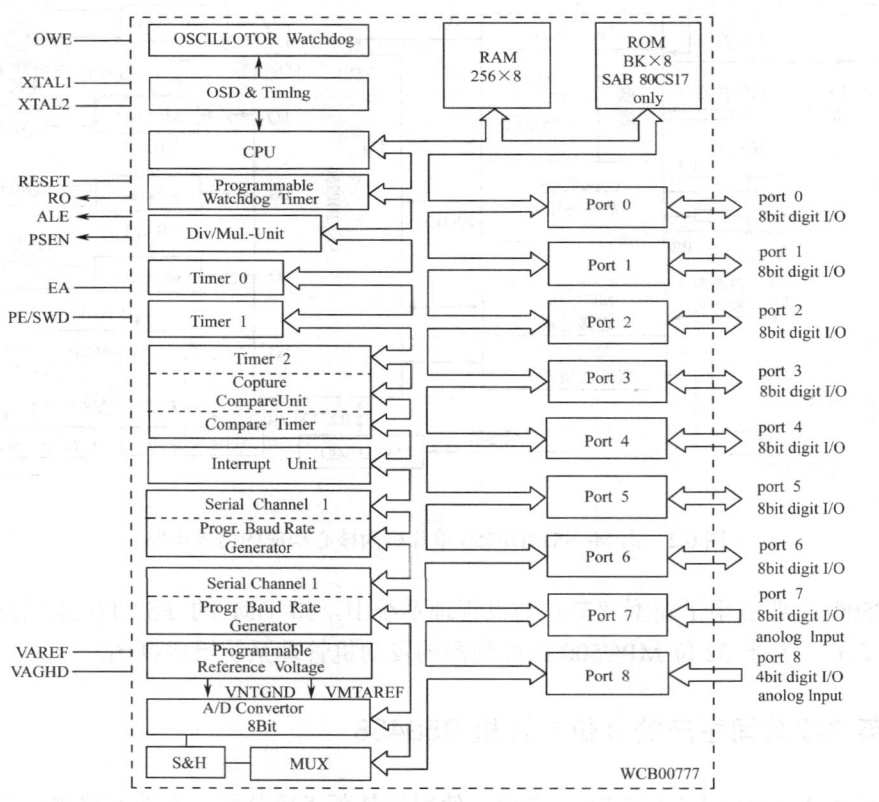

图 6.4　B58468 的内部原理框图

B58468 并行端口中的 Port7、Port8 可输入模拟信号，也可输入数字信号。当输入模拟信号时，用于 A/D 转换。在 Motronic1.5.4 电脑中的使用示例如图 6.5 所示。

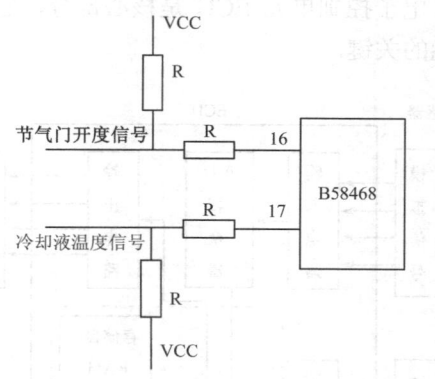

图 6.5　Motronic1.5.4 电脑中 B58468 的示例

6.1.3　西门子公司的 80C517A 单片机

西门子 5WPx 型 ECU 主板的 CPU 采用的是西门子公司 SAB8051 家族中的高端产品 80C517A。80C517A 有 84 脚 PLCC 及 100 脚 QFP 等封装形式，在本电脑中采用的是 84 脚 PLCC 封装，其引脚功能如图 6.6 所示。在 5WPx 型 BCU 主板中，使用 TLE4260-2 电源 IC 给主板提供 +12V 和+5V 电源。CPU 由 1、2、3、5 引脚输出四路喷油信号，分别送到喷油模块 100904C 的 1、3、13、15 引脚，经驱动放大后送至 4 个喷油器的控制墙。怠速节气门控制部分由 TLE5205-2 完成。点火控制部分由 916741 WP9EX9448 完成。程序存储器采用 AM27C010 芯片，有 1Mbit 存储空间，通常为一次性可编辑元件。红旗 7180AE 轿车即使用了西门子 5WPx 型 ECU。

图 6.6　80C517A 的引脚功能

6.2　汽车电子控制单元

目前汽油机的电控系统一般包括三大部分：信号传感装置、电子控制单元（ECU）和执行机构，如图 6.7 所示。

（1）信号传感装置：相当于人的感知器官，感受外界的相关信息。

（2）电子控制单元（ECU）：相当于人的大脑，将接收信号传感装置收集到的各种信息，进行计算、比较、判断等处理，并向执行机构发出动作命令。

（3）执行机构：相当于人的手和足，做出具体的动作。

显然，在整个系统中，电子控制单元 ECU 是核心部分，它具有一定的智力功能，是完成系统工作、实现系统功能的关键。

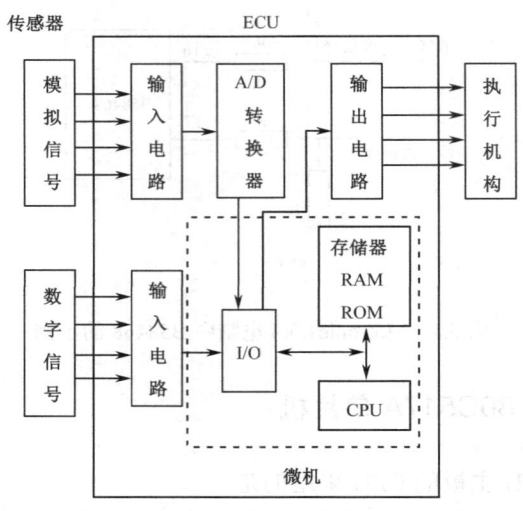

图 6.7　汽油机电控系统结构图

6.2.1　ECU 的作用

ECU 是一种电子综合控制装置，美国通用公司称汽车电控单元为 ECM（电子控制组件），福特公司起初称汽车电控单元为 MCU（微处理机控制装置），后又称 EEC（发动机电子控制装置）。ECU 实质上就是一个单片机系统，它的核心是微控制器，也就是单片机。

ECU 的作用是按其内部存储的程序，对汽车电控系统各传感器输入的信号数据进行运算、处理、分析、判断，然后输出控制指令，并驱动有关执行器动作，达到快速、准确、自动控制汽车的目的。主要表现在以下几个方面：

（1）接收传感器等其他装置输入的信息，给传感器提供参考电压（2V、5V、9V 或 12V）。

（2）处理、存储、计算和分析信息数据及故障信息。

（3）根据输入的有关信息求出输出值（指令信号），并且将它与标准值对比，进行故障判断。

（4）把弱信号（指令信号）变为强信号（控制信号）。

（5）当电控系统出现故障时，输出故障信息。

（6）实行学习控制（自我修正输出值）。

ECU 损坏的概率非常小，在 ECU 中单片机是核心部分，它具有运算与控制的功能，发动机在运行时，它通过外围电路采集各传感器的信号，进行运算，并将运算结果转变为控制信号，控制被控对象的工作。单片机还实行对存储器（ROM、RAM）、输入/输出接口

（I/O）和其他外部电路的控制；存储器 ROM 中存放的程序是经过精确计算和大量实验取得的数据和控制指令，单片机用这些固有程序在发动机工作时，不断地将实验数据与采集来的各传感器的信号进行比较和计算，用比较和计算的结果控制发动机的点火、空燃比、怠速、废气再循环等多项参数。ECU 还有故障自诊断和保护功能，当系统产生故障时，它还能在 RAM 中自动记录故障代码，并采用保护措施从上述的固有程序中读取替代程序来维持发动机的运转，使汽车能开到修理厂。

　　目前，在一些中高级轿车上，不但在发动机上应用 ECU，在其他许多地方都可发现 ECU 的踪影。例如防抱死制动系统、四轮驱动系统、电控自动变速器、主动悬架系统、安全气囊系统、多向可调电控座椅等都配置有各自的 ECU。随着轿车电子化、自动化的提高，汽车上的 ECU 将会日益增多。

6.2.2　ECU 的结构

　　ECU 主要由输入电路、微处理器、输出电路、电源电路和备用电路等组成。

1. 微处理器

　　微处理器是汽车电控系统的中枢。它的功能是把各种传感器送来的信号进行运算处理，并把处理结果（如燃油喷射指令信号、点火指令信号等）送至输出电路，从而控制执行器的工作。微处理器主要由中央处理器 CPU、存储器 RAM/ROM、输入/输出（I/O）接口和总线等组成。

　　（1）中央处理器 CPU

　　中央处理器是微处理器的核心部件，它的功能是执行程序，完成数据处理任务，并对存储器和 I/O 接口发出指令。

　　CPU 由运算器和控制器组成。运算器的作用是信息加工处理，主要是完成各种算术运算、逻辑运算及移位操作等。控制器是微处理器的指挥中心，其功能是按照人们预先设定的操作步骤，控制逻辑运算单元、输入/输出接口以及存储器等部件步调一致地自动工作。

　　（2）存储器

　　存储器是信息存放和运行程序的场所，其主要功能是存储程序和数据。车用微处理器所用的存储器按功能可划分为只读存储器（ROM）和随机存储器（RAM）。

　　ROM 是只能读出的专用存储器，其存储内容一次写入后就不能改变，但可以调出使用。ROM 存储器的内容是永久性的，即使切断电源，其存储的内容也不会丢失，通电后又可立即使用。因此，ROM 适用于存储固定程序和数据，即存放各种永久性的程序和永久性、半永久性的数据，如电子控制汽油喷射系统中的一系列控制程序、喷油特性脉谱以及其他特性数据等。

　　RAM 的主要功用是存储微处理器操作时的可变数据，如各种输入、输出数据和计算过程中产生的中间数据等，并且可以根据需要随时调出或改变（改写）其中的数据。RAM 的作用是暂时存储信息，因此当电源切断时，所有存入 RAM 的数据会全部消失。为了能较长期地保存某些数据，如故障码、空燃比学习修正值等，并且防止点火开关关断时因电源被切

断而造成数据丢失，RAM 一般都通过专用的后备电路与蓄电池直接连接，这样可以使它不受点火开关的控制。只有当专用电源后备电路断开或蓄电池上的电源线被拔掉时，存入 RAM 中的数据才会消失。

（3）I/O 接口

I/O 接口是 CPU 与输入装置（传感器）、输出装置（执行器）间进行信息交换的通道。输入和输出装置一般都要通过 I/O 接口才能与微处理器相连。

（4）总线

总线是传递信息的公共通道。在微型计算机中，中央处理器、存储器与 I/O 接口是通过总线连接起来的，它们之间的信息交换均要通过总线进行。总线按传递信息的类别可分为数据总线、地址总线和控制总线三种。

2．输入电路

输入电路的功用是实现外部传感器与微处理器之间的信息传递，即对传感器输入的信号进行预处理，使输入信号变成微处理器可以接受的信号。传感器输入的信号一般有两类：模拟信号和数字信号，需要分别由相应的电路对它们进行处理。

例如，空气流量传感器、水温传感器、进气温度传感器、线性输出式节气门位置传感器等，向 ECU 输出的就是模拟信号（幅值随时间连续变化的信号）。它们经过放大、滤波、A/D 转换等处理后才能被微处理器所接受。而转速传感器产生的转速信号与上止点参考信号、各种开关信号则是数字信号（断续变化的电压脉冲）。它们经过放大、整形之后可直接通过 I/O 接口送入微处理器。

（1）模拟量输入通道

模拟量输入通道的任务是把传感器输出的模拟量转换成数字量后输入微处理器，它的一般组成框图如图 6.8 所示，它由信号处理装置、多路选择开关、采样保持电路和 A/D 转换器等组成。

① 信号处理装置

信号处理装置包括标度变换、电平变换和信号滤波等。传感器测得的物理量经标度变换变成电压信号，但其值很小，通常为 0～40mV，而 A/D 转换器所能处理的电压范围为 5V、10V、±5V 等，故必须进行电平变换再输给 A/D 转换器。电平变换的任务是使传感器输出的电压满量程和 A/D 转换电压的满量程相匹配，这样可提高模拟信号测量系统的精度。

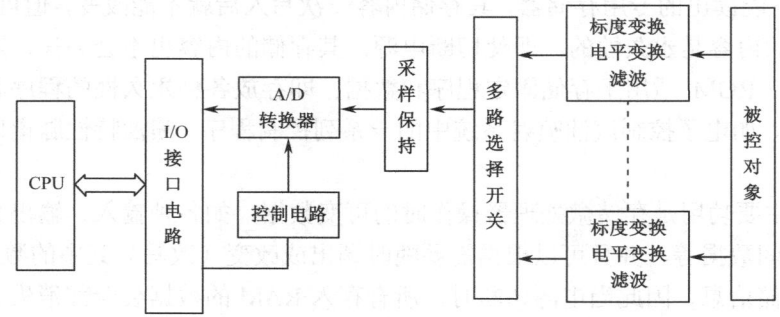

图 6.8　模拟量输入通道组成框图

② 多路选择开关

当多路模拟量输入时，不必每个模拟量输入都匹配一个 A/D 转换器，可共用一个 A/D 转换器。这时输入通道中要增加一个多路选择开关，使得每一路模拟量输入轮流和 A/D 转换器接通，经 A/D 转换后送入。

③ 采样保持电路

A/D 转换需要一定的时间，对随时间变化较快的模拟信号来说就会产生转换误差。为解决这个问题，方法就是在 A/D 转换器前增加采样保持电路，以较小的采样时间对快速变化的信号进行采样，采样后保持电压，并以此电压进行 A/D 转换。

④ A/D 转换器

CPU 只能够接受离散的数字信息，因此连续的模拟信息必须经过 A/D 转换器转换成数字信息后才可通过 I/O 接口送给 CPU 进行处理。

（2）数字量输入通道

在汽车电控系统中，传感器采集的还有数字信号，比如来自转速传感器的转速信号与上止点参考信号，它们都是脉冲信号，这两个信号经过处理电路后，通过 I/O 接口可直接送入微机。由于磁感应式转速传感器的输出信号随转速变化而变化，因此在发动机转速很低时，电压信号就会很弱，这就需要将信号放大，并且要变成完整的矩形波。因此，要设置放大电路和脉冲信号整形电路。

另外，数字量输入通道要解决电平转换和抗干扰等问题。单片机只能接受 TTL 电平，因此数字量只有转换成 TTL 电平才能送给单片机。为了使单片机获得正确的信息，必须使外电路中的干扰和单片机相隔离。图 6.9 即为常用的电平转换及光电隔离电路。

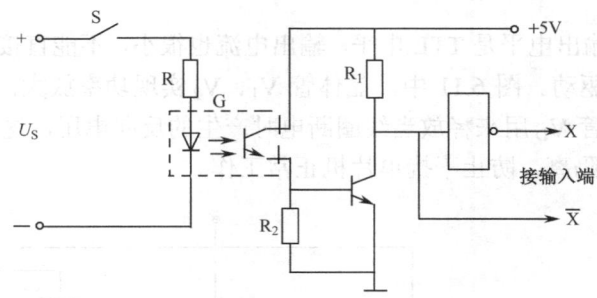

图 6.9　电平转换及光电隔离电路

3．输出电路

（1）模拟量输出通道

模拟量输出通道的任务是把单片机的离散数字量输出变成连续的模拟量输出，以控制执行机构，如图 6.10 所示。

控制系统是按照采样周期工作的，在整个采样周期内输出的控制信号不能中断，以保持连续控制，故模拟量输出通道除了有 D/A 转换器外，还必须有保持器，通常采用零阶保持器。零阶保持器把前一时刻的采样值恒定不变地保持到下一个采样时刻，当下一个采样时刻到来时，又转换成新的采样值继续保持。图 6.10（a）为一个通道使用一个 D/A 转换器，转换速度快且工作可靠，但成本高；图6.10（b）为多个通道共用一个 D/A 转换器，各通道由多路开关分时切换，故其转换速度低、可靠性差，适用于通道数量多且转换速度要求不高的场合。

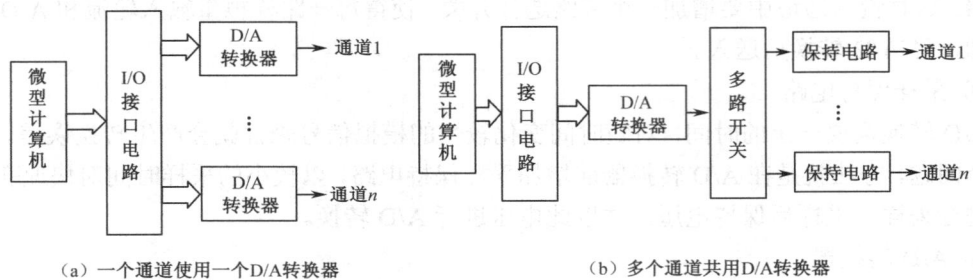

（a）一个通道使用一个D/A转换器　　　　　　　　（b）多个通道共用D/A转换器

图 6.10　模拟量输出通道

（2）数字量输出通道

数字量输出通道的任务是将微控制器 I/O 接口输出的数字量转换成执行机构（如继电器、电磁阀、步进电机等）需要的信号。

数字量输出通道有以下三种形式：

- 由微控制器 I/O 口直接控制执行机构。
- 通过半导体开关管控制执行机构。
- 通过继电器控制执行机构。

① 电磁阀（或继电器）的驱动

常用的电磁阀控制电路如图 6.11 所示。微机通过接口输出高低电平，控制电磁阀线圈的接通与切断。

单片机 I/O 口的输出电平是 TTL 电平，输出电流也很小，不能直接驱动电磁阀，一般通过功率放大装置进行驱动。图 6.11 中，晶体管 V_1、V_2 实现功率放大，J 为电磁阀的线圈，并联在 J 两端的二极管 V_D 用来释放当线圈断电时产生的反向电压，这种冲激电压对线路的干扰由光电耦合器 G 隔离，防止干扰单片机正常工作。

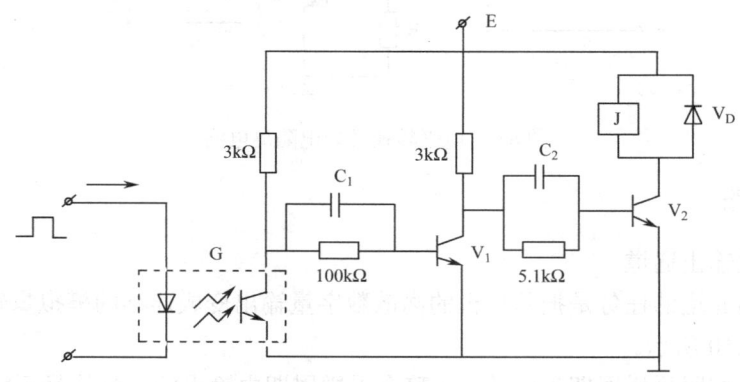

图 6.11　电磁阀控制电路

当单片机通过接口输出高电平时，光电耦合器 G 输出低电平，使 V_1 截止、V_2 导通，J 中有电流流过；当单片机输出低电平时，光电耦合器 G 输出高电平，使 V_1 导通、V_2 截止，

J 被关断，在 J 关断的瞬间，存储在 J 中的能量由 J 与 V_D 构成的回路变成热能而消耗。

② 步进电机的驱动

步进电机接受脉冲数字信号，每来一个脉冲就走一步。步进电机驱动电路由脉冲分配器和驱动电路组成。图 6.12 所示为三相步进电机的控制电路图。

从接口芯片 8355A 的 PA 口送出方向信号和脉冲信号，输出的脉冲信号经过光电隔离电路进入环形分配器。每输入一个脉冲信号，环形分配器就改变一次输出状态，从而依次接通步进电机的各相绕组，使电机运转。在图 6.12 中，脉冲信号还被送入一个加法计数器（CTC）的输入端，进行位置累加计数，其结果通过 8355A 的 PB 口输入，用于位置监视和步进电机的加减速控制。

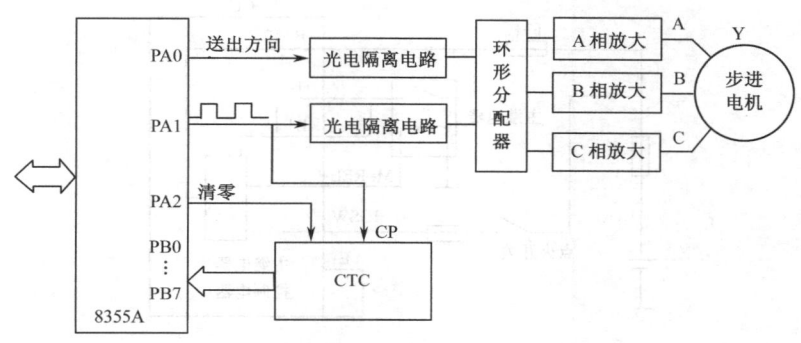

图 6.12 三相步进电机控制示意图

4．电源电路

（1）未装步进电机（怠速控制用）的 ECU 电源电路

图 6.13 所示即为未装步进电机的 ECU 电源电路。图中主继电器由点火开关控制，当点火开关接通时，电流流过主继电器线圈，使主继电器触点闭合，接通蓄电池与微机（ECU）之间的电路，使微机的"+B"和"+B1"端子获得蓄电池电压。当点火开关关断时，ECU 的"+B"和"+B1"端子则失去供电。

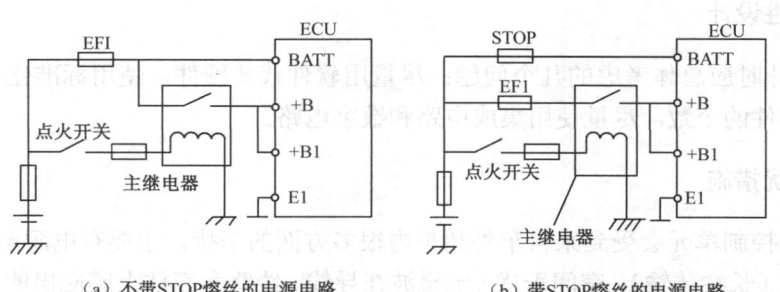

（a）不带STOP熔丝的电源电路   （b）带STOP熔丝的电源电路

图 6.13 微机的电源电路（未装步进电机）

（2）装有步进电机的 ECU 电源电路

图 6.14 所示为装有步进电机的 ECU 电源电路。图中主继电器由 ECU 控制，以便在点火开关断开时，ECU 能继续接通主继电器约 2s 的时间，使步进电机回到初始位置，这样就可以保证步进电机有一个固定的初始位置。当点火开关接通时，蓄电池与 ECU 的"IGSW"端子相通，ECU 通过内部的主继电器控制电路，控制 ECU 的"M-REL"端子，将主继电器线圈电路接通，使主继电器触点闭合，接通蓄电池与 ECU 的"+B"和"+B1"端子。当点火开关断开时，ECU 通过"M-REL"端子使主继电器继续接通 2s，保证步进电机继续通电，以便回到初始位置。图中同样有后备电源电路，使蓄电池与微机的"BATT"端子相连，其作用与未装步进电机的 ECU 电源电路相同。

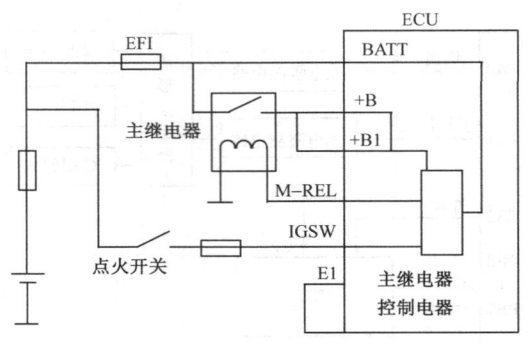

图 6.14　微机的电源电路（装有步进电机）

6.2.3　ECU 的可靠性

1．工作环境

汽车行驶于不同的道路和气候条件下，ECU 经常承受震动、温度和湿度的变化，电源电压的波动和车内外的电磁干扰等都会造成汽车 ECU 性能的下降，甚至无法完成规定的功能，因此 ECU 的可靠性显得尤为重要。

2．可靠性设计

ECU 设计时应总体考虑的几个问题：尽量用软件代替硬件，使用标准化单元电路，减少系统电子部件的个数，尽量使用集成电路和数字电路。

3．抗干扰措施

汽车电子控制单元会受到来自车外和车内很多方面的干扰，主要有电源电压波动干扰、过程通道干扰（长线传输）、空间干扰（电磁波在导线、线路和壳体上感应出的干扰电动势）、接地系统干扰（多点接地引起）等。抗干扰措施主要有两种：硬件抗干扰和软件抗干扰。两种抗干扰技术相互弥补，很好地提高了单片机系统的可靠性。

6.3　玛瑞利单点电脑

玛瑞利单点电脑是一种典型的集中喷射电脑，成本低、简单实用，目前广泛装在国产微型车和低档轿车中。自 1999 年年底玛瑞利推出单点电控发动机管理系统起，包括沈阳金杯海狮客车、金杯中华轿车、芜湖奇瑞轿车、天津夏利轿车、南京英格尔轿车等车型都已采用了这种基于玛瑞利的单点电控发动机管理系统。

图 6.15 所示为该电脑的内部电路原理框图。

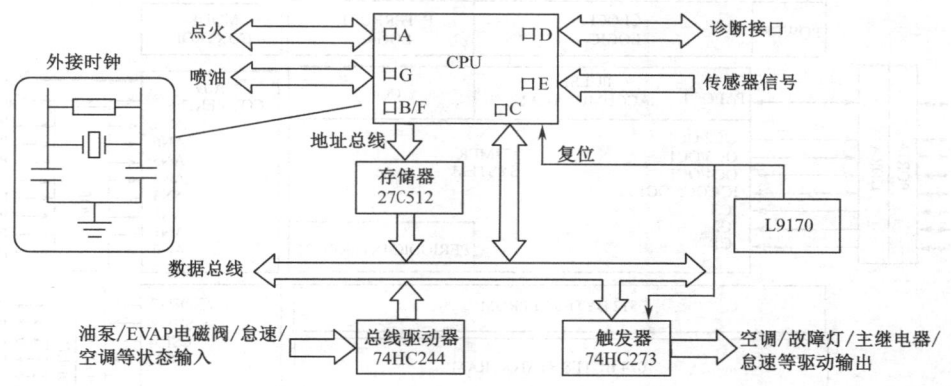

图 6.15　玛瑞利单点电脑内部电路原理框图

发动机电脑的逻辑电路以单片机为核心，通过总线（数据总线和地址总线）把存储器、触发器等外部器件有机连成一体，并通过 Port E 口把传感器信号接收到单片机内部，通过 Port A 口、Port D 口、Port G 口把执行信号送到外部，同时完成与其他设备的通信功能。

6.3.1　MC68HC11F1 单片机

MC68HC11F1 是 Motorora 公司 MC68HC11 系列的产品。与本系列其他产品相比，增加了 I/O 端口数量，增加了静态 RAM 容量和内部片选功能，非多工总线降低了对外部界面的逻辑要求，具有定时器、串行口、A/D 变换使能功能。

MC68HC11F1 的特点如下：

- CPU 为 MC68HC11；
- 512 字节的片内 EEPROM；
- 1024 字节的片内 RAM；
- 16 字节的定时器系统；
- 实时中断电路；
- 8 位脉冲累加器；
- 同步串行外部接口（SPI）；

- 异步不归零串行接口（SCI）；
- 8 通道 8 位 A/D 变换器。

MC68HC11F1 内部构成如图 6.16 所示，由 CPU、1024 字节静态 RAM、512 字节 EEPROM、地址总线、数据总线、定时器系统、脉冲累加器、计算机操作适配器（COP）、A/D 变换器、时钟逻辑、中断逻辑、模式控制电路、同步串口、异步串口、片选电路以及七个 I/O 端口组成。

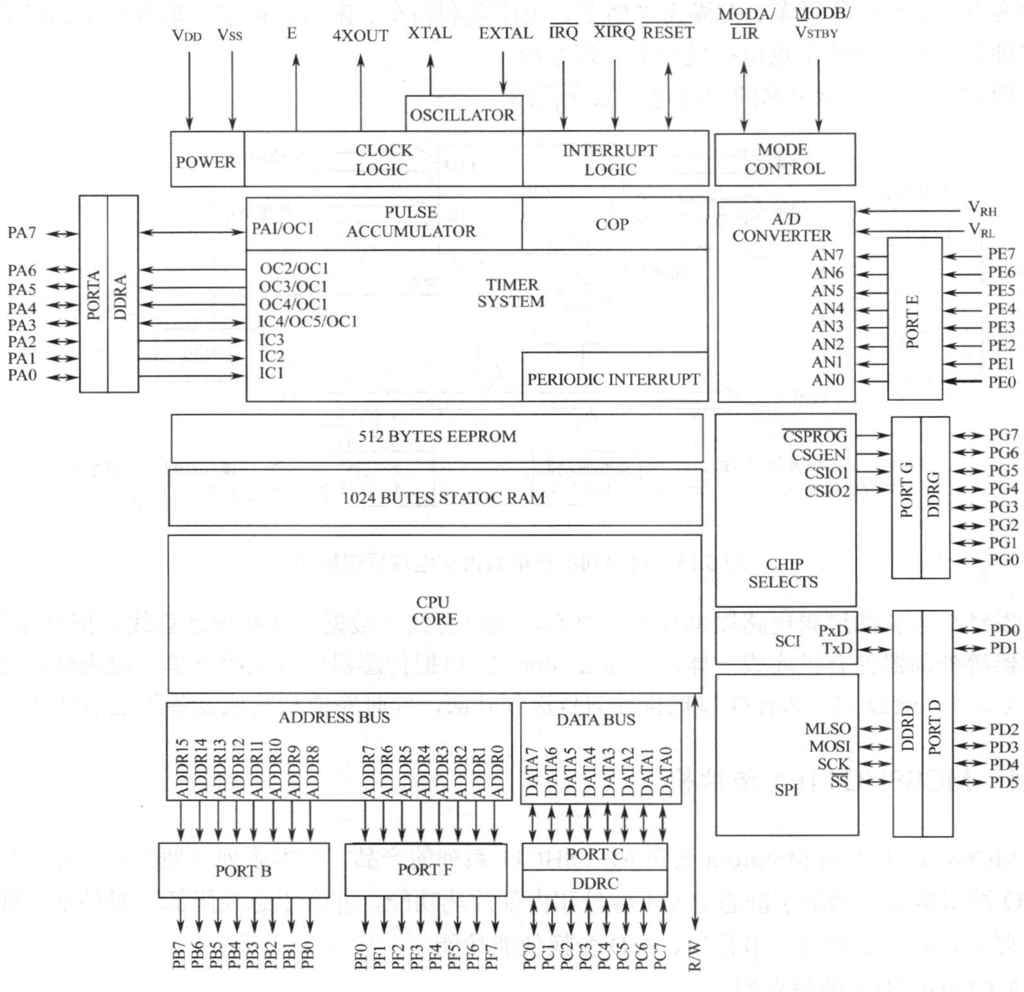

图 6.16　MC68HC11F1 内部构成图

（1）端口介绍

MC68HC11F1 共有 6 个 8 位的并行 I/O 端口（A、B、C、E、F、G），和一个 6 位的端口（D）。其中端口 A、D、E 的功能是确定的，端口 B、C、F、G 的功能取决于单片机运行模式的选择。在单片运行模式下，它们被设置成并行数据端口，在扩展模式和测试模式，它们的功能如下：

端口 E、F 设置为地址总线；端口 C 设置为数据总线；端口 G 的位 7 设置为程序存储器

片选 $\overline{\text{CSPROG}}$ 引脚。

此外，在扩展模式和测试模式，$\text{R}/\overline{\text{W}}$ 设置为数据忙指示控制。端口 A、D、E 不受模式变化的影响。

端口 A（引脚 35～42）：端口 A 是一个带有数据寄存器和数据指示寄存器的 8 位通用 I/O 端口。端口 A 的引脚可用作通用 I/O 端口、主定时器、脉冲累加器，不受工作模式影响。四个引脚可用于定时器输出比较（OC），三个引脚用于输入捕获（IC），一个引脚既可以用作第四个 IC，也可以用于第五个 OC。

端口 B（引脚 43～50）：端口 B 在单片运行模式下，是一个只用于输出的 8 位通用 I/O 端口。在扩展模式下，端口 B 作为地址总线高八位地址端口 ADDR15～ADDR8，和端口 B 数据寄存器的外部映射入口。

端口 C（引脚 9～16）：端口 C 是一个带有数据寄存器和数据指示寄存器的 8 位通用 I/O 端口。在单片运行模式下，端口 C 是一个通用 I/O 端口，通过设置 OPT2 的 CWOM 位，将它设置成"在线或"操作。在扩展模式下，端口 C 作为数据总线，和端口 C 数据寄存器的外部映射入口。

端口 D（引脚 28～33）：端口 D 是一个带有数据寄存器和数据指示寄存器的 6 位通用 I/O 端口。在单片任何运行模式下，端口 D 都可用作通用 I/O 端口或串行通信界面（SCI），或串行外围界面（SPI）子系统。也可以将端口 D 设置成"在线或"操作。

端口 E（引脚 59～66）：端口 E 是一个 8 位仅用作输入的端口，对于模数变换器（A/D），也可用作模拟信号的输入端口。端口 E 引脚可以作为通用输入端口使用，但不能作为 A/D 系统使用。

端口 F（引脚 51～58）：端口 F 是一个 8 位仅用作输出的端口，在单片运行模式下，端口 F 是一个通用输出端口。在扩展模式下，端口 F 作为低 8 位地址总线输出口使用。

端口 G（引脚 20～27）：端口 G 是一个带有数据寄存器和数据指示寄存器的 8 位通用 I/O 端口。在扩展模式下，如果被使能，高 4 位（PG4～PG7）可作片选输出使用。当端口 G 中所有管脚都不用作片选输出时，它作为通用 I/O 使用。通过设置 OPT2 的 CWOM 位，将它设置成"在线或"操作。

（2）其他引脚介绍

V_{DD}（引脚 34）和 V_{SS}（引脚 1）

V_{DD} 是电源正极输入端，V_{SS} 接地。

RESET（引脚 17）：复位脚。输入低电平有效，用于启动单片机初始化程序。在时钟监视器和电子狗电路中，也可以作为内部故障被删除的外部指示输出。

XTAL（引脚 7）和 EXTAL（引脚 6）：这两个引脚提供了用晶体或 CMOS 调谐时钟驱动单片机内部时钟的电路。加在这两个引脚上的频率是总线时钟频率的四倍。

E（引脚 4）：这个引脚提供了一个 E 时钟的输出，作为总线电路的基本定时参考信号。当 E 为低电平时，地址总线被激活；当 E 为高电平时，数据总线被激活。

4XOUT（引脚 8）：这一引脚为利用本单片机的时钟信号驱动一个 M68HC11 提供了一个缓冲振荡器信号。

$\overline{\text{IRQ}}$（引脚 19）：当此引脚输入低电平时有效，为 CPU 提供了一种产生异步可屏蔽的中断请求的方法。

$\overline{\text{XIRQ}}$ （引脚 18）：用清除 MCU 的条件码寄存器的 X 位的方法，可以将这一个中断请求的输入设为非屏蔽的中断请求。

MODA/ LIR （引脚 3）和 MODB/V_{STBY}（引脚 2）：复位时加在这两个管脚上的逻辑电平，确定了单片机选择如表 6.1 所示四种工作模式中的一种。

表 6.1　单片机工作模式

引脚输入电平		单片机工作模式
MODA	MODB	
1	0	单片应用模式
1	1	扩展模式
0	0	专业引导模式
0	1	专业测试模式

复位结束后，MODA 作为 LIR 使用，用于指示一个循环指令的开始；MODB 作为 VSTBY（待机）信号，当 V_{DD} 电压下降时，向 RAM 提供备用电压。

R/$\overline{\text{W}}$（引脚 5）：在扩展和测试模式，用于指示外部数据传输总线的数据传输方向，是正在写入还是正在读出。

VRH 与 VRL （引脚 68 和引脚 67）：这两个引脚是为模数转换器（A/D）提供参考电压的。用旁路电容降低信号的噪声，因为这两个引脚上的噪声直接影响到 A/D 变换的精度。

6.3.2　玛瑞利单点电脑的硬件构成

玛瑞利电脑是一个以 MC68HC11F1 单片机为核心构成的单片机应用系统。玛瑞利电脑的电路外形如图 6.17 所示。

图 6.17　玛瑞利电脑的电路外形图

玛瑞利电脑系统的电路简图如图 6.18 所示。其接口排列及与外部电路的连接简图如图 6.19 所示。下面分别介绍这些电路。

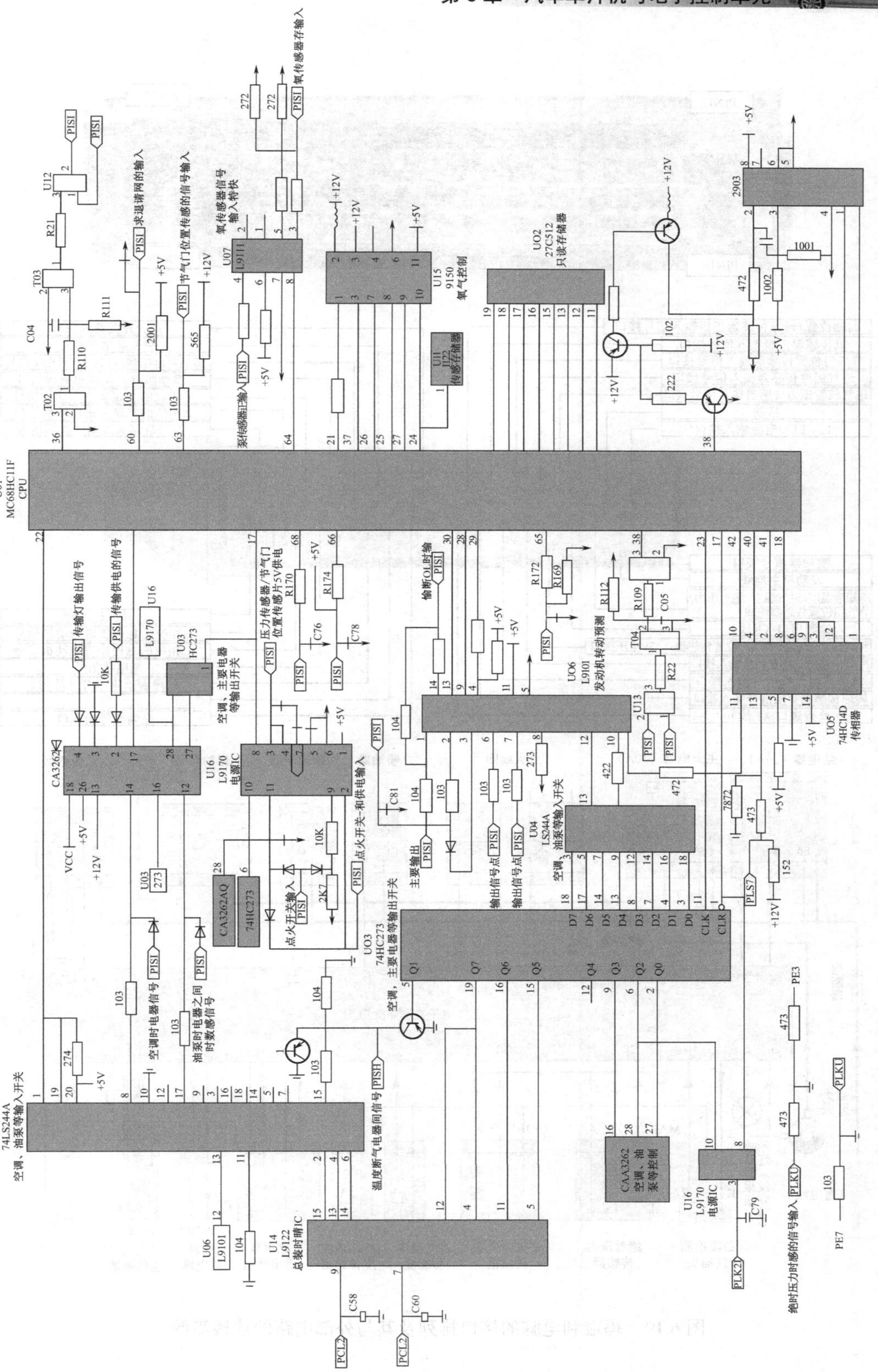

图 6.18 玛瑞利电脑的电路简图

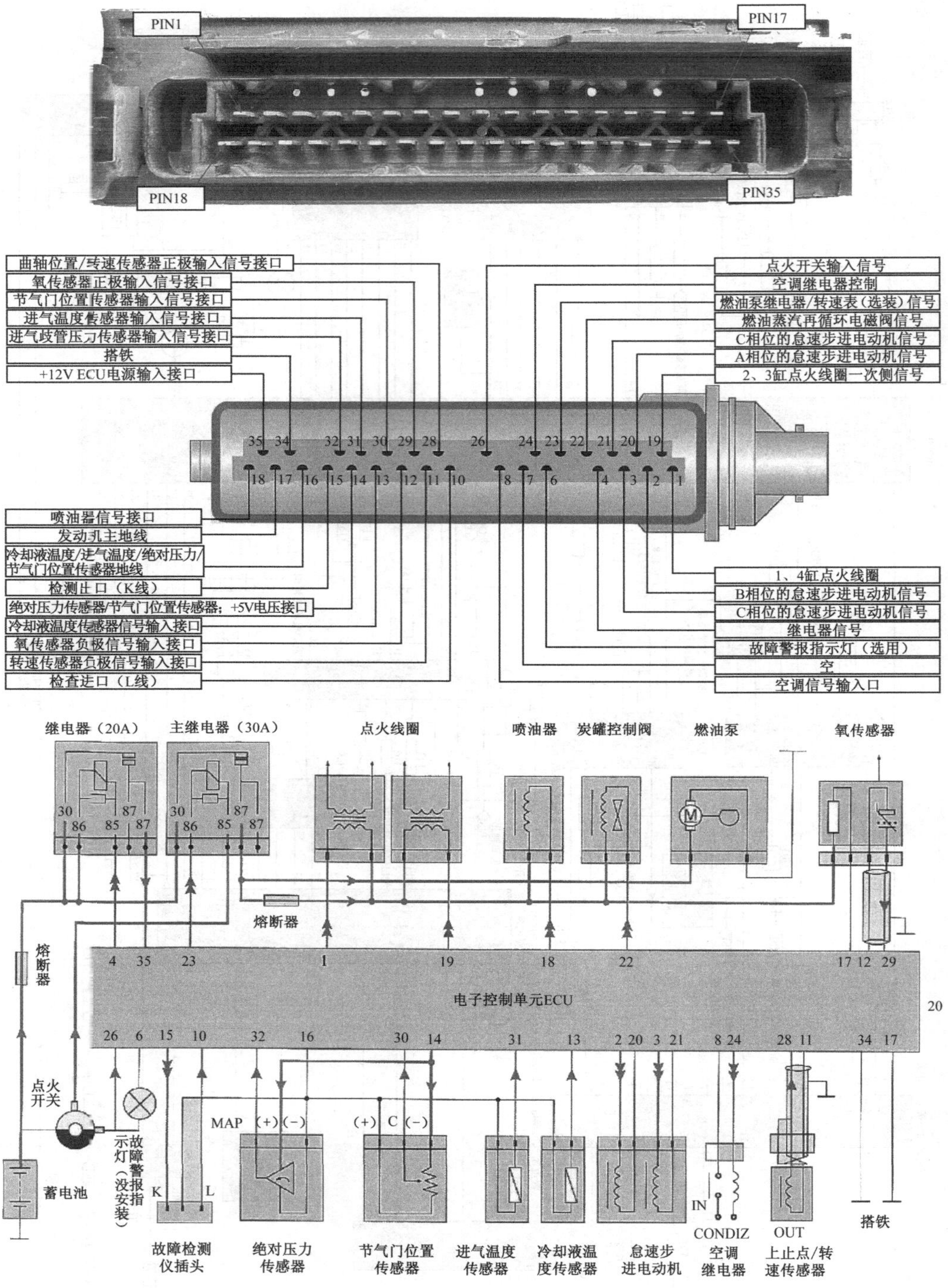

曲轴位置/转速传感器正极输入信号接口		点火开关输入信号
氧传感器正极输入信号接口		空调继电器控制
节气门位置传感器输入信号接口		燃油泵继电器/转速表（选装）信号
进气温度传感器输入信号接口		燃油蒸汽再循环电磁阀信号
进气歧管压力传感器输入信号接口		C相位的怠速步进电动机信号
搭铁		A相位的怠速步进电动机信号
+12V ECU电源输入接口		2、3缸点火线圈一次侧信号

35 34 32 31 30 29 28 26 24 23 22 21 20 19

18 17 16 15 14 13 12 11 10 8 7 6 4 3 2 1

喷油器信号接口		
发动孔主地线		1、4缸点火线圈
冷却液温度/进气温度/绝对压力/ 节气门位置传感器地线		B相位的怠速步进电动机信号
检测出口（K线）		C相位的怠速步进电动机信号
绝对压力传感器/节气门位置传感器；+5V电压接口		继电器信号
冷却液温度传感器信号输入接口		故障警报指示灯（选用）
氧传感器负极信号输入接口		空
转速传感器负极信号输入接口		空调信号输入口
检查进口（L线）		

图6.19　玛瑞利电脑的接口排列及其与外部电路的连接简图

如图 6.20 所示，金杯单点玛瑞利逻辑电路主要由以下部件组成：①电路的控制核心 MC68HC11F1，为摩托罗拉 8 位汽车专用 MCU；②带使能端的三态总线驱动器 74HC244，为空调、油泵、EVAP 电磁阀、怠速电机等设备的状态信息输入电路；③带复位端的 8 路上升沿 D 触发器 74HC273，为怠速电机、主继电器、故障指示灯、空调继电器等驱动信号的输出开关；④512KB 8 位只读存储器 M27C512，用来存储电脑的主程序。

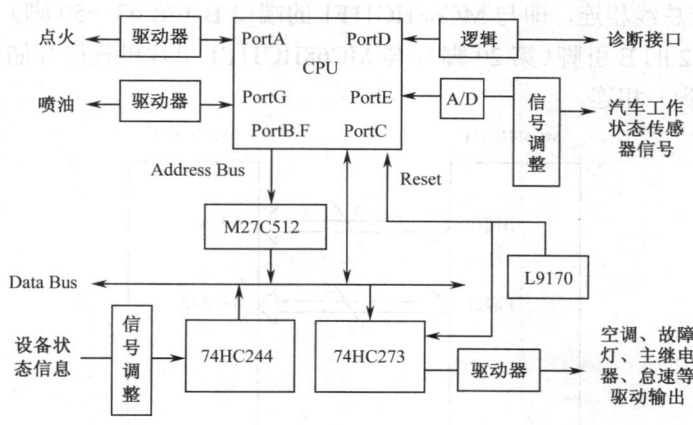

图 6.20　玛瑞利电脑的主要电路构成

1．程序存储器的扩展

MC68HC11F1 片内只有 512 字节的片内 EEPROM，用于存储复杂的控制程序远远不够，所以玛瑞利电脑采用了扩展程序存储器的方法，在片外使用了 **M27C512** 作为其外部程序存储器。

M27C512 是具有 64KB 空间的 EEPROM，用专用的程序写入器将程序读入片内后，用紫外线照射其透明的窗口，便可以将程序固化，再也不会改变。M27C512 的外形、引脚排列和逻辑电路如图 6.21 所示。

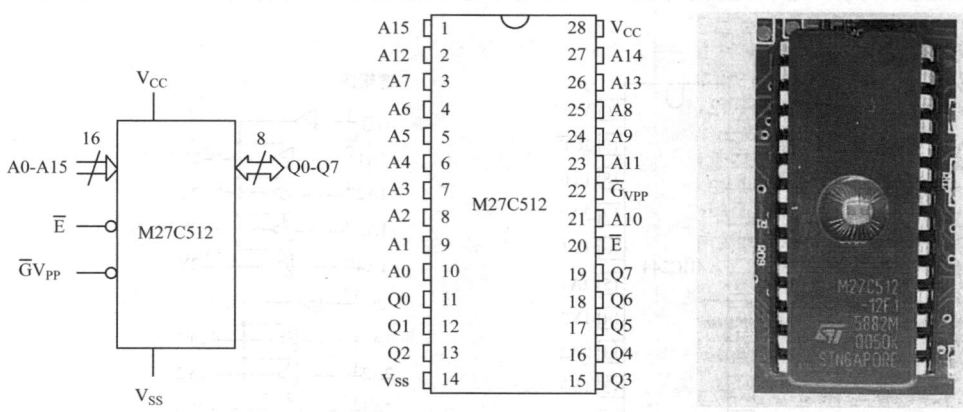

图 6.21　M27C512 的外形、引脚排列和逻辑电路图

因为 M27C512 共有 64KB 的存储地址，所以需要使用全部 16 根地址线（A0～A15），片选端 E 接地。M27C512 与 MC68HC11F1 的连接图如图 6.22 所示。

M27C512 的 Q0～Q7 引脚（第 11-19 脚）为其 8 位数据总线接口，与 MC68HC11F1 单片机系统的数据总线相连，即与 MC68HC11F1 的端口 C（9-16 脚）相连；M27C512 的 A0～A15 引脚（第 1～10 脚、第 23～27 脚以及第 21 脚）为其 16 位地址总线接口，与 MC68HC11F1 单片机系统的地址总线相连，即与 MC68HC11F1 的端口 B（第 43～50 脚）和 F（第 51～58 脚）相连。M27C512 的 E 引脚（第 20 脚），与 MC68HC11F1 单片机程序存储器片选 $\overline{\text{CSPROG}}$ 引脚 PG7（第 20 脚）相连。

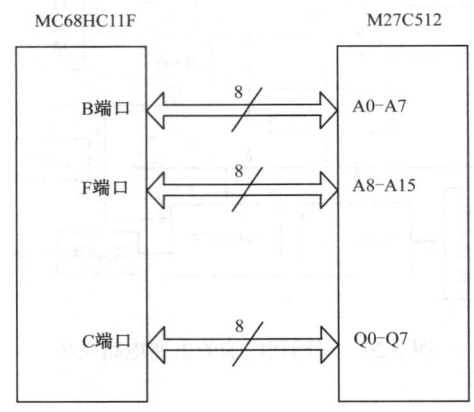

图 6.22　M27C512 与 MC68HC11F1 的连接图

2.玛瑞利电脑中其他通用集成电路的介绍

玛瑞利电脑中使用了大量的专用集成电路，其功能和数据难以查找，下面介绍所使用的通用集成电路的基本电路。

（1）74LS244 三态 8 位 TTL 缓冲器

74LS244 为 3 态 8 位缓冲器，一般用作总线驱动器。其引脚图和逻辑电路如图 6.23 所示。

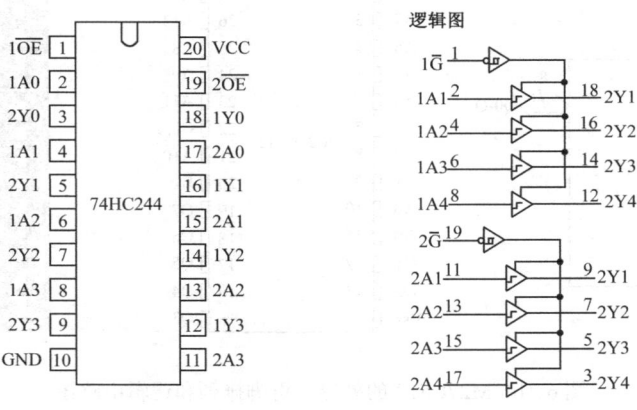

图 6.23　74LS244 引脚图和逻辑电路

如表 6.2 所示，74LS244 为 3 态门。当 G 端为低电平时，每个门电路的输出 Y 与其输入 A 相同；当 G 端为高电平时，每个门电路的输出 Y 与其输入 A 没有关系，呈现高阻状态，相当于与电路不连接，或可以理解为输出端在 74LS244 内部开路。

表 6.2　74LS244 真值表

输　入		输出
输出控制	数据	
$\overline{G}$	A	Y
L	L	L
L	H	H
H	X	Z

H=高电平，L=低电平，X=不定，Z=高阻态

74LS244 在玛瑞利电脑中用作数据总线和 74HC273 之间的缓冲器。在玛瑞利电脑中，74HC244 作为空调、油泵、EVAP 电磁阀、怠速马达等设备的状态输入电路，输出端直接与数据总线相连。

（2）CMOS 8 位 D 触发器 74HC273

74HC273 是一个 CMOS 8 位 D 触发器，通常作为锁存器使用。正常使用时，在每个时钟信号 CLK 由低电平向高电平跳变时，其输出端 Q 的状态和时钟跳变时刻输入端 D 状态相同，而且在下一个时钟 CLK 正跳变到来之前，Q 的输出都将一直保持这一状态。在此期间，只要没有时钟脉冲输入，无论此时输入端 D 电平发生怎样的变化，触发器的输出 Q 都不发生变化。

CLR 是个清除端，以上描述是在 CLR（或 MR）端不加低电平的前提下进行的。无论何时，只要 CLR（或 MR）端加上低电平，Q 的输出均为低电平。

74HC273 CMOS 8 位 D 触发器的逻辑框图和真值表如图 6.24 所示。

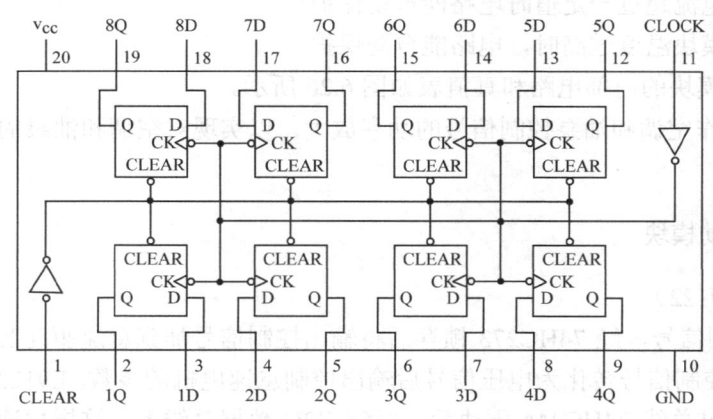

输入			输出
Clear	Clock	D	Q
L	X	X	L
H	↑	H	H
H	↑	L	L
H	L	X	Q0

图 6.24　74HC273 CMOS 8 位 D 触发器的逻辑图和真值表

在玛瑞利电脑中，74HC273 作为怠速马达、主继电器、故障指示灯、空调继电器等驱动信号的输出电路，输入端直接与数据总线相连。

74HC273 的作用是将数据总线通过 74LS244 三态门传送过来的数据锁存起来，用以通过相应的电路控制空调、油泵、怠速、主继电器等设备。

（3）CMOS 六反相施密特触发器 74HC14

74HC14 是一个 CMOS 六反相施密特触发器，通常作为倒相器使用。其功能比较简单，输出状态始终为输入状态的相反状态。74HC14 的逻辑图和真值表如图 6.25 所示。在玛瑞利电脑中 74HC14 用作向单片机输入信号的反相和整形。

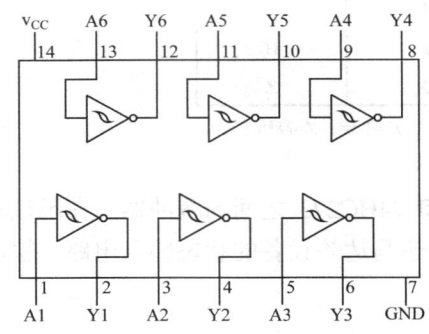

真值表：Y=A

输入	输出
A	Y
L	H
H	L

图 6.25　74HC14 的逻辑图和真值表

（4）四路反相功率驱动模块 CA3262

CA3262 是四路反相功率驱动模块，其作用是把低电平的信号反相后，在输出端形成较大电流的驱动能力。这个模块具有以下特点：

① 具有反相作用，输出信号与输入信号的状态始终相反，而且输出端驱动电流较大。

② 具有使能端 ENABLE，当这个端子加上高电位时，输出端和输入端状态相反；而当这个端子上加上低电位时，无论输入端电平高低，输出端输出高电位。

③ 具有过流保护功能，当电流超过一定值时电路能自动保护。

④ 具有过热保护功能，当模块温度过高时，电路能自动保护。

CA3262 四路反向功率驱动模块的内部电路和真值表如图 6.26 所示。

CA3262 在玛瑞利电脑中用作空调和油泵控制信号的功率放大，以实现对空调和油泵的驱动。

3．玛瑞利电脑中的各种驱动模块

（1）怠速集成驱动芯片（L9122）

CPU 通过数据总线输出控制信号，经 74HC273 锁存后将输出控制信号加到怠速驱动芯片 L9122，L9122 将高低电位的控制信号转化为电压信号后输出控制怠速电机的步数。L9122 的 13、15 脚将当前怠速状态通过总线 74HC244 驱动后，再到 CPU 数据总线上，这样怠速控制构成了一个闭环系统。这个闭环控制系统中若有一个环节出现故障都会引起发动机怠速不正常故障，表现为发动机无怠速、怠速高等故障。

（2）点火线圈驱动三极管 BU932RP

大功率三极管，驱动点火线圈。与 T04、T05 和 L9101 一起在 CPU 的控制下完成对点火线圈的控制。L9101 的作用是接收曲轴位置传感器传送的曲轴位置即气缸上止点信息波形，将该波形整形送给 CPU，CPU 根据存储的最佳点火时刻和其他传感器传送来的发动机当前工作状态，再通过 T04、T05 控制 932RP，从而驱动点火线圈，这其中有任何一个环节出现故障均会引起发动机不点火故障。

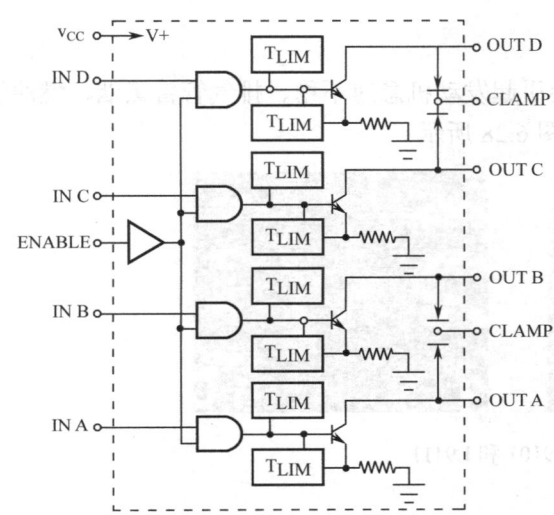

真值表

使能	输入	输出
H	H	L
H	L	H
L	X	H

H=High，L=Low，X=Don't Care

图 6.26　CA3262 的内部电路和真值表

（3）喷油器驱动三极管 BU932RP

大功率三极管，驱动喷油器。与 T02、T03 以及 L9101 组成喷油控制电路，在 CPU 的控制下完成对喷油器的控制。PIN32 脚进入的绝对压力传感器信号进入 L9101，该信号在 L9101 内部整形放大后送给 CPU，CPU 再根据冷却液温度、进气温度、节气门开度、空调信号等一系列修正信号确定发动机所需要的喷油量。CPU 将计算好的喷油量转换为电压信号通过 T02、T03 控制 932RP，从而接通喷油器。此环节内若有一处不正常均会引起不喷油故障。怠速驱动模块和点火线圈、喷油驱动晶体管如图 6.27 所示。

图 6.27　怠速驱动模块和点火线圈、喷油驱动晶体管

（4）传感器信号放大整形模块 L9101

L9101 负责发动机转速/曲轴位置传感器和进气歧管绝对压力传感器信号的采集、整形放大，并将信号送给 CPU 的模数转换电路，从而控制点火喷油。是点火喷油相关电路必不可少的一部分。

该芯片损坏会造成电控单元无法采集曲轴上止点信号和进气压力信号从而引起点火错乱、不点火、不喷油或者电控单元启动备用喷油程序恒定喷油，引起发动机工作粗暴、排放超标、燃油经济性能下降等故障。

（5）氧传感器信号输入模块 L9111

负责氧传感器信号模/数转换，如损坏会引起发动机怠速不稳、排气管冒黑烟、燃油经济性能下降等故障。L9101 和 L9111 模块如图 6.28 所示。

图 6.28　L9101 和 L9111

6.3.3　玛瑞利电脑的点火控制电路

玛瑞利单点电脑的点火控制电路是典型的直接点火系统，该点火系统是由单片机的 A 口来控制的，具体电路如图 6.29 所示。

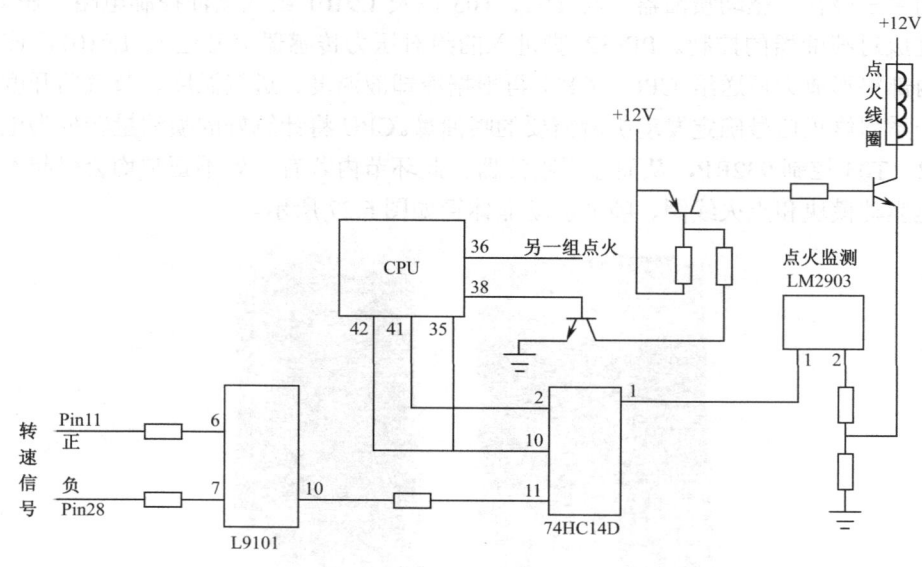

图 6.29　玛瑞利电脑的点火控制电路

点火控制电路的工作原理如下：

（1）系统复位后主程序将单片机的端口 A 配置成定时器口，来自电脑引脚 Pin 11、Pin28 的转速信号经电阻送至芯片 L9101 的 6、7 脚，该信号的波形如图 6.30 所示，每个周期由 58 个小正弦波和一个大正弦波组成。

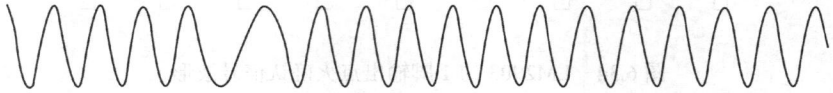

图 6.30　转速信号波形

（2）转速信号经 L9101 内部波形整形后由引脚 10 输出如图 6.31 所示的 5V 脉冲信号，每个周期由 58 个窄脉冲和 1 个宽脉冲组成。该信号送到 74HC14D 的 11 脚，再经反相器取反后由其 10 脚送至 CPU 端口 A 的 35 脚（PA7，驱动 CPU 内部的脉冲累加器）和 42 脚（PA0，定时器的输入端 OC1），波形如图 6.32 图所示。

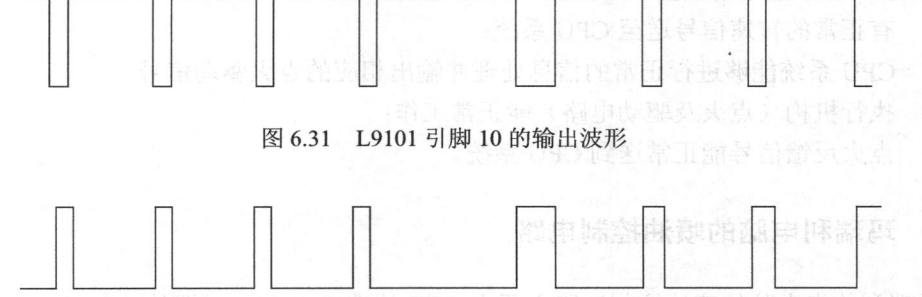

图 6.31　L9101 引脚 10 的输出波形

图 6.32　74HC14D 的 10 脚输出波形

（3）CPU 根据 OC1 收到的脉冲信号对点火时间作出判断：当 CPU 收到宽脉冲（对应两个缺齿）后开始计数，累计 20 个连续窄脉冲后判断为 1 缸或 4 缸的上止点，累计 50 个窄脉冲出现后判断为 2 缸或 3 缸的上止点，由此 CPU 计算出 1、4 缸和 2、3 缸的基本点火提前角，然后根据发动机冷却液温度传感器、进气温度传感器、节气门位置传感器等输入信号，以及存储器中的点火提前角修正表对基本点火提前角进行修正以获得精确的点火时间。

（4）由 CPU 的 38 脚（PA4，OC4）和 36 脚（PA6，OC2）分别输出 1、4 缸和 2、3 缸的点火驱动信号，波形如图 6.33 所示，每路经过两个三极管驱动后送至点火三极管控制点火线圈进行点火。

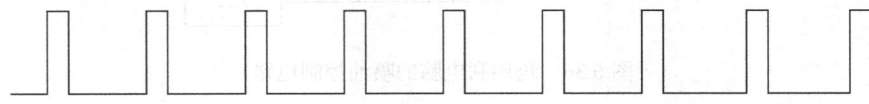

图 6.33　点火驱动信号

（5）点火成功后，经运算放大器 LM2903 构成的电压比较器（2 脚为反相端、3 脚为同相端），由 1 脚产生点火确认信号，如图 6.34 所示，该信号送至 74HC14D 的 1 脚经反相驱动后由其 2 脚送至 CPU 的 41 脚（PA1，IC2），波形如图 6.35 所示，CPU 通过点火确认信号对点火情况进行监视。

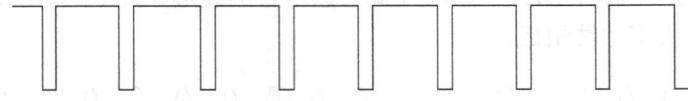

图 6.34　LM2903 的 1 脚输出点火确认信号波形

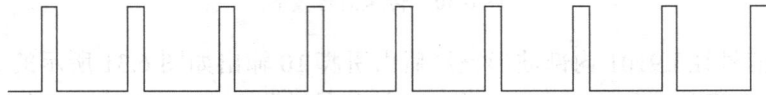

图 6.35　74HC14D 的 2 脚输出波形

玛瑞利单点电脑点火电路正常工作的四个要素分别是：

- 有正常的转速信号送至 CPU 系统；
- CPU 系统能够进行正常的信息处理并输出相应的点火驱动信号；
- 执行机构（点火及驱动电路）能正常工作；
- 点火反馈信号能正常送到 CPU 系统。

6.3.4　玛瑞利电脑的喷油控制电路

玛瑞利单点电脑的喷油控制电路主要由 CPU 的端口 G 和定时器的 OC1（PA5）来完成，电路如图 6.36 所示。

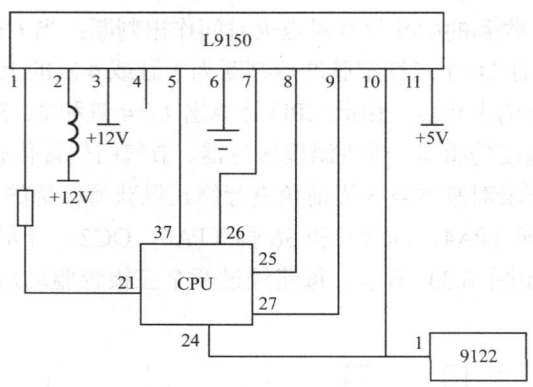

图 6.36　玛瑞利电脑的喷油控制电路

CPU 首先根据点火频率确定喷油频率（喷油频率为点火频率的一半），由 CPU 的 37 脚输出喷油驱动脉冲信号至喷油模块 L9150 的 5 脚，经 L9150 放大后由其 2 脚输出到喷油器，这是喷油电路的基本工作原理。

在喷油过程中，CPU 还要根据 A/D 转换器送来的各种传感器信号来判断当前的工况，

并根据工况信息调整喷油驱动脉冲信号的宽度，从而控制喷油器的喷油量，以满足发动机各种工况的需要。喷油器的喷油量分为基本喷油量和补充喷油量两部分。

（1）基本喷油量

发动机只要一转动就产生发动机转速信号和负荷状况信号，发动机转速信号由转速传感器提供，发动机负荷信号由空气流量传感器或进气压力传感器所测量的进气量而决定。CPU根据这两个信号所决定的喷油量称为基本喷油量。

（2）补充喷油量

电控汽油喷射系统最终的喷油量是由 CPU 收集各种传感器送来的信号加以计算后决定的，即供油多少是根据实际需要来确定的。在许多工况下，比如在启动或大负荷工况，除基本喷油量外，还需要有额外的喷油。冷却液温度、空气温度、节气门开度等因素都会影响喷油量的多少。

CPU 的 21 脚输出使能（片选）信号至 L9150 的 1 脚来控制喷油电路的启动和停止；L9150的 7、8、9、10 脚分别接至 CPU 的 26、25、27、24 脚，即 PG[3：0]，用来反馈喷油脉宽的二进制信息，使 CPU 时刻了解喷油控制是否达到了控制目标，这是个典型的闭环控制系统，通过不断的反馈和控制，最终使喷油量与发动机的实际工况相一致。

6.3.5　玛瑞利电脑的怠速控制电路

玛瑞利单点电脑的怠速控制电路由 CPU、数据锁存器 74HC273、总线驱动器 74HC244及怠速马达驱动电路 L9122 等器件组成，电路如图 6.37 所示。

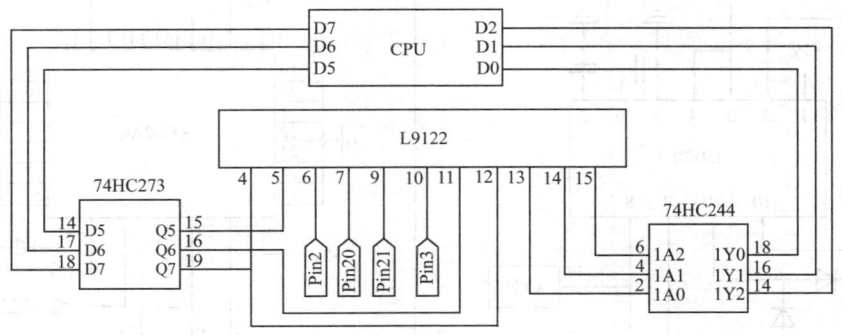

图 6.37　怠速控制电路原理图

发动机启动后，CPU 通过 A/D 转换器读入冷却液温度传感器中的数据，根据冷却液温度通过数据总线 D5、D6、D7 输出数字控制信号至 74HC273 的 14、17、18 脚，经 74HC273锁存后由 15、16、19 脚输出到怠速马达驱动芯片 L9122 的 5、11、4 脚和 12 脚。L9122 将高低电平的数字信号转化为电压信号，由其 6、7、9、10 脚输出到 ECU 的引脚 Pin2、Pin20、Pin21、Pin3，通过两组线圈来控制怠速马达的转向和转角，从而改变空气旁通道的开度，使怠速状态下的进气量发生变化。

CPU 通过读取进气压力信号来感知进气量的变化，然后对喷油脉冲宽度做出调整，进而使发动机转速发生变化；转速的变化量又通过转速传感器送回 CPU，这样就形成了一个闭环控制系统，CPU 根据当前的冷却液温度，通过查找固化在 ROM 中的怠速表格，可以对发动机怠速进行有效的控制。

另外 L9122 的 13、14、15 脚将怠速驱动电路的工作状态送至 74HC244 的 2、4、6 脚，经 74HC244 驱动后，由 14、16、18 脚送到 CPU 数据总线 D2、D1、D0 上，这样 CPU 可以随时了解怠速驱动电路的工作状态，以便对其实施有效的控制。

6.3.6 其他电路

1. 电源电路

电源电路的具体工作原理图如图 6.38 所示。

来自电脑插脚 Pin35 的 12V 蓄电池电压加到了 L9170 的 2 脚和 11 脚，当 L9170 的 9 脚收到来自 Pin26 的启动信号后，由 1 脚输出 5V 电压供给电脑本身使用，3、4 脚输出 5V 通过 Pin14 供给外部传感器使用，同时由 8 脚输出复位信号加到 CPU 的 17 脚和 74HC273 的 1脚，使电脑板复位，同时使 74HC273 在复位期间清 0，以避免发生错误的控制动作。

2. 空调继电器、油泵继电器、故障报警灯及主继电器控制电路

继电器部分电路的工作原理如图 6.39 所示。

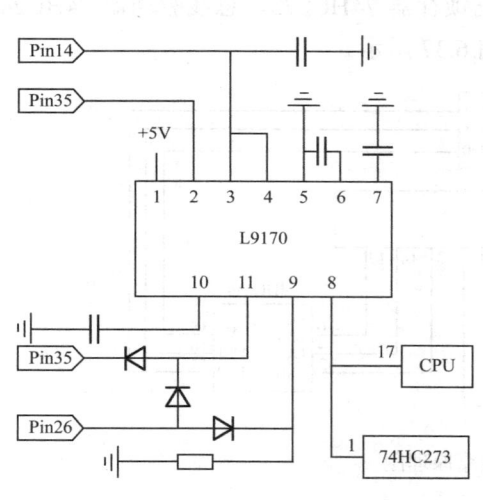

图 6.38　电源电路

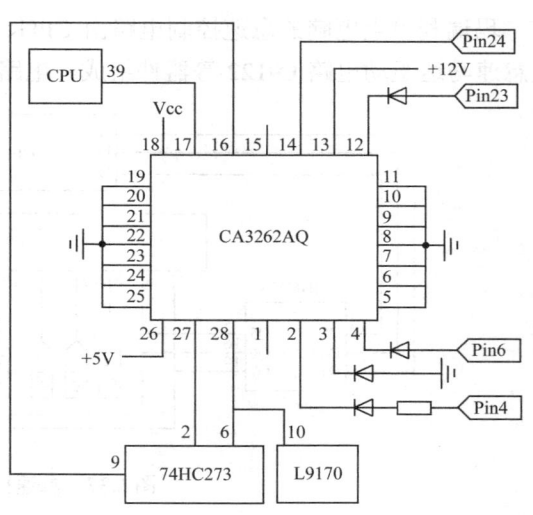

图 6.39　继电器部分工作原理图

（1）空调继电器控制：CPU 通过数据总线 D3 输出控制信号到 74HC273 的 8 脚，经锁存后由其 9 脚输出至 CA3262AQ 的 16 脚，控制 14 脚变成低电平，使空调继电器吸合。

（2）油泵继电器控制：由 CPU 的 39 脚直接产生控制信号加至 CA3262AQ 的 17 脚，控制 12 脚变成低电平，使油泵继电器吸合。

（3）故障报警灯：由 CPU 通过数据总线 D0 输出控制信号到 74HC273 的 3 脚，经锁存

后由其 2 脚输出至 CA3262AQ 的 27 脚，控制 4 脚变成低电平，使故障灯点亮。

（4）主继电器控制：由 CPU 通过数据总线 D0 输出控制信号到 74HC273 的 7 脚，经锁存后由 6 脚输出至 CA3262AQ 的 28 脚，控制 2 脚变成低电平，使主继电器吸合。

3. 传感器电路

传感器信号是通过 CPU 的 A/D 转换器送到 CPU 的，电路如图 6.40 所示。

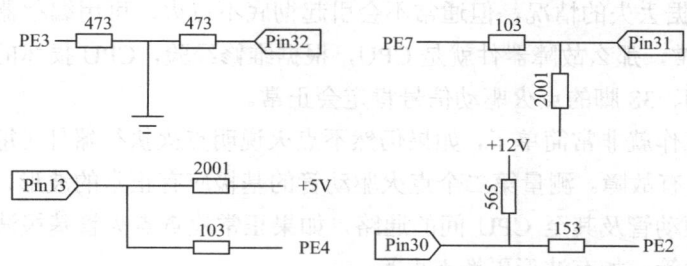

图 6.40　传感器信号电路工作原理图

在该电脑中，A/D 转换器主要用来采集水温、节流阀电位器、绝对压力、进气温度等传感器信号，具体情况如下：绝对压力传感器信号（MAP）至 CPU 的 65 脚（PE3），进气温度传感器信号（IAT）至 CPU 的 66 脚（PE7），水温传感器信号至 CPU 的 60 脚（PE4），节流阀电位计信号至 CPU 的 63 脚（PE2）等。

6.3.7　玛瑞利单点电脑典型故障剖析

（1）金杯车不点火故障分析

先期的金杯海狮采用的是意大利玛瑞利单点电喷系统，其电脑是国产汽车发动机电脑中故障率较高的一种，而其最常出现的故障现象就是不点火，因此检修金杯玛瑞利单点电脑不点火故障是很多修理厂经常遇到的一个技术难题。

根据 6.3 节的点火系统工作原理分析，点火电路要正常工作有四个不可缺少的要素：有正常的传感器信号（转速信号）送至 CPU 系统；CPU 系统能进行正常的信息处理并输出相应的点火驱动信号；执行机构（点火及驱动电路）能正常工作；点火反馈信号能正常送到CPU 系统。

下面具体讨论这四要素的检修方法。首先给电脑正常供电,给脚 PIN26 和 PIN35 加+12V，将脚 PIN17 接地，然后将信号发生器 SS—4 产生的转速模拟信号加到电脑接脚 PIN11 和 PIN28（注意信号正接 PIN28，信号负接 PIN11），第一个测试点是 L9101 的第 10 脚，用示波器测量应有低脉冲信号，如果测不到信号，说明 L9101 及其附属电路有故障。

第一个测试点是检查 L9101 周围电路，如果没有问题，检查 L9101 的第 6 脚、7 脚到电脑接脚 PIN11 和 PIN28 的线路，仍然没有问题，应更换 L9101。

第二个测试点是 CPU 的 42 脚和 35 脚，用示波器测量应有正常的波形，如果没有波形，请检查 74HC14D 及周围电路、74HC14D 的 11 脚至 L9101 的 10 脚间通路。

第三个测试点是 CPU 的 36 脚和 38 脚，用示波器测量应有点火驱动信号，如果测不到信号说明 CPU 系统工作不正常。这部分电路包括 CPU（MC68HC11F1VFN4）、晶振、EPROM（27C512）、总线驱动器 74HC244 和地址锁存器 74HC273 等器件，根据维修经验除 CPU 外其他器件基本上不容易损坏，当然也不完全排除故障的可能性，可以用逻辑分析仪测量这部分器件的数据、性能、读写控制等信号来判断电路的工作情况。如果不正常可更换相应芯片（注 27C512 有数据丢失的情况，但通常不会引起彻底不点火，可用编程器对其进行数据覆盖），如果全部正常，那么故障器件就是 CPU，根据维修经验，CPU 损坏的概率非常大，更换 CPU 后第 36 脚、38 脚的点火驱动信号肯定会正常。

剩下的检修工作就非常简单了，如果仍然不点火说明点火执行器件（每路两个驱动三极管和一个点火管）有故障。测量第二个点火驱动管的基极应有正常的波形，如果测不到波形检查第一个点火驱动管及其至 CPU 间的通路，如果正常检查点火管基极波形，如无波形更换第二个点火驱动管，如有波形更换点火管。

至此金杯玛瑞利单点电脑不点火故障检修完毕。（注：点火反馈部分故障一般不会引起不点火，只会造成点火后熄火或点火时间失控）。上述检修过程是在信号发生器、数字示波器、逻辑分析仪等仪器的支持下完成的，实际上很少有修理厂拥有这样的检修设备，然而仪器和设备也不是绝对的。往往用一块三用表静态测量晶体管、阻容等器件，如果未发现问题，可以根据器件的故障概率依次更换器件，对于本文的故障可先更换 CPU（必须是写好程序的），然后依次更换 L9101、74HC14D 及点火执行器件。同样可以达到检修的目的。

（2）冷车能够正常启动，行驶正常；热车时无法启动

故障诊断：由于热车时无法启动，说明电脑内部元件存在热稳定性不良现象。但冷车能够启动且行驶正常，只要不熄火热车时也可正常行驶，说明热车时 CPU 不能进行正常的程序装载，因此可以确定故障部位基本上是逻辑电路。

给电脑加电（26 号脚和 35 号脚加+12V 电源，17 号脚接地），然后用信号发生器产生转速信号加至电脑 11 号脚和 28 号脚。此时测量点火晶体管基极有正常的点火波形，说明电脑工作正常。断电后用热风枪对电脑内部元件进行轻微加热，然后加电再次测量点火晶体管基极发现波形消失了，电脑处于故障状态了。

测量 CPU 的 6、7 号脚有晶振信号，排除了晶振电路的故障可能；测量 CPU11 号脚的复位信号，发现变成了方波信号，怀疑 L9170 上电复位电路有故障，更换 L9170 后再次测量 CPU11 号脚，波形和原来一样，说明 L9170 没有问题。由于该逻辑电路中没有外部的看门狗（Watchdog）信号，看门狗定时器和程序监视器在 CPU 内部，因此复位信号是双向的：CPU11 号脚既接收来自 L9170 的上电复位信号，同时受到看门狗电路和程序监视器的控制又可在该管脚输出二次复位信号到外部电路，以避免程序死循环的出现。基于这种情形，可以断定 CPU 处在不停的复位状态，说明 CPU 内部的程序进入了死循环。而由于热车时能够正常行驶但不能重新启动，可排除 CPU 故障的可能，并可断定热车时装载到 CPU 内的程序是错误的，从而造成了程序的死循环状态。断电后再通电测量 D0~D7 数据总线信

号，发现 D4 信号不正常，始终是低电位信号。拔下 27C512 后再次测量，现象依旧：挑起 74HC244 的 9 号脚后测量还是没有变化；挑起 74HC273 的 14 号脚后测量信号恢复正常。此时再次测量 CPU 的 11 号脚复位信号也恢复正常，点火晶体管基极出现了正常点火信号。

此故障是 74HC273 热稳定性不好造成的，高温时 74HC273 的 14 号脚对地短路，使数据总线的 D4 始终处在低电位，引起了 CPU 从 27C512 装载程序的数据错误，程序不能正常运行且进入了死循环状态，因此造成 CPU11 号脚不断输出复位信号。

故障排除：更换 74HC273，如没有元件也可将 74HC273 的 14 号脚挑起不接，由于 14 号脚对应输出的 12 号脚是空脚，故挑起后对逻辑电路的工作没有影响。

（3）启动着车后排气管有放炮声，尾气有异味

故障诊断：这种故障是由点火时间不正常造成的。故障原因有两种可能，一种可能是 27C512 中程序有错误，另一种可能是 CPU 中 EEPROM 数据有问题。

故障排除：用编程器对 27C512 重新编程后，故障依旧。对 CPU 数据重新写后，故障排除。

（4）怠速偏高且无法调整

金杯单点电脑怠速驱动的电路，CPU 通过数据总线的 D5、D6、D7 输出控制信号经 74HC273 锁存后由 15、16、19 号脚输出控制信号加到怠速驱动芯片 L9122 的 5、11、4、12 号脚，L9122 将高低电位的控制信号转化为电压信号由 6、7、9、10 号脚输出到电脑接脚 2、20、21、3 号脚，控制怠速电机的步数。L9122 的 13、15 号脚将当前怠速状态通过总线 74HC244 驱动后，由 16、18 号脚送到 CPU 数据 D0、D1 上，这样怠速控制构成了一个闭环系统。CPU 根据怠速的不同工况输出控制信号调整怠速电机，怠速电机的当前状态又反馈到 CPU，CPU 根据反馈信号对控制信号进行不断修正，L9122 的 14 号脚为故障标志位管脚，当 L9122 处于故障状态时，由该引脚输出故障信号经 74HC244 驱动后送给 CPU。出现怠速偏高且无法调整故障时基本上是由怠速驱动电路引起的，将电脑水温传感器 13 号脚连接到 10kΩ的电位器上，将电脑正常加电，用模拟器模拟转速信号加至电脑，调整电位器同时测量 L9122 的 5、11、4、12 号脚有无电平跳变信号，如有电平跳变信号，更换 L9122 或 74HC244；如无电平跳变信号，则更换 74HC273 或 CPU。

第7章

单片机项目实训

单片机课程的理论学习比较枯燥，并且知识的掌握较难，学完之后很难将其联系到实际应用中。为此，本章通过对单片机最小开发系统及一些简单实用例子的电路制作、编程和使用，仿真编译软件、下载软件的安装与使用，使大家对单片机的学习有更深的认识，通过项目实训给同学们以启发，加深对单片机系统开发过程的理解。建议先读现成的程序，然后修改别人的程序，再编写自己的程序，循序渐进，最后自己设计制作出用单片机实现某一功能的单片机控制系统。

项目实训 1　单片机最小开发系统的设计制作

随着电子技术的迅猛发展，C51 型单片机已趋淘汰，S51 型、S52 型等单片机占据了同类产品较大的市场份额，其中宏晶科技的 STC 类单片机装机量非常大，有 89 系列、10 系列、12 系列、15 系列等很多型号。一些老款单片机的软件程序必须通过烧写器才能将程序装进单片机，对于初学者开发成本高，比较麻烦；S51 型单片机支持 ISP 在线下载程序功能，但其下载接口电路稍显复杂；宏晶科技的单片机也支持 ISP 功能，内部已经集成了下载电路，故在其外部搭接简单的电平转换电路通过串口就可完成程序下载，使用起来极其方便。这三种类型单片机市场价格没有差异，指令系统完全兼容，对于初学者来讲，宏晶科技的单片机是我们的首选，常用的型号有 STC89C52RC、STC12C2052、STC12C5A60S2、STC15F204EA 等。

本书主要介绍作者设计的一款基于宏晶科技 PDIP-40 封装的单片机最小开发系统，如图 7.1 所示，完整的原理图见附录 B。该系统主要针对汽车电子技术、新能源汽车技术、汽车检测与维修技术等汽车类专业设计，可作为入门级单片机学习的硬件系统。该系统主要包括：PL2303 信号转换电路，4 位 8 段 LED 显示器，继电器控制模块，交通灯实验模块，蜂鸣器实验模块，独立键盘和矩阵键盘，流水灯模块，DS18B20 数字温度传感器模块，外接 ISP 下载接口，备用+5V 电源接口等部分。

单片机的程序可以通过计算机的串口、并口很方便地下载，但现在的笔记本电脑很多都没有这两个端口，学习起来比较困难。考虑到该问题，项目实训 1 给大家介绍的单片机最小开发系统通过计算机 USB 口给单片机系统供电并下载程序，只需一根双头为公的 USB 线来

连接计算机与单片机最小开发系统，电路简单，成本低廉，适用于任何一台具有 USB 口的计算机，使用非常方便、灵活。单片机最小开发系统原理图包括 10 个部分，下面分别进行简单介绍。如有需要该开发系统，可以根据作者提供的完整电路图自己搭接，也可以在网上购买。

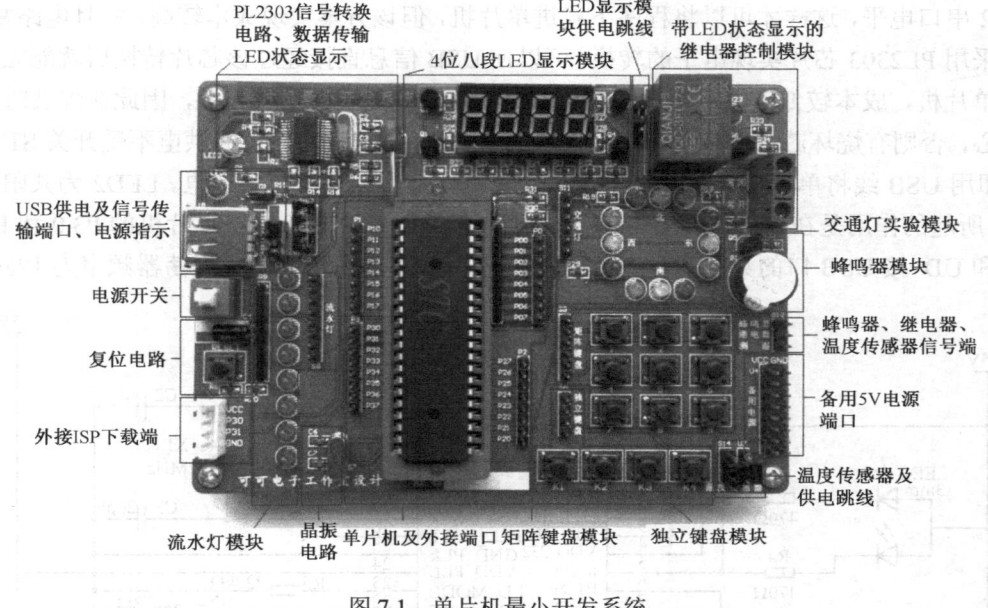

图 7.1　单片机最小开发系统

1. 电源电路

如图 7.2 所示，电源电路是从计算机的 USB 口取电的，取电方便，电压稳定，电流也符合系统要求，并且该取电 USB 端口还作为下载程序数据端口使用，使系统与计算机只有一根 USB 线连接，方便又简单。图中，U1 为电脑的 USB 口；+5V 端给 PL2303 信号转换电路供电；C1 电解电容用于电源滤波；D1 二极管用于防止电源反接；LED1 与 R1 串联接于电源上作为系统电路的电源指示部分，按下开关 S1 后 LED1 变亮，说明系统供电正常。

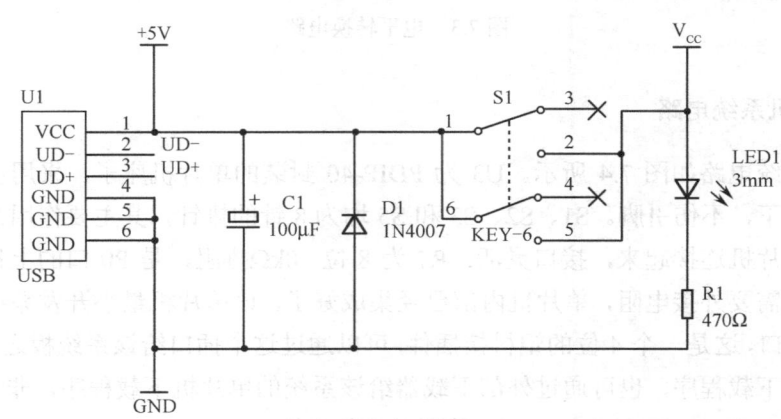

图 7.2　电源电路

2．电平转换电路

电平转换电路如图 7.3 所示。USB 的信息不能直接下载到单片机，必须经过电平转换。电平转换的方案很多，如采用 CH341T 和 MAX232 芯片可以将计算机的 USB 信息转换成 RS232 串口电平，这样才可以将程序下载进单片机，但该方案实现成本较高，并且电路复杂。我们采用 PL2303 芯片实现电平的转换，可以使 USB 信息直接经过该芯片转换后就能立即下载到单片机，成本较低，电路相对较简单，只是该芯片是表面贴装元件，因此在焊装时就必须小心，否则有烧坏芯片的危险。在 PL2303 构成的下载电路中，它的供电不受开关 S1 的控制，即用 USB 线将单片机最小开发系统与计算机相连后该系统即供上电。LED2 为共阳双色 LED，所起的作用是在信息传输时指示传输过程的。P30 和 P31 分别接单片机的 P3.0 和 P3.1，UD+ 和 UD−接 USB 口的数据线，注意不能接反。PL2303 所用的晶体振荡器频率为 12MHz。

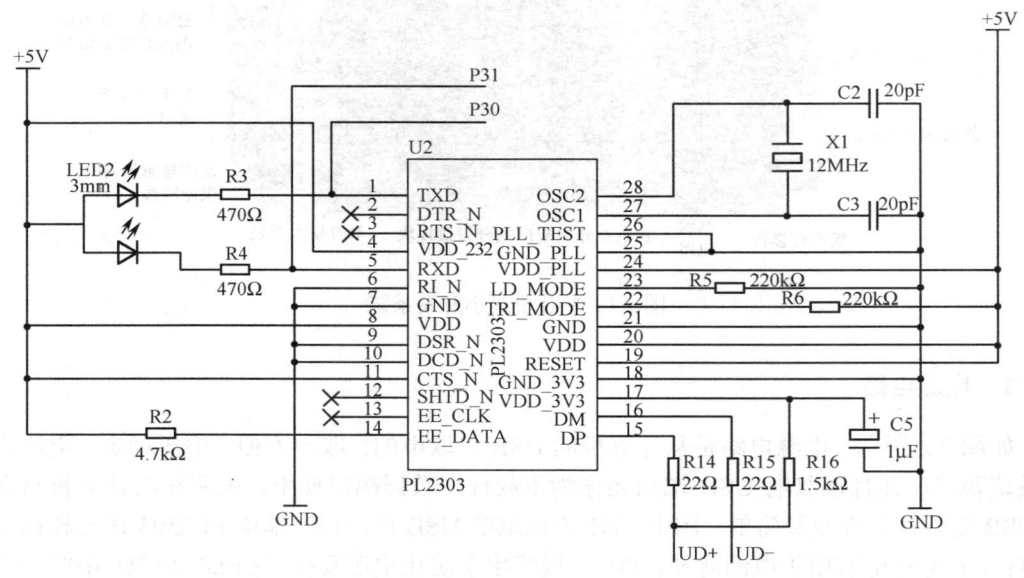

图 7.3　电平转换电路

3．单片机系统电路

单片机系统电路如图 7.4 所示。U3 为 PDIP-40 封装的单片机座子，采用座子可以方便地使单片机取下，不伤引脚。S1、S2、S3 和 S5 均为 8 针的排针，其主要作用是将外围设备用杜邦线与单片机连接起来，接口灵活；R7 为 8 位 10kΩ排阻，是 P0 口的上拉电阻，其他输入输出口不需要外接电阻，单片机内部已经集成好了。该单片机最小开发系统的另一大特点是有 ISP 接口，这是一个 4 位的塑料接插件，可以通过这个插口给该系统板之外的具有 ISP 功能的单片机下载程序，也可通过外部下载器给该系统的单片机下载程序，非常有用，该系统支持 STC89C52RC、STC12C5A60S2 等型号的单片机。

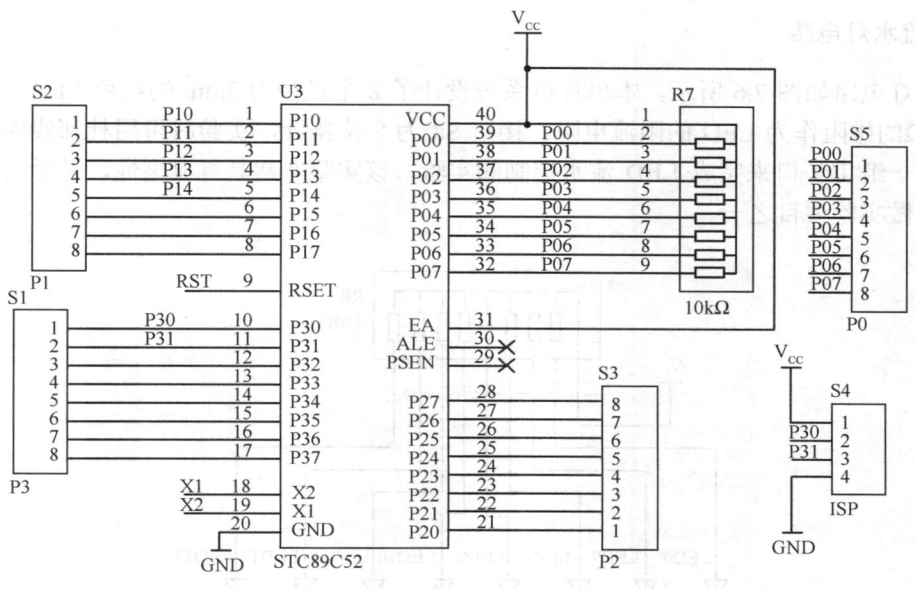

图 7.4　单片机系统电路

4．时钟电路、复位电路和备用电源

时钟电路、复位电路和备用电源如图 7.5 所示。本单片机系统在晶振电路部分设计了一个 3 孔的插座，可以安装多种晶振，常用的有 12MHz 和 11.0592MHz，根据实际需要可以更换，见图 7.5（a）。图 7.5（b）所示为单片机系统的复位电路，属于按键手动复位，在程序执行期间手动按下 KEY1 按键即可实现复位功能，程序从头开始执行。图 7.5（c）所示为备用+5V 电源，采用双排 8 位排针，可以给外部系统提供+5V 电源，读者可根据需要自行扩展 3.3V 的备用电源。

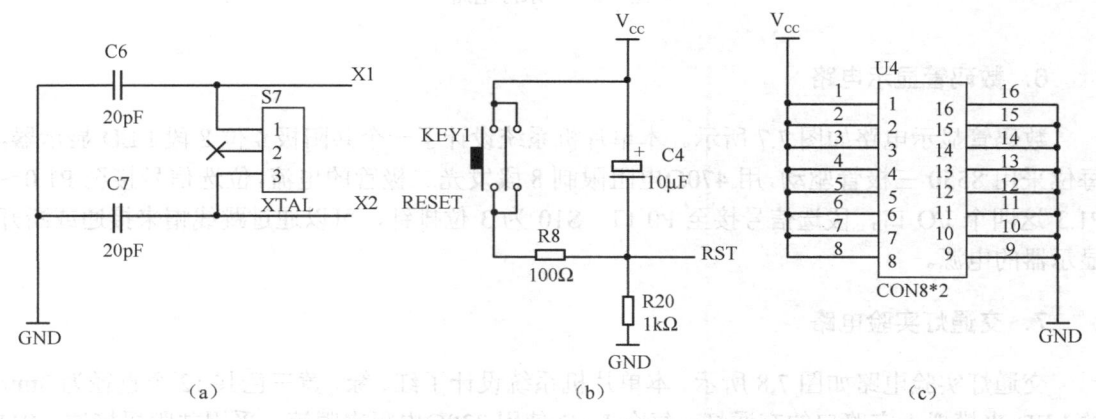

图 7.5　时钟电路（a）、复位电路（b）和备用电源（c）

5．流水灯电路

流水灯电路如图 7.6 所示。本单片机系统设计了 8 个直径为 3mm 的红色 LED，用一个 8 位 470Ω的排阻作为 LED 的限流电阻。接口 S8 为 8 位排针，实验时可用杜邦线连接于单片机的任一组 I/O 口来完成 LED 流水控制的实验，该实验非常具有典型性，是学习单片机控制的必做实验项目之一。

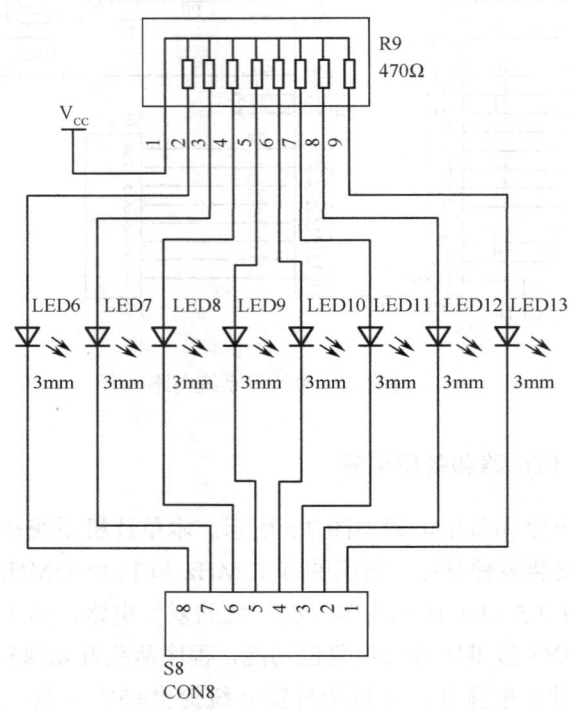

图 7.6　流水灯电路

6．数码管显示电路

数码管显示电路如图 7.7 所示。本单片机系统设计了一个共阳极 4 位 8 段 LED 显示器，每位采用 8550 三极管驱动，用 470Ω电阻限制 8 段发光二极管的电流，位选信号接至 P1.0～P1.3 这四个 I/O 口，段选信号接至 P0 口。S10 为 3 位排针，可以通过跳线帽来接通或断开显示器的电源。

7．交通灯实验电路

交通灯实验电路如图 7.8 所示。本单片机系统设计了红、绿、黄三色共 12 个直径为 3mm 的 LED 来模拟十字路口的交通灯，每个 LED 使用 330Ω电阻来限流，采用共阳极接法，S11 为 6 位排针，可通过 6 位杜邦线连接于单片机的任意 6 个端口。

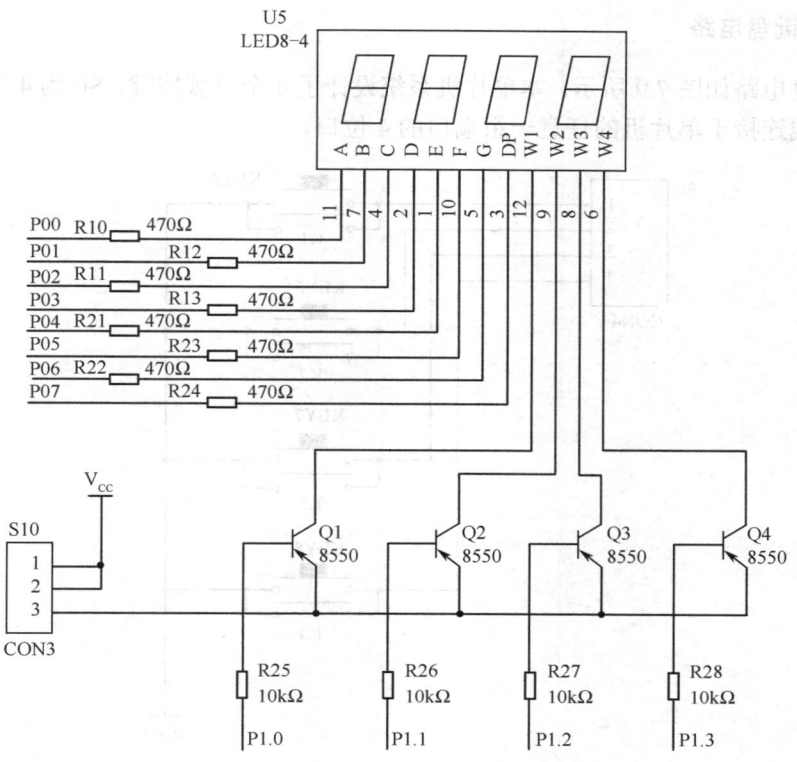

图 7.7　数码管显示电路

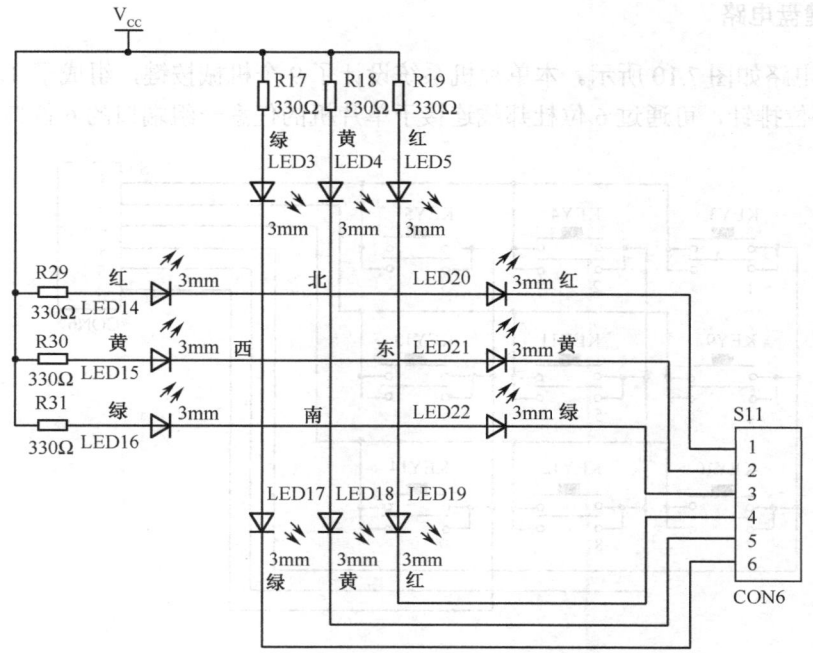

图 7.8　交通灯实验电路

8．独立键盘电路

独立键盘电路如图7.9所示。本单片机系统设计了4个机械按键，S6为4位排针，可通过4位杜邦线连接于单片机的任意一组端口的4位口。

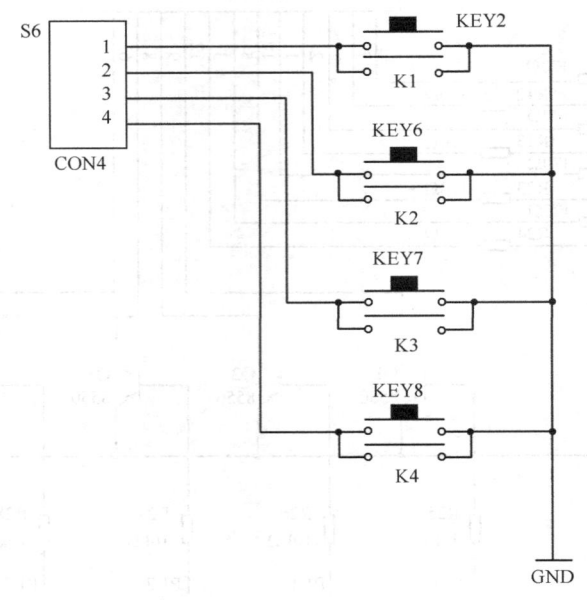

图7.9 独立键盘电路

9．矩阵键盘电路

矩阵键盘电路如图7.10所示。本单片机系统设计了9个机械按键，组成了3×3的矩阵键盘。S9为6位排针，可通过6位杜邦线连接于单片机的任意一组端口的6位口。

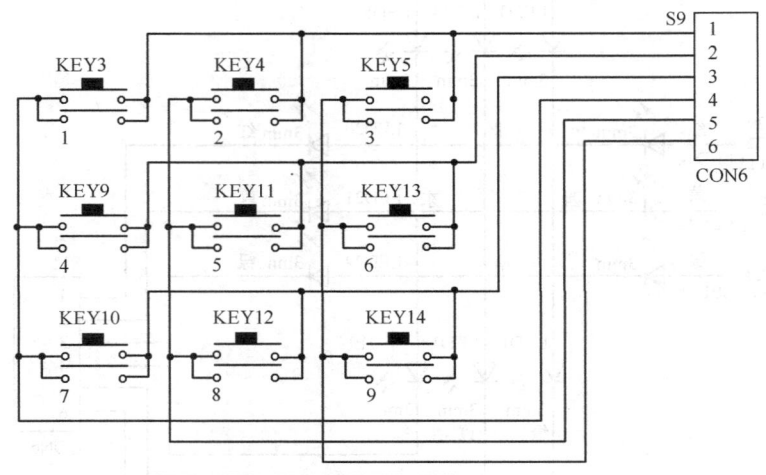

图7.10 矩阵键盘电路

10. 蜂鸣器、继电器和温度传感器控制电路

蜂鸣器、继电器和温度传感器控制电路如图 7.11 所示。这三部分的控制端连接于 S12 的 3 位排针，可实现用杜邦线连接的独立控制或综合控制。蜂鸣器（Buzzer）和继电器分别采用 8550 三极管驱动，1N4148 二极管反接续流保护，LED23 为继电器吸合后的指示，继电器内部的单刀双掷开关引至 S13 插座，可以开关外部较大电流电路。S14 为 3 位排针，通过跳线帽可以给 DS18B20 温度传感器供电。

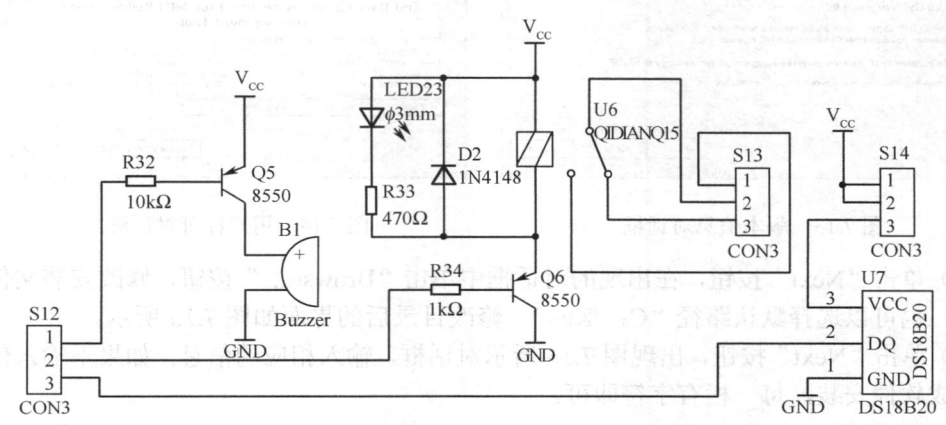

图 7.11　蜂鸣器、继电器和温度传感器控制电路

单片机最小开发系统的设计电路按照上述 10 个部分原理图搭接即可，经过实验，效果很好。本电路可采用多种晶振，方便定时器/计数器和串行数据通信使用；外接 4 组 8 位排针，可以将单片机的所有 I/O 端口引出系统板。其最大特点是支持在线下载，USB 口既作为取电口，又作为数据传输口，适合任何有 USB 端口的计算机，实验连线少，实验项目够用，并且可以实现多个模块的综合控制（如 LED 显示密码的密码锁），是一款入门级的单片机硬件系统。

单片机最小开发系统的设计电路就介绍到这里，大家可以根据原理图准备电子元器件，然后焊接调试，编译程序的软件、下载程序的软件和最小开发系统板的 PL2303 芯片驱动程序可在互联网上下载。单片机最小开发系统完整版原理图见附录 B。

项目实训 2　Keil μVision4 编译仿真软件的安装与使用方法

1. 软件安装方法

Keil μVision4 编译仿真软件的安装程序可以在网络上下载，读者可自行下载。下面就其安装过程分步讲解，读者也可以按照安装包里的安装说明来安装。

（1）解压安装包，双击安装程序文件夹里的安装程序，其图标如图 7.12 所示。

图 7.12　安装程序图标

（2）双击安装程序图标后出现图 7.13 所示对话框。

（3）单击"Next"按钮，在出现的对话框中勾选"I agree to all the terms of the preceding License Agreement"前的复选框，如图 7.14 所示。

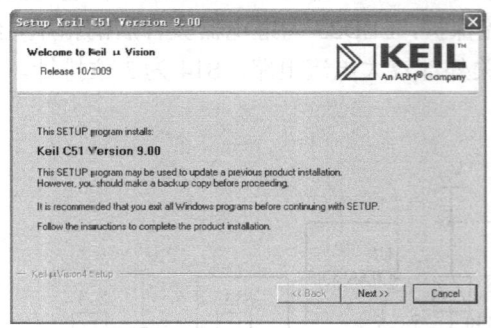
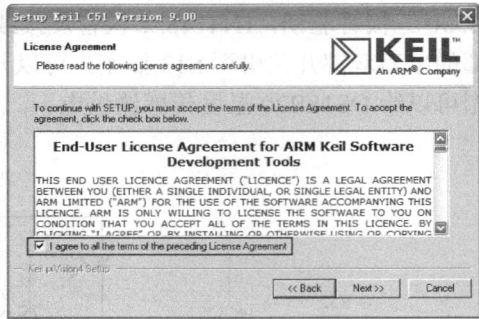

图 7.13　版本信息对话框　　　　　　　　图 7.14　用户许可对话框

（4）单击"Next"按钮，在出现的对话框中单击"Browse…"按钮，修改安装文件的存储目录，也可以选择默认路径"C：/Keil"，修改目录后的界面如图 7.15 所示。

（5）单击"Next"按钮，出现图 7.16 所示对话框，输入相应的信息，如果不输入信息就无法完成软件安装，每一栏有字符即可。

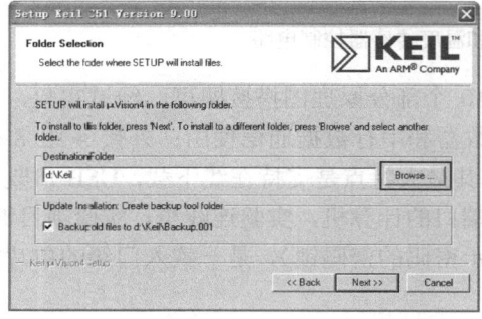
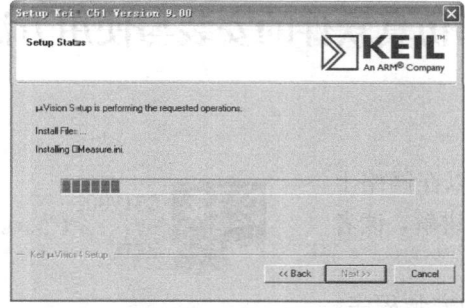

图 7.15　保存路径　　　　　　　　　　　图 7.16　输入用户信息

（6）单击"Next"按钮，软件进入安装过程，如图 7.17 所示。

（7）安装完毕后出现图 7.18 所示对话框，单击"Finish"按钮，软件安装结束。

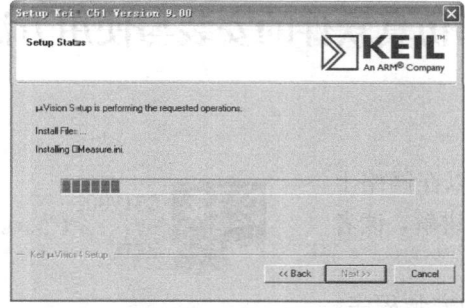
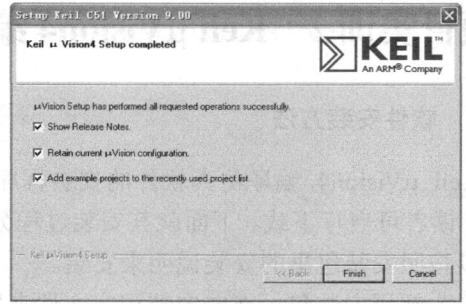

图 7.17　安装过程　　　　　　　　　　　图 7.18　安装结束对话框

（8）双击桌面上的 Keil μVision4 快捷方式或通过图 7.19 所示的方法可以打开本编译仿真软件。

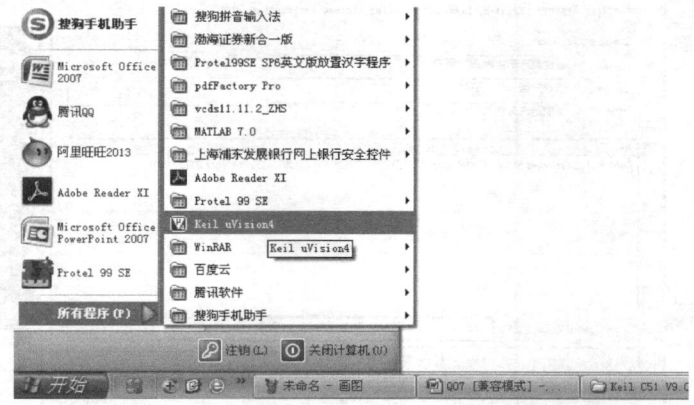

图 7.19 打开编译仿真软件

（9）软件注册。如果不注册，就会出现只能写小于 2KB 程序代码的限制，比较麻烦。打开 Keil μVision4 软件，在 File 中选择"License Management…"管理器，如图 7.20 所示。

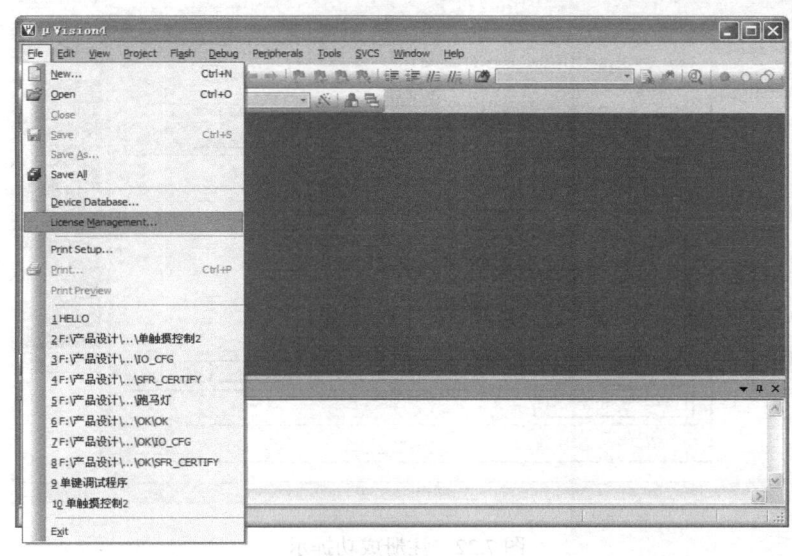

图 7.20 选择"License Management…"管理器

（10）出现图 7.21 所示对话框，在"New License ID Code"后的空栏里输入 30 位序列号，然后单击"Add LIC"按钮。

（11）在"License Management…"管理器界面下方出现"***LIC Added Successfully***"，说明注册成功，如图 7.22 所示。单击"Close"按钮，关闭注册界面。Keil μVision4 软件安装注册完成。

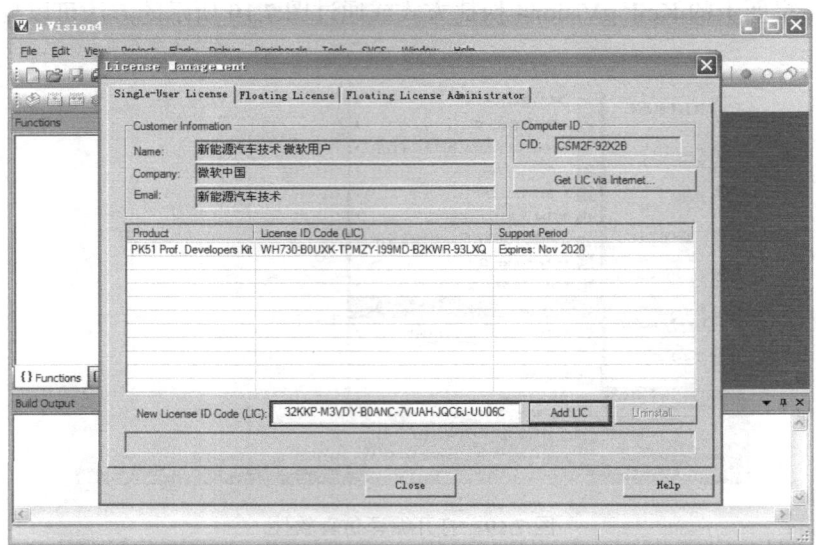

图 7.21　输入许可 ID 对话框

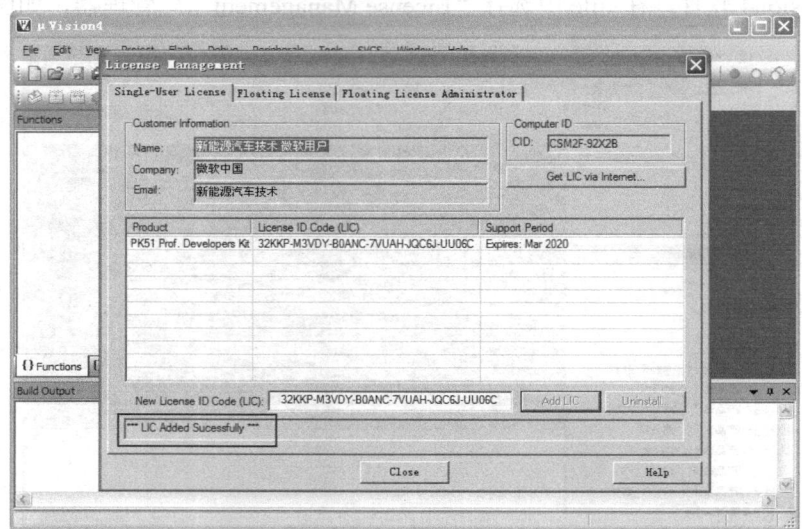

图 7.22　注册成功提示

（12）当编译软件安装完成后如果不能正常打开使用，则可能需要修改软件的兼容性，修改方法为：用鼠标右键单击桌面上的"Keil μVision4"软件图标，出现下拉菜单，单击"属性"，出现如图 7.23 所示界面。

（13）单击"兼容性"标签页，然后将兼容模式设置为"用兼容模式运行这个程序"，系统修改为"Windows 2000"或"Windows XP"，最后单击"确定"按钮，如图 7.24 所示。

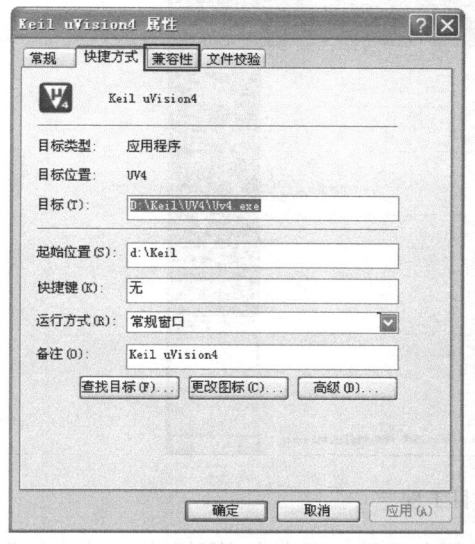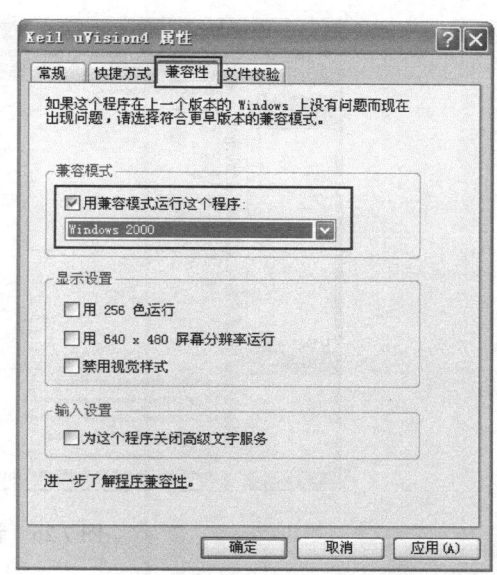

图 7.23 属性设置对话框 　　　　　　　　图 7.24 设置兼容模式

2．编译方法

本教程以流水灯实验为例介绍 Keil μVision4 编译仿真软件的使用，编译步骤如下：

（1）在桌面上新建一个文件夹，重命名为"流水灯"。每次实验时生成的所有格式的文件都会保存在此文件夹中。双击桌面上的 Keil μVision4 软件的快捷方式，打开此软件，其界面如图 7.25 所示。

图 7.25　Keil μVision4 软件界面

（2）新建一个项目工程：单击"Project"菜单，选择"New..."，再选择"μ Vision Project..."，如图 7.26 所示。

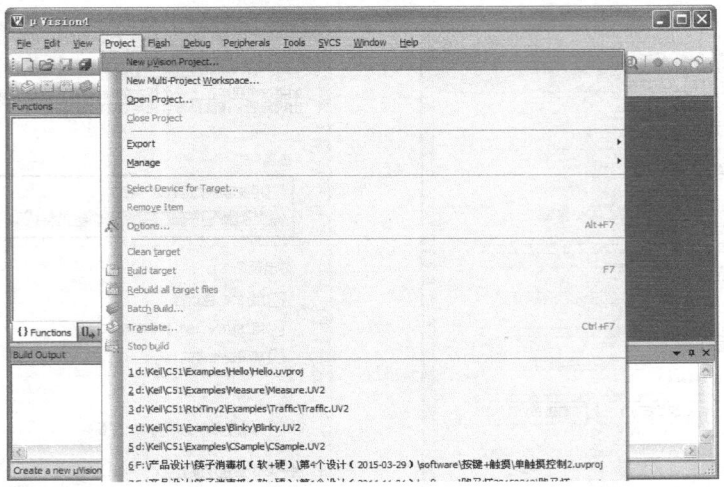

图 7.26　新建项目工程

（3）出现"Create New Project"对话框，修改保存目录，保存在桌面上的"流水灯"文件夹中，文件名为"liushuideng"，其界面如图 7.27 所示。

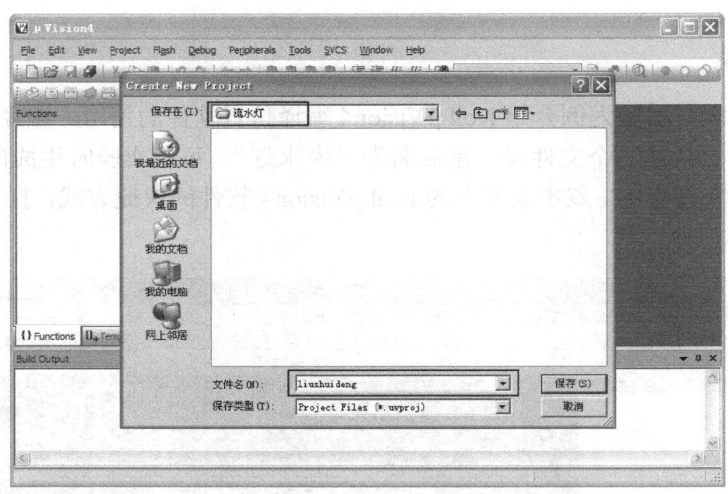

图 7.27　保存文件界面

（4）单击"保存"按钮，在出现的界面中，选择"Atmel"下的"AT89C51"芯片，如图 7.28 所示。

（5）单击"确定"，在出现的界面中单击"OK"，出现图 7.29 所示界面。

（6）新建一个汇编文件：单击"File"菜单，选择"New"，则出现图 7.30 所示界面，新建好的汇编文件名默认为"Text1"。

（7）在入栈调整方位时无法实现方位的记录与查询……

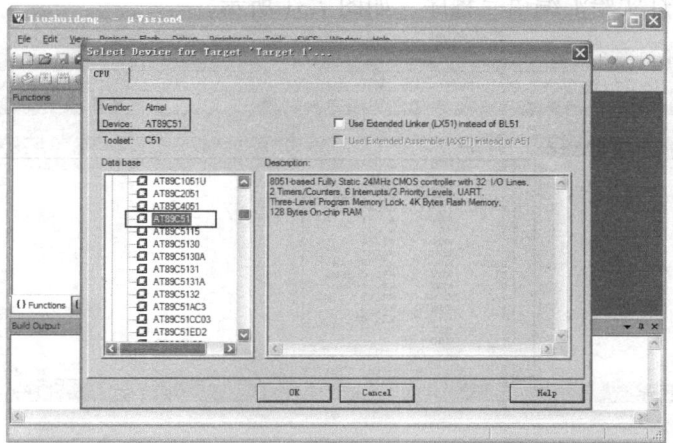

图 7.28 选择 AT89C51

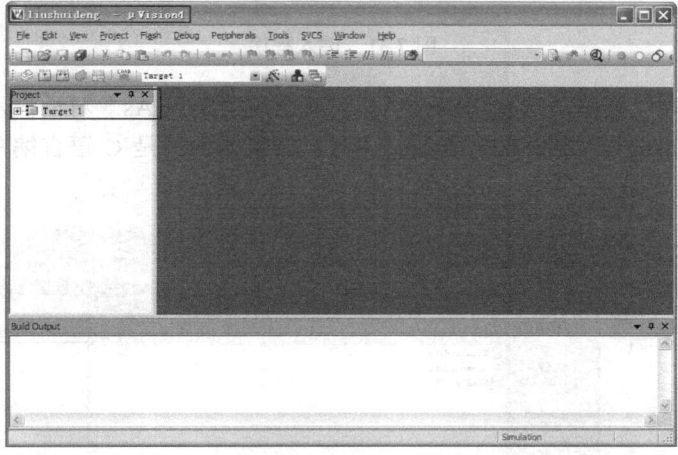

图 7.29

（8）单击"项目"…………………………………………………………………
击入"shockuideng…………………………………………………………………
入信息和后缀名……

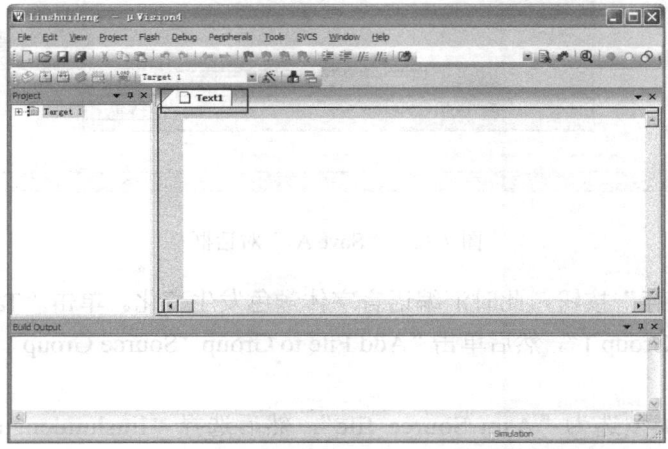

图 7.30 新建汇编文件

（9）单击"Source Group 1"文件夹下的"Add File to Group 'Source Group
1'"选项……
（10）单击文件…………………………………………………………………
………，如果需要引用 C 语言程序，选择……

（7）键入流水灯实验汇编语言程序，如图 7.31 所示。

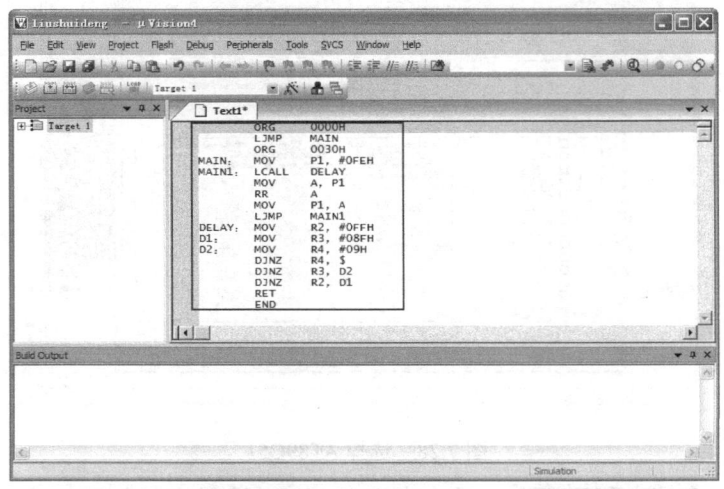

图 7.31　键入程序

（8）单击"File"菜单，选择"Save As…"，出现"Save As"对话框，在"文件名"中输入"liushuideng.asm"，如图 7.32 所示。注意，如果输入的是 C 语言编写的程序，这里输入的文件后缀名一定是".c"。

图 7.32　"Save As"对话框

（9）单击"保存"按钮，此时汇编语言字体颜色发生变化。单击"Target1"，再用鼠标右键单击"Source Group 1"，然后单击"Add File to Group'Source Group 1'"，界面如图 7.33 所示。

（10）将文件类型选为"Asm Source file"，然后选择"liushuideng.asm"文件，如图 7.34 所示。如果编写的是 C 语言程序，则文件类型选择默认类型。

图 7.33　打开添加文件对话框

图 7.34　选择文件

（11）单击一次"Add"按钮，再单击"Close"按钮，然后单击"Source Group 1"前的"+"号，会看到"liushuideng.asm"文件被添加进"流水灯"的项目工程中，如图 7.35 所示。

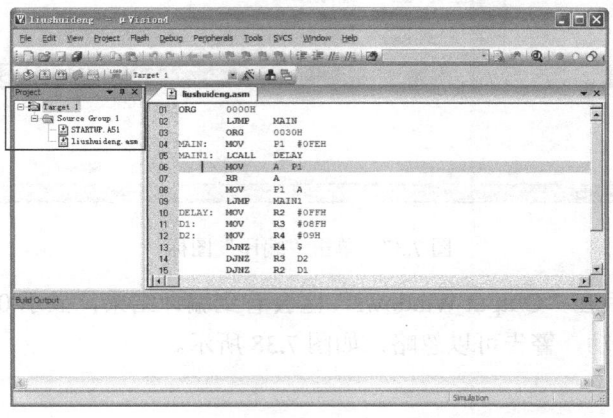

图 7.35　添加文件后的界面

（12）项目工程设置。单击"Project"菜单，选择"Option for Target 'Target 1'"，在"Option for Target 'Target 1'"界面中，在"Xtal (MHz):"处可设置单片机仿真的晶振频率。单击"Output"标签页，选择"Create HEX File"，在编译时会生成后缀名为".hex"的文件，此文件就是被下载进单片机使其按程序工作的文件，如图 7.36 所示。

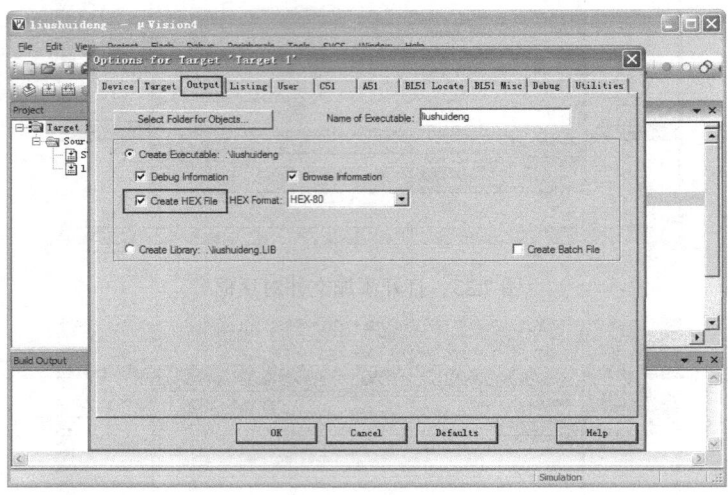

图 7.36　项目工程设置

（14）单击"OK"按钮，再单击"编译"图标，如图 7.37 所示。

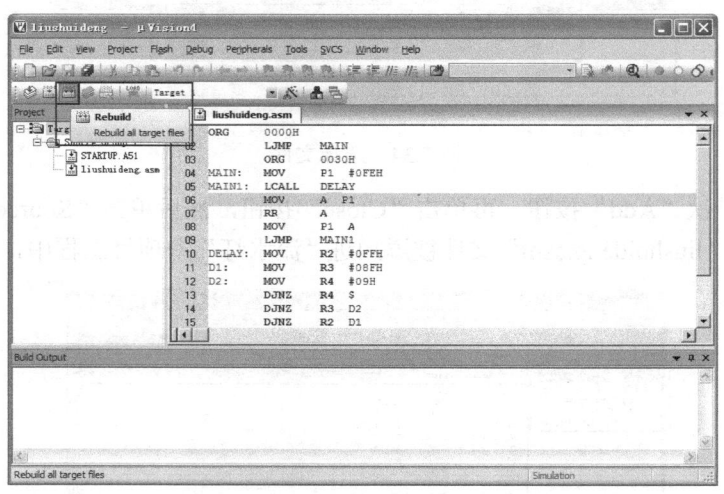

图 7.37　单击"编译"图标

（15）编译完成后在"Output Windows"区会看到编译结果，显示 0 个错误，3 个警告，没有错误说明编译成功，警告可以忽略，如图 7.38 所示。

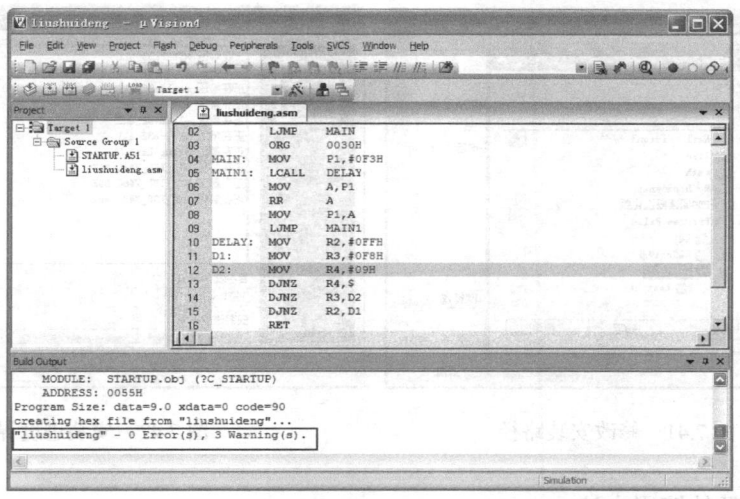

图 7.38　编译结果

项目实训 3　下载软件的安装与使用

1．下载软件的安装方法

本教材项目实训部分可采用 STC89C52 型单片机，其程序下载软件为 STC-ISP，该软件可以在网络上下载。其安装图标如图 7.39 所示。

（1）双击该图标，出现图 7.40 所示的界面。

（2）单击"浏览"按钮，修改安装路径，如图 7.41 所示。作者的安装路径是"D：\Program Files\STC-ISP"。

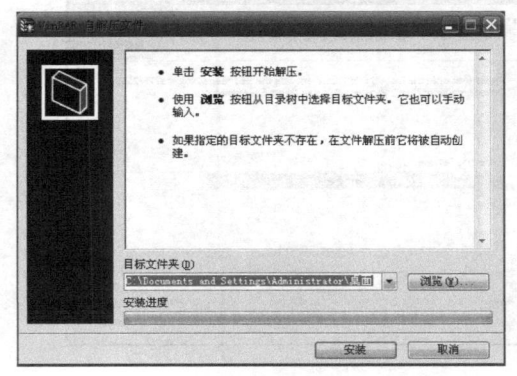

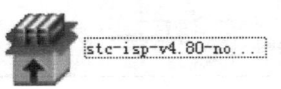

图 7.39　STC-ISP 下载软件安装图标　　　　　　　图 7.40　安装界面

（3）单击"确定"按钮，再单击"安装"按钮，出现如图 7.42 所示的界面。安装完毕后自动退出安装界面。

图 7.41　修改安装路径

图 7.42　安装进度界面

2．下载软件的使用方法

（1）软件安装完毕后安装 PL2303 芯片的驱动程序，读者可以在网络上搜寻和下载。如果是 64 位的计算机，应该安装 64 位的驱动程序，作者使用的是 32 位计算机。32 位驱动程序的图标如图 7.43 所示。

图 7.43　32 位驱动程序图标

（2）单击该图标，会迅速出现图 7.44 所示的界面，消失后立即出现图 7.45 所示的界面，迅速消失后又出现图 7.46 所示的界面。

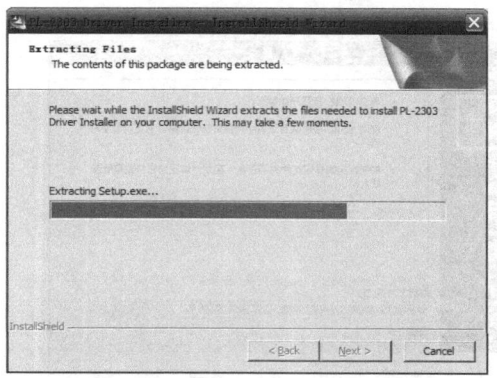

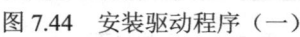

图 7.44　安装驱动程序（一）

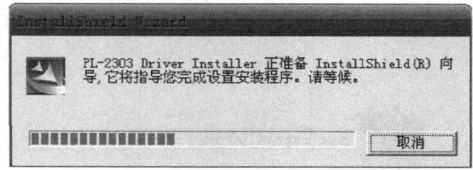

图 7.45　安装驱动程序（二）

（3）单击"下一步"按钮，在图 7.47 所示的界面中选择"是，立即重新启动计算机"，再单击"完成"按钮，等待电脑重启。

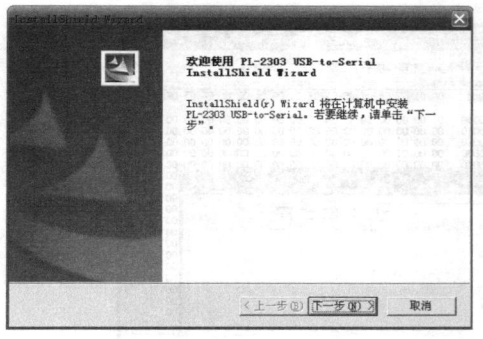

图 7.46 安装驱动程序（三）

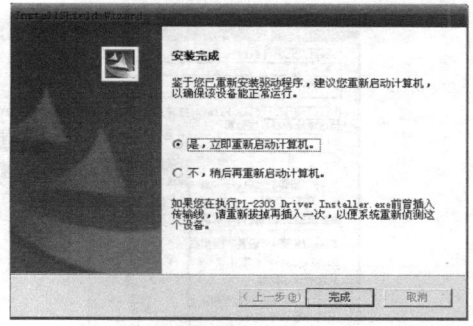

图 7.47 完成安装

（4）软件安装完毕后可以在电脑桌面上打开此下载程序的软件，其图标如图 7.48 所示。如果桌面上没有此图标，可以单击"开始"，再单击"程序"，在程序列表里打开此软件。如果还是没有此软件图标，可以打开该软件的安装文件存储区，在安装文件存储区里单击该图标打开该软件。

图 7.48 下载程序图标

为了方便使用，可以将该图标从安装文件存储区新建快捷方式到桌面。

（5）在下载软件打开前，将电脑与单片机最小开发系统用 USB 线相连。打开下载软件，如图 7.49 所示。

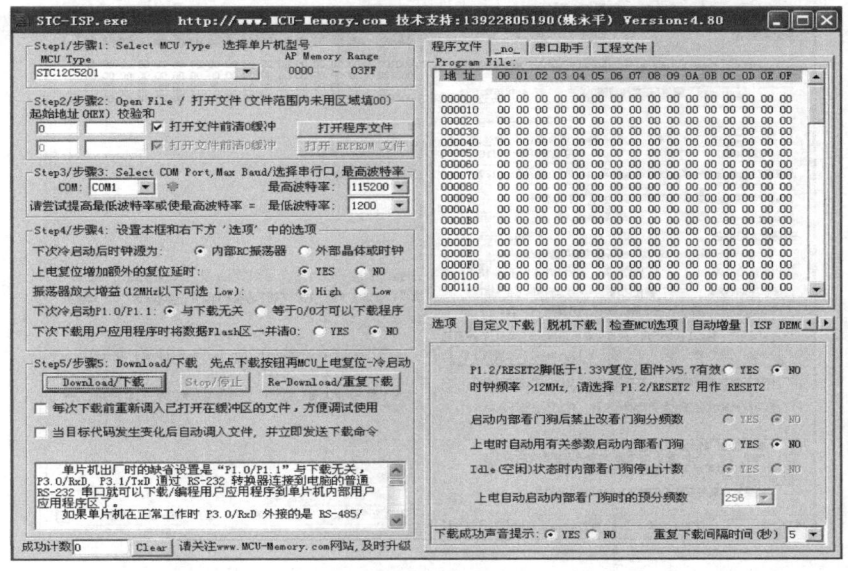

图 7.49 打开下载软件

（6）先选择芯片类型，初学者常用的是 STC89C52 芯片；再单击"打开程序文件"按钮，出现"Open file"对话框，选择要下载程序的.HEX 文件，如图 7.50 所示。

图 7.50　"Open file"对话框

（7）单击"打开"按钮，此时界面如图 7.51 所示。

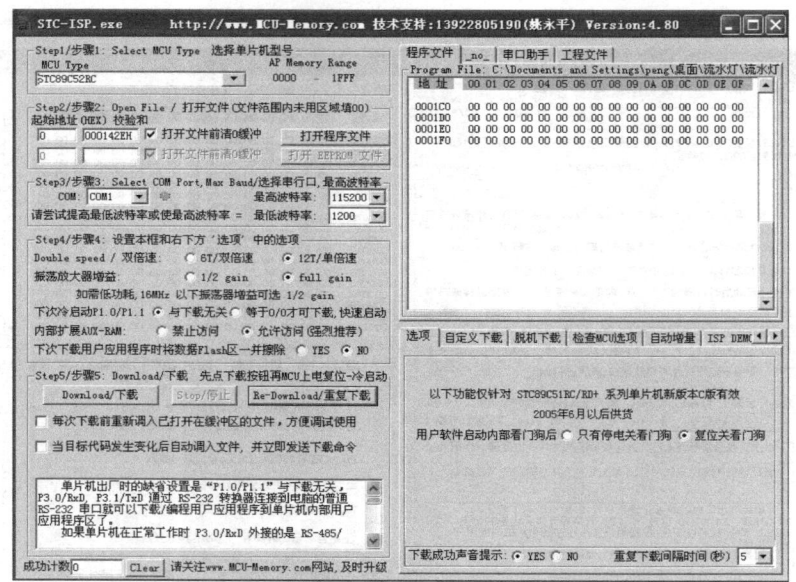

图 7.51　打开程序文件后的界面

（8）选择下载程序的端口，获得端口号的方法是：用鼠标右键单击桌面上的"我的电脑"图标，选择"管理"，单击"设备管理器"，再单击"端口"，即可看到端口号，如图 7.52 所示，端口号是"COM9"。

（9）在下载软件界面里选好端口号，再修改下载程序的最高波特率。如果最高波特率过高，有时会出现下载出错的故障。其设置如图 7.53 所示。

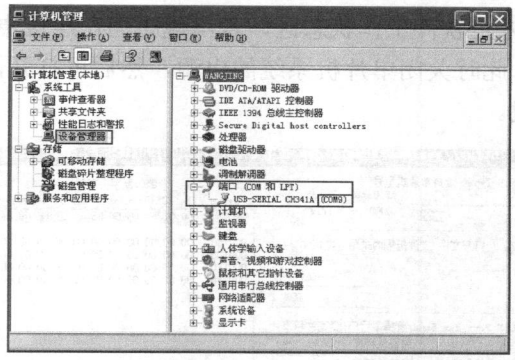

图 7.52　选择端口

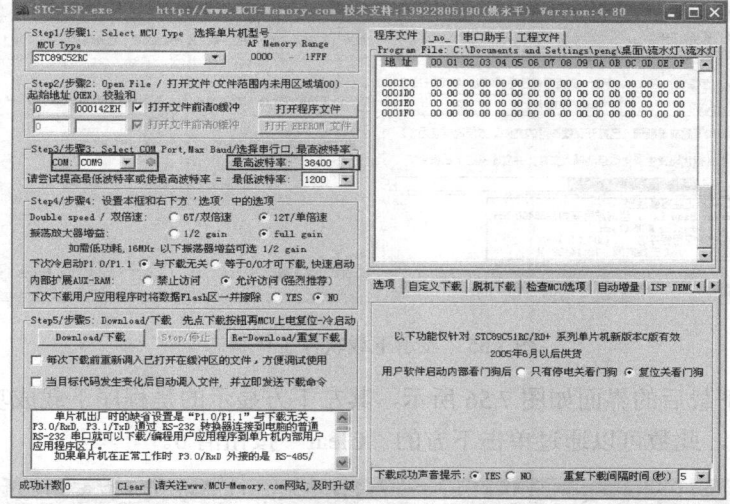

图 7.53　修改最高波特率

（10）单击"Download/下载"按钮，出现图 7.54 所示的界面。

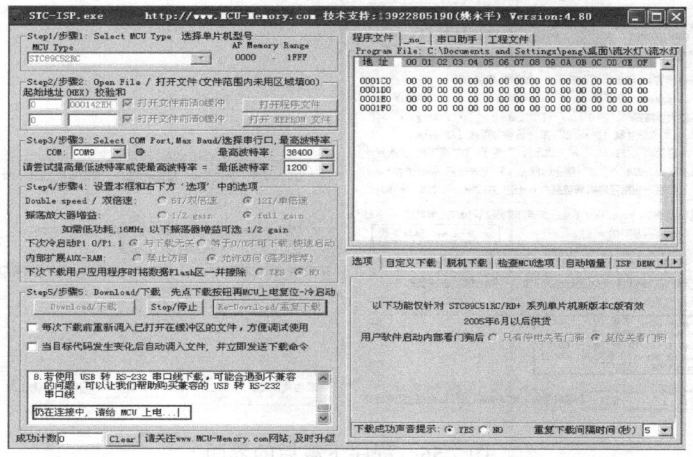

图 7.54　下载界面

（11）软件界面左下方是软件工作状态区，若出现"仍在连接中，请给 MCU 上电……"说明硬件电路连接成功，此时关闭单片机系统的电源，然后再打开，会出现图 7.55 所示的下载界面，程序正在下载。

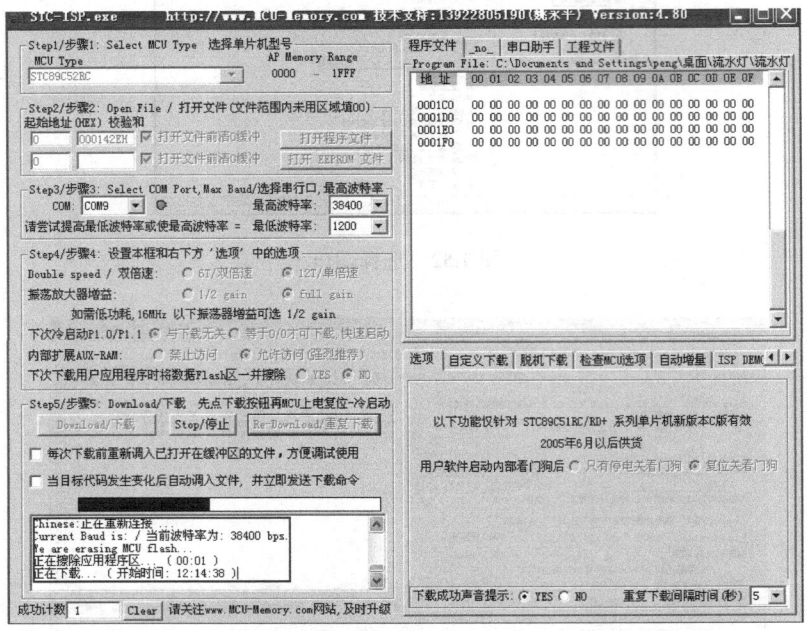

图 7.55　显示下载软件工作状态

（12）程序下载后的界面如图 7.56 所示，其左下方显示的是程序下载成功的信息，同时会记一次成功数，此数可以通过单击下方的"Clear"按钮清 0。

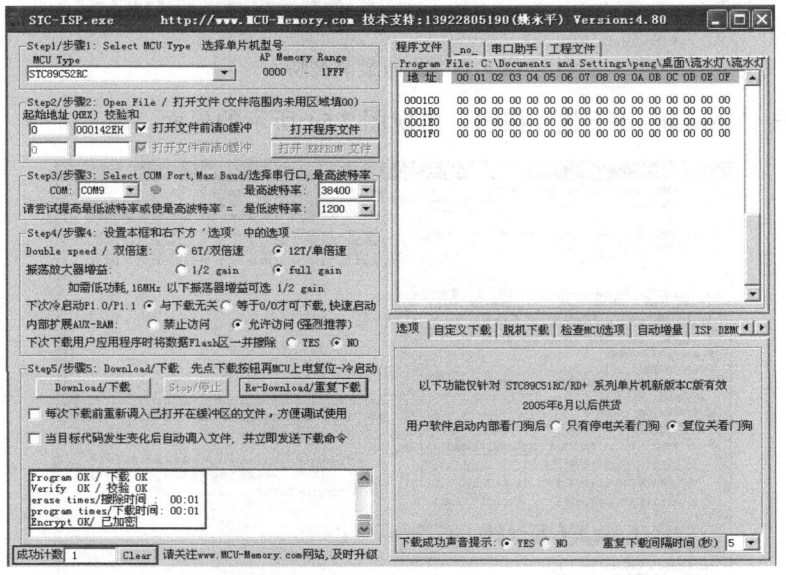

图 7.56　程序下载后的界面

要重新下载程序，只需再单击"打开程序文件"按钮，选择要下载的.HEX 文件，从上述下载方法的第（7）步开始操作即可。如果使用 STC15F204EA 这类稍高级的芯片，则需要安装较高版本的 STC-ISP 下载软件，都可以在网络下载。读者也可以通过一些论坛来学习单片机，在此不再赘述。

项目实训 4　流　水　灯

1. 项目实训概述

流水灯项目实训是单片机课程中非常典型的基础实训，主要通过软件编程，实现 8 只发光二极管以不同的方式点亮，并且可以深入体会 4 组 I/O 口的使用方法及注意事项。

2. 硬件电路

流水灯项目实训的硬件原理图如图 7.57 所示。图中 R1 为排阻，阻值选择 470 Ω；S1 为 8 位排针，实训时用杜邦线将 S1 和单片机最小开发系统的一组 I/O 口相连。当单片机的相应 I/O 口的某些位为低电平时，与这些位相连的发光二极管上会有电压降，故它们导通发光；其他位为高电位，与这些位相连的发光二极管，其电压降为 0，故不发光。根据这一原理，通过编写程序可以使不同的位在不同的时间保持高电位或低电位，将编程而生成的.HEX 格式的文件下载到单片机，系统供电后可以看到 8 只发光二极管不同的发光效果。

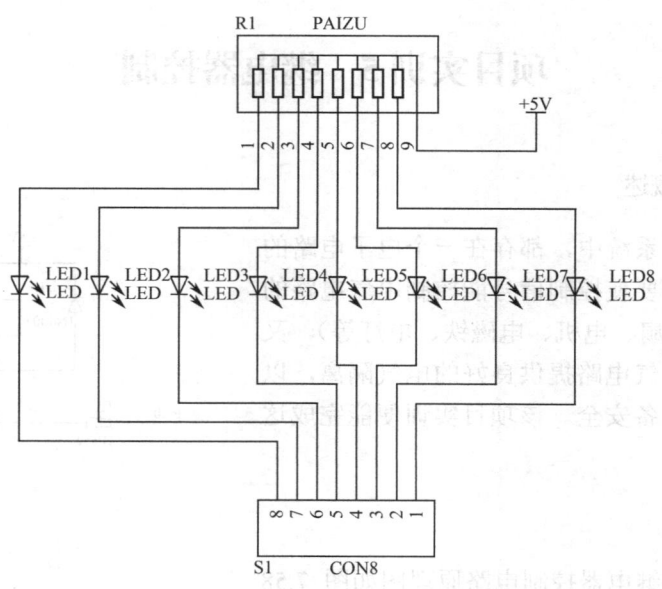

图 7.57　流水灯项目实训的硬件原理图

3．软件程序

流水灯项目实训的软件程序如下：

```
            ORG       0000H
            LJMP      MAIN              ；跳转到主程序
            ORG       0030H
MAIN：      MOV       P1，#0FEH          ；点亮一个 LED
MAIN1：     LCALL     DELAY             ；调用延时子程序
            MOV       A，P1
            RR        A                 ；使点亮的 LED 向右移动一位
            MOV       P1，A
            LJMP      MAIN1             ；跳回循环
DELAY：     MOV       R2，#0FFH          ；延时子程序
D1：        MOV       R3，#08FH
D2：        MOV       R4，#09H
            DJNZ      R4，$
            DJNZ      R3，D2
            DJNZ      R2，D1
            RET                         ；返回
            END                         ；结束
```

读者认真分析原理，然后自行修改，即可看到流水灯发光的其他效果。

项目实训5　继电器控制

1．项目实训概述

现代自动控制系统中，都存在一个电子电路的互相连接问题。既要使控制信号能控制电气电路的执行元件（如电风扇、电机、电磁铁、电灯等），又要为电子线路和电气电路提供良好的电气隔离，以保证人身安全和设备安全。该项目实训便能完成这一任务。

2．硬件电路

本项目实训的继电器控制电路原理图如图 7.58 所示。

在该电路中，Q1 三极管的作用是在控制端 P1.0 为高电平时导通，驱动继电器 K1 吸合；D1 二极管

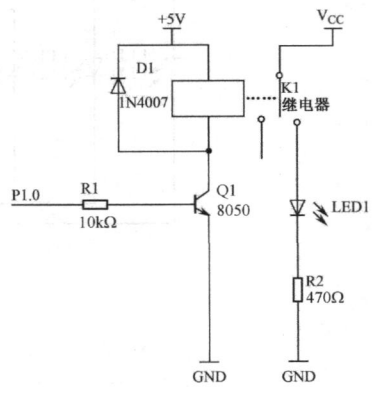

图 7.58　继电器控制电路原理图

的作用是吸收继电器线圈断电时产生的反电动势，主要目的是保护 Q1 三极管。继电器吸合后，使 LED1 发光电路接通。当控制端 P1.0 为低电平时，继电器不工作，LED1 不亮。因此，用继电器实现了两部分电路的电气隔离。

3．软件程序

继电器控制项目实训的软件程序如下：

```
        ORG     0000H
        LJMP    START
        ORG     0030H
START:  CLR     P1.0        ; 清零 P1.0，使 P1.0 为低电位
        ACALL   DELAY       ; 调用延时子程序
        SETB    P1.0        ; P1.0 置 1，使 P1.0 为高电位
        ACALL   DELAY       ; 调用延时子程序
        LJMP    START       ; 跳回循环
DELAY:  MOV     R2, #0FFH   ; 延时子程序
D1:     MOV     R3, #0FFH
D2:     MOV     R4, #02H
        DJNZ    R4, $
        DJNZ    R3, D2
        DJNZ    R2, D1
        RET                 ; 子程序返回
        END                 ; 结束
```

读者可以修改程序，使继电器的吸合和释放时间发生变化，也可以将 LED1 换成电机等别的设备。

项目实训 6　交　通　灯

1．项目实训概述

在实际生活中，十字路口的交通灯都是电脑控制的，控制方式各异，并且有倒计时显示；也可以用单片机实现。在本交通灯项目实训中，我们用最简单的硬件电路实现了交通灯的一种效果，只有灯的显示，没有倒计时显示。读者可自行设计倒计时电路，可通过 LED 显示器来显示交通灯的倒计时。

2．硬件电路

交通灯项目实训模块的硬件原理图如图 7.59 所示。

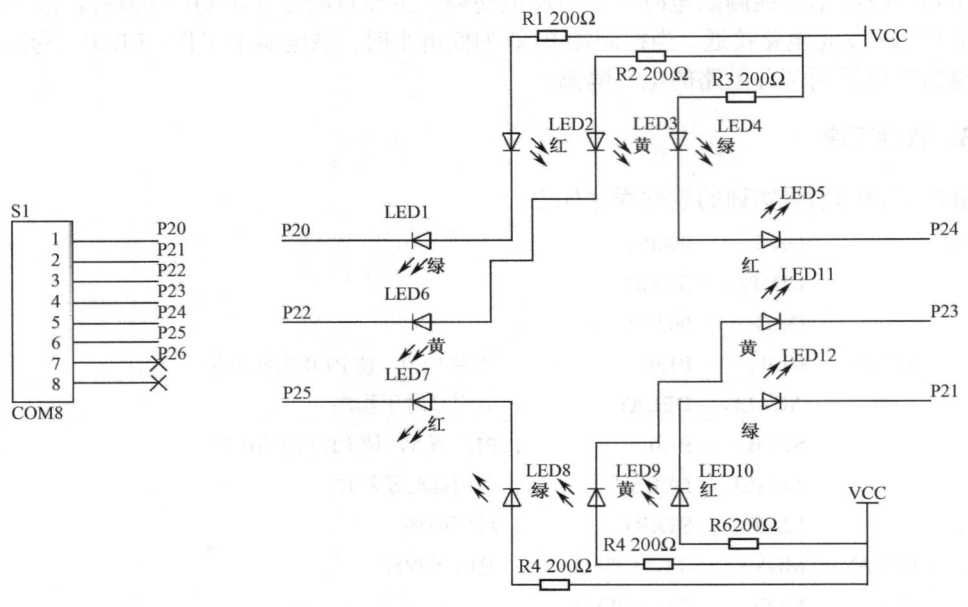

图 7.59　交通灯项目实训模块的硬件原理图

采用 6 位杜邦线将该项目实训模块与单片机的 P2 口相应的位连接起来。编程后硬件点亮效果是：东西方向的红灯亮，同时南北方向的绿灯亮，延时一段时间后四个方向的黄灯同时以 1 秒钟间隔闪烁三次，之后东西方向的绿灯亮，南北方向的红灯亮……如此循环。

3．软件程序

交通灯项目实训的软件程序如下：

```
            ORG     0000H
            LJMP    MAIN
            ORG     0030H
MAIN:       MOV     P2，#0FCH        ；南北方向红灯亮，东西方向绿灯亮
            LCALL   DL2             ；延时子程序 2
            MOV     P2，#0FFh        ；南北方向红灯灭，东西方向绿灯灭
            LCALL   DL1             ；延时子程序 1
            LCALL   YEL             ；调用黄灯闪烁子程序
            MOV     P2，#0CFH        ；东西方向红灯亮，南北方向绿灯亮
            LCALL   DL2             ；延时子程序 2
            MOV     P2，#0FFh        ；东西方向红灯灭，南北方向绿灯灭
            LCALL   DL1             ；延时子程序 1
            LCALL   YEL             ；调用黄灯闪烁子程序
            AJMP    MAIN            ；跳回循环
YEL:        MOV     R7，#03H         ；黄灯闪烁三次子程序
```

```
SHAN:       MOV     P2，#0F3H          ; 黄灯亮
            LCALL   DL1               ; 延时约 1s
            MOV     P2，#0FFh          ; 黄灯灭
            LCALL   DL1               ; 延时约 1s
            DJNZ    R7，SHAN
            RET
DL1:        MOV     R1，#0FFH          ; 延时子程序 1
DELAY1:     MOV     R2，#0FFH
D11:        MOV     R3，#002H
            DJNZ    R3，$
            DJNZ    R2，D11
            DJNZ    R1，DELAY1
            RET
DL2:        MOV     R4，#0FFH          ; 延时子程序 2
DELAY2:     MOV     R5，#0FFH
D12:        MOV     R6，#050H
            DJNZ    R6，$
            DJNZ    R5，D12
            DJNZ    R4，DELAY2
            RET
            END
```

读者认真分析程序段，看能否再优化程序。还可以自己编写程序，使交通灯的红绿灯点亮时间发生变化，也可以改变交通灯的点亮方式和保持或闪烁时间。

项目实训 7　音 频 输 出

1．项目实训概述

音频输出项目实训主要体现的是单片机的演奏音乐功能。一般来说，单片机演奏的音乐基本上是单音频率，它不像电子琴那样能奏出多种音色的音乐。因此单片机奏乐只需弄清楚两个概念："音调"和"节拍"。音调表示一个音符唱多高的频率，节拍表示一个音符唱多长的时间。按照音符的音调和节拍确定方法编写出一首音乐的代码，然后编写出单片机演奏音乐的程序，并为单片机连接好扬声器（Speaker）等外围音频电路，装载进程序后就可以演奏出音乐。

2．硬件电路

音频输出项目实训的硬件电路原理图部分如图 7.60 所示。

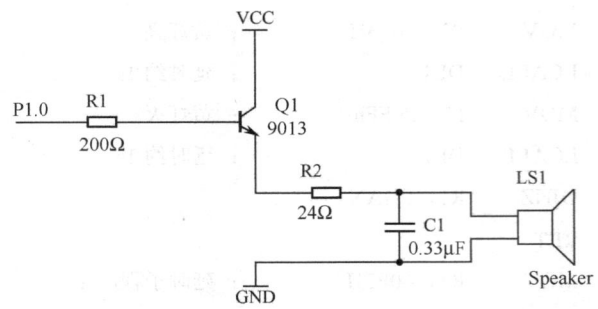

图 7.60　音频输出项目实训的硬件电路原理图

将单片机的 P1.0 口与图 7.60 的扬声器电路相连即可。

3．软件程序

音频输出项目实训的软件程序如下：

```
                ORG         0000H
                LJMP        START
                ORG         000BH           ; T0 中断入口地址
                INC         20H             ; 中断服务，中断计数器加 1
                MOV         TH0，#0DBH       ; 装载计数初值
                MOV         TL0，#0FFH       ; 11.0592MHz 晶振，形成 10 毫秒中断
                RETI                        ; 中断返回
    START：     MOV         SP，#50H         ; 设置堆栈指针
                MOV         TH0，#0DBH       ; 装计数初值
                MOV         TL0，#0FFH
                MOV         TMOD，#01H       ; 设置工作方式，T0 设为空时方式 1
                MOV         IE，#82H         ; 开启总中断和 T0 中断
    MUSIC0：    NOP
                MOV         DPTR，#DAT       ; 表头地址送 DPTR
                MOV         20H，#00H        ; 中断计数器清 0
    MUSIC1：    NOP
                CLR         A               ; A 清零
                MOVC        A，@A+DPTR       ; 查表取代码
                JZ          END0            ; 是 00H，则结束
                CJNE        A，#0FFH，MUSIC5  ; 如果不是休止符，往下执行，以 R6 作
                                                为音符频率控制，唱 R7 节拍那么久
                LJMP        MUSIC3
    MUSIC5：    NOP
```

```
            MOV         R6，A              ; R6=18H 音符的频率
            INC         DPTR              ; DPTR 加 1
            MOV         A，#0
            MOVC        A，@A+DPTR         ; 取节拍代码送 R7
            MOV         R7，A              ; R7=30H 音符发音的时间
            SETB        TR0               ; 启动计数
MUSIC2:     NOP
            CPL         P1.0              ; P1.0 是音乐输出引脚
            MOV         A，R6
            MOV         R3，A              ; R3=R6=18H
            LCALL       DEL
            MOV         A，R7
            CJNE        A，20H，MUSIC2      ; 中断计数器(20H)=R7 否?若不等，则继续循环
            MOV         20H，#00H          ; 若等于，则取下一代码
            INC         DPTR
            LJMP        MUSIC1
MUSIC3:     NOP                           ; 休止 100 毫秒
            CLR         TR0
            MOV         R2，#0DH           ; R2=13
MUSIC4:     NOP
            MOV         R3，#0FFH          ; R3=255
            LCALL       DEL
            DJNZ        R2，MUSIC4
            INC         DPTR
            LJMP        MUSIC1
END0:       NOP
            MOV         R2，#0FFH          ; 歌曲结束，延时 1 秒后继续
MUSIC6:     MOV         R3，#00H
            LCALL       DEL
            DJNZ        R2，MUSIC6
            LJMP        MUSIC0
DEL:        NOP
DEL3:       MOV         R4，#02H
DEL4:       NOP
            DJNZ        R4，DEL4
            NOP
            DJNZ        R3，DEL3
            RET
            NOP
DAT:        DB          18H，30H，1CH，10H，20H，40H，1CH，10H
```

```
DB      18H，10H，20H，10H，1CH，10H，18H，40H
DB      1CH，20H，20H，20H，1CH，20H，18H，20H
DB      20H，80H，0FFH，20H，30H，1CH，10H，18H
DB      20H，15H，20H，1CH，20H，20H，20H，26H
DB      40H，20H，20H，2BH，20H，26H，20H，20H
DB      20H，30H，80H，0FFH，20H，20H，1CH，10H
DB      18H，10H，20H，20H，26H，20H，2BH，20H
DB      30H，20H，2BH，40H，20H，20H，1CH，10H
DB      18H，10H，20H，20H，26H，20H，2BH，20H
DB      30H，20H，2BH，40H，20H，30H，1CH，10H
DB      18H，20H，15H，20H，1CH，20H，20H，20H
DB      26H，40H，20H，20H，2BH，20H，26H，20H
DB      20H，20H，30H，80H，20H，30H，1CH，10H
DB      20H，10H，1CH，10H，20H，20H，26H，20H
DB      2BH，20H，30H，20H，2BH，40H，20H，15H
DB      1FH，05H，20H，10H，1CH，10H，20H，20H
DB      26H，20H，2BH，20H，30H，20H，2BH，40H
DB      20H，30H，1CH，10H，18H，20H，15H，20H
DB      1CH，20H，20H，20H，26H，40H，20H，20H
DB      2BH，20H，26H，20H，20H，20H，30H，30H
DB      20H，30H，1CH，10H，18H，40H，1CH，20H
DB      20H，20H，26H，40H，13H，60H，18H，20H
DB      15H，40H，13H，40H，18H，80H，00H
END
```

其中音乐为"八月桂花香"，请读者认真分析程序段，搞懂音调和节拍，然后编写自己想要的音乐代码编译下载，最后听到自己想要的音乐。

项目实训8　查询式键盘

1．项目实训概述

查询式键盘项目实训主要让大家认识查询式键盘的结构和查询方式，掌握了这些知识后根据硬件电路设计自己的按键程序，按下不同的键会使外部电路有不同的输出效果。

2．硬件电路

查询键盘项目实训的硬件原理图如图7.61所示。

将流水灯部分的S1排针用杜邦线接到单片机开发系统的P1口排针上，将键盘的S2排针用杜邦线接到单片机开发系统的P2口排针上。

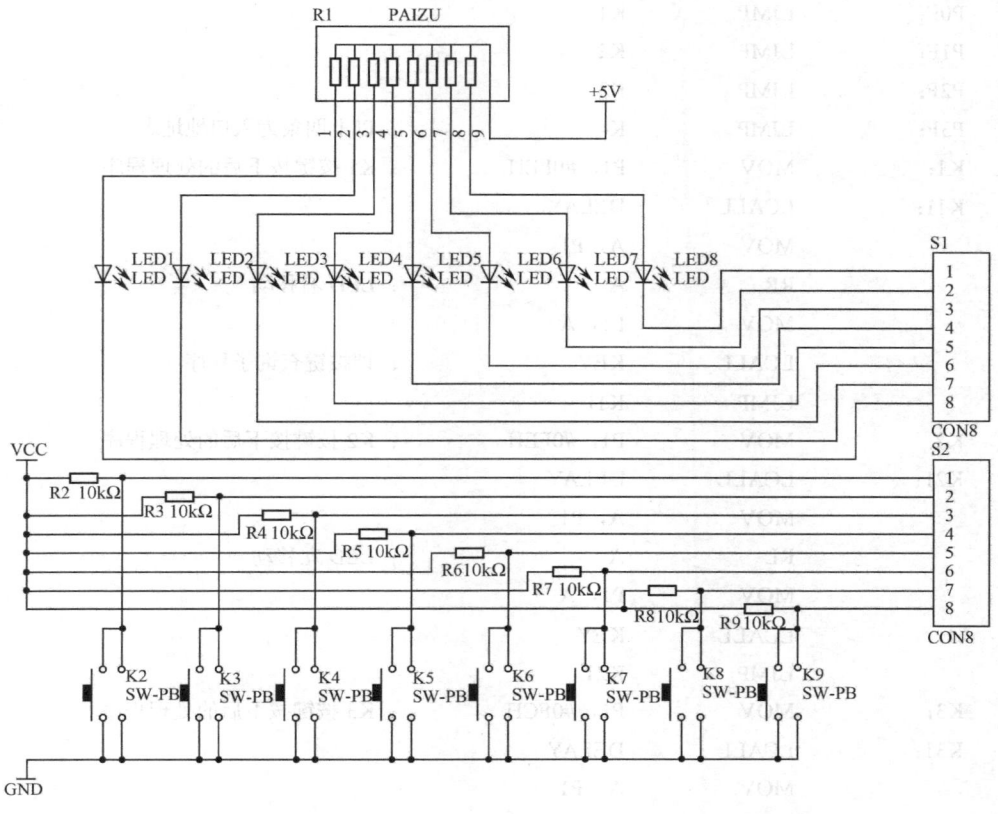

图 7.61 查询键盘项目实训的硬件原理图

3. 软件程序

查询键盘项目实训的效果是：当按下 K1 键后，8 只发光二极管依次向右轮流点亮，当按下 K2 键后向左轮流点亮，当按下 K3 键后每次右移点亮的发光管是两个，当按下 K4 键后每次左移点亮的发光管是两个。

该项目实训的软件程序如下：

```
              ORG      0000H
              LJMP     MAIN
              ORG      0030H
MAIN:         MOV      A，#0FFH        ；输入时先置 P2 口为全 1
              MOV      P2，A
              MOV      A，P2          ；键状态输入
PL1:          JNB      ACC.0，P0F      ；0 号键按下转 P0F 标号地址
              JNB      ACC.1，P1F      ；1 号键按下转 P1F 标号地址
              JNB      ACC.2，P2F      ；2 号键按下转 P2F 标号地址
              JNB      CC.3，P3F       ；3 号键按下转 P3F 标号地址
              LJMP     MAIN          ；无按键下返回
```

P0F：	LJMP	K1	
P1F：	LJMP	K2	
P2F：	LJMP	K3	
P3F：	LJMP	K4	；以上四条为入口地址表
K1：	MOV	P1，#0FEH	；K1 按键按下后的处理程序
K11：	LCALL	DELAY	
	MOV	A，P1	
	RR	A	；LED 右移动
	MOV	P1，A	
	LCALL	KEY	；调按键查询子程序
	LJMP	K11	
K2：	MOV	P1，#0FEH	；K2 按键按下后的处理程序
K21：	LCALL	DELAY	
	MOV	A，P1	
	RL	A	；LED 左移动
	MOV	P1，A	
	LCALL	KEY	
	LJMP	K21	
K3：	MOV	P1，#0FCH	；K3 按键按下后的处理程序
K31：	LCALL	DELAY	
	MOV	A，P1	
	RR	A	；LED 右移动
	MOV	P1，A	
	LCALL	KEY	
	LJMP	K31	
K4：	MOV	P1，#0FCH	；K4 按键按下后的处理程序
K41：	LCALL	DELAY	
	MOV	A，P1	
	RL	A	；LED 左移动
	MOV	P1，A	
	LCALL	KEY	
	LJMP	K41	
KEY：	MOV	A，#0FFH	；按键处理程序内的查询子程序
	MOV	P2，A	
	MOV	A，P2	
PL12：	JNB	ACC.0，P0F	
	JNB	ACC.1，P1F	
	JNB	ACC.2，P2F	
	JNB	ACC.3，P3F	
	RET		

DELAY:	MOV	R0, #0A7H	；延时子程序
DL1:	MOV	R1, #030H	
DL0:	MOV	R2, #1H	
	DJNZ	R2, $	
	DJNZ	R1, DL0	
	DJNZ	R0, DL1	
	NOP		
	RET		
	END		

读者可以分析程序段，然后编写 8 个按键的程序段，每个按键处理程序为不同的方式点亮 8 只发光二极管。

项目实训 9　4×4 矩阵键盘

1. 项目实训概述

4×4 矩阵键盘项目实训主要让大家认识矩阵键盘的结构和键值识别方式，掌握了这些知识后根据硬件电路设计自己的按键程序，按下不同的键会使外部电路有不同的输出效果。

2. 硬件电路

4×4 矩阵键盘项目实训的硬件原理图如图 7.62 所示。

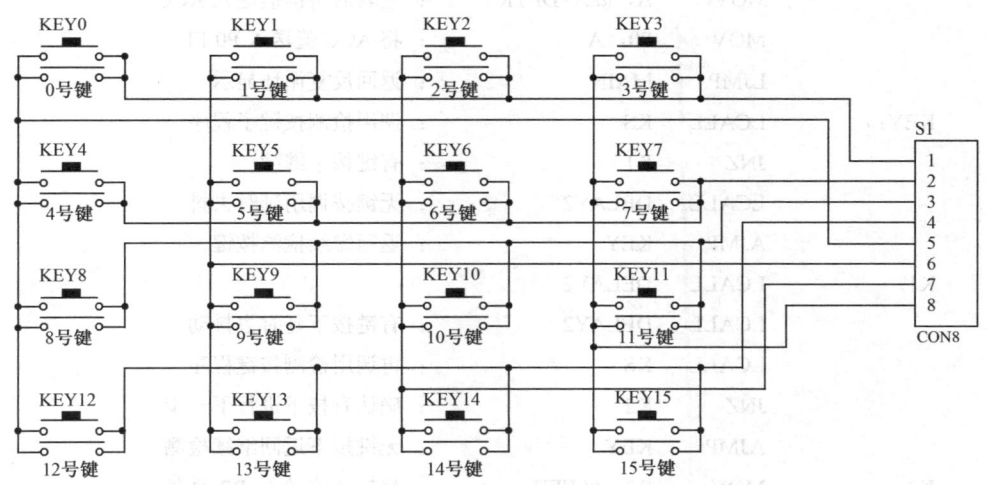

图 7.62　4×4 矩阵键盘项目实训的硬件原理图

矩阵键盘项目实训需要的 LED 显示电路如图 7.64 所示。该电路可以使用项目实训 10 介绍的 8 位 8 段 LED 显示器，但程序得做稍微的改动。图 7.63 中的 R1~R8 为限流电阻，三极管 Q1 作为驱动器，可以提高 LED 的亮度。该 8 段 LED 为共阳极。

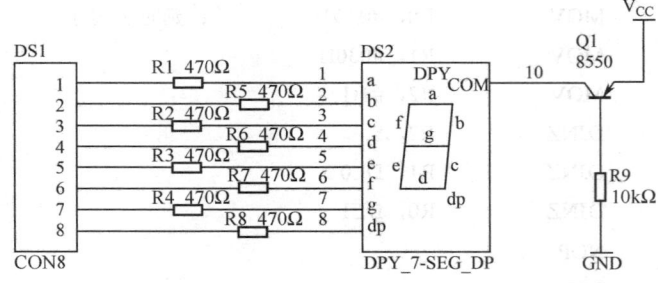

图 7.63　LED 显示电路

将 4×4 矩阵键盘的 S1 排针用杜邦线连接到单片机开发系统的 P1 口排针上，将 1 位 LED 显示器的 DS1 排针用杜邦线连接到单片机开发系统的 P0 口排针上。

3．软件程序

4×4 矩阵键盘项目实训的效果是：当按下任何一个按键后会在 1 位 LED 上显示出该键的键号，由于显示器是 1 位 LED，故 10 号到 15 号按键只能通过英文字母 A～F 来表示出来。

该项目实训的软件程序如下：

```
            ORG     0000H
            AJMP    MAIN
            ORG     0030H
MAIN:       MOV     DPTR, #TAB       ; 将表头放入 DPTR
            LCALL   KEY              ; 调用键盘扫描程序
            MOVC    A, @A+DPTR       ; 查表后将键值送入 ACC
            MOV     P0, A            ; 将 ACC 值送入 P0 口
            LJMP    MAIN             ; 返回反复循环显示
KEY:        LCALL   KS               ; 调用检测按键子程序
            JNZ     K1               ; 有键按下继续
            LCALL   DELAY2           ; 无键按调用延时去抖
            AJMP    KEY              ; 返回继续检测按键
K1:         LCALL   DELAY2
            LCALL   DELAY2           ; 有键按下延时去抖动
            LCALL   KS               ; 再调用检测按键程序
            JNZ     K2               ; 确认有按下进行下一步
            AJMP    KEY              ; 无键按下返回继续检测
K2:         MOV     R2, #0EFH        ; 将扫描值送入 R2 暂存
            MOV     R4, #00H         ; 将第一列值送入 R4 暂存
K3:         MOV     P1, R2           ; 将 R2 的值送入 P1 口
L6:         JB      P1.0, L1         ; P1.0 等于 1 跳转到 L1
            MOV     A, #00H          ; 将第一行值送入 ACC
            AJMP    LK               ; 跳转到键值处理程序
```

L1:	JB	P1.1，L2	;P1.1 等于 1 跳转到 L2
	MOV	A，#04H	;将第二行的行值送入 ACC
	AJMP	LK	;跳转到键值处理程序进行键值处理
L2:	JB	P1.2，L3	;P1.2 等于 1 跳转到 L3
	MOV	A，#08H	;将第三行的行值送入 ACC
	AJMP	LK	;跳转到键值处理程序
L3:	JB	P1.3，NEXT	;P1.3 等于 1 跳转到 NEXT 处
	MOV	A，#0CH	;将第四行的行值送入 ACC
LK:	ADD	A，R4	;行值与列值相加后的键值送入 A
	PUSH	ACC	;将 A 中的值送入堆栈暂存
K4:	LCALL	DELAY2	;调用延时去抖动程序
	LCALL	KS	;调用按键检测程序
	JNZ	K4	;按键没有松开继续返回检测
	POP	ACC	;将堆栈的值送入 ACC
	RET		
NEXT:	INC	R4	;将列值加 1
	MOV	A，R2	;将 R2 的值送入 A
	JNB	ACC.7，KEY	;扫描完至 KEY 处进行下一扫描
	RL	A	;扫描未完将 A 中的值右移 1 位
	MOV	R2，A	;将 ACC 的值送入 R2 暂存
	AJMP	K3	;跳转到 K3 继续
KS:	MOV	P1，#0FH	;将 P1 口高四位置 0 低四位置 1
	MOV	A，P1	;读 P1 口
	XRL	A，#0FH	;将 A 中的值与 A 中的值相异或
	RET		;子程序返回
DELAY2:	MOV	R5，#08H	;40ms 延时去抖动子程序
L7:	MOV	R6，#0FAH	
L8:	DJNZ	R6，L8	
	DJNZ	R5，L7	
	RET		
TAB:	DB	40H，79H，24H，30H，19H，12H，02H，78H，00H	
	DB	10H，08H，03H，46H，21H，06H，0EH，3FH，7FH	
			;0~F 的断码值
	END		

读者可以自己分析并改写该段程序，搭接外围硬件电路，使得每按下一个按键外围电路会有不同的表现效果。该段程序的按键识别部分应用广泛，可以作为大多数具有按键电路的系统编程参考。

项目实训 10　8 位 LED 显示器

1．项目实训概述

8 位 LED 显示器是单片机实训的基本显示电路之一，原理比较简单。本项目实训所用的 LED 显示器需要采用动态扫描方式。它可以作为输入数值的显示器件，也可作为输出数据的显示器件，直观地向我们传达单片机的执行状态信息和数据信息。

2．硬件电路

8 位 8 段 LED 显示器的硬件原理图如图 7.64 所示。

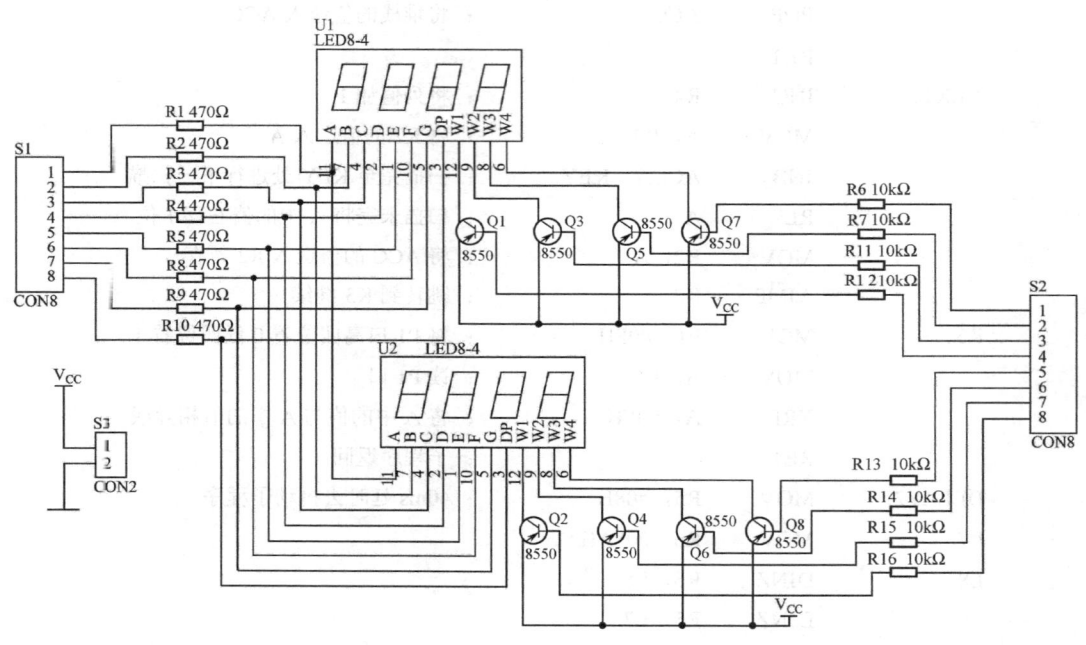

图 7.64　8 位 8 段 LED 显示器的硬件原理图

8 位 8 段 LED 显示器中的 470 Ω电阻为限流电阻；三极管 Q1~Q8 作为驱动器，可以提高 LED 段码的亮度；每位 8 段 LED 都为共阳极，单片机的输出口必须是低电平才能点亮 LED 相应段。U1 为高四位 LED，U2 为低四位 LED。

将 8 位 8 段 LED 显示器中的 S2 排针用杜邦线连接到单片机开发系统的 P1 口排针上，将 S1 排针用杜邦线连接到单片机开发系统的 P0 口排针上。

3. 软件程序

8 位 8 段 LED 显示器项目实训的程序如下：

```
            ORG     0000H
            MOV     30H，#12H          ; 在 30H 开始的单元存入 1~8 的 BCD 码
            MOV     31H，#34H
            MOV     32H，#56H
            MOV     33H，#78H
START：     MOV     R0，#30H           ; 显示单元首地址送 R0
            MOV     R3，#04H           ; 确定循环显示次数
            MOV     R4，#0FEH          ; 确定显示位码初值
DISP：      MOV     A，@R0             ; 取显示单元内容
            SWAP    A                 ; ACC 中的值字低 4 位互换
            ANL     A，#0FH            ; 取显示内容低位
            MOV     DPTR，#TAB         ; 数据表首地址送 DPTR
            MOVC    A，@A+DPTR         ; 查表，取显示字符
            MOV     P0，A              ; 显示字符送 P0 端口
            MOV     A，R4
            MOV     P1，A              ; 显示位送 P2 端口，显示低位数据
            LCALL   DELAY             ; 显示延时
            RL      A                 ; 显示位左移
            MOV     R4，A
            MOV     A，@R0
            ANL     A，#0FH            ; 取显示内容高位
            MOV     DPTR，#TAB
            MOVC    A，@A+DPTR
            MOV     P0，A
            MOV     A，R4
            MOV     P1，A              ; 显示高位数据
            RL      A                 ; 显示位左移
            MOV     R4，A
            LCALL   DELAY
            INC     R0                ; 显示单元地址加 1
            DJNZ    R3，DISP           ; 循环显示
            SJMP    START
DELAY：     MOV     R6，#66H
DL0：       MOV     R5，#03H
            DJNZ    R5，$
```

```
          DJNZ      R6，DL0
          RET
TA3:      DB        0C0H，0F9H，0A4H，0B0H，99H，92H，82H，0F8H
          DB        80H，90H，88H，83H，0C0H，0A1H，86H，8EH
          END                           ；共阳极显示字型编码表
```

该项目实训的效果是在 8 位 8 段 LED 上从左至右依次显示 1,2,3,4,5,6,7,8。读者可自己修改程序让其显示别的内容，在充分掌握了该显示器的原理和使用方法后，与键盘联合使用开发新的单片机应用模块。

项目实训 11　电 子 时 钟

1．项目实训概述

电子时钟项目实训主要通过实践来加强对定时器/计数器知识的掌握，包括定时器/计数器的初始化设置以及如何开启中断，最重要的是如何设置初值，使走时尽可能准确。

2．硬件电路

本项目实训采用项目实训 10 的 8 位 LED 显示器。

将 8 位 8 段 LED 显示器中的 S2 排针用杜邦线连接到单片机开发系统的 P1 口排针上，将 S1 排针用杜邦线连接到单片机开发系统的 P0 口排针上。

3．软件程序

电子时钟项目实训的程序如下：

```
          MSEC      EQU       21H
          HOUR      EQU       30H
          MIN       EQU       31H
          SEC       EQU       32H
          ORG       0000H
          LJMP      MAIN
          ORG       000BH
          AJMP      CONT            ；转定时器中断的秒值刷新子程序
MAIN:     MOV       TMOD，#01H       ；T0 采用工作方式 1 定时
          MOV       TH0，#3CH        ；T0 初值
          MOV       TL0，#0B0H
          MOV       SEC，#00H        ；秒计数单元初值
```

	MOV	MIN，#00H	；分计数单元初值
	MOV	HOUR，#00H	；小时计数单元初值
	MOV	MSEC，#60H	；计数单元初值
	MOV	SP，#3FH	；堆栈指针初值
	MOV	IE，#82H	；允许中断
AGIN:	LCALL	DISP	；调用显示子程序
	LCALL	CONT	；调用计时子程序
	SJMP	AGIN	
DISP:	MOV	R0，#30H	；显示单元首地址送 R0
	MOV	R3，#03H	
	MOV	R4，#0FEH	；确定显示位码初值
	MOV	R5，#02H	；循环初值
DISP1:	MOV	A，@R0	；取显示单元内容
	MOV	B，#10	
	DIV	AB	；显示单元内容除以 10，高位在 A，低位在 B
	MOV	DPTR，#TAB	
	MOVC	A，@A+DPTR	；查表，取高位显示字符
	MOV	P0，A	；显示字符送 P0 端口
	MOV	A，R4	
	MOV	P1，A	；显示位送 P1 端口，显示低位数据
	LCALL	DELAY	；调用显示延时子程序
	RL	A	；显示位左移
	MOV	R4，A	
	MOV	A，B	
	MOV	DPTR，#TAB	
	MOVC	A，@A+DPTR	
	MOV	P0，A	
	MOV	A，R4	
	MOV	P1，A	
	LCALL	DELAY	
	CJNE	A，#0FDH，GANG2	；判断是不是小时、分和秒显示中间的短线
	LJMP	GANG1	
GANG2:	CJNE	A，#0EFH，CIR	
GANG1:	RL	A	
	MOV	P0，#0BFH	；小时、分和秒显示中间的短线代码送 P0 口
	MOV	R4，A	
	MOV	P1，A	
	LCALL	DELAY	

```
              LJMP    CIR
CIR:          RL      A                    ；判断循环部分
              MOV     R4, A
              INC     R0
              DJNZ    R3，DISP1
              RET
TA3:          DB      0C0H，0F9H，0A4H，0B0H，99H，92H，82H，0F8H
              DB      80H，090H，88H，83H，0C0H，0A1H，86H，8EH
CONT:         PUSH    ACC
              MOV     TH0, #3CH
              MOV     TL0, #0B0H
CONT1:        DJNZ    MSEC, EXIT           ；判断1秒到否
              MOV     MSEC, #60H           ；到1秒，重置计数初值
              INC     SEC                  ；秒单元计数值加1
              MOV     R1, SEC
              CJNE    R1, #60, CONT1       ；判断60秒到否
              MOV     SEC, #00             ；秒计数单元清零
NEXT1:        INC     MIN                  ；分计数单元值加1
              MOV     R2, MIN
              CJNE    R2, #60, CONT1       ；判断60分到否
              MOV     MIN, #00             ；分计数单元清0
NEXT2:        INC     HOUR                 ；小时单元计数值加1
              MOV     R7, HOUR
              CJNE    R7, #24, CONT1       ；判断24小时到否
              MOV     HOUR, #00            ；小时计数单元清0
EXIT:         POP     ACC                  ；恢复现场
              RETI                         ；中断返回
DELAY:        MOV     R6, #0F9H            ；显示延时子程序
DL0:          MOV     R5, #01H
              DJNZ    R5, $
              DJNZ    R6, DL0
              RET
              END
```

该项目实训的效果是在8位8段LED上显示时间：前两位显示小时，中间两位显示分，后两位显示秒，如"××—××—××"。本实验的计时非常不准确，请读者自己修改程序，如采用定时器定时的方式计时，使计时更加准确。

项目实训 12 DS18B20 温度传感器

1. 项目实训概述

DS18B20 数字温度传感器采用 3 引脚 TO-92 封装,温度测量范围为−55℃～+125℃,可编程的分辨率为 9~12 位,对应的可分辨温度分别为 0.5℃、0.25℃、0.125℃ 和 0.0625℃,可实现高精度测温。

温度信息经过单线接口送入 DS18B20 或从 DS18B20 送出,因此从主机 CPU 到 DS18B20 仅需一条线(和地线),提高了系统的抗干扰能力。每个 DS18B20 在出厂时已经给定了唯一的序号,因此任意多个 DS18B20 温度信息可以存放在同一条单线总线上,这允许在许多不同的地方放置温度敏感器件。

每个 DS18B20 包括一个唯一的 64 位长的序号,该序号值存放在 DS18B20 内部的 ROM(只读存储器)中。每只 DS18B20 都可以设置成两种供电方式,即数据总线供电方式和外部供电方式。采取数据总线供电方式可以节省一根导线,但完成温度测量的时间较长;采取外部供电方式则多用一根导线,但测量速度较快。关于 DS18B20 温度传感器的更多内容请查阅相关资料。

2. 硬件电路

DS18B20 与单片机之间的接口电路如图 7.65 所示。

将 DS18B20 的数据端 DQ 与单片机的 P1.6 口相连接。使用项目实训 10 中的 8 位 8 段 LED 显示器显示温度,将 8 位 8 段 LED 显示器中的 S2 排针用杜邦线连接到单片机开发系统的 P1 口排针上,将 S1 排针用杜邦线连接到单片机开发系统的 P0 口排针上。

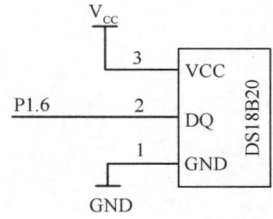

图 7.65 DS18B20 与单片机之间的接口电路

3. 软件程序

DS18B20 温度传感器项目实训的程序如下:

BW	BIT	P1.0	;百位数码管
SW	BIT	P1.1	;十位数码管
GW	BIT	P1.2	;个位数码管
XS	BIT	P1.3	;小数位数码管
LED_BUS	EQU	P0	;LED 数码管数据总线
DS_DAT	BIT	P1.6	;DS18B20 数据口
DS_TL	EQU	30H	;DS18B20 温度保存低 8 位

DS_TH	EQU	31H	; DS18B20 温度保存高 8 位
BW_BUF	EQU	3AH	; 百位数码管显示缓冲区
SW_BUF	EQU	3BH	; 十位数码管显示缓冲区
GW_BUF	EQU	3CH	; 个位数码管显示缓冲区
XS_BUF	EQU	3DH	; 小数位数码管显示缓冲区
DS_FLAG	EQU	40H	; DS18B20 存在标志，1 为存在
DY1	EQU	41H	; 延时用
DY2	EQU	42H	; 延时用
DY3	EQU	43H	; 延时用
	ORG	0000H	
	LJMP	MAIN	
	ORG	0100H	
MAIN:	LCALL	DS_RESET	
	JB	DS_FLAG，BUZZOK2	
M1：	LJMP	M1	
BUZZOK2：	LCALL	DS_READTEMP	; 调用 DS18B20 读取温度子程序
	LCALL	DS_COV	; 调用 DS18B20 转换温度子程序
	LCALL	DS_TEMPDISP	; 调用 DS18B20 温度显示子程序
	LJMP	BUZZOK2	; 反复读取温度并显示
DS_READTEMP：			; DS18B20 获取温度
	LCALL	DS_RESET	; DS18B20 复位
	MOV	A，#0CCH	; 跳过 ROM
	LCALL	DS_WRITE	
	MOV	A，#44H	
	LCALL	DS_WRITE	; 启动温度转换
	LCALL	DS_RESET	
	MOV	A，#0CCH	
	LCALL	DS_WRITE	
	MOV	A，#0BEH	; 读暂存器
	LCALL	DS_WRITE	
	MOV	R4，#9	; 读 DS18B20 寄存器，共 9 个，第一和第二个字节分别是温度的低 8 位和高 8 位
	MOV	R0，#DS_TL	; 从 DS18B20_TL 开始保存
READ_LOOP：			
	LCALL	DS_READ	
	MOV	@R0，A	
	INC	R0	
	DJNZ	R4，READ_LOOP	

```
                    LCALL    DS_RESET
                    RET
DS_COV:                                          ; DS18B20 转换温度
          MOV    A, DS_TH
          JNB    ACC.7, DS_COV1
                                    ; 判断是正温度还是负温度, 其中 ACC.7~
                                      ACC.3 为 1 表示是负温度为 0 表示正温度
          CLR    C
          MOV    A, DS_TL            ; 将低 8 位取反加 1 后送回保存位置
          CPL    A
          ADD    A, #1
          MOV    DS_TL, A
          MOV    A, DS_TH            ; 将高 8 位取反, 加低 8 位的进位位后送
                                      回保存位置
          CPL    A
          ADDC   A, #0
          MOV    DS_TH, A
          LJMP   DS_COV3
DS_COV1:  JC     DS_COV2
DS_COV2:  CLR    C
DS_COV3:                            ; 把高 8 位和低 8 位的整数部分合并在一起
          MOV    R1, #50H
          MOV    A, DS_TL
          SWAP   A
          ANL    A, #0FH
          MOV    @R1, A
          MOV    A, DS_TH
          SWAP   A
          ANL    A, #0F0H
          XCHD   A, @R1             ; A 和 R1 的低 4 位互换并存于 A 中, 此
                                      时 A 中保存的位温度的整数部分
          MOV    B, #100
          DIV    AB ; 取百位
          MOV    DPTR, #TAB1
          MOVC   A, @A+DPTR
          MOV    BW_BUF, A          ; 将百位数字送到百位显示缓冲区
DS_COV4:                            ; 十位
          MOV    A, B
```

```
                        MOV      B，#10              ; 取十位
                        DIV      AB
                        MOV      DPTR，#TAB1
                        MOVC     A，@A+DPTR
                        MOV      SW_BUF，A          ; 将十位数字送到十位显示缓冲区
         DS_COV5:                                  ; 个位
                        MOV      A，B
                        MOV      DPTR，#TAB2
                        MOVC     A，@A+DPTR
                        MOV      GW_BUF，A          ; 将个位数字送到个位显示缓冲区
                        MOV      A，DS_TL
                        ANL      A，#0FH
                        MOV      B，#10
                        MUL      AB
                        MOV      B，#16
                        DIV      AB
                        MOV      DPTR，#TAB1
                        MOVC     A，@A+DPTR
                        MOV      XS_BUF，A          ; 将小数送到小数位显示缓冲区
                        RET
         DS_TEMPDISP:                              ; DS18B20 温度显示在 1602 上
                        MOV      LED_BUS，BW_BUF
                        CLR      BW
                        LCALL    DNMS
                        SETB     BW
                        MOV      LED_BUS，SW_BUF
                        CLR      SW
                        LCALL    DNMS
                        SETB     SW
                        MOV      LED_BUS，GW_BUF
                        CLR      GW
                        LCALL    DNMS
                        SETB     GW
                        MOV      LED_BUS，XS_BUF
                        CLR      XS
                        LCALL    DNMS
                        SETB     XS
                        RET
         DS_RESET:
                        CLR      DS_FLAG
```

	CLR	DS_DAT	；拉低总线
	LCALL	D480US	
	SETB	DS_DAT	；释放总线后等待 DS18B20 返回存在脉冲（存在脉冲低电平）
	LCALL	D15US	
	LCALL	D15US	
	MOV	C，DS_DAT	
	JC	DS_ERR	；没有返回存在脉冲
	LCALL	D480US	
DS_1:	SETB	DS_FLAG	；置标志位，说明 DS18B20 存在
	LJMP	DS_2	
DS_ERR:			
	CLR	DS_FLAG	；清标志，说明 DS18B20 不存在
DS_2:	SETB	DS_DAT	；释放总线
	RET		
DS_WRITE:			
	MOV	R2，#8	；写 8 次（1 字节=8 比特）
DS_WBIT:			；写 1 比特
	CLR	DS_DAT	；拉低总线，产生写时间隙
	LCALL	D15US	
	RRC	A	；从最低位开始，将 ACC.0 移到 C 中
	MOV	DS_DAT，C	
	LCALL	D60US	
	SETB	DS_DAT	；释放总线
	NOP		；延时约 2μs，时序图上要求大于 1μs
	NOP		
	DJNZ	R2，DS_WBIT	；写完 8 比特(1 字节)后返回，否则继续写
	RET		
DS_READ:			
	MOV	R2，#8	；读 8 次（1 字节=8 个比特）
DS_RBIT:			
	CLR	DS_DAT	；拉低总线
	NOP		
	NOP		
	NOP		
	NOP		
	SETB	DS_DAT	；释放总线，产生读时间隙
	LCALL	D8US	
	MOV	C，DS_DAT	；读入总线状态到 C
	RRC	A	；移到 A 中

```
                         LCALL    D60US
                         SETB     DS_DAT        ; 释放总线
                         NOP                    ; 延时约2μs，时序图上要求大于1μs
                         NOP
                         DJNZ     R2，DS_RBIT   ; 读完8比特（1字节）后返回，否则
                                                  继续读RET
D8US:                    MOV      DY1，#3
D8US1:                   DJNZ     DY1，D8US1
                         RET
D15US:                   MOV      DY1，#6
                         NOP
D15US1:                  DJNZ     DY1，D15US1
                         RET
D60US:                   MOV      DY1，#27
D60US1:                  DJNZ     DY1，D60US1
                         RET
D480US:                  MOV      DY1，#221
D480US1:                 DJNZ     DY1，D480US1
                         RET
DNMS:
DNMS0:                   MOV      DY1，#05H
DNMS1:                   MOV      DY2，#0A0H
DNMS2:                   DJNZ     DY2，DNMS2
                         DJNZ     DY1，DNMS1
                         RET
D3MS:
D3MS0:                   MOV      DY1，#10
D3MS1:                   MOV      DY2，#150
D3MS2:                   DJNZ     DY2，D3MS2
                         DJNZ     DY1，D3MS1
                         RET
D5MS:
D5MS0:                   MOV      DY1，#10
D5MS1:                   MOV      DY2，#250
D5MS2:                   DJNZ     DY2，D5MS2
                         DJNZ     DY1，D5MS1
                         RET
D50MS:
D50MS0:                  MOV      DY1，#255
D50MS1:                  MOV      DY2，#255
```

D50MS2:	DJNZ	DY2，D50MS2
	DJNZ	DY1，D50MS1
	RET	
TAB1:	DB	0C0H，0F9H，0A4H，0B0H，99H，92H，82H，0F8H，80H，90H
TAB2:	DB	040H，079H，024H，030H，19H，12H，02H，078H，00H，10H
	END	

该项目实训的效果是在 8 位 8 段 LED 显示器的低三位上显示出传感器感知的温度值，精度到小数点后 1 位。读者可自己修改程序，当温度达到某一最高值或最低值时使与单片机连接的其他外围电路动作。例如，高于某温度时单片机控制报警电路报警等。

项目实训 13　液晶显示器

1．项目实训概述

液晶显示器项目实训采用 LCD1602 型显示器，主要是让大家体会对 LCD1602 的使用方法。LCD1602 在电子时钟实训里也可以作为显示器，在 DS18B20 温度传感器项目实训里也可以显示温度值等，应用范围比较广泛。关于 LCD1602 的详细使用资料可以查阅相关资料。图 7.66 所示为作者使用的 LCD1602 液晶显示器。

2．硬件电路

LCD1602 与单片机之间的接口电路如图 7.67 所示。

图 7.66　LCD1602 液晶显示器

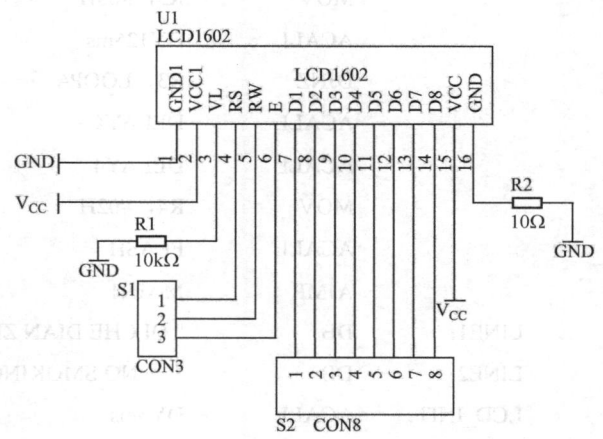

图 7.67　LCD1602 与单片机之间的接口电路

将 S1 三针排针用杜邦线连接至单片机的 P1.0、P1.1 和 P1.2 口上，将 S2 的 8 位排针用杜邦线连接至单片机的 P0 口上。

3. 软件程序

LCD1602 项目实训的程序如下：

```
                LCD_RS      EQU       P1.0
                LCD_RW      EQU       P1.1
                LCD_EN      EQU       P1.2
                ORG         0000H
                AJMP        MAIN
                ORG         0030H
MAIN:           MOV         SP，#60H
                ACALL       LCD_INIT         ; LCD 初始化
MAIN1:          ACALL       CLR_LCD          ; 清 LCD
                MOV         A，#90H           ; 在第一行第 17 列的位置
                ACALL       LCD_CMD
                MOV         DPTR，#LINE1       ; 第一行字符起始地址送入 DPTR
                ACALL       WRITE
                MOV         A，#0D0H           ; 在第二行第 17 列的位置
                ACALL       LCD_CMD
                MOV         DPTR，#LINE2       ; 第二行字符起始地址送入 DPTR
                ACALL       WRITE
                MOV         R3，#10H           ; 向左移动 16 格
LOOPA:          MOV         A，#18H           ; 字符同时左移 1 格
                ACALL       LCD_CMD
                MOV         R5，#03H           ; 延时 375ms
                ACALL       DY125ms
                DJNZ        R3，LOOPA
                ACALL       DELAY4           ; 延时 1.6s
                ACALL       DELAY4
                MOV         R4，#02H           ; 设置闪烁次数
                ACALL       FLASH            ; 开始闪烁
                AJMP        MAIN1
LINE1:          DB          " QI CHE DIAN ZI"，00H
LINE2:          DB          "    NO SMOKING"，00H
LCD_INIT:       ACALL       DY5ms            ; 延时 15ms
                ACALL       DY5ms            ; 等待 LCD 电源稳定
                ACALL       DY5ms
                MOV         A，#38H           ; 16×2 显示，5×7 点阵，8 位数据
                ACALL       LCD_CMD_NC        ; 不进行 LCD 忙检测
```

```
                ACALL       DY5MS
                MOV         A，#38H              ；16×2 显示，5×7 点阵，8 位数据
                ACALL       LCD_CMD_NC          ；不进行 LCD 忙检测
                ACALL       DY5MS
                MOV         A，#38H              ；16×2 显示，5×7 点阵，8 位数据
                ACALL       LCD_CMD_NC          ；不进行 LCD 忙检测
                ACALL       DY5MS
                MOV         A，#08H              ；显示关
                ACALL       LCD_CMD             ；进行 LCD 忙检测
                MOV         A，#01H              ；清除屏幕
                ACALL       LCD_CMD             ；进行 LCD 忙检测
                MOV         A，#0CH              ；显示开，关光标
                ACALL       LCD_CMD             ；进行 LCD 忙检测
                RET
CLR_LCD:        MOV         A，#01H              ；清除屏幕
                ACALL       LCD_CMD             ；进行 LCD 忙检测
                RET
LCD_CMD:        ACALL       CHECKBUSY
LCD_CMD_NC:
                CLR         LCD_RS
                CLR         LCD_RW
                MOV         P0，A
                SETB        LCD_EN
                NOP
                CLR         LCD_EN
                RET
LCD_WDATA:
                ACALL       CHECKBUSY
                SETB        LCD_RS
                CLR         LCD_RW
                MOV         P0，A
                SETB        LCD_EN
                NOP
                CLR         LCD_EN
CHECKBUSY：
                PUSH        ACC
                MOV         P0，#0FFH
                CLR         LCD_RS
```

```
                    SETB        LCD_RW
                    SETB        LCD_EN
BUSYLOOP：  NOP
                    JB          P0.7，BUSYLOOP
                    CLR         LCD_EN
                    POP         ACC
                    RET
WRITE：      PUSH        ACC
WRITE1：     CLR         A
                    MOVC        A，@A+DPTR
                    JZ          WRITE2
                    INC         DPTR
                    ACALL       LCD_WDATA
                    JMP         WRITE1
WRITE2：     POP         ACC
                    RET
FLASH：      MOV         A，#08H         ；关闭显示
                    ACALL       LCD_CMD
                    ACALL       DELAY4
                    MOV         A，#0CH         ；开显示，关闭光标
                    ACALL       LCD_CMD
                    ACALL       DELAY4
                    DJNZ        R4，FLASH
                    RET
DY5ms：
                    MOV         R6，#10
DL1：        MOV         R7，#249
DL2：        DJNZ        R7，DL2
                    DJNZ        R6，DL1
                    RET
DY125ms：
DL3：        MOV         R6，#250
DL4：        MOV         R7，#249
DL5：        DJNZ        R7，DL5
                    DJNZ        R6，DL4
                    DJNZ        R5，DL3
                    RET
DELAY4：     MOV         R5，#40
DL6：        MOV         R6，#100
```

```
DL7:          MOV          R7，#100
DL8:          DJNZ         R7，DL8
              DJNZ         R6，DL7
              DJNZ         R5，DL6
              RET
              END
```

　　该项目实训的效果是在 LCD1602 显示器上显示出"QI CHE DIAN ZI"和"NO SMOKING"的字样，读者也可以修改相应的程序语句，使 LCD 显示其他字符，还可以使字符实现向右移动或向左移动等动态效果。

第二部分
车 载 网 络

第 **8** 章

车载网络概述

8.1 车载网络的发展历史

8.1.1 车载网络产生的原因

汽车电子技术是汽车技术和电子技术结合发展的产物。从 20 世纪 60 年代开始，随着电子技术的飞速发展，汽车技术也由于电子技术的应用得到了迅猛的发展。汽车的电子化已经成为公认的汽车技术的发展方向。到目前为止，汽车电子化程度的高低，已经成为当今世界衡量汽车技术先进水平的重要标志。在如今生产的中档以上汽车中，电子装置所占的成本已经达到整车成本的 30%~35%；在豪华轿车中已经占到 50% 以上。

传统的汽车中，各种电子电器设备之间用导线、插接件连接。从发动机控制到传动系统控制，从行驶、制动、转向系统控制，到安全保证系统和仪表报警系统，从电源管理到舒适系统，每种功能的控制操作都要集中在驾驶室进行，各个系统都必须用导线和插接件连接到驾驶室的操控台。随着汽车动力驱动系统、舒适系统和信息娱乐系统内各种电子控制系统的不断增加，这些连接所需要的导线和插接件随之急剧增加，从而引发了汽车厂商和设计人员的思考。比如 1960 年，平均每台汽车使用各种导线 200 米，插接件 200 芯；1985 年，平均每台汽车使用各种导线 1400 米，插接件 1000 芯；1990 年，平均每台汽车使用各种导线 2000 米，插接件 1800 芯。

导线和插接件的增加带来以下问题：

- 整个汽车内部的布线复杂、凌乱，线束粗大，安装困难；
- 占用车内空间大，影响整体布局的优化；
- 故障率随之增加，降低了汽车的可靠性；
- 线束布置复杂，可维护性变差；
- 大量的铜材消耗增加了汽车的成本；
- 增加了整车的质量，影响经济性能的提高。

汽车单片机的应用推动了汽车电子控制技术的飞速发展。由单片机构成的微处理器控制单元（MCU，也称作电子控制单元 ECU）越来越多，这些 MCU 之间的通信如果采用以往点对点的通信方式，则随着 MCU 数量的增加，每个 MCU 所需的通信端口会成倍增加，各 MCU 之间的通信线缆急剧增加。

线缆和接口的增加不但占据车内的有效空间、增加装配和维修的难度、提高整车成本，而且妨碍整车可靠性的提高。这无形中使汽车研发进入了这样一个怪圈：为了提高汽车的性能而增加汽车电器，汽车电器的增加导致线缆的增加，而线束的增加又妨碍了汽车可靠性的进一步提高。

随着汽车电子技术的发展，特别是在 20 世纪 80 年代以后，出现了基于数据通信的车载网络，从而为提高汽车性能和减少线束数量提供了有效的解决途径。在各种数据通信方式中，最常见的是 UART（Universal Asynchronous Receiver/Transmitter，通用串行数据总线），最早的车载网络是在 UART 的基础上建立的。比如通用汽车的 E&C、克莱斯勒的 CCD、福特的 ACP、丰田的 BENA 等。UART 在汽车中的成功应用，标志着汽车电子逐步迈向网络化。

8.1.2 车载网络的发展历程

由于汽车对电子部件在可靠性、工作温度、成本等方面的特殊要求，通用 MCU/MPU 集成的 UART 逐渐不能适应汽车发展的新要求。于是在 20 世纪 80 年代初，各大汽车公司开始研制适用于汽车内部信息交互的专用通信方式。博世（BOSCH）公司与英特尔（INTER）公司推出的 CAN（Controller Area Network，控制器区域网络）总线具有突出的可靠性、实时性和灵活性，因而得到了业界的广泛认同，并在 1993 年正式成为国际标准和行业标准。

CAN 协议提供的总线仲裁机制保证了所有消息都能无破坏地传输，但是会导致一些消息传输的延时。在一些实时性要求较高的应用中，迫切需要提供一种服务以保障安全相关的消息传输不受总线上其他待传输消息的影响。TTCAN（Time-Triggered CAN）协议正是应这种需求而提出并发展起来的。

TTCAN 对 CAN 协议进行了扩展，提供时间触发机制以提高通信实时性。TTCAN 的研究始于 2000 年，现已成为 CAN 标准的第 4 部分 ISO11898-4。

1994 年美国汽车工业协会（SAE）提出了 1850 通信协议规范。普及运用于美国品牌的汽车中，如福特（Ford）、通用汽车（General Motors；GM）、克莱斯勒（Chrysler）等。

从 1998 年开始，由宝马、Volvo、奥迪、VW、戴姆勒—克莱斯勒、摩托罗拉和 VCT 等 7 家汽车和 IC 公司共同开发出了能满足车身电子要求的低成本串行总线技术，该技术在 2000 年 2 月 2 日完成开发，它就是 LIN(Local Interconnect Network)。

实际上，LIN 是基于 UART 发展起来的，它采用了主从单线方式传输，最高波特率为 20kb/s。LIN 的最大优势是低成本，它对总线上各节点的时基要求很低。LIN 虽然基于 UART，它与 UART 的最大区别在于对各节点波特率误差的容忍度，UART 要求进行数据传输的两个节点波特率误差不大于 ±4%；LIN 总线只要求进行数据传输的两个节点波特率误差不大于 ±15%。±15% 的波特率误差容忍度决定了节点上的 MCU 可以不用精度高、价格也相对较高的石英晶体，而采用稳定度稍差但价格十分低廉的 RC 电路来提供时钟。

由于 LIN 价格低廉，因此它可将 MCU 嵌入到车身零部件中，使其成为具备网络功能的智能零部件（Smart Parts），从而进一步减少线束、降低成本。

2002 年，FlexRay 联盟（FlexRay Consortium）推进了 FlexRay 的标准化，使之成为了新

一代汽车内部网络通信协议。FlexRay 车载网络标准已经成为同类产品的基准，将在未来很多年内，引导整个汽车电子产品控制结构的发展方向。FlexRay 是继 CAN 和 LIN 之后的最新研发成果，可以有效管理多重安全和舒适功能，譬如，FlexRay 适用于线控操作（X-by-Wire）。

随着汽车向人们生活中的渗透，它已从一个单纯的代步工具发展成为人们的另一种生活空间，与现代人们生活具有密切相关的 IT 技术也将不断地与汽车技术融合。汽车的平台，就是 IT 的平台。作为 IT 平台，汽车必须实现车内 IT 装置之间的信息共享。

以 BMW 为首的欧洲汽车制造商制定了车内媒体之间的互连标准 MOST（Media Oriented System Transport），以实现车内 CD、GPS 和 TV 等媒体装置之间的信息共享。到 2003 年底，BMW 和 VW 已有 21 个车型采用了 MOST。

与欧洲汽车制造商 MOST 阵营相对应的是 IDB-1394。由于它能够兼容 IEEE1394，因而吸引了大量汽车厂商，尤其是日本车系。2006 年日本车、欧洲车陆续采用该标准。在 IDB-1394 标准下，车内预留了连接汽车总线与 IEEE1394 规格的家电产品的 CCP（Consumer Convenience Port）接口。数码摄像机等通用的媒体装置就可通过 1394 连接器与 CCP 相连，实现通过车载显示器来观看数码摄像机所拍摄的图像。

随着蓝牙技术的发展，短距离点对点通信的蓝牙技术在汽车中寻求到了发展空间，其相对低廉的成本和简便的使用方法得到汽车业界的认同。移动电话与车内媒体之间的信息交互成为蓝牙技术进入汽车的突破点，Daimler-Chrysler 推出的 Uconnect 蓝牙免提电话系统中，蓝牙成为移动电话与车内媒体之间进行信息交互的手段，驾驶员通过安装在挡风玻璃上的麦克风和车内音响系统的扬声器与他人通话，将驾驶员的双手从操作移动电话中解脱出来，从而保证了行车安全。

8.2　车载网络的分类及其网络协议

从 20 世纪 80 年代以来不断有新的车载网络标准产生，目前存在多种标准，侧重的功能有所不同，为了方便研究和应用，美国汽车工业协会（SAE）的车辆委员会将汽车数据传输网络划分为 A、B、C 三类。

（1）A 类网络

A 类网络是面向传感器/执行器控制的低速网络，数据传输速率通常小于 10 kb/s，主要用于后视镜调整、电动车窗、灯光照明等控制。

A 类网络大都采用通用异步收发器（UART，Universal Asynchronous Receiver/Transmitter）标准，使用起来既简单又经济。但随着技术水平的发展，将会逐步被其他标准所代替。

A 类网络目前首选的标准是 LIN 总线，是一种基于 UART 数据格式、主从结构的单线 12V 总线通信系统，主要用于智能传感器和执行器的串行通信，传输速率可达 10 kb/s。

（2）B 类网络

B 类网络是面向独立模块间数据共享的中速网络，传输速率为 10～125 kb/s，主要应用于车身电子舒适性模块、仪表显示等系统。

B 类网络的国际标准是 CAN 总线，采用的是 ISO11519，传输速率为 100 kb/s 左右。从 1992 年起，欧洲各大汽车公司一直采用这一标准。近年来，基于 ISO11519 的容错 CAN 总线标准在欧洲的各车型中也开始得到广泛的应用。以往广泛适用于美国车型的 J1850 也逐渐被基于 CAN 总线的标准和协议所取代。

（3）C 类网络和其他高速总线系统

C 类网络是面向高速、实时闭环控制的多路传输网，传输速率为 125 kb/s ～1 Mb/s，主要用于牵引控制、发动机控制、ABS 等系统。

a. C 类总线协议标准

在 C 类标准中，欧洲汽车商基本上采用的都是高速通信的 CAN 总线标准 ISO11898。

货车及其拖车、大客车、建筑设备、农业机械多采用 J1939 标准，其传输速率为 250 kb/s。

美国 GM 公司已在其所有车型上使用 GMLAN，是一种基于 CAN 的传输速率为 500 kb/s 的通信标准。

b. 安全总线和标准

安全总线主要用于安全气囊系统，连接加速度计、安全传感器等装置。

目前应用的主要有 Delphi 公司的 Safaty Bus 系统和 BMW 公司的 Byteflight 系统等。

c. X-by-Wire 总线协议标准

X-by-Wire 总线最初用于飞机的控制系统中，现用于汽车车载网络，以提高汽车通信网络的容错性和可靠性。目前研究和应用的这类总线包括时间触发协议（TTP）、Byteflight 和 FlexRay。

d. 诊断系统总线标准、协议

目前应用的汽车诊断系统标准有 OBDⅡ（On Board Diagnose）、OBDⅢ和 E-OBD（European-On Board Diagnose）。

ISO14230（Keyword protocol 2000）通信协议满足 OBDⅡ、OBDⅢ的要求；欧洲以往诊断系统使用的 ISO9141 通信协议满足 OBDⅡ的要求；美国 GM、Ford、DC 公司广泛使用的 J1850 通信协议满足 OBDⅡ的要求，采用 CAN 的 J2480 诊断系统通信标准满足 OBDⅢ的要求；2000 年开始欧洲汽车厂商使用的基于 CAN 总线的诊断系统通信标准 ISO315765 满足 E-OBD 的要求。

e. 多媒体系统总线标准、协议

汽车多媒体网络协议主要分为低速、高速和无线三类。

低速协议和标准主要用于传输控制信息、操作指令、诊断信息以及通用信息的传输。主要有 IDB-C（Intelligent Date BUS-CAN）和 IDE-1394。

高速网络用于实时的数字音频和数字视频的通信。用于 MP3、DVD、CD 的播放，传输介质是光纤。主要有 D2B、MOST 和 IEEE1394。

无线通信方面主要采用蓝牙（Bluetooth™）规范。

8.3　常用车载网络系统简介

8.3.1　CAN

CAN 是 Controller Area Network 的缩写（简称为 CAN），是 ISO 国际标准化组织的串行通信协议。CAN 是德国电气商博世公司于 1986 年开发的面向汽车的通信协议。此后，CAN通过 ISO11898 及 ISO11519 进行了标准化，现在在欧洲已是汽车网络的标准协议。

CAN 总线有如下基本特点：

① 废除传统的站地址编码，代之以对通信数据块进行编码，可以多主方式工作；

② 采用非破坏性仲裁技术，当两个节点同时向网络上传送数据时，优先级低的节点主动停止数据发送，而优先级高的节点可不受影响继续传输数据，有效避免了总线冲突；

③ 采用短帧结构，每一帧的有效字节数为 8 个，数据传输时间短，受干扰的概率低，重新发送的时间短；

④ 每帧数据都有 CRC 校验及其他检错措施，保证了数据传输的高可靠性，适合于在强干扰环境下使用；

⑤ 节点在错误严重的情况下，具有自动关闭自身总线的功能，切断它与总线的联系，以使总线上其他操作不受影响；

⑥ 可以点对点，一对多及广播集中方式传送和接收数据。

与其他现场总线比较而言，CAN 总线是具有通信速率高、容易实现、且性价比高等诸多特点的一种现场总线，已形成国际标准。这也是目前 CAN 总线应用于众多领域、具有较强市场竞争力的重要原因。

CAN 属于工业现场总线的范畴。与一般的通信总线相比，CAN 总线的数据通信具有突出的可靠性、实时性和灵活性。由于其良好的性能及独特的设计，在汽车领域上的应用最为广泛，世界上一些著名的汽车制造厂商，如 BENZ（奔驰）、BMW（宝马）、PORSCHE（保时捷）、ROLLS-ROYCE（劳斯莱斯）和 JAGUAR（捷豹）等都采用了 CAN 总线来实现汽车内部控制系统与各检测和执行机构间的数据通信。

由于 CAN 总线本身的特点，其应用范围目前已不再局限于汽车行业，而向自动控制、航空航天、航海、过程工业、机械工业、纺织机械、农用机械、机器人、数控机床、医疗器械及传感器等领域发展。CAN 已经形成国际标准，并已被公认为几种最有前途的现场总线之一。CAN 典型的应用协议有：SAE J1939/ISO11783、CAN Open、CAN aerospace、Device Net、NMEA 2000 等。

8.3.2　LIN

LIN（Local Interconnect Network）是一种低成本的串行通信网络，用于实现汽车中的分布式电子系统控制。LIN 的目标是为现有汽车网络（例如 CAN 总线）提供辅助功能。因此

LIN 总线是一种辅助的总线网络，在不需要 CAN 总线的带宽和多功能的场合，比如智能传感器和制动装置之间的通信，使用 LIN 总线可大大节省成本。

LIN 技术规范中除定义了基本协议和物理层外还定义了开发工具和应用软件接口。

LIN 通信基于 SCI（UART）数据格式采用单主控制器、多从设备的模式，仅使用一根 12V 信号总线和一个无固定时间基准的节点同步时钟线,这种低成本的串行通信模式和相应的开发环境已经由 LIN 协会制定成标准。LIN 的标准化将为汽车制造商以及供应商在研发应用操作系统时降低成本。

LIN 具有以下主要特性：

① 低成本，基于通用 UART 接口，几乎所有微控制器都具备 LIN 必需的硬件功能；

② 极少的信号线即可实现国际标准 ISO9141 的规定；

③ 传输速率最高可达 20 kb/s；

④ 单主控制器、多从设备模式，无需仲裁机制；

⑤ 从节点不需晶振或陶瓷振荡器就能实现自同步，节省了从设备的硬件成本；

⑥ 保证信号传输的延迟时间；

⑦ 不需要改变 LIN，从节点的硬件和软件就可以在网络上增加节点；

⑧ 通常一个 LIN 网络上节点数目小于 12 个，共有 64 个标识符。

8.3.3　FlexRay

FlexRay 联盟 （FlexRay Consortium）推进了 FlexRay 的标准化，使之成为了新一代汽车内部网络通信协议。FlexRay 关注的是当今汽车行业的一些核心需求，包括更快的数据速率，更灵活的数据通信，更全面的拓扑选择和容错运算。

FlexRay 可以为下一代的车内控制系统提供所需的速度和可靠性。FlexRay 两个通道上的数据速率最大可达到 10 Mb/s，总数据速率可达到 20 Mb/s。因此，应用在车载网络上，FlexRay 的网络带宽可能是 CAN 的 20 倍之多。

FlexRay 还能够提供很多 CAN 网络所不具有的可靠性特点。尤其是 FlexRay 具备的冗余通信能力可实现通过硬件完全复制网络配置，并进行进度监测。FlexRay 同时提供灵活的配置，可支持各种拓扑，如总线、星形和混合拓扑。可以通过结合两种或两种以上的该类型拓扑来配置分布式系统。

另外，FlexRay 可以进行同步（实时）和异步的数据传输，来满足车辆中各种系统的需求。譬如说，分布式控制系统通常要求同步数据传输。

为了满足不同的通信需求，FlexRay 在每个通信周期内都提供静态和动态通信段。静态通信段可以提供有界延迟，而动态通信段则有助于满足在系统运行时间内出现的不同带宽需求。FlexRay 通信周期的固定长度静态段用固定时间触发（Fixed-Time-Trigger）的方法来传输信息，而动态段则使用灵活时间触发的方法来传输信息。

FlexRay 不仅可以像 CAN 和 LIN 网络这样的单信道系统一般运行，而且还可以作为一个双信道系统运行。双信道系统可以通过冗余网络传输数据——这也是高可靠系统的一项重要性能。

FlexRay 的各种特点均适合实现实时控制的功能。

FlexRay 面向的是众多的车内线控操作(X-by-Wire)。

FlexRay 导线控制应用的例子包括:使用电子控制单元线控操作转向,防抱死制动系统(ABS),车辆稳定控制(VSC)和车辆稳定助手(VSA)。

经过数年的改进,FlexRay 网络标准已经成熟,BMW 已经在 X5 中有 5 个 ECU(电控减震、主控悬吊系统等)应用了 FlexRay,在下一代产品中将有 16 个 ECU 予以应用。

8.3.4 MOST

MOST(Media Oriented System Transport)面向媒体的系统传输总线是汽车业合作的成果,而不是正式的标准。MOST 是宝马公司、戴姆勒克莱斯勒(Daimler Chrysler)公司、Harman/Becker 公司(音响系统制造商)和 Oasis Silicon Systems 公司之间的一项联合项目,最初构想始于 20 世纪 90 年代中期,其后不久(1998 年)参与各方建立了一个自主的实体,即 MOST 公司,由它控制总线的定义工作。

MOST 总线专门用于满足要求严格的车载环境。这种新的基于光纤的网络能够支持 24.8Mb/s 的数据速率,与以前的铜缆相比具有重量轻和电磁干扰(EMI)小的优势。

MOST 传输协议由分割成帧的数据块组成,每一帧包含流数据、分组数据和控制数据。

在物理层上,传输介质本身是有塑料保护套、内芯为 1 mm 的 PMMA(聚甲基丙烯酸甲酯)光纤,OEM 供应商可以将一束光纤像电线一样捆成光缆。光纤传输采用 650 nm(红色)的 LED 发射器(650 nm 是 PMMA 光谱响应中的低损耗"窗口")。数据以 50 Mb/s、双相编码的方式发送,最高数据速率为 24.8 Mb/s。

MOST 的定义是非常普通的,允许采用多种拓扑结构,包括星形和环形,大多数汽车装置都采用环形布局。一个 MOST 网络中最多可以有 64 个节点。一旦汽车接通电源,网络中的所有 MOST 节点就全部激活,这种低功耗、停电模式是设计的一大重点,包括系统处在该种状态下的功耗量以及如何进入状态。MOST 节点在通电时的默认状态是直通(Pass-through),即进入的数据从接收器直接传送至发射器,以保持环路的畅通。

MOST 的数据传送使用 512 bit 的帧,以及 16 个帧的块。帧的重复率为 44.1 kHz(每帧 22.67 ms),每个帧内除了前导码和其他内部管理位以外,还包含有同步、异步和控制数据。总线是完全同步的,设计师可将网络内的任何设备指定为主设备,其他所有节点都从主设备处获得自己的时钟。网络完全是即插即用的,当上电或有连接改变时,有一个寻找设备的过程。主节点上保持着一个所连设备的中心注册处。

8.3.5 IEEE1394

IEEE1394 接口是由APPLE和TI公司开始使用的高速串行接口标准,Apple 称为 FireWire(火线),Sony称为 I. Link,Texas Instruments 称为 Lynx,中文译名为火线接口(Fire wire)。尽管各自厂商注册的商标名称不同,但实质都是一项技术,那就是 IEEE1394。同 USB 一样,IEEE1394 也支持外设热插拔,可为外设提供电源,省去了外设自带的电源,能连接多个不同设备，支持同步和异步数据传输。两点间最大传输距离为 100 米。

IEEE1394 分为两种传输方式：Backplane 模式和 Cable 模式。Backplane 模式最小的速率分别为 12.5 Mb/s、25 Mb/s、50 Mb/s，可以用于多数的高带宽应用。Cable 模式是速度非常快的模式，分为 100 Mb/s 、200 Mb/s、400 Mb/s 和 800Mb/s 几种，在 200Mb/s 下即可传输不经压缩的高质量数字电影。

1394b 是 1394 技术的升级版本，是仅有的专门针对多媒体——视频、音频、控制及计算机而设计的家庭网络标准。它通过低成本、安全的 CAT5 （五类线）实现了高性能家庭网络。1394a 自 1995 年就开始提供产品，1394b 是 1394a 技术的向下兼容性扩展。1394b 能提供 800 Mb/s 或更高的传输速度。近年来随着成本的下降，1394 卡正迅速普及，也逐渐出现了其他一些相关设备，如数码相机，硬盘，网络摄像机等。

1394 接口具有把一个输入信息源传来的数据向多个输出设备广播的功能，特别适用于家庭视听AV的连接。由于该接口具有等时间的传送功能，确保视听 AV 设备重播声音和图像数据质量，具有好的重播效果。严格讲，IEEE1394 卡像USB一样只是通用接口。比如说，我们可以连接一个高速外接硬盘到 IEEE1394 卡上。

IEEE1394 具有以下主要特性：

（1）数字接口。数据能够以数字形式传输，不需数模转换，从而降低了设备的复杂性，保证了信号的质量。

（2）"热插拔"。即系统在全速工作时，IEEE1394 设备也可以插入或拆除，用户会发现，增添一个 1394 设备，就像将电源线插入其电器插座中一样容易。

（3）即插即用。无需设定 ID （识别符）或终端负载，主节点可以动态确定。

（4）总线结构。采用读/写映射空间的结构，而不是 IEEE1212 标准规定的寻址发送数据方式，对于外部电缆和底板技术规格都有详细规定。

（5）速度快。IEEE1394标准定义了三种传输速率：98.304Mb/s、196.608Mb/s、392.216Mb/s。因为这三种速率分别在 100Mb/s、200Mb/s、400Mb/s 附近，所以标准中亦称为 S100、S200、S400。这个速度完全可以用来传输未经压缩的动态画面信号。而 IEEE1394.b 标准正在研讨支持 800Mb/s 和 1600Mb/s 的传输速率。

（6）兼容性好。IEEE1394 总线可适应台式个人机用户的全部 I/O 要求，并可以与 SCSI 并口（小型计算机系统接口）、RS232 标准串口、IEEE1284 标准并口、Centronics 接口、Apple's Desktop Bus 等接口兼容。

（7）接口设备对等，不分主从设备，都是主导者和服务者。其中有足够的智能用于连接，不需附加控制功能。如此便可不通过计算机而在两台摄像机之间直接传递数据，也可以让多台计算机共享一台摄像机。

（8）物理体积小，制造成本低，易于安装。

（9）非专利性。用 IEEE1394 串行总线不存在专利问题。

（10）价廉。IEEE1394 的价格降低，部分原因是通过串行数据传输来达到的，它采用了简化电子电路和电缆设计。其发送和接收器件作为标准芯片组提供，处理寻址、初始化、仲裁协议。

常用车载网络的基本情况如表 8.1 所示。

表 8.1 常用车载网络的基本情况

车载网络名称	概 要	通 信 速 率
CAN（Controller Area Network）	车身/动力传动系统用 LAN 协议，可能成为世界标准	1Mb/s
VAN（Vehicle Area Network）	车身系统控制用 LAN 协议，以法国为中心	1Mb/s
J1850	车身系统控制用 LAN 协议，以美国为中心	41.6kb/s
LIN（Local Interconnect Network）	车身系统控制用 LAN 协议，低端系统专用	20kb/s
TTCAN（Time Triggered CAN）	按用途分类的控制用 LAN 协议，时间同步的 CAN	25Mb/s
FlexRay	按用途分类的控制用 LAN 协议	20Mb/s
MOST（Media Oriented System Transport）	信息系统通信协议，以欧洲为中心	22.5Mb/s
IEEE1394	信息系统通信协议	100Mb/s

8.4 网络基础知识

8.4.1 网络的概念

1. 通信的概念

一个实体与其他实体之间进行信息交换的过程叫做通信。比如张三和李四打电话的过程是他们在进行通信；行驶过程中两个军舰之间用旗语互致问候，也是通信；汽车上的温度传感器将它所测得的温度信号传输给 MCU，MCU 再将表示温度的数据传输给仪表盘的过程也是通信的过程。

一个实体同时只能和另一个实体进行通信，而不能同时与第三个实体通信，这种通信称作点对点通信。三个以上实体相互之间可以同时进行通信称作网络通信。

我们看电视、听广播时，只接收信息，不发送信息，这种通信形式叫做单工通信；两个人打电话时，可以同时说话，同时听到对方的声音，叫做双工通信；我们用对讲机进行交谈时，需要按住发射键讲话，松开发射键听对方应答，双方同时按键谁也听不到对方讲话，这种可以双向通信，但不能同时进行的通信方式叫做半双工通信。

根据所传输信息类型的不同可以将通信分成模拟通信和数字通信两种。

在两个实体通信过程中，信号的物理量（振幅、频率或相位）可能的取值在某一个范围内是连续的，这种信号叫做模拟信号，这种通信过程是模拟通信。比如人说话的语音信号，汽车上水温传感器输出的温度信号，在电工技术中学到的正弦交流电等都是模拟信号，传输这种信号的通信就是模拟通信。

当两个实体通信过程中，信号的物理量可能的取值只有有限的几个，这种信号叫做数字信号，这种通信过程是数字通信。比如一个灯开关的状态，只有开和关两个状态。数字通信中信号一般用"0"和"1"表示，比如开灯是"1"，关灯就是"0"。汽车中主控制器要告诉负责大灯的 ECU 是"开"还是"关"灯，只需要将"1"或"0"传输给 ECU 就可以了，这

个传输的过程就是数字通信的过程。车载网络通信过程属于数字通信的过程。

数字通信中可以通过数字信号传输声音、图像和数据等，传输数据的系统称为数据传输系统。数据传输系统分为并行传输和串行传输系统两种形式。

所谓并行传输就是指用多个信道同时传输数据，比如单片机的数据总线、地址总线的数据传输过程就是并行传输过程。8 位总线就是 8 根线同时进行数据传输。

串行传输就是把数据排成队用一个信道依次传输。比如我们常用的 USB 接口就是串行接口。车载网络的数据传输过程也属于串行传输的过程。

2．通信网络及其拓扑结构

实体之间进行通信时需要通信介质，比如打电话时需要电话通信系统，旗语通信需要互相能看得见、看得懂的旗语，温度传感器与 MCU 之间的数据传输需要有电缆连接。而这些通信介质将通信实体连接起来就形成了通信网络。

用通信介质将参加通信的各个实体连接起来构成的总体系统称为通信网络。通信实体叫做网络的节点，介质用连线来表示，这样构成的图形叫做网络的拓扑结构图。图 8.1 所示列出了常见的几种通信网络拓扑结构。

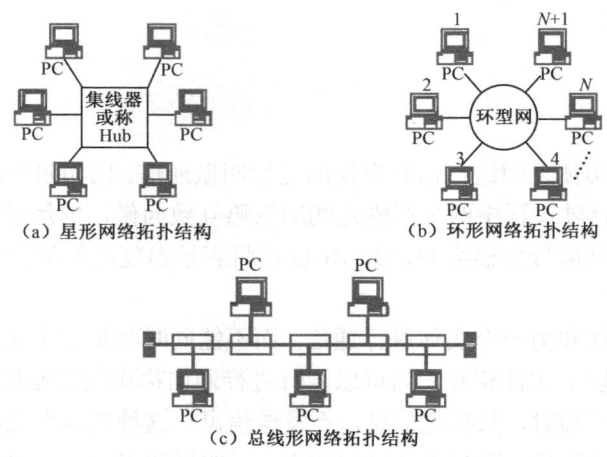

图 8.1　通信网络拓扑结构

如果构成网络的节点是计算机，这个网络就叫做计算机数据通信网络，通常叫做计算机网络。如果各个节点是控制器，这个网络就叫做控制器网络。

3．通信协议和网络协议的概念

两个实体之间要进行通信，除了具有传输介质以外，还必须有一定的规范和约定。比如一个中国人要和一个美国人用对讲机通话，必须事先约定很多事项：在什么时间通话？用哪个频道？用英语还是汉语？一个人说完后是否要在最后说一个"完毕"？否则就不能完成有效的通信，这种为了实现有效的通信，经过有关组织汇总颁布，所有通信实体都执行的约定叫做通信协议。同样，一个网络中也有相应的约定，就叫做网络协议。

通常，协议由以下几方面的内容构成：

语法：确定通信双方之间"如何讲"。由逻辑说明构成，说明大家要共同遵守的信息（或报文）构成的格式，比如规定报文的前几位作为报头（或标题）字段使用、哪几位是命令和应答，报头、命令、应答采用怎样的结构格式。

语义：确定通信双方之间"讲什么"。由过程说明构成，要对发布请求、执行动作以及返回应答予以解释，并确定用于协调和差错处理的控制信息。

定时规则：指出事件的顺序以及速度匹配，排序。

协议的功能是控制并指导两个对话实体的对话过程，发现对话过程中出现的差错并确定处理策略。具体来说，每个协议都是具有针对性的，用于特定的目的，所以各协议的功能是不一样的，但是，有一些公共的功能是大多数协议都具有的，这些功能包括四个方面。

（1）差错检测和纠正

面向通信传输的协议常使用"应答—重发"、循环冗余检查 CRC、软件检查等机制进行差错的检测和纠正工作。一般来说，协议中对异常情况的处理说明要占很大的比重。

（2）分块和重装

用协议控制进行传输的数据长度是有一定限制的，参加交换的数据都要求有一定的格式。为满足这个要求，就需要将实际应用中的数据进行加工处理，使之符合协议交换的格式要求，只有这样才能应用协议进行数据交换。分块与重装就是这种加工处理操作，分块操作将大的数据划分成若干小块，如将报文划分成几个报文分组；重装操作是将划分的小块数据重新组合复原，例如将报文分组还原成报文。

（3）排序

对发送出的数据进行编号以标识它们的顺序，通过排序，可达到按序传递、信息流控制和差错控制等目的。

（4）流量控制

通过限制发送的数据量或速率，以防止在信道中出现堵塞现象。

8.4.2　网络的分类（以计算机网络为例）

（1）按跨度分类

从网络范围以及计算机之间互连距离角度，可以将计算机网络分为广域网和局域网两种类型。广域网的传输装置和介质由电信部门提供，距离可以遍布城市、国家，甚至更远。局域网一般由一个部门或公司组建，地理范围仅在一个建筑物或单位内部。局域网的特点是比较灵活，组建比较方便。但是，随着社会信息化不断发展，局域网只有连接到广域网，才能更好的发挥作用。

（2）按用途分类

从计算机网络内含数据传输和转接系统的拥有性角度，可以分成专用网和公共网两种类型。公共网是电信部门组建，一般都由国家政府电信部门管理和控制，网络内的传输和转接装置可提供给任何部门和单位用于连接众多的计算机和终端。专用网是由一个政府部门或一个公司组建经营，不允许其他部门和单位使用。目前，大多数专用网仍是租用电信部门的传输线路（或信道），并且网络拓扑都显现为垂直的星式和塔式结构。

8.4.3　计算机网络体系结构

1．开放系统互连（OSI）基本参考模式

1970 年以来，由于计算机工业迅速发展，世界各主要计算机生产厂家都分别开发出各自的计算机系列产品，它们各自拥有自己的操作系统和其他系统软件，以保证同一系列内各种计算机的兼容性。随着互连通信要求的提出，这些主要的计算机厂商又开始研究开发各自的计算机通信设备、通信协议和通信系统体系结构。这些通信系统都能实现本公司生产的计算机系列的互连，以完成远程文件传送、远程作业、远程终端等功能，构成一个计算机网络。但是，由于这些特定厂家的通信系统所使用的信息格式和控制机制往往不同，因此彼此之间无法兼容，不能实现互连操作。这种自成体系的计算机通信系统称为"封闭的"系统，然而，由于计算机种类的日益增多，应用的日益普及，计算机用户需要从众多的计算机产品中进行选择，因此在大型的组织机构（如大型企业、大学等）中，同时安装有多个厂家的计算机系统并需要联网的情形越来越多，由于缺乏一个通用的通信系统体系结构，使得异种计算机之间的互连成为一个既费力又费钱的工作。因此，人们迫切希望建立一系列的国际标准或国家标准，试图达到下述两个目标：

① 制造厂商感到只有执行这些标准才能使他们的产品具有广阔的销路；

② 用户可以从不同的制造厂商那里获得兼容的通信设备。

只有这样，才能使得计算机系统能成为"开放的"系统。正是出于这种动机，人们开始了对开放系统互连的研究，出现了开放系统互连（OSI）基本参考模式。历经数年的工作，1983 年该参考模式终于成为正式国际标准（ISO7498）。所谓"开放"，是强调对 ISO 标准的遵从。"开放"并不是指特定的系统实现具体的互连技术和手段，而是对可使用的标准的共同认识和支持。一个系统是开放的，是指它可与世界上任何地方的遵守相同标准的任何系统通信。

按 ISO7498 的定义，OSI 的体系结构具有如图 8.2 所示的七个层次，每个层次都在完成信息交换的任务中担当一个相对独立的角色，具有特定的功能。其中第七层为最高层，第一层为最底层。

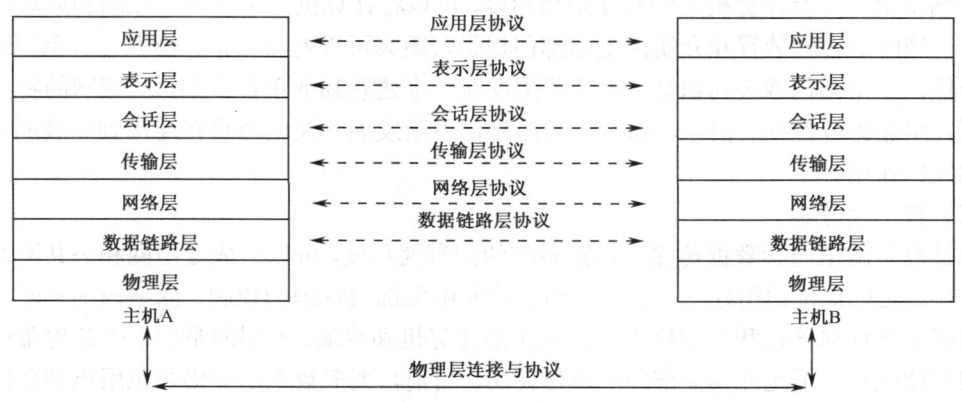

图 8.2　ISO 定义的 OSI 七层网络体系结构

对于每一层，ISO 都至少制定两个标准：服务定义和协议规范，前者给出了该层应提供的服务的准确定义，后者详细描述了该层协议的动作和各有关规程，以保证服务的提供。对于不同的系统，同一服务可由不同的协议提供，因此有些可能具有多个协议规范（如数据链路层）；有些层则由于服务比较丰富，不能用一个标准概括之，所以有多个服务定义标准（如应用层）。另外，为了实现所规定的服务或协议，还需要一些辅助的标准（如形式描述语言 ESTELLE 的标准等）。到目前为止，ISO 为 OSI 制订的标准草案已有数十个，而且随着技术的发展，已制订好的 ISO 标准还可能要增加补篇（如对 ISO7498）。

七层协议中，上三层称之为高层，定义应用程序之间的通信和人机界面。就是负责把电脑能看懂的东西转化为人能看懂的东西，或把人能看懂的东西转化为电脑能看懂的东西。

下四层称之为底层，定义的是数据如何实现端到端的传输(end-to-end)，物理规范以及数据与光电信号间的转换。

2．各层功能简介

应用层，很简单，就是应用程序。这一层负责确定通信对象，并确保有足够的资源用于通信，这些当然都是想要通信的应用程序做的事情。比如 OFFICE、QQ 聊天软件等。

表示层，负责数据的编码、转化，确保应用层的正常工作。这一层是将我们看到的界面与二进制间互相转化的地方。数据的压缩、解压，加密、解密都发生在这一层。这一层根据不同的应用目的将数据处理为不同的格式。

会话层，负责建立、维护、控制会话，区分不同的会话，以及提供单工（Simplex）、半双工（Half duplex）、全双工（Full duplex）三种通信模式的服务。我们平时所知的 NFS、RPCX、Windows 等都工作在这一层。

传输层，负责分割、组合数据，实现端到端的逻辑连接。数据在上三层是整体的，到了这一层开始被分割，这一层分割后的数据被称为段（Segment）。三次握手（Three-way handshake），面向连接（Connection-Oriented）或非面向连接（Connectionless-Oriented）的服务，流控（Flow Control）等都发生在这一层。

网络层，负责管理网络地址，定位设备，决定路由。我们所熟知的 IP 地址和路由器就是工作在这一层。上层的数据段在这一层被分割、封装后叫做包（Packet），包有两种，一种叫做用户数据包（Data Packets），是上层传下来的用户数据；另一种叫路由更新包（Route Update Packets），是直接由路由器发出来的，用来和其他路由器进行路由信息的交换。

数据链路层，负责准备物理传输，CRC 校验，错误通知，网络拓扑，流量控制等。我们所熟知的 MAC 地址和交换机都工作在这一层。上层传下来的包在这一层被分割、封装后叫做帧（Frame）。

物理层，就是实实在在的物理链路，负责将数据以比特流的方式发送、接收。

3．底层协议

OSI 中的底层协议通常是指物理层、数据链路层、网络层和传输层四层的组合，它们实现的是 OSI 系统中面向通信的功能。以下简要讨论 OSI 参考模式最下三层协议规定的服务和功能。

（1）物理层

物理层是组成计算机网络的基础，所有的通信设备、主机等均需用物理线路互连起来。因此，它是 OSI 七层参考模式中的最底层——第一层。

定义物理层协议是为了使所有厂家生产的计算机和通信设备都能从传输设备和接口上兼容，并使厂家生产的设备都符合这些接口定义。

物理层定义了传输线路和接口硬件的机械、电气和电信号特征及功能等。其中机械特征包括接口连接器尺寸、插针数目及传输线数目和每个插针功能的分配、插头插座直径、连接器固定/活动一端的分配方法等；电气特征包括最大允许数据传输速率、最大传输距离、每种信号电平输出状态所代表的意义和连接器可承受的最大电流、电压等；电信号功能包括每种信号的逻辑信号、各种信号的传输时序、数据采样方式等；物理层的交互有一整套握手协议，主要是发送方告诉接收方何时传送数据、如何传送数据，以及接收方对收到的发送数据怎样认可，"握手"还包括双方状态通知等内容。

物理层的数据传输方式主要有同步和异步两种。在同步方式中，有一方提供数据采样的同步时钟；在异步方式中则用特定比特流实现双方同步。物理层接口标准最为通用的是 RS232C，其他物理层标准接口还有 RS422、RS423、RS449 以及 CCIT/X.21、CCITT/V 系列等标准。由于应用环境的需要，近几年又出现了 9 芯、35 芯、37 芯、41 芯的各种插接头。由物理层提供的服务有：物理连接、物理服务数据单元、物理连接端点、数据电路表示、排序、故障状态通知和服务参数的品质。物理层的功能包括：物理连接的激活和撤除、物理服务数据单元的传输、物理层的管理等。

（2）数据链路

为保证数据通信的可靠性，在 OSI 七层参考模式中物理层之上设置了数据链路层。数据链路的目的就是在物理层处于各种通信环境条件下，都能保证其向高层提供一条无差错的、高可靠性的传输线路，从而保证数据通信的正确性，并为计算机网络的正常运行提供其所要求的数据通信质量。

数据链路层的首要任务就是管理数据传输。一方面，它选取一种信息传输方式，早期大多采用面向字符的协议，目前基本上被面向比特的协议所取代；另一方面，它要有一种差错检测和差错恢复方式，以便在发现数据传输有错时能够采取补救措施。数据链路层另一重要任务则是进行数据传输时的流量控制。

数据链路层采用的面向比特的传输控制规程称为高级数据链路控制规程 HDLC（High-Level Data Link Control），是目前世界上较为通用的链路层规程，具有很强的实用性和差错校验功能，可以向高层提供很高的线路传输质量。

由数据链路层提供的服务有：数据链路的连接、数据链路服务数据单元、数据链路连接端点的标识符、排序、差错通知、信息流量控制及服务参数的品质。

数据链路层的功能包括：数据链路连接的建立和释放、数据链路服务数据单元的交换、数据链路连接的分离、定界和同步、顺序控制、差错恢复、信息流量控制、标识和参数支持、数据链路互连的控制和数据链路层管理。

（3）网络层

为了将信息准确无误地从发送端（源点）传输到接收端（终点），在数据链路层之上设立了网络层。

网络层是通信子网的关键，信息从通信子网的发送端节点机传送到接收端节点机需要网络层在传输时进行必要的路由选择、差错校验、流量控制以及顺序检测。显然，对于局域网，它不需要网络层。这是因为局域网传输距离有限，并且就现在大多采用的局域网拓扑结构来说，通信方式是广播式的，即网上的每个结点可收到其他结点发送的信息，只是根据终点地址决定是否接收，因此，不存在路由选择问题，一般也就不需要网络层。

网络层的关键是路由选择，在 OSI 术语中称为中继。每个通信子网的结点称为中继节点，整个通信子网称为中继开放系统。对通信子网的每一个转接节点，如它收到一个信息后，需根据该信息的终点地址做出如下动作：

① 当该信息的终点地址就是本节点时，则将信息传给本节点所连主机；

② 当该信息的终点地址不是本节点时，则需根据终点地址和本节点各输出线路情况采取一定的路由选择机制，将该信息发送到一条最优的输出线路上去。

由网络层提供的服务有：网络地址、排序、信息流量控制、加速网络服务数据单元、重置、服务选择和网络层管理等。

8.4.4　局域网

1. 局域网的定义

局域网（LAN，Local Area Network）是一种在小区域内部向各节点之间提供各种数据通信的通信网络。

一个局域网的地理范围是较小的，如限定在一座楼内或大学校园、军事基地等，也可跨越几座建筑物。局域网一般为某个社会组织专用，而不是公共的设施。在技术上，局域网的典型特征是：高数据传输率（0.1 Mb/s～100 Mb/s）；短距离传输（0.1～25 km）；低传输误码率（10^{-8}～10^{-12}）。

2. 局域网的传输媒体

局域网的传输媒体有双绞线、同轴电缆和光纤。

双绞线是局域网中最普遍的传输媒体，双绞线成本较低，传输距离较近，对于单个建筑物低通信量的通信，它是经济效率最高的选择。

局域网的目的是使某一区域内大量的数据处理、通信设备相互联结。局域网的拓扑结构并未采用物理上完全联结的方式，而是通过共享传输媒体（环型、总线型、树型）或转换开关（星型）实现的。对于共享传输媒体的方案，需要一套分布逻辑以控制各联网设备对传输媒体的访问，这就是媒体访问控制（MAC，Medium Access Control）。当传输媒体和拓扑结构选定后，局域网的性能就主要取决于 MAC。

最常见的 LAN 的类型是采用同轴电缆的总线型、树型网。当然也可以选择采用双绞线、同轴电缆，甚至光纤的环型网。LAN 的标准由美国电气和电子工程师协会（IEEE）于 1980 年 2 月成立的专门研究局域网技术并制定相应标准的一个委员会（IEEE802 委员会）制定，其标准称为 IEEE802 标准。

8.4.5 现场总线

1. 现场总线产生的背景和发展状况

在计算机数据传输领域内，长期以来使用 RS-232 和 CCITT V.24 通信标准，尽管它们被广泛使用，但却是一种低数据速率和点对点的数据传输标准，无能力支持更高层次的计算机之间的功能操作。同时，在复杂或大规模的应用（如工业现场控制或生产自动化领域）中要使用大量的传感器、执行器和控制器等，它们通常分布在非常广的范围内，如果在最低层次上采用传统星型拓扑结构，那么安装成本和介质造价都将非常高昂；采用流行的 LAN 组建环型或总线型拓扑结构，虽然可以减少电缆长度，但是增加的 LAN 介质及相关硬件和软件又使其系统成本与星型系统相差无几。所以在最低层次上的确需要设计出一种造价低廉而又能经受工业现场环境的通信系统，现场总线（Field Bus）就是在这种背景下产生的。

Honeywell 公司在 1983 年推出的数字信号 4～20mA 输出的差分信号驱动器可以说是 Field Bus 的先驱，它在输出的 4～20mA 直流信号上叠加了数字信号，从而使现场装置与控制室控制装置之间的连接由模拟信号过渡到了数字信号。在此基础上，美国 Rosemount 公司配合使用了它自己的 HSRT 数字通信协议，到了 1987 年，美国 Foxboro 公司发表了 I/A 智能式自动控制系统。系统中使用了全数字通信。

Field Bus 网络体系结构及标准的研究和制定始于 1985 年。在 Montreal 的 IEC 技术委员会 TC65C 会议上决定由 Poway Working Group(IEC TC65C WG6)小组负责此项工作。该组在 1986 和 1987 年公布了一组 Field Bus 的功能需求。在此期间其他一些国际标准化机构或公司也开始了这项工作，其中有著名的 ISA（美国仪器协会）和 IEEE P118。表 8.2 列出了这三个组织对 Field Bus 提出的主要需求指标。

表 8.2 对 Field Bus 的主要需求指标

指标	IEEE P118	IEC TC65	ISA SP50
拓扑	多点式	多点式	单点式（可选多点式）
传输介质	双绞线、光纤、电缆	双绞线、光纤、同轴电缆	双绞线、光纤
设备数	<255（<32 段）	>30	32
被联设备	联机地址、可移动	联机、可移动	联机、可移动
可靠性	差错校验	差错校验	差错校验
总线冗余	支持	支持	支持
总线长度（m）	2000～5000	<1500	<1800

续表

指标	IEEE P118	IEC TC65	ISA SP50
速率（报文/s）	尽可能最大	150～10k（350m 时）	
扫描速率/存取时间（ms）	10～50	5～20	>10 次/s 或<100 次/s
存取仲裁	单主站、多主站（可选）	单主站	单主站+控制设备
广播式或多点式 点—点通信	广播式、可选多点式	广播式（可选）	广播式、点—点通信

2. 现场总线的概念和主要特点

国际电子技术委员会（IEC）将"低级"工业数据总线定名为现场总线，以便和 PROWAY 或 MAP 这样的"高级"系统相区别。按照 SP-50 指南，现场总线是"制造过程现场和安装在生产控制室先进自动化控制装置中所配置的主要自动化装置之间的一种串行数字通信链路"。

现场总线采用了三层网络结构——物理层、数据链路层和应用层。流量控制和差错控制在数据链路层执行，报文的可靠传输在数据链路层或应用层执行。这种网络结构具有结构简单、执行协议直观、价格低廉等优点，同时性能又令人满意。因此，现场总线是一种开放式实时系统，它只具有简化的网络结构，而与 OSI 不完全保持一致。Field Bus 的体系结构如图 8.3 所示。

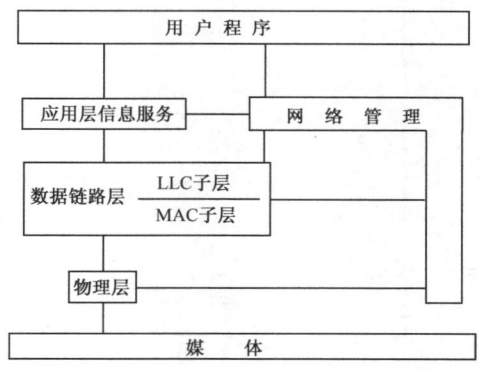

图 8.3　现场总线的体系结构

采用现场总线的系统具有如下特征：

① 在分级控制系统中，采用现场总线的系统虽然可能具有足够的智能（数字计算能力），但只执行简单的节点顺序或一种控制方式等较低级功能；

② 现场总线经常只负责发送或接收较小的数据报文，并且以这种数据报文作为与较高一级控制系统实现设备数据往返传输的有效手段；

③ 采用现场总线的系统通常费用较低，可以用低廉的造价组成一个系统，而且与上层网络连接的费用也不高。

现场总线与其他分布式系统的主要特征比较如表 8.3 所示。

表 8.3　现场总线与其他分布式系统的主要特征比较

主要特征	分布式系统的形式	
	现场总线	较高级信息网络
监视与控制能力	强	弱
可靠性与故障容限	高	高
实时响应性	好	中
报文长度	小	中、大
实现成本	极低	中、高
与 OSI 的一致性	差	中、好
体系结构与协议的复杂性	简单	中、复杂
与其他网络的互联能力	差、中	强
通信功能的完备程度	中	可扩展
通信速率	中	高
对环境的要求	低	高

本书中将要讲到的汽车车载网络均属于现场总线的范畴。

第 *9* 章

控制器局域网（CAN）

9.1 CAN 概述

9.1.1 CAN 的产生和发展

CAN 是 Controller Area Network（控制器局域网）的缩写（简称为 CAN），是 ISO 国际标准化组织（International Organization for Standardization）标准化的串行通信协议。

CAN 是 Bosch 公司为现代汽车应用领先推出的一种多主机局域网。由于它具有高性能、高可靠性、实时性等优点，现已广泛应用于工业自动化、多种控制设备、交通工具、医疗仪器以及建筑、环境控制等众多领域。

随着计算机硬件、软件技术及集成电路技术的迅速发展，工业控制系统已成为计算机技术应用领域中最具活力的一个分支，并取得了巨大进步。由于对系统可靠性和灵活性的高要求，工业控制系统的发展主要表现为：控制多元化，系统分散化，即负载分散、功能分散、危险分散和地域分散。

典型的分散式控制系统由现场设备、接口与计算设备以及通信设备组成。现场总线（Field Bus）能同时满足过程控制和制造业自动化的需要，因而现场总线已成为工业数据总线领域中最为活跃的一个领域。现场总线的研究与应用已成为工业数据总线领域的热点。尽管目前对现场总线的研究尚未提出一个完善的标准，但现场总线的高性能价格比将吸引众多工业控制系统采用。同时，正由于现场总线的标准尚未统一，也使得现场总线的应用得以不拘一格地发挥，并将为现场总线的完善提供更加丰富的依据。控制器局域网 CAN 正是在这种背景下应运而生的。

由于 CAN 被愈来愈多的不同领域采用和推广，使得其通信报文的标准化变得非常迫切。为此，1991 年 9 月 Philips Semiconductors 制订并发布了 CAN 技术规范（V 2.0）。该技术规范包括 A 和 B 两部分。V 2.0A 给出了曾在 CAN 技术规范版本 1.2 中定义的 CAN 报文格式，能提供 11 位地址；而 V 2.0B 给出了标准的和扩展的两种报文格式，提供 29 位地址。此后，1993 年 11 月 ISO 正式颁布了道路交通运载工具——数字信息交换——高速通信控制器局域网（CAN）国际标准（ISO11898），为控制器局域网标准化、规范化推广铺平了道路。

CAN 协议经 ISO 标准化后有 ISO11898 标准和 ISO11519-2 标准两种。ISO11898 和 ISO11519-2 标准对于数据链路层的定义相同，但物理层不同。

（1）ISC11898

ISO11898 是通信速度为 125 kb/s～1 Mb/s 的 CAN 高速通信标准。

目前，ISO11898 追加新规约后，成为 ISO11898-1 新标准。

（2）ISC11519

ISO11519 是通信速度为 125kb/s 以下的 CAN 低速通信标准。

ISO11519-2 是 ISO11519-1 追加新规约后的版本。

截至目前，CAN 的高性能和可靠性已被认同，并被广泛应用于工业自动化、汽车、船舶、医疗设备、工业设备等领域。

9.1.2 CAN 协议标准及其定义的网络结构

除了 ISO 外，SAE 等其他组织、团体、企业也对 CAN 协议进行了标准化。基于 CAN 的各种标准规格如表 9.1 所示。

表 9.1 CAN 协议和标准规格

名 称	波 特 率/（b/s）	规 格	适 用 领 域
SAE J1939-11	250k	双线式、屏蔽双绞线	卡车、大客车
SAE J1939-12	250k	双线式、屏蔽双绞线、12V 供电	农用机械
SAE J2284	500k	双线式、双绞线（非屏蔽）	汽车 （高速：动力、传动系统）
SAE J24111	33.3k、83.3k	单线式	汽车 （低速：车身系统）
NMEA-2000	62.5k、125k、250k、500k、1M	双线式、屏蔽双绞线供电	船舶
DeviceNet	125k、250k、500k	双线式、屏蔽双绞线 24V 供电	工业设备
CANopen	10k、20k、50k、125k、250k、500k、800k、1M	双线式、双绞线可选（屏蔽、供电）	工业设备
SDS	125k、250k、500k、1M	双线式、屏蔽双绞线可选（供电）	工业设备

CAN 协议定义的网络采用总线型拓扑结构，如图 9.1 和图 9.2 所示。

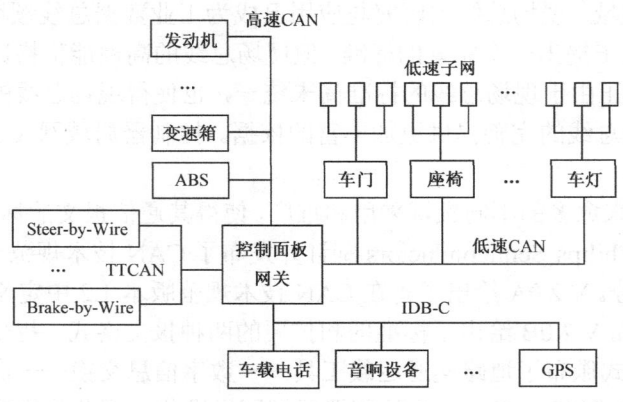

图 9.1 基于 CAN 的车载网络拓扑结构图

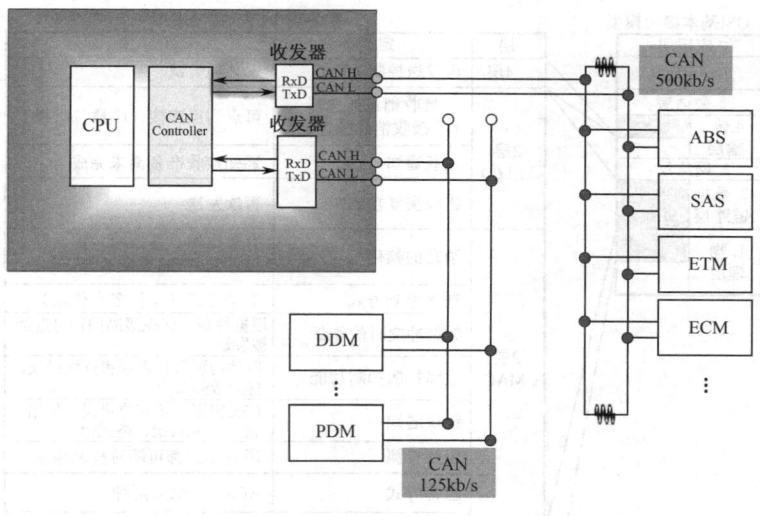

图 9.2　CAN 网络的结构示意图

9.2　CAN 协议体系结构

CAN 遵循 ISO/OSI 基本参考模型，定义了它自己的数据链路层和物理层，如图 9.3 所示。图 9.4 给出了 CAN 协议与 ISO/OSI 体系结构的相对关系。

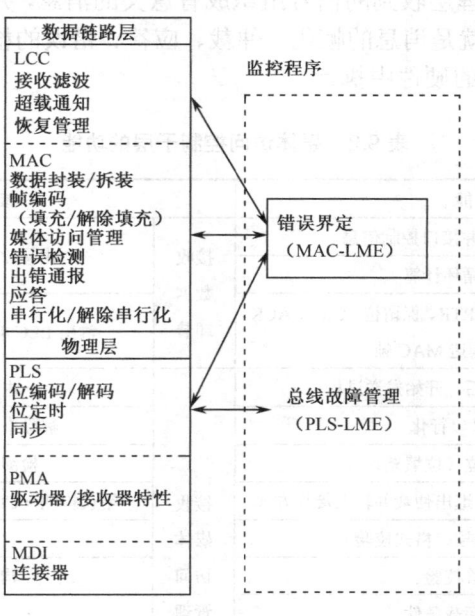

图 9.3　CAN 协议体系结构

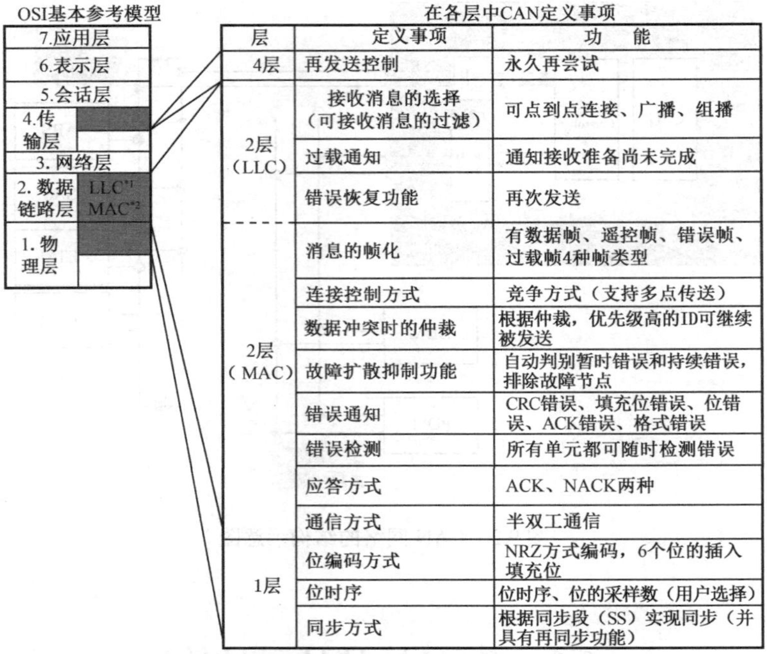

OSI基本参考模型	在各层中CAN定义事项

OSI基本参考模型：
- 7.应用层
- 6.表示层
- 5.会话层
- 4.传输层
- 3.网络层
- 2.数据链路层（LLC*¹ / MAC*²）
- 1.物理层

层	定义事项	功能
4层	再发送控制	永久再尝试
2层（LLC）	接收消息的选择（可接收消息的过滤）	可点到点连接、广播、组播
2层（LLC）	过载通知	通知接收准备尚未完成
2层（LLC）	错误恢复功能	再次发送
2层（MAC）	消息的帧化	有数据帧、遥控帧、错误帧、过载帧4种帧类型
2层（MAC）	连接控制方式	竞争方式（支持多点传送）
2层（MAC）	数据冲突时的仲裁	根据仲裁，优先级高的ID可继续被发送
2层（MAC）	故障扩散抑制功能	自动判别暂时错误和持续错误，排除故障节点
2层（MAC）	错误通知	CRC错误、填充位错误、位错误、ACK错误、格式错误
2层（MAC）	错误检测	所有单元都可随时检测错误
2层（MAC）	应答方式	ACK、NACK两种
2层（MAC）	通信方式	半双工通信
1层	位编码方式	NRZ方式编码，6个位的插入填充位
1层	位时序	位时序、位的采样数（用户选择）
1层	同步方式	根据同步段（SS）实现同步（并具有再同步功能）

图 9.4　CAN 协议与 ISO/OSI 体系结构的相对关系

　　根据 LAN 标准 ISO8802-2 和 ISO8802-3，数据链路层被细分为逻辑链路控制子层（LLC）和媒体访问控制子层（MAC）。MAC 子层是 CAN 协议的核心部分，其功能如表 9.2 所示。数据链路层的功能是将物理层收到的信号组织成有意义的消息，并提供传送错误控制等传输控制的流程。具体来说，就是消息的帧化、仲裁、应答、错误的检测或报告。数据链路层的功能通常在 CAN 控制器的硬件中执行。

表 9.2　媒体访问控制子层的功能

发送功能		接收功能	
发送数据封装	接收 LLC 帧并接口控制信息	接收数据卸装	由接收帧中去除 MAC 特定信息
发送数据封装	CRC 循环计算	接收数据卸装	由接收帧中去除 MAC 特定信息
发送数据封装	通过向 LLC 附加 SOF、RTR、保留位、CRC、ACK 和 EOF 构造 MAC 帧	接收数据卸装	输出 LLC 帧和接口控制信息至 LLC 子层
发送媒体访问管理	确定总线空闲后，开始发送过程	接收媒体访问管理	由物理层接收串行位流
发送媒体访问管理	MAC 串行化	接收媒体访问管理	解除串行结构并重新构筑帧结构
发送媒体访问管理	插入填充位（位填充）	接收媒体访问管理	检测填充位（解除位填充）
发送媒体访问管理	在丢失仲裁的情况下，退出仲裁并转入接收方式	接收媒体访问管理	错误检测（CRC、格式校验、填充规则校验）
发送媒体访问管理	错误检测（监控、格式校验）	接收媒体访问管理	发送应答
发送媒体访问管理	应答校验	接收媒体访问管理	构造错误帧并开始发送
发送媒体访问管理	确认超载条件	接收媒体访问管理	确认超载条件
发送媒体访问管理	构造超载帧并开始发送	接收媒体访问管理	重激活超载帧构造开始发送
发送媒体访问管理	构造出错帧并开始发送	接收媒体访问管理	重激活超载帧构造开始发送
发送媒体访问管理	输出串行位流至物理层准备发送	接收媒体访问管理	重激活超载帧构造开始发送

物理层被细分为物理信令（PLS）、介质附件（PMA）和介质附属接口（MDI）。在物理层定义了信号实际的发送方式、位时序、位的编码方式及同步的步骤。但是，信号电平、通信速度、采样点、驱动器和总线的电气特性、连接器的形态等均未定义。这些必须由用户根据系统需求自行确定。

驱动器及总线的电气特性在博世公司的 CAN 规格书中没有定义。但在 CAN 的 ISO 标准（ISO11898、ISO11519-2 等）中分别定义了总线及驱动器的电气特性。

CAN 协议的物理层定义了三个子层，ISO11898 和 ISO11519-2 在物理层中的 PMA 层和 MDI 层有所不同，其主要不同点如表 9.3 及图 9.5 所示。

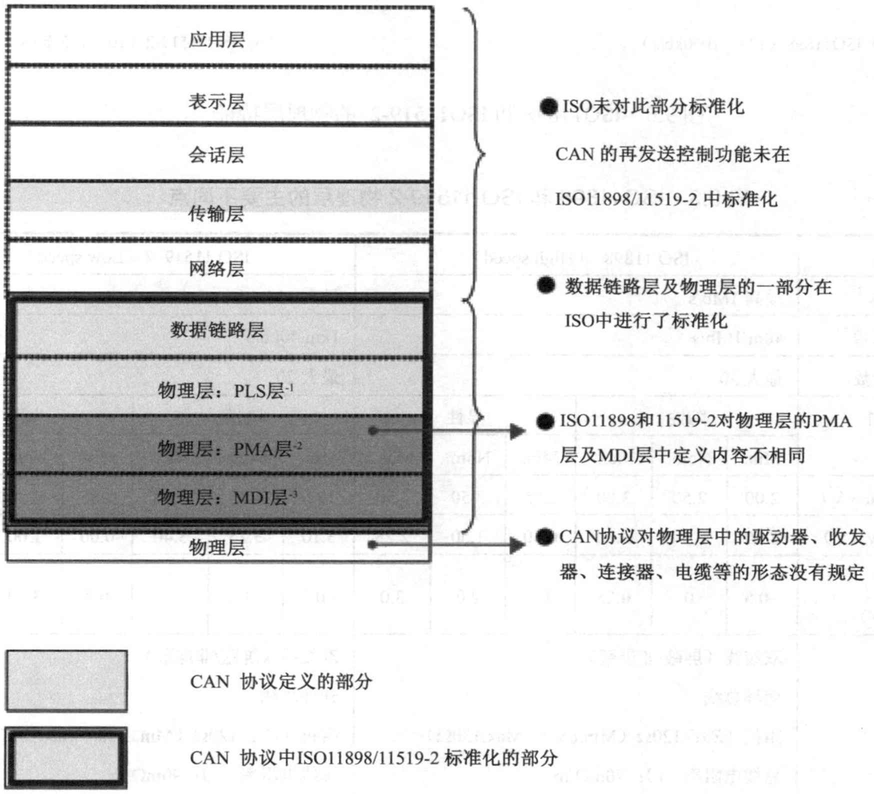

应用层	● ISO未对此部分标准化
表示层	
会话层	CAN 的再发送控制功能未在
传输层	ISO11898/11519-2 中标准化
网络层	
数据链路层	● 数据链路层及物理层的一部分在 ISO中进行了标准化
物理层：PLS层[1]	
物理层：PMA层[2]	● ISO11898和11519-2对物理层的PMA 层及MDI层中定义内容不相同
物理层：MDI层[3]	
物理层	● CAN协议对物理层中的驱动器、收发器、连接器、电缆等的形态没有规定

CAN 协议定义的部分

CAN 协议中ISO11898/11519-2 标准化的部分

图 9.5　标准化的 CAN 协议

CAN 收发器根据两根总线（CAN-H 和 CAN-L）的电位差来判断总线电平。

总线电平分为显性电平和隐性电平两种。总线必须处于两种电平之一。总线上执行逻辑上的线"与"时，显性电平为"0"，隐性电平为"1"。物理层的特征如图 9.6 所示。

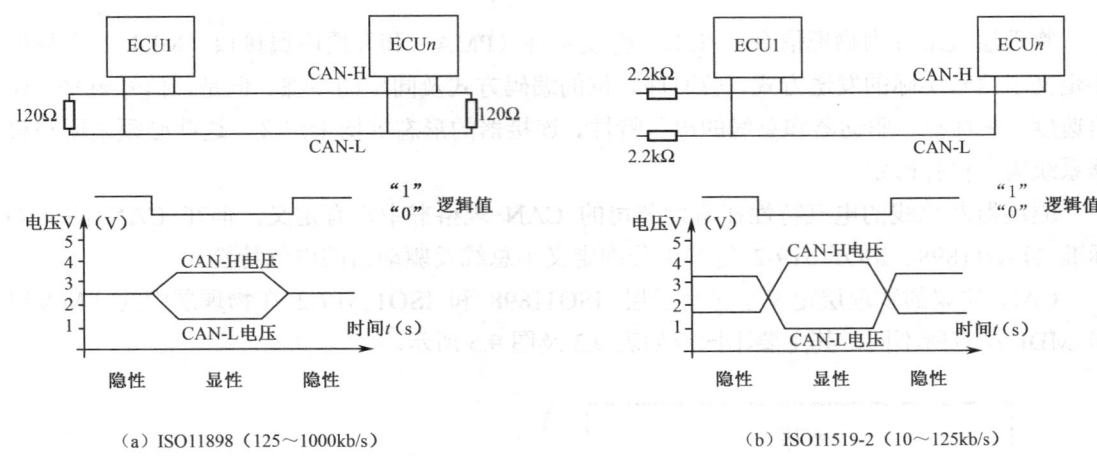

（a）ISO11898（125～1000kb/s）　　　　（b）ISO11519-2（10～125kb/s）

图 9.6　ISO11898 和 ISO11519-2 的物理层特征

表 9.3　ISO11898 和 ISO 11519-2 物理层的主要不同点

物理层		ISO 11898　（High speed）					ISO 11519-2（Low speed）					
通信速率[*1]		最高 1Mb/s					最高 125kb/s					
总线最大长度[*2]		40m/1Mb/s					1km/40kb/s					
连接单元数		最大 30					最大 20					
总线拓扑		隐性			显性			隐性			显性	
		Min.	Nom.	Max.	Min.	Nom.	Max.	Min.	Nom.	Max.	Min.	Nom.	Max.
CAN_High（V）		2.00	2.50	3.00	2.75	3.50	4.50	1.60	1.75	1.90	3.85	4.00	5.00
CAN_Low（V）		2.00	2.50	3.00	0.50	1.50	2.25	3.10	3.25	3.40	0.00	1.00	1.15
电位差 （H-L）（V）		−0.5	0	0.05	1.5	2.0	3.0	−0.3	−1.5	—	0.3	3.00	—
	双绞线（屏蔽/非屏蔽） 闭环总线 阻抗（Z）：120Ω（Min.85Ω，Max.130Ω） 总线电阻率（r）：70mΩ/m 总线延迟时间：5ns/m 终端电阻：120Ω（Min.85Ω，Max.130Ω）						双绞线（屏蔽/非屏蔽） 开环总线 阻抗（Z）：120Ω（Min.85Ω，Max.130Ω） 总线电阻率（r）：90mΩ/m 总线延迟时间：5ns/m 终端电阻：2.20kΩ（Min.2.09kΩ，Max.2.31kΩ） CAN_L 与 GND 间静电容量　30pF/m CAN_H 与 GND 间静电容量　30pF/m CAN_L 与 GND 间静电容量　30pF/m					

【注】　*1 通信速率：通信速率根据系统设定。

*2 总线长度：总线的长度根据系统设定。通信速率和最大总线长度的关系如图 9.7 所示。

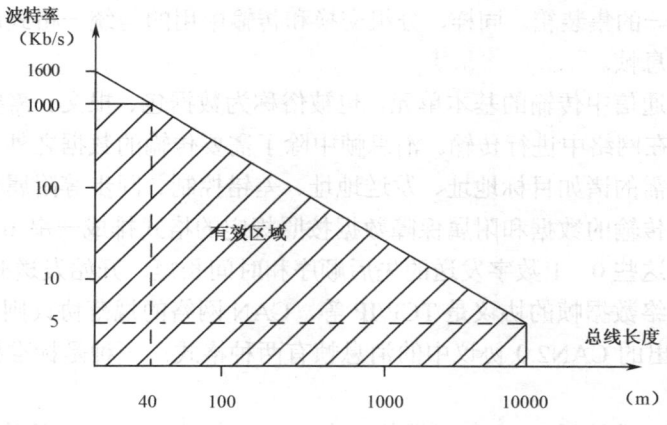

图 9.7 高速 CAN 总线通信速率与总线长度的关系

ISO11898 与 ISO11519-2 对物理层的要求不同，需要有专门的驱动 IC 与之相对应。ISO11898 及 ISO11519-2 所对应的主要驱动 IC 如表 9.4 所示。

表 9.4 ISO11898 及 ISO11519-2 所对应的驱动 IC

	ISO11898	ISO11519-2
驱动 IC	HA13721RPJE(RENESAS)	PCA82C252(Philips)
	PCA82C250(Philips)	TJA1053(Philips)
	Si9200(Siliconix)	SN65LBC032(Texas Instruments)
	CF15(Bosch)	

9.3 CAN 总线数据链路层基本原理

BOSCH 公司的 CAN2.0 版本对 CAN 的数据链路层和物理层进行了详细规定，下面以CAN2.0 版本为基础，分几个专题，简要介绍 CAN 总线数据传输的基本原理。

9.3.1 CAN 传输数据的方式

在第 8 章网络基础知识的学习中，给大家介绍过数据通信的概念。数据通信中最常用的一种方式就是分组交换和传输。这种方式就是把要传输的文件（比如一幅图片）拆解开来，以统一的形式打成数据包，一包一包地进行传输，等要传输的数据包到达目的地后，将数据包再进行重新组装，形成和发送端相同的文件。计算机网络实际上采用的就是分组交换的传输形式，我们在浏览网页时，要打开一张数据量较大的图片时，经常会发现图片从上到下，慢慢逐步地被显示出来，这就是先传输过来的数据包先组装，随着数据包的不断传输到位，图像被逐渐显示的结果。这种传输过程好比我国建立南极站一样，建筑物在国内的工厂建设好后，拆解成零件装入集装箱，运送到南极，等零件到齐后组装起来就形成了南极站。运输过程中，用的是统一的集装箱。同样，分组交换和传输中用的是统一格式的数据包，我们把这种数据包称作消息帧。

消息帧是串行通信中传输的基本单元，也被俗称为数据包、报文。需要传输的信息数据被装入消息帧中，在网络中进行传输。消息帧中除了需要传输的数据之外，还要装入消息帧在网络中传输所必需的诸如目标地址、发送地址、差错控制、同步等附属保障数据。消息帧实质上就是将需要传输的数据和附属保障数据按照规定的格式排成一串 0、1 数字形成的一个数据群，并规定这些 0、1 数字发送的先后顺序和时间长短、开始发送时间等。

规范计算机网络数据帧的协议是 TCP/IP 等，CAN 网络的规范协议则是 CAN2.0。

Bosch 公司推出的 CAN2.0 协议中的消息帧有两种格式：一种是标准格式，另一种是扩展格式。

标准格式的消息帧用于 CAN2.0A 网络，由 CAN2.0A 协议定义，具体帧结构如图 9.8 所示。它有 11 位标识符，基于 CAN2.0A 的网络只能接收这种格式的消息帧。

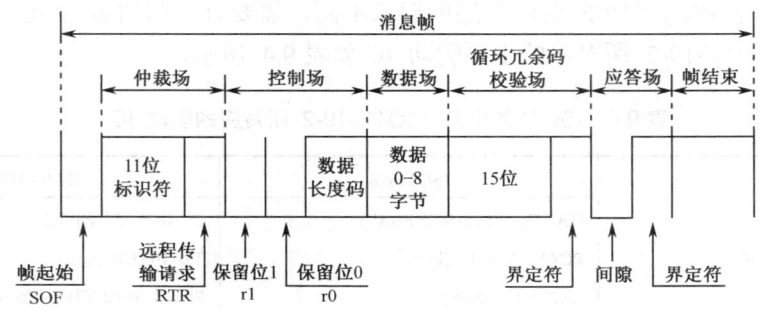

图 9.8　CAN 标准消息帧结构

扩展格式的消息帧用于 CAN2.0B 网络，由 CAN2.0B 协议规定，具体帧结构如图 9.9 所示。它有 29 位标识符，后 18 位专用于标记 CAN2.0B 的消息帧。

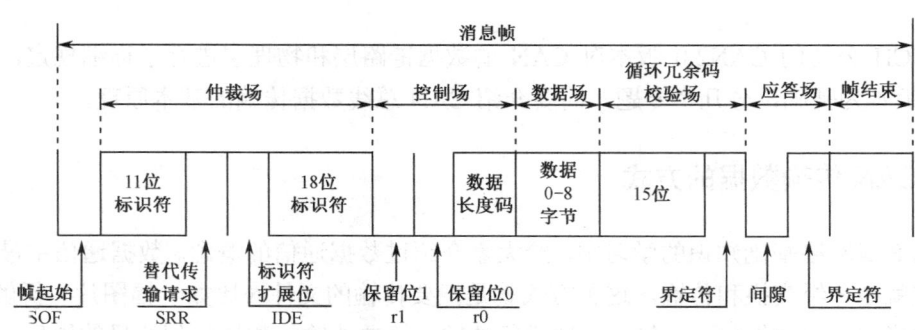

图 9.9　CAN 扩展消息帧结构

CAN 的消息帧按照其用途可分为数据帧、远程帧、错误帧、过载帧和帧间隔五种。数据帧用于发送节点向接收节点传输数据；远程帧用于接收节点向发送节点请求发送数据；错误帧用于当某个节点检测到总线上有错误时，向其他节点通知出错，停止这些帧的接收和发送；过载帧用于接收节点向发送节点通知，自己还没有做好接收数据的准备，延迟下一个帧

的发送时间；帧间隔用于将数据帧及远程帧与前面的帧分离开来。

下面分别介绍各种帧的具体结构。

1．数据帧

数据帧由 7 个不同长度的位场组成，如图 9.10 所示。依照前后顺序分别为帧起始、仲裁场、控制场、数据场、CRC 场、应答场、帧结束。

帧起始	仲裁场	控制场	数据场	CRC场	应答场	帧结束	

图 9.10　构成数据帧的七个位场

（1）帧起始（SOF，Start Of Frame）

用于标志数据帧或远程帧的开始，其作用是向总线上其他节点表明自己要发送信息。

它只有一位，即在总线上只持续一个位数的时间周期。一个位数的时间周期到底有多长，取决于该总线统一规定的传输位速率，比如 CAN2.0A 最高传输位速率为 1Mb/s，一个位数的持续时间就是 1 微秒；若传输位速率设置为 500kb/s，则一个位数的持续时间就是 2 微秒。

帧起始的值是"0"，即在总线上输出显性电平。总线空闲时，其状态为"1"，即隐性电平。当一个节点要发送数据时，它先检测总线上有没有数据发送，若持续一定时间（比如 6 个位数的时间）总线上都是隐性电平，则它开始发送数据。发送的第一位数据就是帧起始，一位显性电平，总线上的其他节点检测到总线上出现显性电平"0"时，就知道有节点要发送数据，大家就以总线电平从"1"变为"0"的那个时刻为基准，同步自己的接收系统，开始接收数据。

所以，帧起始只有一位，为显性电平"0"，用于向总线上的其他节点告知"我要发送数据"，并提供一个同步基准时刻，供大家参考。

（2）仲裁场（Arbitration Field）

仲裁场主要作用是给出本帧数据的身份号码，这一号码确定了本帧的优先级和重要性，并向总线上其他节点标示出这一帧是数据帧还是远程帧。

在标准格式中，仲裁场由 11 位标识符和 RTR 位组成；在扩展格式中，仲裁场由 29 位标识符、替代远程请求位 SRR 和标识符扩展位 IDE 组成。

标识符：CAN 给每一条报文分配一个唯一的身份号码（ID），它代表了这条报文的重要程度、优先级等信息。CAN2.0A 总线中标识符为 11 位，CAN2.0B 总线中为 29 位。

RTR（远程传输请求）位：该位为显性电平"0"时，说明这一帧为数据帧；为"1"时，说明这一帧为远程帧。

SRR（替代传输请求）位：在扩展格式中，该位为隐性电平"1"。

IDE（标识符扩展）位：在扩展格式中它属于仲裁场的一部分，为隐性电平"1"；在标准格式中该位属于控制场，为显性电平"0"。

（3）控制场（Control Field）

控制场用于向总线上的其他节点说明这一帧的数据场有多少位，以便于接收。

控制场由 6 位组成，第一位为保留位 1（r1），第二位为保留位 0（r0），第三至六位为数据长度码（DLC）。

对于标准格式，r0 和 r1 均为显性电平"0"；对于扩展格式，r0 和 r1 均为隐性电平"1"。

DLC 共 4 位，用数字表示紧接着控制场后面的数据场共有多少个字节，具体表示的含义如表 9.5 所示。

表 9.5 DLC 的含义

数据字节数	数据长度码			
	DLC3	DLC2	DLC1	DLC0
0	D	D	D	D
1	D	D	D	R
2	D	D	R	D
3	D	D	R	R
4	D	R	D	D
5	D	R	D	R
6	D	R	R	D
7	D	R	R	R
8	R	D	D	D

表中：D 代表显性电平"0"； R 代表隐性电平"1"。

0000：数据场有 0 字节数据，即数据场有 0 位；

0001：数据场有 1 字节数据，即数据场有 8 位；

0010：数据场有 2 字节数据，即数据场有 16 位；

0011：数据场有 3 字节数据，即数据场有 24 位；

……

1000：数据场有 8 字节数据，即数据场有 64 位。

由于标准帧有可能和扩展帧同时出现在 CAN2.0B 的网络中，所以对于总线上的其他节点，需要根据前三场信息判断这一帧是扩展帧还是标准帧，是数据帧还是远程帧。

那么，CAN 总线上的接收节点是怎样判断的呢？

首先我们仔细研究图 9.11。

从图 9.11 中可看出，从起始位开始数，第 14 位为 r1 或 IDE，若此位为显性电平"0"时，说明这一帧为标准帧，紧接着后四位是 DLC；若此位为隐性电平"1"时，说明这一帧为扩展帧，紧接着的后 18 位是 18 位标识符。

若第 13 位是显性电平"0"时，说明这一帧为标准格式的数据帧，若此位为隐性电平"1"时，到底是标准格式的远程帧还是扩展格式，要看第 14 位，若 14 位为显性电平"0"，则说明标准格式的远程帧，若第 14 位为隐性电平"1"，说明这一帧为扩展格式的数据帧。具体判断规则如表 9.6 所示。

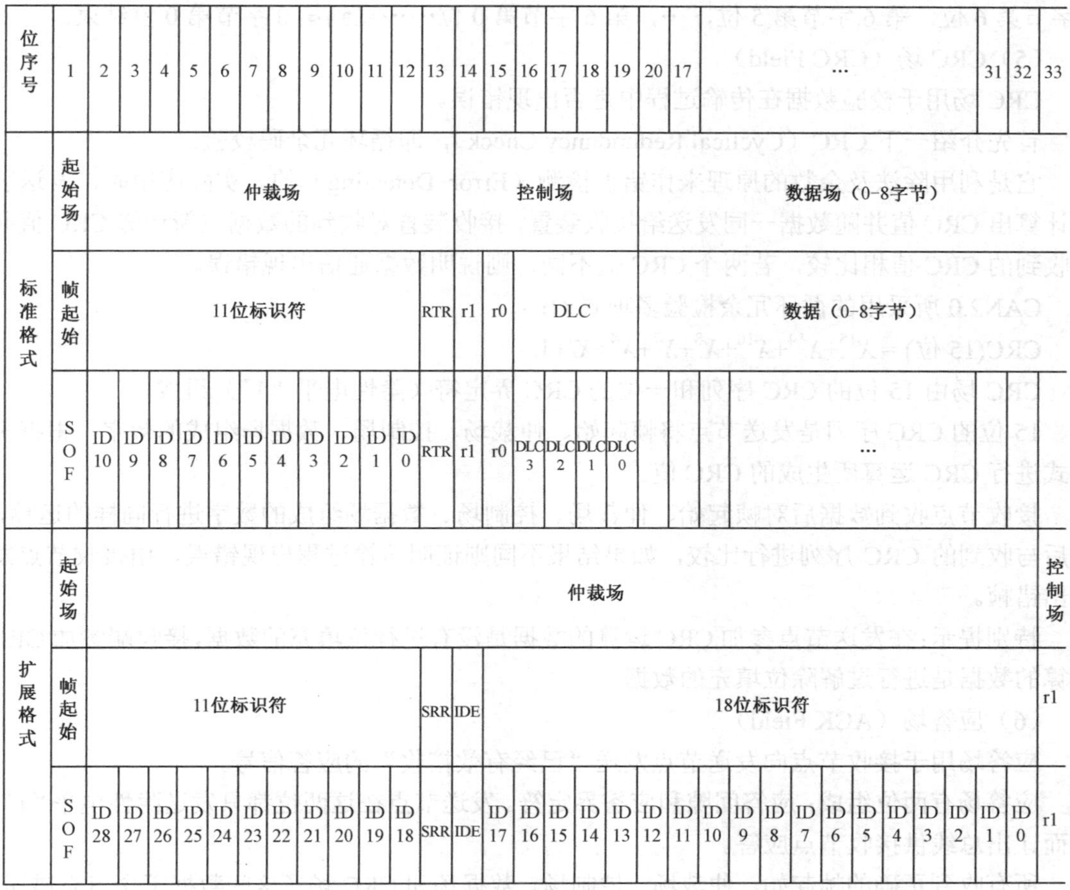

位序号	1	2	3	4	5	6	7	8	9	10	11	12	13	14	15	16	17	18	19	20	17	...	31	32	33

标准格式

起始场	仲裁场	控制场	数据场（0~8字节）
帧起始	11位标识符 RTR r1 r0	DLC	数据（0~8字节）
SOF	ID10 ID9 ID8 ID7 ID6 ID5 ID4 ID3 ID2 ID1 ID0 RTR r1 r0	DLC3 DLC2 DLC1 DLC0	...

扩展格式

起始场	仲裁场	控制场
帧起始	11位标识符 SRR IDE 18位标识符	r1
SOF	ID28 ID27 ID26 ID25 ID24 ID23 ID22 ID21 ID20 ID19 ID18 SRR IDE ID17 ID16 ID15 ID14 ID13 ID12 ID11 ID10 ID9 ID8 ID7 ID6 ID5 ID4 ID3 ID2 ID1 ID0	r1

图 9.11　标准格式与扩展格式帧仲裁场的区别

表 9.6　标准帧/扩展帧、数据帧/远程帧的判断规则

第 13 位 RTR/SRR	第 14 位 r1/IDE	帧的类型	备注
0	X	标准格式的数据帧	0 表示显性电平，
1	0	标准格式的远程帧	1 表示隐性电平；
1	1	扩展格式的数据帧	X 表示任意值

（4）数据场（Date Field）

数据场用于装载数据帧需要传输的数据。数据场由 0~8 字节组成。

数据帧按照从高编号字节到低编号字节，从每个字节高位到低位的顺序紧接着 DLC0 位后开始排列要传输的数据。比如：若 DLC 的内容是 1000，数据帧则以第 7 字节的第 7 位开始，后面是第 7 字节第 6 位，第 7 字节第 5 位，…，第 7 字节第 0 位；第 6 字节第 7 位，第

6 字节第 6 位，第 6 字节第 5 位，…，第 6 字节第 0 位……直到第 0 字节第 0 位结束。

（5）CRC 场（CRC Field）

CRC 场用于校验数据在传输过程中是否出现错误。

首先介绍一下 CRC（Cyclical Redundancy Check），即循环冗余码校验。

它是利用除法及余数的原理来作错误检测（Error Detecting）的。实际应用时，发送装置计算出 CRC 值并随数据一同发送给接收装置，接收装置对收到的数据重新计算 CRC 值并与收到的 CRC 值相比较，若两个 CRC 值不同，则说明数据通信出现错误。

CAN2.0 所采用的循环冗余检验多项式为：

$$CRC(15 \text{ 位}) = X^{15}+X^{14}+X^{10}+X^8+X^7+X^4+X^3+1$$

CRC 场由 15 位的 CRC 序列和一位的 CRC 界定符（隐性电平"1"）组成。

15 位的 CRC 序列是发送节点将帧起始、仲裁场、控制场、数据场组成的数字，根据多项式进行 CRC 运算所生成的 CRC 值。

接收节点收到数据后对帧起始、仲裁场、控制场、数据场组成的数字进行同样的运算，然后与收到的 CRC 序列进行比较，如果结果不同则证明传输过程出现错误，由接收节点发出出错帧。

特别提示：在发送节点参加 CRC 运算的数据是没有进行位填充的数据，接收端参加 CRC 运算的数据是进行过解除位填充的数据。

（6）应答场（ACK Field）

应答场用于接收节点向发送节点发送"已经有效接收"的应答信号。

应答场有两位组成：应答间隙和应答界定符。发送节点在这两位都只发送隐性电平"1"，从而让出总线供接收节点应答。

所有收到正确的帧起始、仲裁场、控制场、数据场和 CRC 场（这些数据不含填充错误、格式错误、CRC 错误的消息）的接收节点，在应答间隙向总线发送显性电平"0"，以此向发送节点应答。

（7）帧结束（EOF，End Of Frame）

帧结束用于向总线上的各节点宣布此帧发送到此结束。

帧结束信号由 7 位隐性电平构成，即连续 7 个"1"。

2．远程帧

远程帧的作用是当某一节点需要某个数据时，这一节点就向总线发出远程帧。远程帧的身份号码（ID）就是需要的数据代码，提供这一数据的节点收到远程帧后，向总线发送相同 ID 的数据帧，提供这一数据。

远程帧由 6 个不同长度的位场组成。依照前后顺序分别为帧起始、仲裁场、控制场、CRC 场、应答场、帧结束。

远程帧的结构和数据帧基本相同，不同之处就是没有数据场，RTR 为隐性电平"1"，DLC 值为所请求数据的字节数。

3．错误帧

错误帧用于各节点在接收和发送消息时检测错误，并向总线上其他节点通知错误。

错误帧由两个不同的场组成，第一个场为错误标志场，是不同节点提供的错误标志（Error Flag）的叠加，第二个场是错误界定符，如图9.12所示。

（1）错误标志

错误标志分为主动错误标志和被动错误标志两种。

处于主动错误状态的单元检测出错误时输出的错误标志称作主动错误标志。主动错误标志由6个位的连续显性电平"000000"构成。

处于被动错误状态的单元检测出错误时输出的错误标志称作被动错误标志。被动错误标志由6个位的连续隐性电平"111111"构成。

（2）错误界定符

错误界定符由8个位的隐性位"11111111"构成。

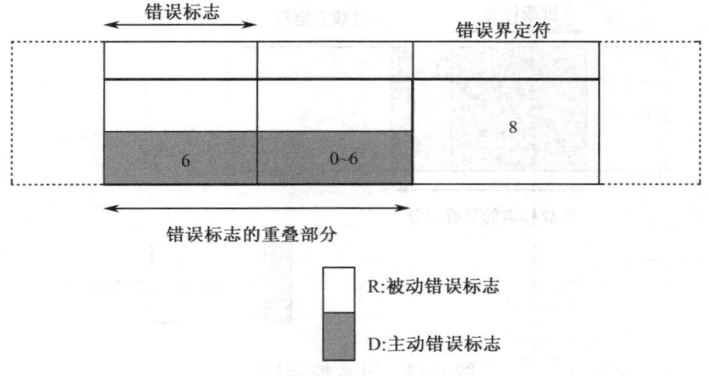

图9.12　错误帧结构

当一个主动节点检测到主动错误时，就向总线发送主动错误标志，连续6个显性电平"000000"，以此向其他节点发出出错的通知。连续6个显性电平"000000"的主动错误标志在总线上破坏了从帧起始到CRC界定符的位填充规则（此规则将在后续章节中学习），或者破坏了应答场或帧结束场的固定形式，所有其他的节点检测到这个错误后，同时开始向总线发送主动错误"000000"标志，因此在总线上检测到的结果就是把各个单独节点发送的不同的错误标志叠加在一起构成的一个显性电平序列，总长度最小为6位，最大为12位。

当一个被动节点检测到错误时，它就会试图向总线发送被动错误标志，以便其他节点知道发生了被动错误。被动错误标志是连续6个隐性电平。其实这个被动节点要做的工作只是等待，等到6个连"1"或6个连"0"。如果是6个连"1"，可以理解为这6个连"1"就是本节点发出的，因为碰到6个连"1"，无论本节点发不发总线上都是这个结果。如果是6个连"0"，可以理解为本节点发送的6个连"1"被主动节点发送的6个连"0"所覆盖。

无论是被动还是主动节点，当错误标志传送完以后，每个节点都开始发送隐性电平"1"，并同时检测总线。此时，总线上可能还会有某个节点正在发送主动错误标志显性电平"0"，直到检测出一位的隐性电平"1"时，表明所有主动错误标志发送完毕，然后所有节点就开始发送 7 位以上的隐性电平"1"。同检测到的那个"1"合起来，就构成了错误界定符，即 8 个连续的隐性电平"11111111"。

4．过载帧

过载帧用于接收节点通知发送节点，自己尚未完成接收准备过程。过载帧由过载标志和过载界定符两个场构成。过载帧的构成如图 9.13 所示。

（1）过载标志

连续 6 位的显性电平"000000"。

过载标志的构成与主动错误标志的构成相同。

（2）过载界定符

连续 8 位的隐性电平"11111111"。

过载界定符的构成与错误界定符的构成相同。

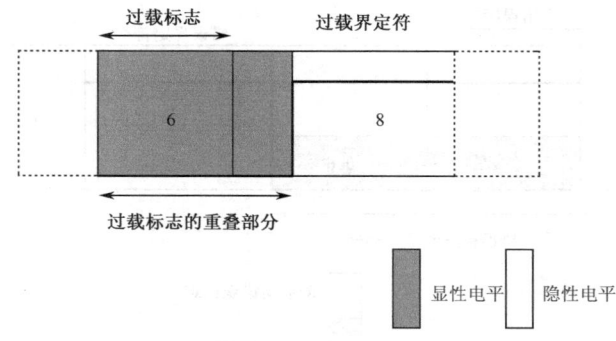

图 9.13　过载帧结构

有两种过载条件都会导致过载标志的传送：

（1）接收器的内部条件：某个接收节点由于本身的原因，来不及接收或处理数据，需要向发送节点说明延时发送下一数据帧或远程帧。

（2）间歇场期间检测到一个显性位"0"。

由第一种过载条件引发的过载帧只允许在所期望的间歇场的第一个位时间开始发送；而第二种过载条件引发的过载帧应从所检测到显性位之后紧接着的位开始发送。

5．帧间隔

帧间隔是用于分隔数据帧和远程帧的帧。数据帧和远程帧可通过插入帧间隔将本帧与前面的任何帧（数据帧、远程帧、错误帧、过载帧）分开。

过载帧和错误帧前不能插入帧间隔。帧间隔的构成如图 9.14 所示。

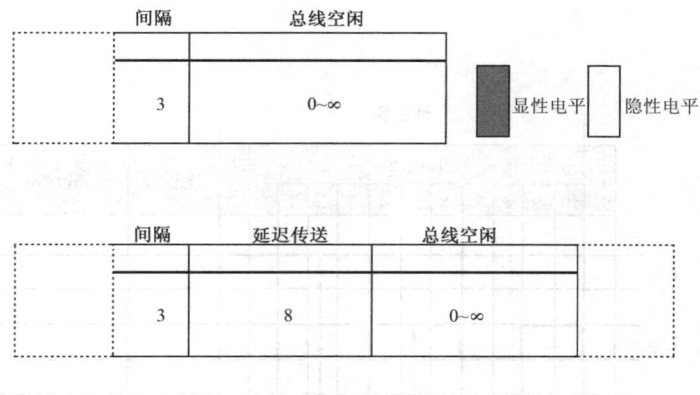

图 9.14 帧间隔结构

（1）间隔

连续 3 位的隐性电平"111"。

间歇期间，所有节点均不允许传送数据帧或远程帧，唯一要做的是标示一个过载条件。

（2）总线空闲

隐性电平，无长度限制（0 亦可）。

本状态下，可视为总线空闲，要发送的节点可开始访问总线。

（3）延迟传送（发送暂时停止）

连续 8 位的隐性电平"11111111"。

这一场只用于处于被动错误状态的节点刚发送一个消息后，其后面所需要的帧间隔中需要包含这一延迟传送场。

9.3.2 CAN 的非破坏性按位仲裁规则

CAN 总线上可以接很多节点，只要总线空闲，哪个节点都随时可以发送信息。只要检测到总线上有信息在发送，想要发送信息的节点就必须等待总线空闲时才可以发送。所以，正常情况下，CAN 总线是按照其发送的时间顺序来决定谁先发送的。

但是，假设有几个节点在检测到总线上正在发送的某一数据帧发送的帧结束，并等待了一个帧间隔时间后，同时开始数据帧的发送时，到底让哪一个节点先发送呢？

CAN 总线采用的是非破坏性按位仲裁规则。

CAN 总线上的数据采用非归零（NRZ）编码，数据位只有两个互补的逻辑值：显性或隐性。显性电平"0"可以覆盖掉隐性电平"1"。也就是说，当节点 1 向总线发送隐性电平"1"，而节点 2 同时向总线发送显性电平"0"时，总线上表现出的实际状态为"0"。也就是说节点 2 的发送获得成功，而节点 1 发送失败，它所发送的电平没有被总线接受。

在 CAN 总线上发送的每个消息帧，都有各自唯一的身份号码 ID，11 位或 29 位。当两个以上的节点同时发送消息帧时，哪一个获得优先权，取决于它所发送的消息帧的 ID。ID 号码越小，其优先权就越高。

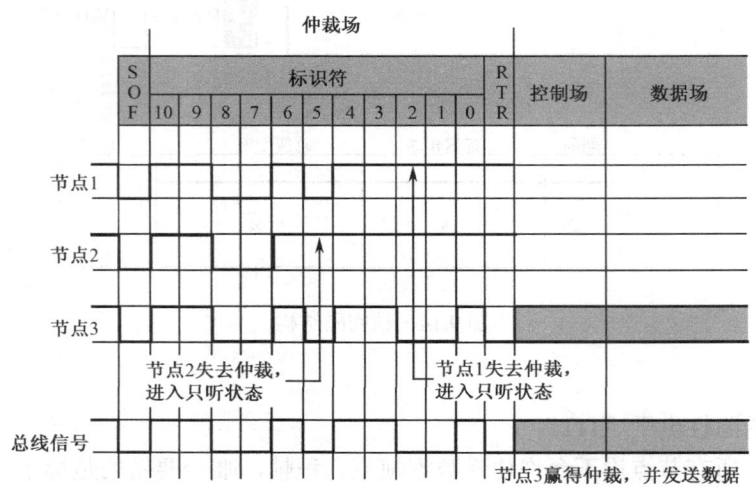

图 9.15　非破坏性逐位仲裁过程示意图

如图 9.15 所示，三个节点同时发送标准格式的帧，节点 1、节点 2 发送的是远程帧，节点 3 发送的是数据帧，节点 1 的 ID 号为 11001011111，节点 2 的 ID 号为 11001111111，节点 3 的 ID 号为 11001011001。从 SOF 到第 6 位 ID 号，三个节点的消息帧数位都完全一样，大家检测到总线上的状态和自己发送的一致，所以继续发送；当发送到第 5 位 ID 号时，节点 1 和节点 3 仍然保持发送状态，而节点 2 就检测到总线上的状态和自己发送状态不一致，说明自己已经失去了仲裁，必须为其他节点让出总线，所以就停止发送消息，变为只接收，不发送；当节点 1 发送到第 2 位 ID 号时，发现总线状态与自己发送状态不符，失去仲裁，变为只收不发。至此，三个节点争用总线的仲裁结束，节点 3 最后获得总线的使用权，继续自己的消息帧的发送过程。节点 1 和节点 2 同总线上其他节点一样，接收节点 3 发送的数据。

整个仲裁过程中，是从 SOF 位开始一位一位地进行仲裁的，所以称作按位仲裁。而仲裁过程中，获得总线使用权的节点 3，自始至终没有感觉到自己的消息帧发送受到仲裁过程的任何影响，所以称之为非破坏性仲裁。两者合起来称作非破坏性按位仲裁规则。

那么对于数据帧和远程帧，标准格式帧和扩展格式帧哪个具有更高的优先级别呢？

（1）数据帧和远程帧的优先级

具有相同 ID 的数据帧和远程帧在总线上竞争时，仲裁段的最后一位 （RTR）为显性位的数据帧具有优先权，可继续发送。

数据帧和远程帧的仲裁过程如图 9.16 所示。

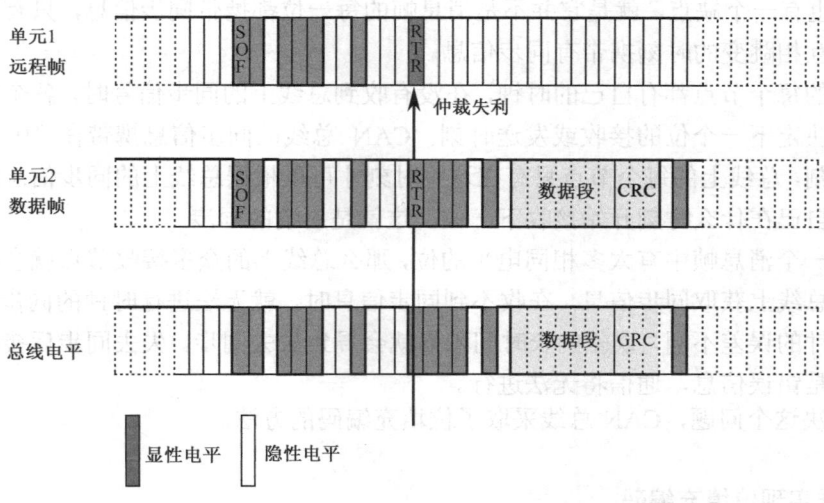

图 9.16 数据帧和远程帧的仲裁过程示意图

（2）标准格式和扩展格式的优先级

标准格式 ID 与具有相同 ID 的远程帧或者扩展格式的数据帧在总线上竞争时，标准格式的 RTR 位为显性位的具有优先权，可继续发送。

标准格式和扩展格式的仲裁过程如图 9.17 所示。

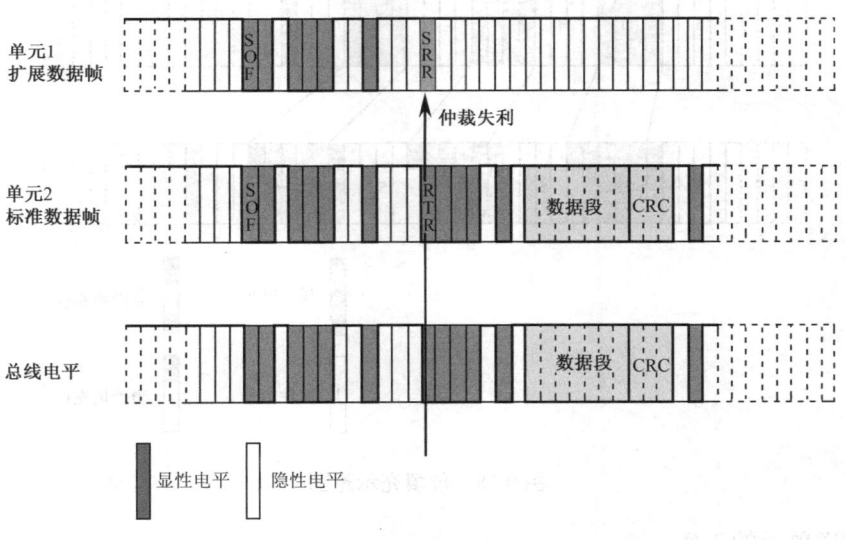

图 9.17 标准格式帧和扩展格式帧的仲裁过程示意图

9.3.3 CAN 中的位填充

1．为什么要进行位填充编码

CAN 总线中传输的消息帧的每一位都由不归零码表示，这种编码获得了位编码的最大

效率，但是也有一个缺点，就是它并不是消息帧的每一位都携带同步信息，只有在显性电平和隐性电平互相跳变的时刻携带有同步信息。

总线上的每个节点都有自己的时钟，在没有收到总线上的同步信号时，各个节点都按照自己的时钟决定下一个位的接收或发送时刻。CAN 总线的同步信息携带在"0"和"1"互相跳变的时刻，总线上的每个节点只有在这些时刻才可以根据总线上的同步信息修正自己的时钟，确定自己在什么时刻开始接收下一位，这就是所谓的同步。

如果在一个消息帧中有太多相同电平的位，那么总线上的众多接收节点就会在较长的时间内无法从总线上获取同步信息，在收不到同步信息时，就无法进行时钟的同步调整，由于每个节点时钟的误差不同，误差的长时间积累就会导致失去同步。失去同步后接收节点收到的信息一定是错误信息，通信将无法进行。

为了解决这个问题，CAN 总线采取了位填充编码的方法。

2．怎样实现位填充编码

简单讲，位填充就是当同样的电平持续 5 位时则添加一个位的反型电平。如果消息帧内出现连续 5 个"1"，则在其后面添加 1 个"0"；同样 ，若出现连续 5 个"0"，则在其后面添加 1 个"1"。

位填充的构成如图 9.18 所示。

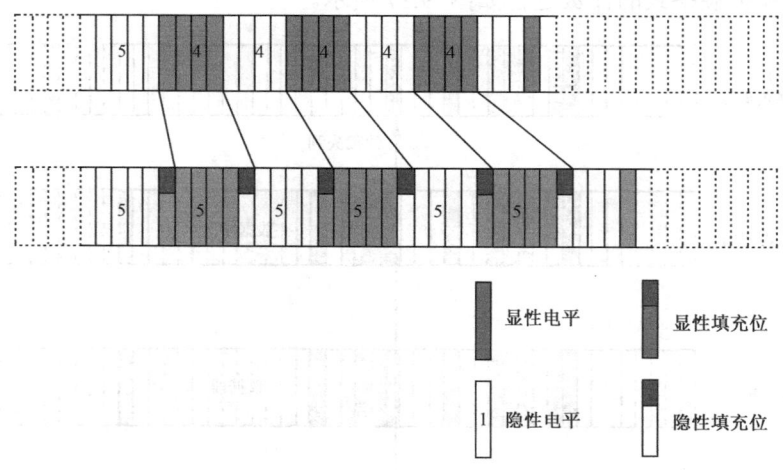

图 9.18　位填充示意图

（1）发送单元的工作

在发送数据帧和远程帧时，SOF～CRC 段间的数据，相同电平如果持续 5 位，在下一个位（第 6 位）则要插入 1 位与前 5 位反型的电平。

比如图 9.18 中左侧出现 5 个"1"，所以在其后面要加一位"0"，可是加"0"后和后面原有的 4 个"0"又形成了连续的 5 个"0"，按照规则要在其后加"1"。可见，加进来的填充位也要算在后面的尾数中，只要有 5 个连续相同的位，就要加相反极性的一个位。

总之，在经过位填充的消息帧中，连续相同位数最多为 5 个，超过 5 个就证明出现了错

误。而且，在连续 5 个相同位后面的一个位，为填充位，不是真正要传输的数据，只是为了有效传输数据而加进来的附属保障信息。

（2）接收单元的工作

在接收数据帧和远程帧时，对于 SOF～CRC 段间的数据，只要碰到相同电平如果持续 5 位，则需要在接收到的数据序列中删除下一个位（第 6 位）。如果这个第 6 位的电平与前 5 位相同，将被视为错误并发送错误帧。

9.3.4　CAN 对错误的处理

1. CAN 总线上的错误种类

CAN 总线上的错误共有 5 种，这 5 种错误可能单独发生，也可能同时发生。分别是：

● 位错误；
● 填充错误；
● CRC 错误；
● 格式错误；
● ACK 错误。

错误的种类、错误的内容、错误检测帧和检测单元（节点）如表 9.7 所示。

表 9.7　错误的种类

错误的种类	错误的内容	错误的检测帧（段）	检测单元
位错误	比较输出电平和总线电平（不含填充位），当两电平不一样时所检测到的错误	● 数据帧（SOF～EOF） ● 远程帧（SOF～EOF） ● 错误帧 ● 过载帧	发送单元 接收单元
填充错误	在需要位填充的段内，连续检测到 6 位相同的电平时所检测到的错误	● 数据帧（SOF～CRC 顺序） ● 远程帧（SOF～CRC 顺序）	发送单元 接收单元
CRC 错误	从接收到的数据计算出的 CRC 结果与接收到的 CRC 顺序不同时所检测到的错误	● 数据帧（CRC 顺序） ● 远程帧（CRC 顺序）	接收单元
格式错误	检测出与固定格式的位段相反的格式时所检测到的错误	● 数据帧（CRC 界定符、ACK 界定符、EOF） ● 远程帧（CRC 界定符、ACK 界定符、EOF） ● 错误界定符 ● 过载界定符	接收单元
ACK 错误	发送单元在 ACK 槽（ACK Slot）中检测出隐性电平时所检测到的错误（ACK 没被传送过来时所检测到的错误）	● 数据帧（ACK 槽） ● 远程帧（ACK 槽）	发送单元

（1）位错误

位错误由向总线上输出数据帧、远程帧、错误帧、过载帧的节点和输出 ACK 的节点、输出错误的节点来检测。

注意以下情况不属于位错误：

- 在仲裁场输出隐性电平，但检测出显性电平时，将被视为仲裁失利，而不是位错误。
- 在仲裁场作为填充位输出隐性电平时，但检测出显性电平时，将不视为位错误，而是填充错误。
- 发送节点在 ACK 场输出隐性电平，但检测到显性电平时，将被判断为其他单元的 ACK 应答，而非位错误。
- 输出被动错误标志（6 个隐性位）但检测出显性电平时，将遵从错误标志的结束条件，等待检测出连续相同 6 位的值（显性或隐性），并不视为位错误。

（2）格式错误

即使接收单元检测出 EOF（7 位的隐性位）的最后一位（第 8 位）为显性电平，也不视为格式错误。

即使接收单元检测出数据长度码（DLC）中 9～15 的值时，也不视为格式错误。

2．错误帧的输出

检测出满足错误条件的节点输出错误标志，来通报错误。

处于主动错误状态的节点输出的错误标志为主动错误标志；处于被动错误状态的节点输出的错误标志为被动错误标志。

发送节点发送完错误帧后，将再次发送数据帧或远程帧。

错误标志输出时序如表 9.8 所示。

表 9.8　错误标志输出时序

错误的种类	输　出　时　序
位错误	从检测出错误后的下一位开始输出错误标志
填充错误	
格式错误	
ACK 错误	
CRC 错误	ACK 界定符后的下一位开始输出错误标志

9.4　CAN 总线物理层基本原理

第 9.3 节讨论了 CAN 是怎样传输数据、怎样仲裁总线争用、怎样进行位填充等内容，这些问题都是数据链路层的问题，都是假定数据可以在物理层上准确无误地被传送的基础上讨论的。那么，数据在物理层通过什么介质传输？传输的信号是怎样的数字信号？这些信号怎样进行同步？实现这些传输功能需要怎样的设备和电路？这些问题是物理层的问题，本节

和后续章节将逐步回答这些问题。

9.4.1　CAN 总线的同步

CAN2.0 协议中，对位定时提出了要求，这就是 CAN 总线的同步实现方法。

CAN 总线的同步根据物理信令子层（PLS）规范实现。

1．位速率的定义

（1）标称位速率

CAN 总线的标称位速率是表示总线通信速度的一个主要指标，它是指一个理想的发送器（没有时延、没有差错）在没有重新同步的情况下每秒钟所发送的位的数量。比如我们说 CAN2.0B 总线的位速率最高为 10 Mb/s，就是说每秒钟可以传输 1000 万个位。

（2）标称位时间

标称位时间是指消息帧中的一位所占的时间长度。标称位时间 = 1 /标称位速率

比如，标称位速率为 10 Mb/s 时，标称位时间为 0.1 微秒（μs）。

2．位时间的分段

为了方便实现总线的同步，CAN2.0 将位时间进行了细分，划分为四个互不重叠的段，如图 9.19 所示。

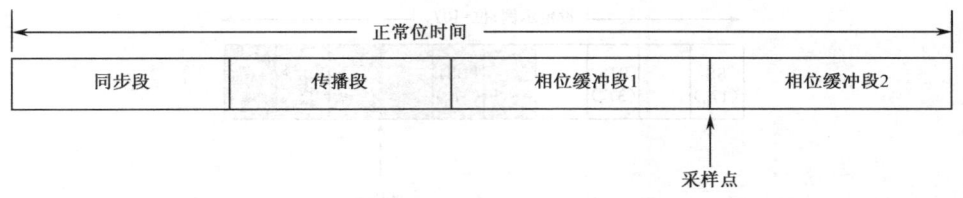

图 9.19　位时间各组成部分

（1）同步段（SS）

位时间的同步段用于同步总线上不同的节点，正常情况下，总线上的"0"和"1"电平之间互相跳变的跳变沿应该落入这一段内。

（2）传播段（PTS）

发送节点发送的消息帧内包含的每个位，在发送节点输出驱动电路中有一定的时延，信号在总线上传输也有一定的时延，信号进入各个接收节点输入比较器还有一定的时延，所以从发送节点发送信号到接收节点收到信号会有一定的时延。只有在接收信号时考虑了这个时延，才可能保证接收端和发送端通信的同步，不至于发生错位。传播段就是用来补偿网络内的物理延时时间，它的时间长度是总线上、发送节点、接收节点时延总和的两倍。

（3）相位缓冲段 1（PBS1）和相位缓冲段 2（PBS2）

当接收节点发现自己和总线上的位不同步时，需要通过改变这两个段中的其中一个的长度来调整自身的相位，以实现与总线的同步。

（4）采样点（SAMPLE POINT）

采样点是读出总线电平并确定该位值的一个时间点，也就是 CAN 处理器读取该位数值的时刻。采样点位于相位缓冲段 1 和相位缓冲段 2 之间。

（5）信息处理时间（INFORMATION PROCESSING TIME）

信息处理时间是一个以采样点作为起始的时间段，这段时间用于接收节点对该位数值取样后，进行判决和处理。

（6）时间份额（TIME QUANTUM）

为了对位时间内四个段进行定量描述，引入时间份额的概念。

时间份额是定义的一个标准时间长度（T_q），同步段的长度为一个时间份额 T_q，传播段和两个相位缓冲段的时间长度都是 T_q 的整数倍。

同步段为 1 个时间份额；传播段的长度可设置为 1～8 个时间份额；相位缓冲段 1 的长度可设置为 1～8 个时间份额；相位缓冲段 2 的长度为相位缓冲段 1 和信息处理时间两者的最大值，取值为 2～8 个时间份额；信息处理时间少于或等于 2 个时间份额。

一个位时间总的时间份额值可以设置在 8～25 个时间份额的范围。

（7）再同步补偿宽度 （SJW，reSynchronization Jump Width）

因时钟频率偏差、传送延迟等，各单元有同步误差。SJW 为补偿此误差的最大值。取值为 1～4 个时间份额。

由图 9.20 可知，调整相位缓冲段 1 和相位缓冲段 2 的长度可以改变采样点在位时间内部的位置，使其能够在合适的时刻进行采样。

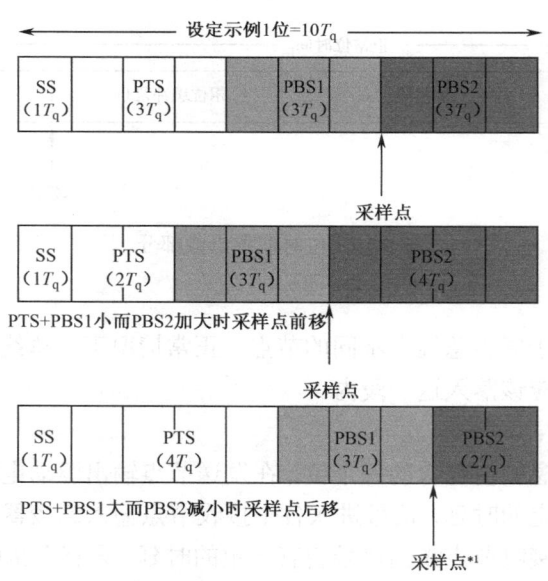

图 9.20　一个位的时间份额分配

3．硬件同步的实现

首先介绍一下相位与同步的概念。

我们在电工技术基础课程里学习过相位的概念，记得三相交流电是由三个相位差分别为 120°的正弦波组成的。U、V、W 三个正弦波有相位差，是因为它们的初相位不相等，分别为 0°、120°和 240°。如果他们的初相位相等，比如都为 120°，那么这三个正弦波就会同时达到最大值，同时达到最小值，同时达到 0 值，它们的变化节奏将完全相同。这时候我们就说他们实现了同步。

正弦波的基本单元是一个周期，从 0 开始，增大到最大值，变小再回到 0，继续变小到最小值，最后变大回到 0。CAN 总线上传输的信息的最基本单元是位，其相位由若干个时间份额 T_q 组成，开始是同步段，接下来是传播段，再下来是相位缓冲段 1，最后是相位缓冲段 2。CAN 总线的位同步就是指 CAN 总线上的所有节点同时开始一个位相位，同时进入同步段，同时进入传播段，同时进行采样。

为了实现位同步，CAN 有两种同步方式：硬件同步和再同步。

硬件同步是指 CAN 总线上的所有节点，在总线空闲的前提下，只要收到一个从隐性电平"1"到显性电平"0"的跳变沿，就统一将这一跳变沿作为基准，将这个跳变沿放在自己将要开始的位时间的同步段内，开始一个位时间的工作，紧接下来的几个 T_q 就是这一位的传播段、相位缓冲段 1、相位缓冲段 2。使用这样的方法，在总线空闲状态，只要出现一个"1"到"0"的跳变沿，就可以使得总线上的所有收发节点，都以这个跳变沿为基准调整自己的位相位，同步开始工作。硬件同步解决了总线上消息帧开始发送阶段的同步问题。

硬件同步的实现过程如图 9.21 所示。

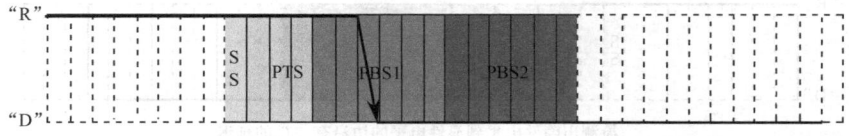

当检测出隐性到显性的边沿时，视为位的起始（SS）

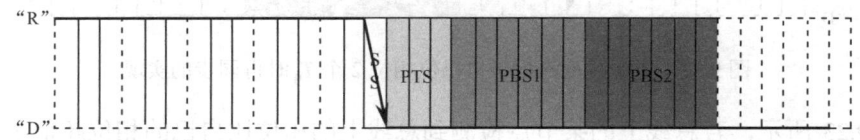

图 9.21　硬件同步的实现

在图中，假定 CAN 总线上的某一个节点正按照自己的位相位接收总线上的空闲状态，即连续的隐性电平"1"，而这个 CAN 总线规定的位时间编排是同步段 1 个 T_q，传播段 3 个 T_q，相位缓冲段 1 和 2 均为 6 个 T_q。当以自己的位相位接收到相位缓冲段 PBS1 的第三个 T_q 时，检测到总线上有一个从"1"到"0"的跳变，这时这个节点就立即改变自己的位相位，就以刚才收到电平跳变的那个时刻为改正后的位相位的同步段，开始 3 个 T_q 传播段——6 个 T_q 相位缓冲段 1——采样——6 个 T_q 相位缓冲段 2 的相位循环。

通俗地讲就好像在一个舞厅里有很多对舞伴在跳华尔兹舞，刚开始没有音乐时，大家先

自己练习，大家都按照自己的节奏数着"嘣——嚓——嚓"，但是，每组舞伴都按照自己的节奏来跳，舞池显得很乱。当音乐响起时，舞曲放出第一个"嘣——嚓——嚓"的"嘣"音时，所有舞伴都调整自己的舞步节奏，跟着音乐的节奏，翩翩起舞，大家一同步，舞池显得很整齐，优美。位相位就好比是跳舞的节奏，位速率就好比是舞曲的快慢（每分钟多少拍），在大家快慢一致的情况下，要想达到整齐，必须做到，节奏一致，也就是同时开始"嘣——嚓——嚓"的"嘣"。取得节奏一致的过程叫做同步。

4．再同步的实现

上面所举的跳华尔兹舞蹈的例子中，如果一对舞伴发现自己的动作比别人快了一拍，他们就等一拍，以便和别人统一节奏，若发现自己比别人慢了一拍，就加快一拍，以求得统一。这个过程叫做再同步。

当 CAN 总线上的某个节点接到总线上的帧起始信息，完成了硬件同步后，正常接收了一些位后，在某一位上发现总线上"0"、"1"电平的跳变时刻没有落在自己的同步段内，这时它自己就要主动进行同步，这一同步过程称作位的再同步。

图 9.22 是某节点检测到总线上的电平跳变滞后于自己位相位 2 个 T_q 的情况。

当总线上的节点检测到总线上的相位比自己的相位滞后了 2 个 T_q 时，这个节点就要在相位缓冲段末尾增加 2 个 T_q 的时间，加长这一个位，使得下一位的同步段可以和总线上正在发送的位取得同步。

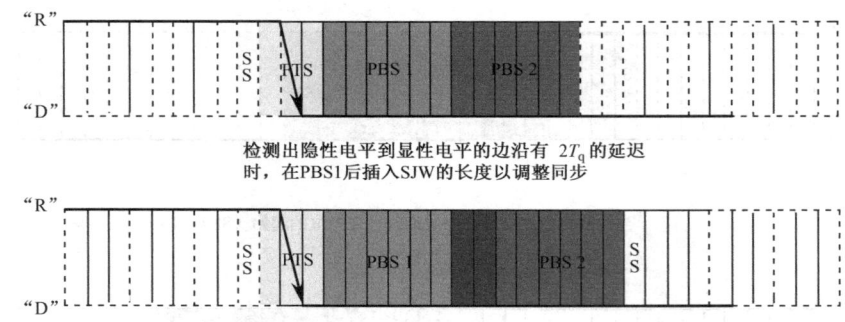

图 9.22　电平跳变滞后于自己位相位 2 个 T_q 时再同步的实现

如图 9.23 所示，若总线上的某节点检测到总线上的相位比自己的相位超前了 2 个 T_q，即在某一位缓冲段 2 的倒数第二个 T_q 检测到了电平跳变，这个节点就要在相位缓冲段 2 末尾减少 2 个 T_q 的时间，缩短这一个位，并马上将检测到跳变的这一个 T_q 作为下一位的同步段，使得下一位的同步段可以和总线上正在发送的位取得同步。

每一次再同步在同步缓冲段增加或减少的 T_q 数量最多不能超过再同步补偿宽度 SJW。SJW 的数值取值范围为 1～4，由节点所在的 CAN 总线统一规定。如果某个节点发现自己的同步段和总线上的电平跳变的相位差大于 SJW 所规定的值，则这个节点的再同步分几次进行，每次最多可以增加或减少的 T_q 数应不大于 SJW 值。

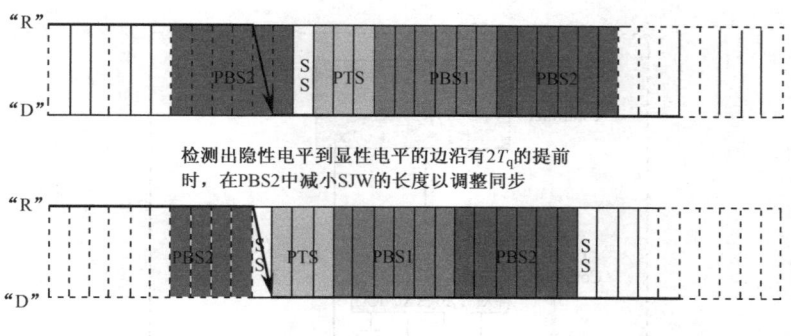

图 9.23　电平跳变超前于自己位相位 2 个 T_q 时再同步的实现

5．调整同步的规则

硬件同步和再同步遵从如下规则：

① 1 个位中只进行一次同步调整。

② 只有当上次采样点的总线值（总线上的 0、1 值）和电平跳变边沿后的总线值不同时，该边沿才能用于调整同步。

③ 在总线空闲且存在隐性电平到显性电平的边沿时，则一定要进行硬件同步。

④ 在总线非空闲时检测到的隐性电平到显性电平的边沿如果满足条件①和②，将进行再同步。

⑤ 发送节点观测到自身输出的显性电平有延迟时不进行再同步。

⑥ 发送节点在帧起始到仲裁段有多个节点同时发送的情况下，对延迟边沿不进行再同步。

9.4.2　CAN 总线节点与总线的连接

1．连接电路与总线电平

图 9.24 所示是一个典型的高速 CAN 总线上一个节点的简单方框图，以及它与总线的连接方式。由图可见，节点与总线的连接是通过节点 ECU 的收发器 CAN-H、CAN-L 接口与总线相连接的。

图 9.25 给出了适合 ISO11898 规定的高速 CAN 的典型收发器内部与 CAN-H、CAN-L 接口相关的部分等效电路图。当该节点需要输出隐性电平时，接收器根据 TXD 传送的数据，向两个输出晶体管输出控制电压，使两个晶体管均截止。此时由于两个晶体管等效直流电阻很大，CAN-H 与 CAN-L 之间连接的 120 欧姆电阻与他们相比可以忽略，由两个晶体管和 120 欧姆电阻组成的分压电路分压的结果是 CAN-H、CAN-L 电压基本相同，约为 Vcc 的一半，2.5V。此时，本节点 CAN-H 和 CAN-L 端对总线而言属于高阻抗状态，输出的电平对总线上状态的影响可以忽略。当需要输出显性电平时，接收器输出电压，使两个输出晶体管饱和，分压的结果是 CAN-H 端输出高电平，CAN-L 输出低电平。输出的电平如图 9.26 所示。

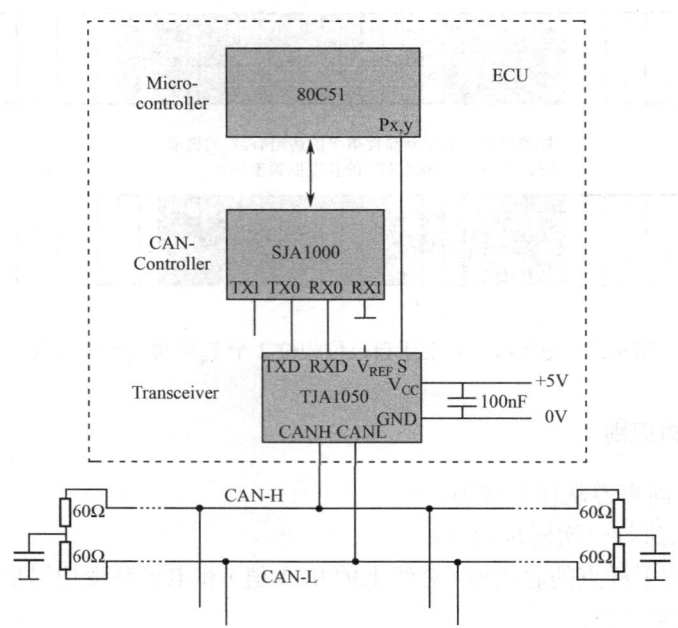

图 9.24　CAN 节点构成以及与总线的连接

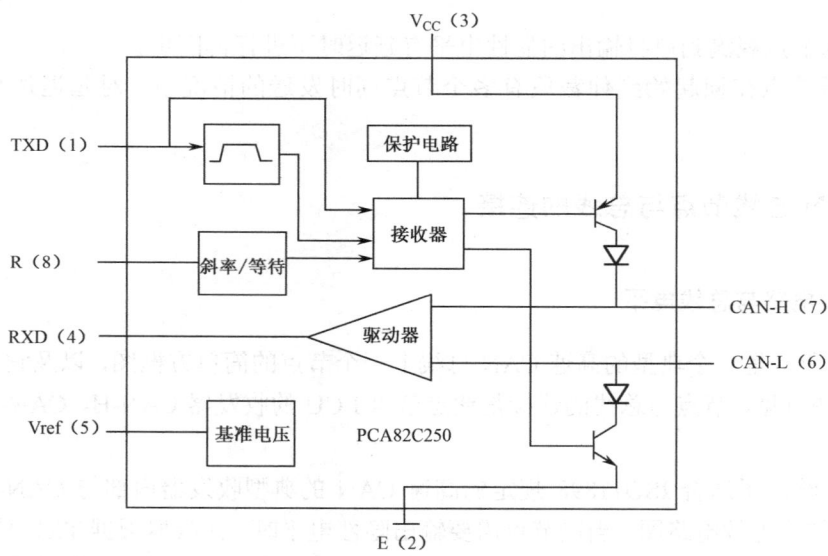

图 9.25　高速 CAN 收发器内部电路

图 9.27 给出了适合 ISO11519-2 规定的低速 CAN 的典型收发器内部与 CAN-H、CAN-L 接口相关的部分等效电路图。当该节点需要输出隐性电平时，CAN 模块向两个输出晶体管输出控制电压，使两个晶体管均截止。此时由于两个晶体管等效直流电阻很大，CAN-H 与 CAN-L 端口的电平由 Vcc 和地之间所接的三个电阻分压提供，可见，由于 CAN-H 在靠近地的一端取得的电压，所以电压较低，而 CAN-L 端电平较高；当需要输出显性电平时，CAN

模块输出电压，使两个输出晶体管饱和，CAN-H 端输出高电平，CAN-L 输出低电平。输出的电平如图 9.28 所示。

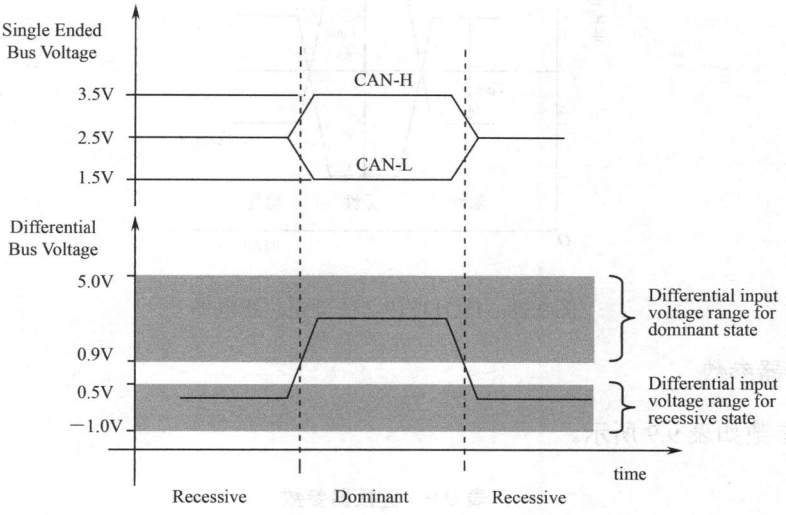

图 9.26 ISO11898 的额定总线电平

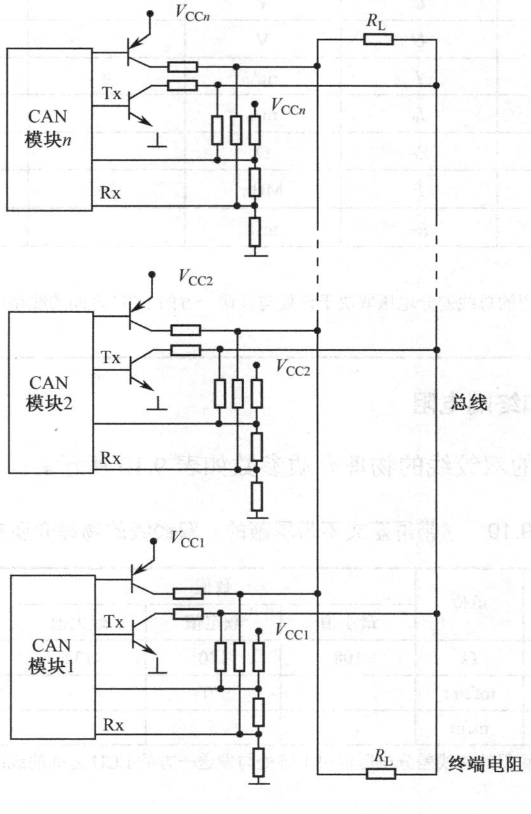

图 9.27 低速 CAN 收发器内部电路

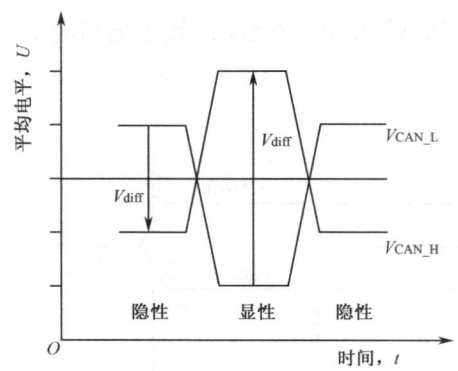

图 9.28　ISO11519-2 的额定总线电平

2．连接器参数

连接器参数如表 9.9 所示。

表 9.9　连接器参数

参数		符号	单位	数值		
				最小值	额定值	最大值
电压	v_{BAT}=12V	U	V			16
	v_{BAT}=24V	U	V			32
电流		I	mA	0	25	80
电流峰值 [1]		I_P	mA			500
阻抗		Z_C	Ω		120	
传输频率		F	MHz	25		
传输电阻 [2]		R_T	mΩ		70	
1）限时：101ns						
2）在接收一方的 ECU 处测得的总线差分电压取决于该处与发送一方的 ECU 之间的线路电阻，所以信号线的传输电阻受各 ECU 总线电平参数的制约。						

3．物理介质规范和终端电阻

带屏蔽或不带屏蔽的双绞线的物理介质参数如表 9.10 所示。

表 9.10　（带屏蔽或不带屏蔽的）双绞线的物理介质参数

参数	符号	单位	数值			备注
			最小值	额定值	最大值	
阻抗	Z	Ω	108	120	132	从两信号线之间测得
线电阻率	r	mΩ/m		70		①
线路比延时		ns/m		5		②
① 在接收一方的 ECU 处测得的总线差分电压取决于该处与发送一方的 ECU 之间的线路电阻，所以信号线的总电阻受各 ECU 总线电平参数的制约；						
② 总线上两点之间的最短延时可以为 0，最长延时则由位时间及发送与接收电路的延时决定						

终端电阻参数如表 9.11 所示。

表 9.11 终端电阻的参数

符号	单位	数值			备注
		最小值	额定值	最大值	
Rs	Ω	118	120	130	最小功耗：220mW

9.5 CAN 总线的管理与故障界定

9.5.1 故障界定的概念

故障界定就是要根据总线上各节点出错的程度和具体情况，使他们分别处于以下三种工作状态之一：

- 错误主动；
- 错误被动；
- 总线关闭。

错误主动的节点可以正常地参与总线通信，并在错误被检测到时发出主动错误标志。

错误被动的节点不允许发送主动错误标志，可以参与总线通信，而且在错误被检测到时只能发出被动错误标志，而且发送以后，错误被动节点将在下一个发送之前处于等待状态。

总线关闭的节点不允许对总线有任何的影响，比如要求他们关闭输出驱动器。

故障界定的目的是为了合理地管理总线上的各个节点，及时隔离故障节点，尽量减少故障节点对总线总体通信的影响，从而提高总线的可用性和可靠性。

9.5.2 故障界定的实现方法

为了进行故障界定，在总线上的每一个节点内部都设置两个计数器：

- 发送错误计数器；
- 接收错误计数器。

计数器按照特定的规则进行计数，每个节点的 CAN 控制器都根据计数器的值决定这个节点应该处于错误主动、错误被动还是总线关闭状态。

9.5.3 计数器的计数规则

（1）当接收节点检测到一个错误时，接收错误计数器就加 1。在发送主动错误标志或过载标志期间所检测到的错误为位错误时，接收错误计数器值不加 1。

（2）当错误标志发送以后，接收节点检测到的第一个位为显性电平时，接收错误计数器值加8。

（3）当发送器发送一错误标志时，发送错误计数器值加8。但这里有两种例外情况：

例外情况1：发送节点处于错误被动状态，并检测到一个应答错误（注：此应答错误由检测不到一个显性应答以及当发送被动错误标志时检测不到一个显性位而引起）。

例外情况2：发送节点因为填充错误而发送错误标志。（注：此填充错误发生于仲裁期间。引起填充错误是由于填充位位于RTR位之前，并已作为隐性发送，但是却被监视为显性）。

当发生例外情况1和例外情况2时发送错误计数器值不改变。

（4）发送主动错误标志或过载标志时，如果发送节点检测到位错误，则自己的发送错误计数器值加8。

（5）当发送主动错误标志或过载标志时，如果接收节点检测到位错误，则接收错误计数器值加8。

（6）在发送主动错误标志、被动错误标志或过载标志以后，任何节点最多容许7个连续的显性位。

如果出现以下情况，则每一发送节点将它们的发送错误计数器值加8，每一接收节点的接收错误计数器值加8：

① 当检测到第14个连续的显性位后；

② 在检测到第8个跟随着被动错误标志的连续的显性位以后；

③ 在每一附加的8个连续显性位顺序之后。

（7）报文成功传送后，得到应答并且直到帧末尾结束没有错误，发送错误计数器值减1，除非已经是0。

（8）如果接收错误计数值介于1和127之间，在成功地接收到报文后，直到ACK间隙接收没有错误并且成功地发送了应答位，接收错误计数器值减1；如果接收错误计数器值是0，则它保持为0；如果大于127，则它会设一值，介于119～127之间。

（9）当发送错误计数器值等于或超过128时，或当接收错误计数器值等于或超过128时，该节点转为错误被动状态，让节点转入错误被动状态的那个错误条件致使节点发出主动错误标志。

（10）当发送错误计数器值大于或等于256时，节点进入总线关闭状态。

（11）当发送错误计数器值和接收错误计数器值都小于或等于127时，错误被动的节点重新转为错误主动状态。

（12）在总线监视到128次出现11个连续隐性位之后，总线关闭的节点可以转为错误主动状态，它的错误计数值也被设置为0。

在某个报文发送期间，可能会出现几个规则同时被适用的情况，计数器则累计计数。

9.5.4 总线故障管理

在总线正常运行期间，可能会发生一些故障，对总线的运行造成一些影响。这些可能出现的故障和网络上节点所要采取的策略详见表9.12。

表 9.12 总线故障检测

对总线故障的描写		网 络 动 作	规范性质
某个节点掉电		剩余节点在信噪比变小的情况下继续通信	推荐性
某个节点失去与地的连接		剩余节点在信噪比变小的情况下继续通信	推荐性
某处节点的屏蔽连接失效		所有节点继续通信	推荐性
开路和短路故障			
编号	①CAN-H 断开	所有节点在信噪比变小的情况下继续通信	推荐性
	②CAN-L 断开		
	③CAN-H 同电池电压短接		
	④CAN-L 同地短接		
	⑤CAN-H 同地短接		
	⑥CAN-L 同电池电压短接		
	⑦CAN-L 线与 CAN-H 线短接	所有节点在信噪比变小的情况下继续通信	任选性
	⑧CAN-L 线与 CAN-H 线在同一处断开	系统整体停止动作，由此形成的子系统（包括终端网络的那部分）中的节点继续通信	推荐性
	⑨失去一条与终端网络的连接	所有节点在信噪比变小的情况下继续通信	推荐性

第 *10* 章

FlexRay 网络

10.1 概　　述

10.1.1 FlexRay 的产生与发展历史

随着汽车电子技术的发展，未来汽车将向 x-by-wire（线控系统，其中 x 表示需要线控的系统，比如 steering by wire 称为线控转向系统，brake by wire 称为线控制动系统）操控方式转变，使传统的汽车机械连接系统变成通过高速容错通信总线与高性能 CPU 相连的电气系统。通过实现 x-by-wire 操控方式，提高汽车可靠性、安全性，通过电子系统替代机械系统，达到减轻重量的目的。但采用 x-by-wire 操控方式代替机械传动控制系统，对电控单元和通信网络系统的可靠性、实时性和数据传输速率等都提出了新的更高的要求。也就是说，目前已经成熟应用的控制器局域网 CAN 已不能满足汽车技术进一步发展的需求，需要研发一些时间触发、容错、传输延迟小且固定、具有高的通信速率的总线，FlexRay 总线系统就是其中最具发展前景而且全球汽车行业认可的新一代汽车车载网络系统。

FlexRay 原本是 Daimler Chrysler 公司的一个注册商标。1999 年 9 月，由 BMW 公司和 Daimler Chrysler 公司开始着手进行新一代汽车车内总线系统的研究，定名为 FlexRay。2000 年，他们联合 Philips 公司（现 NXP 公司）、Motorola 公司(现 Rescale 公司)、BOASH 公司、GM 公司和 VW 公司等国际著名企业创建了 FlexRay 联盟（FlexRay Consortium），这 7 家公司集汽车、半导体和电子系统研发、制造商于一体，制订了满足未来车内控制应用通信需求的 FlexRay 通信协议。2001 年，提出了硬件解决方案，出现了第一个收发器原型。2002 年，VW 在美国的FlexRay大会上宣称支持FlexRay,继而全球主要汽车工业协会宣布支持FlexRay 通信协议，并投入使用。2003 年，FlexRay 总线开始用于 x-by-wire 系统可行性鉴定。到 2006 年，FlexRay 网络应用于量产的 BWM X5 车中，标志着 FlexRay 不再只是处于开发阶段的协议，而是已经进入实际应用阶段。

同时，FlexRay 通信协议逐步发展成熟，目前几乎全球所有核心的汽车厂商和电子、半导体公司都加入了该联盟，在为协议发展提供全方位技术支持的同时，也促进了 FlexRay 总线系统在全球的推广应用。2010 年，FlexRay 总线协议被国际标准化组织纳入标准体系中，形成 ISO 10681-1—2010-道路车辆—FlexRay 车载网络通信标准-第 2 部分：通信层服务等标准。

随着 FlexRay 通信协议的逐步完善和标准化应用，必将成为继 CAN、LIN、MOST 等车载网络之后未来汽车网络的主流标准。

10.1.2　FlexRay 的特点与应用领域

FlexRay 作为新一代汽车车载网络，提供了更高的数据速率、更灵活的数据通信、更全面的拓扑和更精准的容错运算。

FlexRay 车载网络技术的特点主要体现在以下几个方面。

（1）通信带宽宽，可以提供性价比最高的高速数据传输。

FlexRay 在物理上通过两个分开的总线通道进行通信，每一个总线通道的数据速率可以达到 10Mb/s。CAN 网络最高性能极限为 1Mb/s，而 FlexRay 总数据速率可达到 20Mb/s。因此，应用于车载网络，FlexRay 的网络带宽可能是 CAN 的 20 倍之多。从图 10.1 可见，FlexRay 是性价比最高的高速率车载网络。

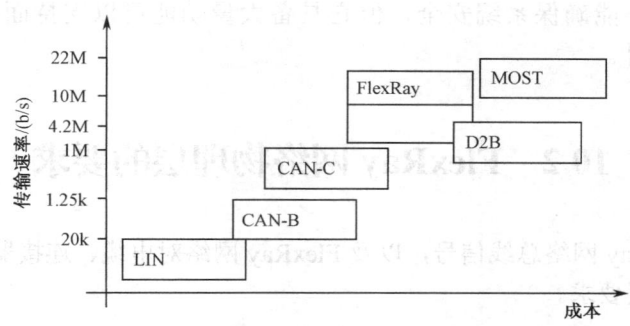

图 10.1　几种常用车载网络的传输速率与成本的关系

（2）时间确定性。

FlexRay 总线采用时分多路数据传输方式，各种数据在每个数据帧中都拥有自己固定位置，确保消息到达的时效性。

（3）分布式时钟同步。

FlexRay 总线使用基于同步时基的访问方法，且同步时基通过协议自动建立和同步，时基的精确度达到 1 μs。

（4）容错数据传输。

FlexRay 总线具有专用决定性故障容错协议，支持多级别的容错能力，包括通过单通道或双通道模式，提供传输所需要的冗余和可扩展的系统容错机制，确保数据传输的可靠性。

（5）组网的灵活性。

FlexRay 总线支持总线型、星型、级联星型及混合型等多种拓扑结构，同时支持时间触发和事件触发两种通信方式，具有消息冗余传输或非冗余传输两种方式，且提供大量配置参数供用户灵活进行系统调整、扩展。

对于 FlexRay 总线数据传输，根据应用申请，FlexRay 总线通信周期分为静态段和动态段。静态段数据传输采用时间触发方式，能够满足高可靠系统应用需求；动态段主要是基于事件触发方式的，允许每一个节点占用全带宽实现数据传输。

基于上述特点，使 FlexRay 具有广泛的应用领域，主要集中在以下几个方面。

（1）替代 CAN 总线。

在数据速率要求超过 CAN 通信带宽的应用系统中，原来往往会采用两条或多条 CAN 总线来实现高速率的数据传输，FlexRay 将是替代这种多总线解决方案的理想技术。

（2）用作"数据主干网"。

FlexRay 具有很高的数据速率，且支持多种拓扑结构，非常适合于车辆骨干网络，用于连接多个独立网络。

（3）用于分布式控制系统。

在分布式控制系统中，往往需要确切知道消息到达的时间，且消息周期偏差要求非常小。FlexRay 的特点使其成为具有严格实时要求的分布式控制系统的首选技术，能够应用于如动力系统、底盘系统的一体化控制中。

（4）用于安全性要求高的系统。

FlexRay 本身不能确保系统安全，但它具备大量功能可以支持面向安全的系统（如 x-by-wire 系统）设计。

10.2　FlexRay 网络物理层的要求

本节介绍 FlexRay 网络总线信号，以及 FlexRay 网络对电缆、连接器、端接、负载等基本组成元素的物理层要求。

10.2.1　FlexRay 总线与节点的总线驱动器

1. FlexRay 网络的总线

FlexRay 网络由各个节点与节点之间的连接电缆构成，连接电缆称作 FlexRay 网络的总线。FlexRay 网络的总线通常为双绞线，其中一根为 BP（总线正），另一根为 BM（总线负）。在网络工作时两根线上的信号电压（相对于信号平均值而言）通常呈现出振幅相等、相位相反的特征，称之为差分电压，如图 10.4 所示，在 Date-1、Date-0 状态下，实线和点划线分别表示 BP 和 BM 上的电压波形，可见它们相对于信号的平均电压变化幅度大小相等，方向相反。

2. 节点的总线驱动器

为了适应总线对差分电压的要求，每个节点与总线连接的位置都设置有总线驱动器（Bus Driver，BD）。总线驱动器由发射器和接收器构成，发射器在其所属节点向总线发送信号时，负责向总线提供一对差分电压；接收器在其所属节点处于接收状态时，负责接收总线上的差分电压，并把它变换成节点内部工作所需的数据信号形式，供节点使用。图 10.2 给出了

三种不同拓扑的网络总线与总线驱动器的连接关系。

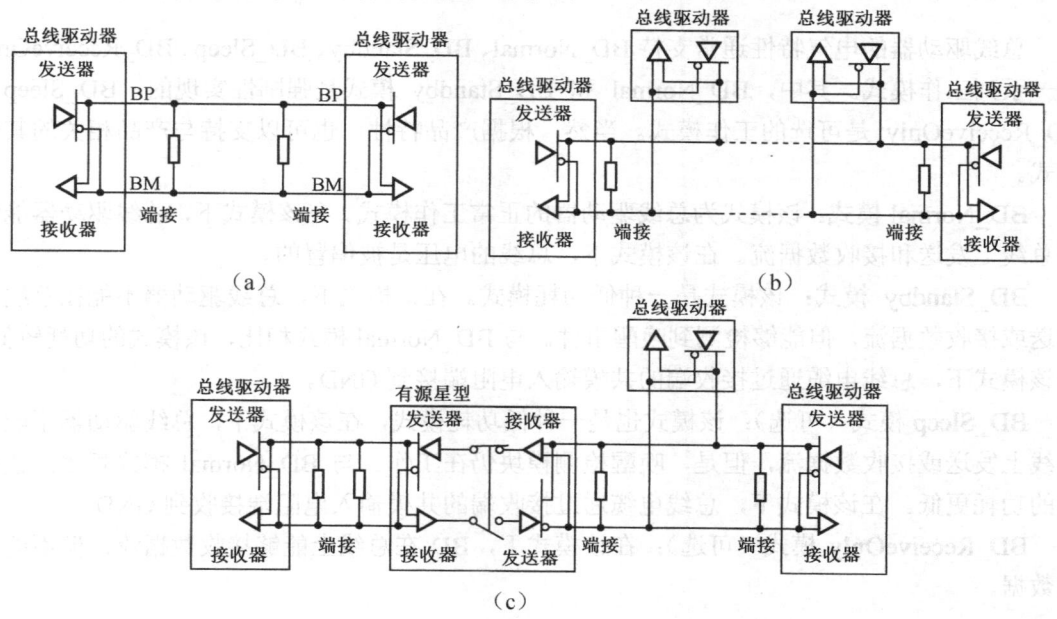

图 10.2　三种不同拓扑结构的网络总线与 BD 的连接关系

　　总线驱动器实现了 FlexRay 节点模块和通道之间的物理层接口。总线驱动器给总线提供差分发送和接收功能，使节点模块能够进行双向时分复用的二进制数据流传输。除了发送和接收功能外，总线驱动器还提供低电压管理、供电监测（低电压检测）及总线故障检测功能，并提供总线和 ECU 的 ESD（Electro-Static Discharge，静电释放）保护屏障功能。总线驱动器的示意框图如图 10.3 所示。

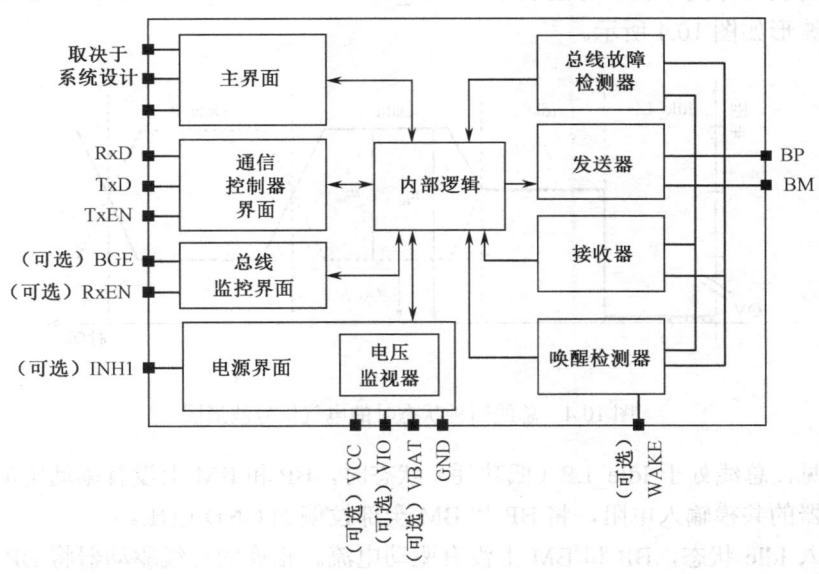

图 10.3　总线驱动器的结构示意框图

3．总线驱动器的四种工作模式

总线驱动器的电气特性通常支持 BD_Normal、BD_Standby、BD_Sleep、BD_ReceiveOnly 等一系列工作模式。其中，BD_Normal 和 BD_Standby 模式是强制性实现的，BD_Sleep、BD_ReceiveOnly 是可选的工作模式。当然，根据产品特性，也可以支持与产品相关的其他模式。

BD_Normal 模式： 该模式为总线驱动器的正常工作模式。在该模式下，总线驱动器能够在总线上发送和接收数据流。在该模式下，总线的电压是被偏置的。

BD_Standby 模式： 该模式是一种低功耗模式。在该模式下，总线驱动器不能在总线上发送或接收数据流，但能够检测到唤醒事件。与 BD_Normal 模式相比，该模式的功耗较低。在该模式下，总线电缆通过接收端的共模输入电阻端接到 GND。

BD_Sleep 模式（可选）：该模式也是一种低功耗模式，在该模式下，总线驱动器不能在总线上发送或接收数据流，但是，唤醒检测模块仍在工作。与 BD_Normal 模式相比，该模式的功耗更低。在该模式下，总线电缆通过接收端的共模输入电阻端接收到 GND。

BD_ReceiveOnly 模式（可选）：在该模式下，BD 在总线上能够接收数据流，但不能发送数据。

10.2.2　FlexRay 的电气信号

1．电气信号

FlexRay 总线的两条总线电缆分别表示为 BP 和 BM，线上电压（对地测量）分别表示为 u_{BP} 和 u_{BM}。则总线上的差分电压定义为 $u_{Bus}=u_{BP}-u_{BM}$。根据总线上可能出现的各种电压情况，我们把总线的状态分为 4 种，分别表示为 Idle_LP、Idle、Date_1、Date_0。总线四种状态时的电气信号波形如图 10.4 所示。

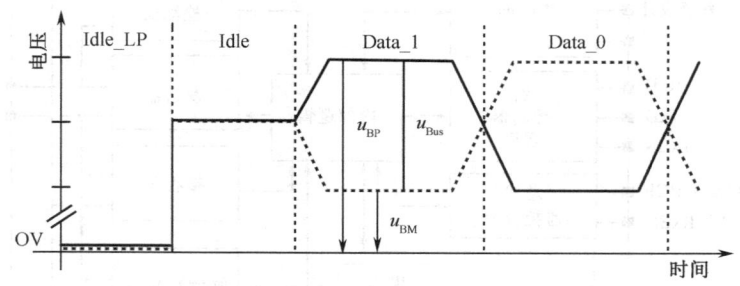

图 10.4　总线四种状态时的电气信号波形图

由图可见，总线处于 Idle_LP（低功耗）状态时，BP 和 BM 上没有驱动电流，通过总线驱动器接收器的共模输入电阻，将 BP 和 BM 全部拉偏到 GND 电压。

总线进入 Idle 状态，BP 和 BM 上没有驱动电流。相连的总线驱动器将 BP 和 BM 都拉偏到一个确定电压。总线驱动器并不区分 Idle 和 Idle_LP。

驱动总线进入 Data_1 状态，总线驱动器在 BP 和 BM 之间建立正差分电压。

驱动总线进入 Data_0 状态，总线驱动器在 BP 和 BM 之间建立负差分电压。

2．信号完整性

关于信号的完整性，我们通过观测发送器和接收器之间的总线电缆上的差分电压 u_{Bus}，讨论差分电压在网络中两个不同位置（测量平面）上的眼图，用于描述对差分电压波形的要求。

眼图是指利用示波器的余辉作用，将扫描所得的每一个码元波形重叠在一起，从而形成的图形。眼图是利用实验的方式评估传输系统性能的一种方法。观察眼图的方法是：用一个示波器跨接在被测电路上，然后调整示波器扫描周期，使示波器水平扫描周期与接收码元的周期同步，这时示波器屏幕上看到的图形像人的眼睛，故称为"眼图"。

眼图中包含了丰富的信息，从眼图上可以观察出码间串扰和噪声的影响，体现了数字信号整体的特征，从而可以估计系统优劣程度，因而眼图分析是高速互连系统信号完整性分析的核心。另外也可以用此图形对滤波器的特性加以调整，以减小码间串扰，改善系统的传输性能。

FlexRay 电气物理层规范定义了在测量平面 TP1 和 TP4 上的眼图，用以描述对差分电压的最低要求。测量平面如图 10.5 所示。

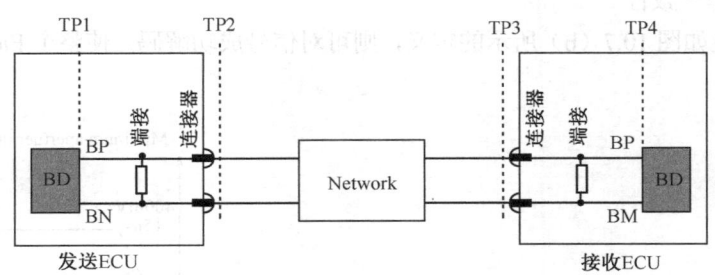

图 10.5　眼图的测量平面示意图

图中，测量平面 TP1：发送端总线驱动器的输出引脚 BP 和 BM。

测量平面 TP2：发送端线束连接器上连接 BP 和 BM 的接线端子靠近线束方。

测量平面 TP3：接收端线束连接器上连接 BP 和 BM 的接线端子靠近线束方。

测量平面 TP4：接线端总线驱动器的输入引脚 BP 和 BM。

（1）发送端眼图

测量发送端眼图应在图 10.5 中 TP1 处进行。TP1 处的眼图如图 10.6（a）所示。在 TP1 处测量时应使用虚拟负载，即一个 45Ω 的电阻 $R_{LoadDummy}$ 和一个 100pF 的电容 $C_{LoadDummy}$ 并联组成，如图 10.6（b）所示。

（2）接收端眼图

测量接收端眼图应在图 10.5 中 TP4 处进行，如图 10.7（a）所示。测量示波器的带宽限制为 20MHz。每个通信元从传输起始序列（TSS）开始，该序列由总线上持续若干个 100ns 的 Data_0 表示。在 TSS 时序期间，u_{Bus} 绝对电压上升超过 150mV[等于 Min（u_{Data_1}）]并持续 200ms 的时间后，在 TP4 处的差分电压应至少为 425mV（等于活动检测门限）。

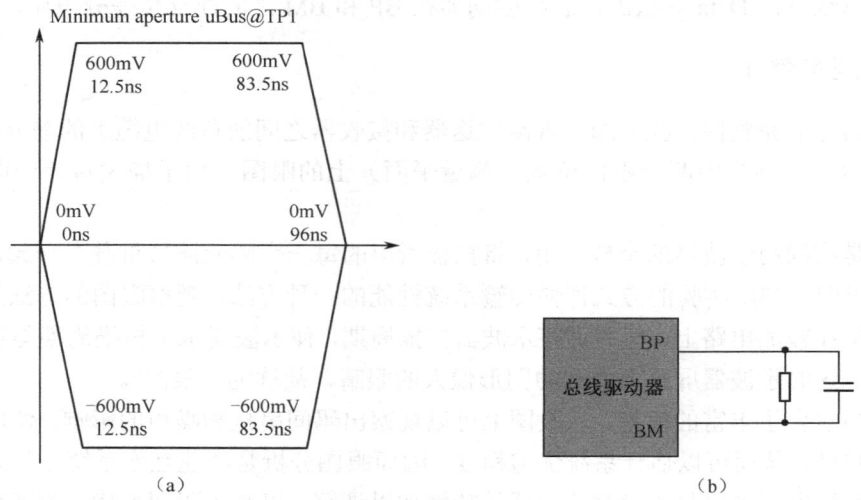

图 10.6　TP1 处的眼图及其测量用负载

　　测量眼图的不一致性及在这里定义的眼图，没有显示总线总线驱动器及其组件（如扼流圈、连接器）的非一致性。

　　如果眼图满足如图 10.7（b）所示的定义，则可对信号成功解码，使整个 FlexRay 系统正常工作。

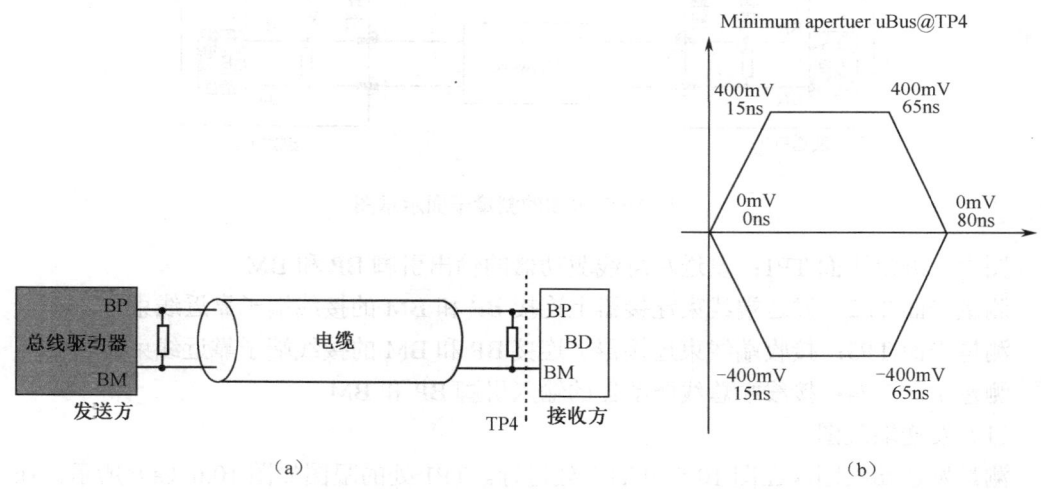

图 10.7　TP4 处的眼图及其测量电路

10.2.3　电缆

　　用于 FlexRay 网络的电缆可以是屏蔽电缆，也可以是非屏蔽电缆，必须满足表 10.1 所列

的特性。

表 10.1　电缆特性

名称	描述	最小值	最大值	单位
Z_O	10MHz 频率下的差分阻抗	80	110	Ω
T_0'	电缆延迟		10	ns/m
α_{5MHz}	5MHz 频率信号的电缆衰减		82	dB/km

如图 10.8 所示屏蔽对称双绞线的差分阻抗为

$$Z_O = \frac{2Z \cdot Z_{12}}{2Z + Z_{12}}$$

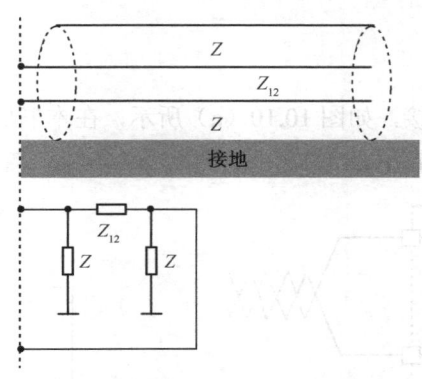

图 10.8　屏蔽对称双绞线的差分阻抗

10.2.4　连接器

FlexRay 电气物理层规范没有提出具体的连接器类型，但对所使用的连接器提出了表 10.2 所示的要求。

表 10.2　连接器参数

名称	描述	最小值	最大值	单位
$R_{DCContact}$	接触电阻（含压接部分）		50	mΩ
$Z_{Connector}$	连接器阻抗	70	200	Ω
$l_{Coupling}$	耦合连接长度		150	mm

10.2.5　电缆端接

1．电缆末端端接

电缆末端端接的最简单方法就是在总线驱动器与总线电缆连接的两个端子 BP 和 BM 之

间跨接一个电阻，如图 10.9（a）所示，在本书后续的网络拓扑图中，这种端接方式用图 10.9（b）所示的形式表示。

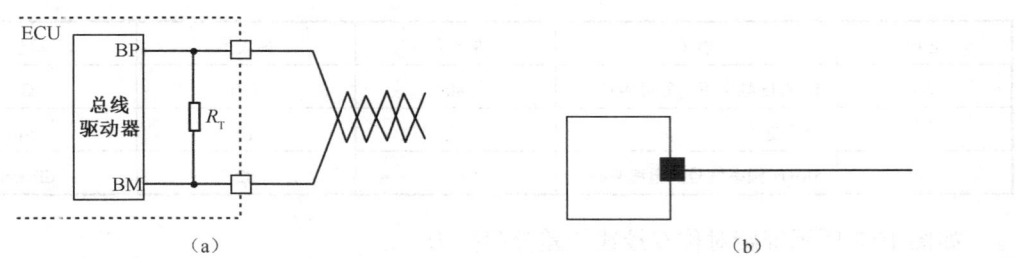

图 10.9　电缆末端端接

2．电缆末端未端接

电缆末端也可以不端接，如图 10.10（a）所示，在本书后续的网络拓扑图中，未端接用图 10.10（b）所示的形式表示。

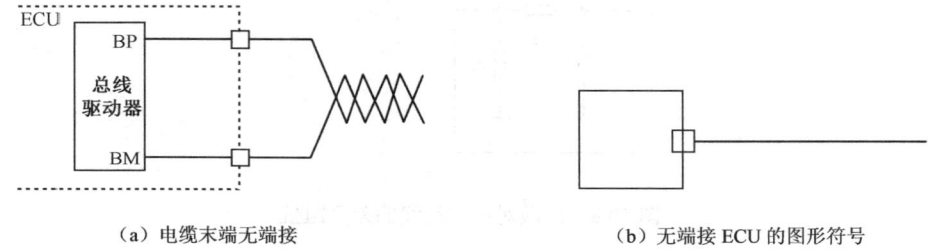

（a）电缆末端无端接　　　　　　　　　　（b）无端接 ECU 的图形符号

图 10.10　电缆末端未端接

3．电缆末端分离端接

为了提高网络的 EMC（电磁兼容）性能，推荐使用图 10.11 所示的分离端接方法。

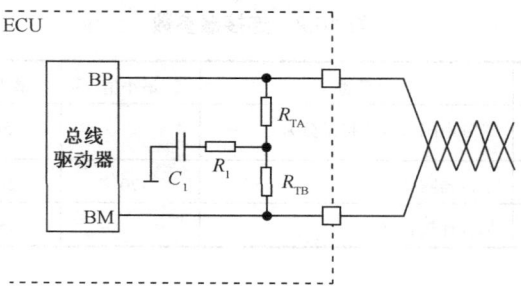

图 10.11　电缆末端分离端接

这种端接形式是在图 10.9 所示的末端端接方式基础上演变而来的。将图 10.9 中的端接电阻 R_T 分成两个等值的电阻 R_{TA} 和 R_{TB} 串联，再在两者公共端和地之间串接电阻 R_1 和 C_1，

为共模信号提供一个通路，这些元件的典型值如表 10.3 所示。

对于 R_{TA} 和 R_{TB}，应采用精度高于 1%的电阻，以满足表 10.3 提到的 2%的匹配误差要求。当然，两个电阻的电阻值越接近，则产生的 EMI（电磁干扰）就越小。

表 10.3　连接器参数分离端接参数

名称	描述	最大值	单位
R_1	电阻	<10	Ω
C_1	电容	4700	pF
$2 \cdot \left\| R_{TA} - R_{TB} \right\| / (R_{TA} + R_{TB})$	端接电阻匹配度	≤2	%

4．共模扼流圈

为了减小系统向外辐射的强度，提高系统滤除总线上干扰的性能，FlexRay 节点与总线之间应使用共模扼流圈。这种器件对共模信号具有很大的阻抗，可以使两条信号电缆上的电流驱动能力一致，但方向相反。工程中选用共模扼流圈时，应保证其寄生杂散电感尽可能小，以使总线震荡的可能性尽可能小。

电气物理层规范没有规定 FlexRay 系统要使用特定类型的共模扼流圈，但是其参数应符合表 10.4 中的规定。

表 10.4　共模扼流圈参数

名称	描述	最大值	单位
R_{CMC}	单条电缆的电阻	≤1	Ω
L_{CMC}	共模主电感	≥100	μH
L_σ	杂散电感	<1	μH

共模扼流圈应放置在收发器和分离端接之间，如图 10.12 所示。

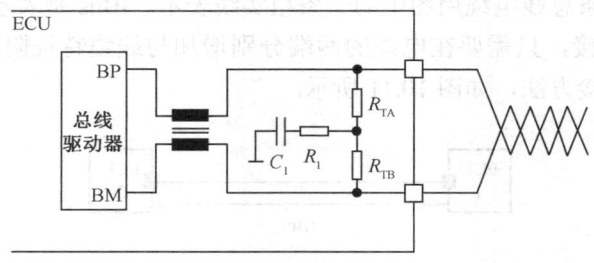

图 10.12　共模扼流圈与分离端接位置示意图

5. 总线直流负载

总线驱动器上的总线直流负载用 R_{DCLoad} 表示，网络的等效直流电路原理图如图 10.13 所示。

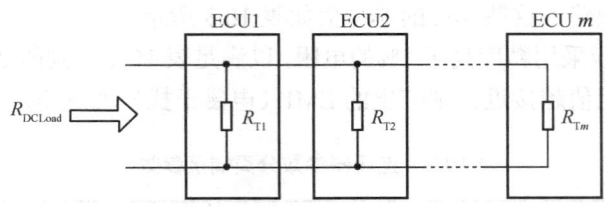

图 10.13　网络的等效直流电路原理图

在图 10.13 中，并不包括共模扼流圈（R_{CMC}）、连接电阻（$R_{Connector}$）和串联线阻（R_{Wire}），因为这些因素在计算中可以忽略不计。

总线直流负载的计算公式为

$$R_{DCLoad} = \left[\Sigma_m (R_{Tm})^{-1} \right]^{-1}$$

端接电阻 R_{Tm} 通常与总线驱动器中接收器的共模输入电阻并联。端接电阻也可放置在 ECU 的外面，如在网络接合处。对于无端接电缆，末端电阻 R_{Tm} 只表示总线驱动器接收器的共模输入电阻。

10.3　FlexRay 网络拓扑

本节介绍 FlexRay 网络常用的拓扑结构、名称和参数、端接方式等。每种拓扑结构都需要有它独立的端接方式，不过无论选用哪种"拓扑-端接"组合构成 FlexRay 网络，必须满足 FlexRay 电气物理层规范的信号完整性的规定。

10.3.1　点对点连接

点对点连接如图 10.14 所示。它代表了最简单的总线，可作为更复杂总线构成的基本元素。为简单起见，两条总线电缆用图中的一条粗实线表示。lBus 是表示电缆长度的参数。

对于点对点的端接，只需要在电缆的两端分别增加与线缆特征阻抗匹配的端接电阻即可，推荐使用分离端接方法，如图 10.11 所示。

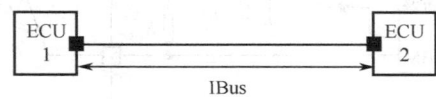

图 10.14　点对点连接

10.3.2　无源星型拓扑

两个以上的 ECU 可以使用无源星型拓扑，它是线性无源总线的一种特殊情况。无源星

型结构上的特点是所有的 ECU 连接到一个分支点上。无源星型拓扑示例如图 10.15 所示，无源星型拓扑参数如表 10.5 所示。

与总线拓扑结构相比，星型拓扑结构的优势在于：它在接收器和发送器之间提供点到点连接，该优势在高传输速率和长传输线路中尤为明显。另一个重要优势是错误分离功能。例如，如果信号传输使用的两条线短路，则只有连接短路的节点才会受到影响，其他所有节点仍然可以继续与其他节点通信。

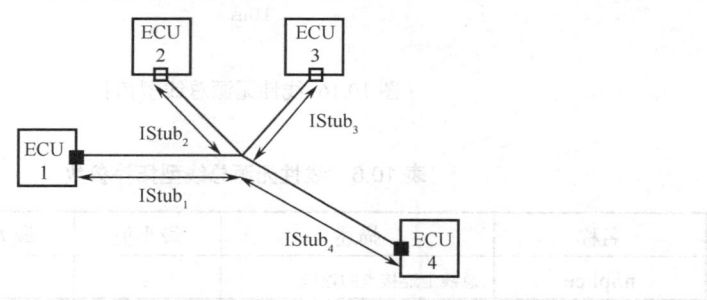

图 10.15　无源星型拓扑

表 10.5　无源星型拓扑参数

名称	描述	最小值	最大值	单位
nSplice	总线上连接点的数量	1	1	

对于无源星型拓扑，参数 nSplice 只能取值为 1；当 nSplice 取值为 0 时，无源星型拓扑就变为点对点连接；当 nSplice 取值大于 1 时，无源星型拓扑就变为线性无源总线。

其中，节点数量（nStub）和分支线长度（$lStub_n$）两个参数，一方面它们各自都是有限度的，不可能取值太大；另一方面两者是互相制约的，并且受到电缆类型、端接方式等其他因素的影响。例如，节点数量 nStub=22，且每个节点分支电缆长度 $lStub_n$ =12m 的无源星型拓扑可能会因为非对称延迟太大，而无法正常工作。

对于无源星型拓扑的端接方式，可采用如下形式：在拓扑中距离最远的两个节点上安装端接电阻，该端接电阻应等于或略大于正常的电缆阻抗，其他节点采用高阻抗的分离端接方法（如 2 只 1300Ω 电阻，4.7μF 电容）。

10.3.3　线性无源总线型拓扑

无环状连接且无有源部件的总线结构称为线性无源总线。线性无源总线型拓扑示例如图 10.16 所示。所有节点中两个电气连接距离最远的 ECU 之间的距离定义为 lBus，节点数量定义为 nStub，分支线长度定义为 $lStub_i$，从 ECU_M 到 ECU_N 两个节点之间的距离定义为 $lSpliceDistance_{M,N}$。一个连接点可以连接一个以上的分支节点。分支的数量定义为 nSplice，如表 10.6 所示。

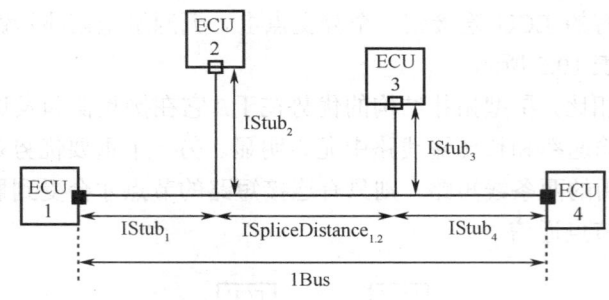

图 10.16 线性无源总线型拓扑

表 10.6 线性无源总线型拓扑参数

名称	描述	最小值	最大值	单位
nSplice	总线上连接点的数量	2		

对于参数 $lStub_i$ ，$i=1,2,\cdots,nStub$，其数量受限于对信号完整性的要求。nStub、nSplice、$lSpliceDistance_{M,N}$ 和 $lStub_i$ 的限制，依赖于它们之间的相互关系。其他因素，如端接方式和电缆类型，也对这些参数有影响。

这种拓扑的端接方式与无源星型拓扑要求相同。

10.3.4 有源星型拓扑

有源星型拓扑是在无源星型拓扑的连接点上设置有源星型设备，在有源设备和各 ECU 之间建立点对点连接。有源星型拓扑示例如图 10.17 所示。有源星型设备的分支数量定义为 nActiveBranches，其值满足表 10.7 中的规定。分支线长度参数定义为 $lActiveStar_n$。连接着 ECU 的有源星型设备，具有将一个分支的传输数据流传输到所有其他分支的功能。由于有源星型设备的每个分支上都有发送器和接收器，所以每个分支在电气上是彼此独立的。

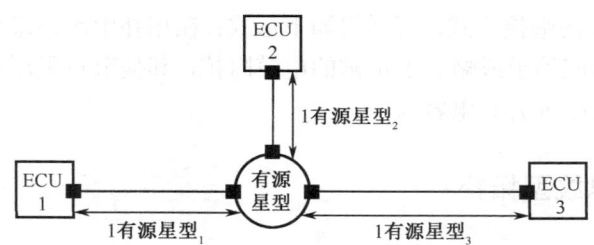

图 10.17 有源星型拓扑

表 10.7 有源星型拓扑参数

名称	描述	最小值	最大值	单位
nActiveBranches	有源星型设备的分支数量	2		

一个只有两个分支的有源星型设备可以看作是中继器（Relay）或集线器（Hub），用于增加总线的延伸长度。有源星型设备具有隔离总线故障的功能，可在两条线性无源总线间增加有源星型设备，用以隔离总线的故障，提高网络的可靠性。有源星型设备的一个分支可以连接到线性无源总线型网络或无源星型网络，构成混合型拓扑。

10.3.5 级联的有源星型拓扑

将两个有源星型网络通过有源设备之间的电缆连接起来，就构成了级联的有源星型网络，如图 10.18 所示。从 ECU_M 到 ECU_N 的数据流最多通过 nStarPath 个有源星型，对其值的限制如表 10.8 所示。

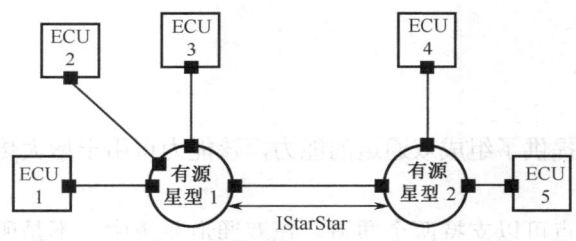

图 10.18 级联的有源星型拓扑

表 10.8 级联的有源星型拓扑参数

名称	描述	最小值	最大值	单位
nStarPath	从 ECU_M 到 ECU_N 之间的信号路径中有源星型的最大个数	0	2	

由于有源星型设备不对收到的信号进行处理，数据流的不对称性将通过有源星型网络得到积累，所以会降低抗射频干扰的性能。

虽然从拓扑理论讲，有源星型级联的数量和级联的方式可以多种多样，但是，FlexRay 上层协议不建议这样做，因为到目前为止协议还没有对其影响进行研究。

10.3.6 混合型拓扑

在有源星型网络中，一个或多个有源星型设备的分支可构造为线性无源总线型或无源星型网络，这样就构成了混合型拓扑。混合型拓扑示例如图 10.19 所示，这个混合型网络由一个级联的有源星型网络和一个线性无源总线型网络以及一个无源星型网络组合而成。在前面给出的这些总线结构的局限性，对于通过有源星型的连接也同样有效。

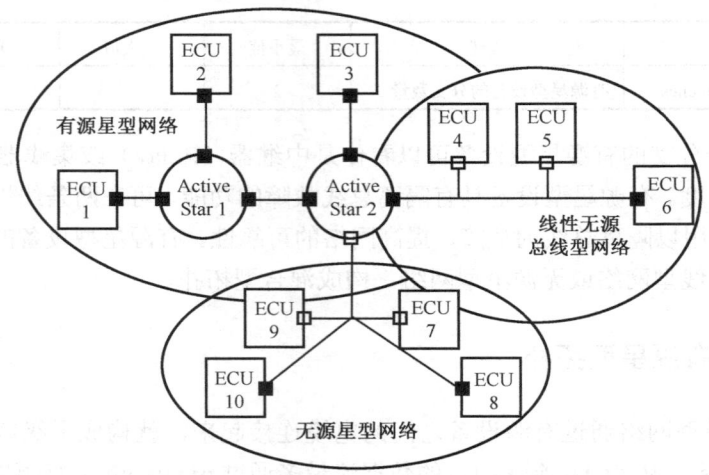

图 10.19　混合型拓扑示例

10.3.7　双通道拓扑

FlexRay 通信模块提供了组成双通道的能力，该能力可用于增大传输带宽和引入冗余通道，以提高容错水平。

通常，FlexRay 节点可以支持两个通道。在双通道系统中，不是所有节点都必须与两个通道连接。双通道总线型拓扑结构如图 10.20 所示，双通道备用星型拓扑结构如图 10.21 所示，双通道星型级联拓扑结构如图 10.22 所示，双通道混合型结构如图 10.23 所示。

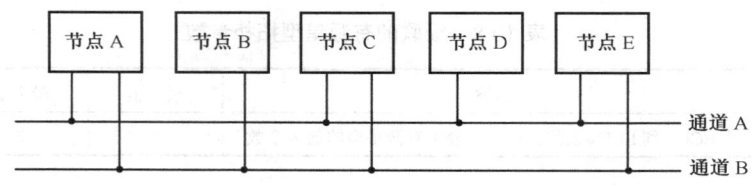

图 10.20　双通道总线型拓扑结构

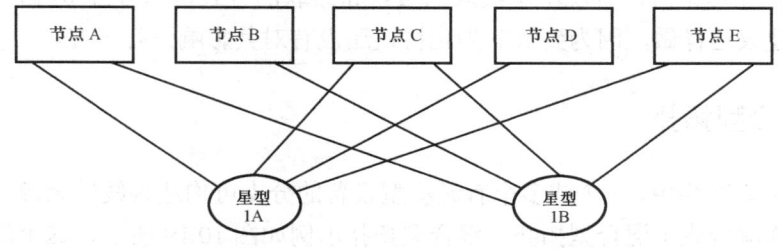

图 10.21　双通道星型拓扑结构

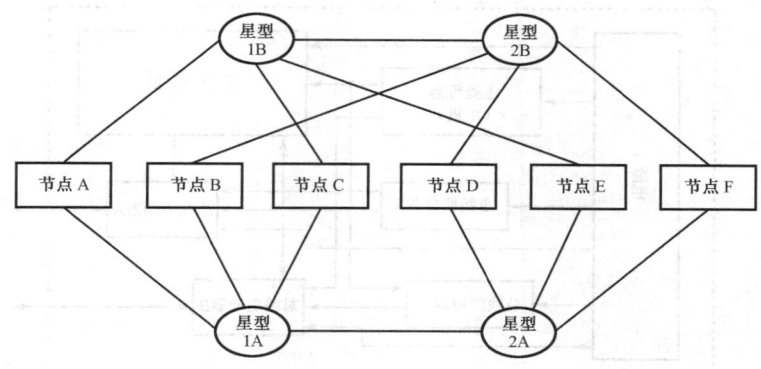

图 10.22　双通道星型级联拓扑结构

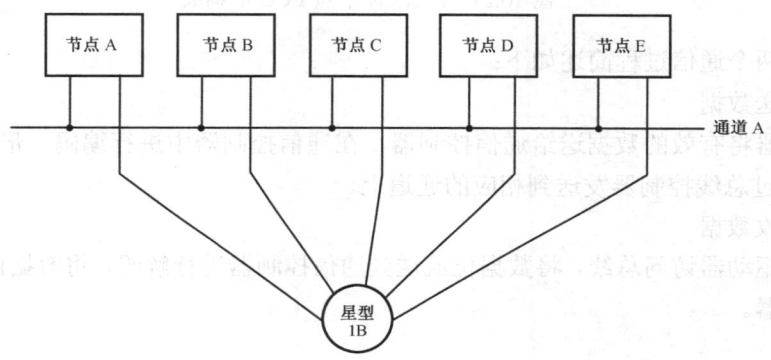

图 10.23　双通道混合型拓扑结构

10.4　FlexRay 节点

10.4.1　FlexRay 节点的构成

FlexRay 节点的核心是 ECU（Electronic Control Unit），是接入车载网络中的独立完成相应功能的控制单元。ECU 主要由电源供给系统（Power Supply）、主处理器（Host）、固化 FlexRay 的通信控制器（Communication Controller）、可选的总线监控器（Bus Guardian）和总线驱动器（Bus Driver）组成，如图 10.24 所示。

主处理器提供和产生数据，并通过 FlexRay 通信控制器传送出去。其中总线监控器和总线驱动器的个数对应于通道数，与通信控制器和主处理器相连。总线监控逻辑必须独立于其他的通信控制器。总线驱动器连接着通信控制器和总线，或是连接总线监控器和总线。主处理器把 FlexRay 控制器分配的时间槽通知给总线监视器，然后总线监视器就允许 FlexRay 控制器在这些时间槽中来传输数据。数据可以在任何时候被接收。

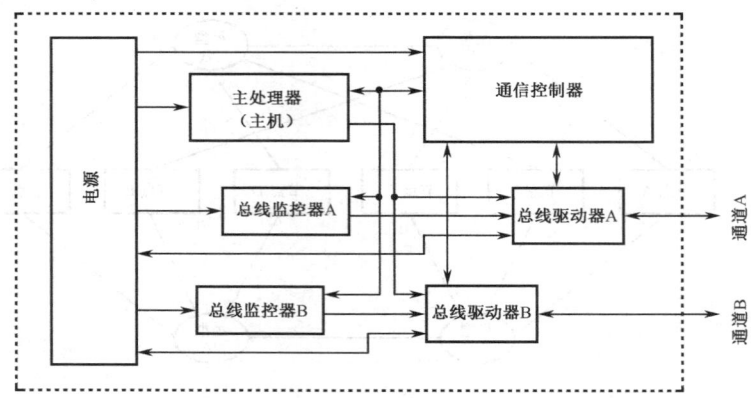

图 10.24　FlexRay 节点 ECU 的构成

节点的两个通信过程简述如下：

（1）发送数据

主处理器将有效的数据送给通信控制器，在通信控制器中进行编码，形成数据位流(Bit Stream)，通过总线控制器发送到相应的通道上。

（2）接收数据

由总线驱动器访问总线，将数据位流送到通信控制器进行解码，将数据由通信控制器传送给主处理器。

10.4.2　FlexRay 节点的基本运行状态

（1）配置状态（默认配置/配置）：用于各种初始化设置，包括通信周期和数据速率等。

（2）就绪状态：用于进行内部的通信设置等。

（3）唤醒状态：用于唤醒没有在通信的节点。在该状态下，节点向另一节点发送唤醒信号，唤醒并激活总线驱动器、通信控制器和总线监控器。

（4）启动状态：用于启动时钟同步，并为通信做准备。

（5）正常状态（主动/被动）：可以进行通信的状态

（6）中断状态：表明通信中断

FlexRay 节点还有与错误处理相关的状态转移。这些转移是在反映时钟同步和时钟校正错误的错误计数器的数值基础上加以管理的。当个别节点的时钟与 FlexRay 同步节点时钟有所出入时，就会出现时钟校正错误。FlexRay 网络有一个或一个以上传输同步信息的同步节点，在收到任意一条同步信息后，节点会将其时钟与同步节点的时钟相比较，并根据同步需要做出必要的调整。

每个节点都要进行错误计数，其中包括时钟同步中连续发生错误的次数。同时，节点还要监测和帧发送/接受状态相关的错误，其中包括语法错误、内容错误、总线干扰错误以及转移冲突所导致的错误。一旦某节点发现该类错误，就会通知主机处理器。错误计数器的使用取决于应用用途和系统设计。

10.5　FlexRay 帧格式

图 10.25 给出了 FlexRay 数据帧格式的概况。数据帧由帧头、有效负载数据段和帧尾三个部分组成。

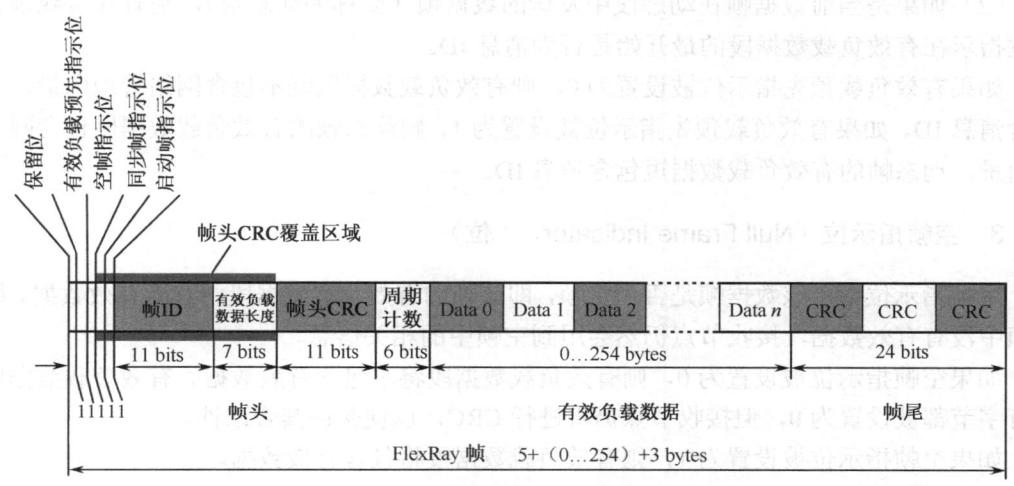

图 10.25　FlexRay 数据帧格式

节点在网络上传输数据帧时，首先传输帧头，然后传输有效负载数据段，最后传输帧尾。帧尾表示数据帧传输结束。

FlexRay 网络属于串行数据传输网络，每个时刻一个通道上只能有一个数据在传输，一组数据要按照时间顺序一位一位地传输。在传输过程中，节点按照图 10.25 所示从左到右的顺序对数据进行传输。以帧头为例，保留位（Reserved bit）首先被传输，周期计数字段（Cycle Count）被最后传输。

下面对 FlexRay 数据帧的每一位逐个进行分析。

10.5.1　FlexRay 帧头

FlexRay 帧头包括 5 字节、40 位的数据。这些字节被划分为保留位、有效负载预先指示位、空帧指示位、同步帧指示位、启动帧指示位、帧 ID、有效负载数据长度、帧头循环冗余校验（CRC）和周期计数。

1．保留位（Reserved bit，1 位）

保留位预留给协议，以备将来扩展使用，而在应用程序中不使用。发送节点应当设置保留位为 0，接收节点会忽略保留位。

2．有效负载预先指示位（Payload Preamble Indicator，1 位）

有效负载预先指示位用于指示发送数据帧的有效负载数据段内是否包含可选向量或消息 ID，分两种情况。

（1）如果当前数据帧是在静态段（静态段和动态段的概念见本章第七节的内容）中发送的数据帧（简称为静态帧），则有效负载预先指示位指示在有效负载数据段的最开始是否为网络管理向量。

（2）如果是当前数据帧在动态段中发送的数据帧（简称为动态帧），则有效负载预先指示位指示在有效负载数据段的最开始是否为消息 ID。

如果有效负载预先指示位被设置为 0，则有效负载数据段既不包含网络管理向量，也不包含消息 ID。如果有效负载预先指示位被设置为 1，则静态帧的有效负载数据段包含网络管理向量，动态帧的有效负载数据短包含消息 ID。

3．空帧指示位（Null Frame Indicator，1 位）

空帧指示位指示该数据帧是否为空帧，即该帧的有效负载数据段中有无有效数据。即使空帧中没有有效数据，接收节点仍然会用到空帧中的相关信息。

如果空帧指示位被设置为 0，则有效负载数据段将不包含有效数据。有效负载数据段的所有字节都被设置为 0，但接收节点仍将进行 CRC，以便验证其合法性。

如果空帧指示位被设置为 1，则有效负载数据段将包含有效数据。

4．同步帧指示位（Sync Frame Indicator，1 位）

同步帧指示位指示该数据帧是否是一个同步帧。如果是同步帧，则接收节点的时钟同步进程将使用该帧进行系统通信的时钟同步处理。

如果同步帧指示位被设置为 0，那么接收节点将不使用该帧进行时钟同步及相关处理。

如果同步帧指示位设置为 1，且帧同时符合其他的规定标准，那么接收节点将使用该帧进行时钟同步。

5．启动帧指示位（Startup Frame Indicator，1 位）

启动帧指示位指示该数据帧是否为启动帧。启动帧在启动机制中有特殊作用，只有冷启动节点（Coldstart Node）才被允许发送启动帧。

如果启动帧指示位被设置为 0，那么该帧不是启动帧。

如果启动帧指示位被设置为 1，那么该帧是启动帧。

冷启动节点的同步帧必须是启动帧。当一个帧的启动帧指示位被设置为 1 时，其同步帧指示位也应被设置为 1。并且由于冷启动节点只能将同步帧设置为启动帧，所以每个冷启动节点只能在每个通道、每个通信周期中发送一个启动帧。

6．帧 ID（Frame ID，11 位）

帧 ID 确定了传输该数据帧的时隙，帧 ID 就是其时隙号。在每个通道的每个通信周期内

一个帧 ID 只能使用一次。在一个节点簇中传输的每个数据帧都被分配了一个帧 ID。帧 ID 的范围是 1~2047，值为 0 的帧 ID 是无效的帧 ID。

7．有效负载数据长度（Payload Length，7 位）

有效负载数据长度字段用来表明有效负载数据段的长度。此字段以字为单位表明有效负载数据段的字节数量。例如，一个数据帧的有效负载数据长度为 36，则说明这一数据帧的有效负载数据段包含了 36 个字（每个字为 16 位，2 个字节）的数据，即 72 个字节，576 位数据。

有效负载数据长度的取值范围是 0~cPayloadLengthMax，有效负载数据段的长度是 0~2×cPayloadLengthMax 个字节，即 0~2×8×cPayloadLengthMax 个位。

在一个通信周期内，所有静态帧的有效负载数据长度都应固定且相同。对于这些帧，其有效负载数据长度字段必须被设置为 gpaylosdlengthStatic。

在一个通信周期内，不同的动态帧的有效负载数据长度可以各不相同。另外，一个指定动态帧的有效负载数据长度也可能在每个通信周期内都不一样，甚至，不同通道上的同一指定动态帧有效负载数据长度也可以不同。但是有效负载数据长度不能超过 cPayloadLengthMax。

8．帧头 CRC（Header CRC，11 位）

帧头 CRC 包含一个循环冗余校验的校验码，该校验码通过对同步帧指示位、启动帧指示位、帧 ID、有效负载数据长度计算得到。发送帧的帧头 CRC 需要事先计算好，且以配置的方式提供给通信控制器。发送节点的通信控制器不负责发送帧的帧头 CRC 计算。但是，接收节点的通信控制器会计算接收帧的帧头 CRC，并与接收帧的帧头 CRC 字段的值对比，以确定该帧头 CRC 是否正确。

所有通道 CRC 计算方式相同，CRC 的计算多项式如下：

$$x^{11} + x^9 + x^8 + x^7 + x^2 + 1 = (x+1) \cdot (x^5 + x^3 + 1) \cdot (x^5 + x^4 + x^3 + x + 1)$$

用于生成帧头 CRC 的寄存器初始化向量为 0x1A。在以上多项式的计算中涉及 20 位数据，并按照这些数据位的传输顺序导入多项式进行计算。

9．周期计数（Cycle Count，6 位）

周期计数位标明了发送节点在发送该数据帧时的通信周期计数值 vCycleCounter，计数值在 0～63 范围内变化。

10.5.2　FlexRay 有效负载数据段

FlexRay 有效负载数据段可以包含 0～254 字节（即 0～127 字）的数据。在帧头格式中，有效负载数据长度字段（共 7 位）以字为单位来表明有效负载数据段的长度，而一个字由两个字节构成，所以有效负载数据段中包含的字节数，一定是偶数。也就是说，根据 FlexRay 网络应用业务的需要，帧头中有效负载数据长度字段的值可能是 0，1，2，…，127，而有效负载数据段的长度，可能是 0，2，4，…，254 字节。

由图 10.25 可知，有效负载数据段的第一个字节，即帧头后的第一个字节，标识为"Data0"，有效负载数据段随后的其他字节，依次标识为"Data1"、"Data2"等。

对于动态帧，有效负载数据段的头两个字节 Data0 和 Data1，有可能是需要传送的数据，也有可能是消息 ID 字段，这取决于帧头的有效负载预先指示位的赋值，若赋值为"1"，则说明该数据帧的有效负载数据段 Data0 和 Data1 为消息 ID，否则，为数据。消息 ID 是向接收节点提供该字段数值过滤的依据和用于控制数据。

对于静态帧，有效负载数据段的头 12 个字节 Data0，Data1，…，Data11，有可能是需要传送的数据，也有可能部分或全部是网络管理向量字段，这取决于帧头的有效负载预先指示位的赋值，若赋值为"1"，则说明该数据帧的有效负载数据段 Data0 到 Data11 中部分或全部为网络管理向量，否则，全为数据。那么，若帧头的有效负载预先指示位的赋值为"1"，到底 12 个字节中前几位字节为管理向量呢？这由网络管理向量的长度参数 gNetworkManagementVectorLength 来决定。该参数只能在 POC：config 状态（协议运行控制的配置状态）时配置，在其他任何状态下都不能改变该参数值。gNetworkManagementVectorLength 的值可配置范围为 0～12 字节。

如果帧 CRC 的海明距离为 6，有效负载数据段的长度则为 248 字节。如果有效负载数据段的长度多于 248 字节，则 CRC 的海明距离为 4。

这里，海明距离是 CRC 编码的一个参数，指两个码字的对应比特取值不同的比特数，称为这两个码字的海明距离。在一个有效编码集中，任意两个码字的海明距离的最小值称为该编码集的海明距离。

1．网络管理向量（可选）

静态帧的有效负载数据段如图 10.26 所示。静态帧的有效负载数据段的字节 0~12 可以被当做网络管理向量（NMVector）来使用。

对于网络向量，需要注意以下几点：

（1）在 POC:config 状态下，可配置参数 gNetworkManagementVectorLength 来决定 NMVector 的长度。同一节点簇的所有节点该参数必须配置成相同值。

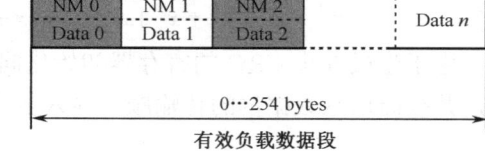

图 10.26　静态帧的有效负载数据段

（2）NMVector 只能在静态帧中使用。

（3）对于发送节点，主机将 NMVector 作为应用数据写入通信控制器。但通信控制器并不识别 NMVector。

（4）有效负载数据段中是否含有 NMVector，由帧头的有效负载预先指示位确定。

2．消息 ID（可选，16 位）

动态帧的有效负载数据段如图 10.27。动态帧的有效负载数据段的头两个字节若被配置为消息 ID，则接收节点可以使用该消息 ID 来过滤接收数据。

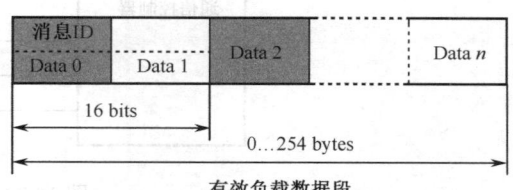

对于消息 ID，需要注意以下几点：

（1）消息 ID 是一个由上层应用确定的编号，用于标识数据段的数据内容。

（2）消息 ID 只能在动态帧中使用。

（3）消息 ID 长度为 16 位。

（4）对于发送节点，主机将消息 ID 作为应用数据写入通信控制器。但通信控制器并不识别消息 ID，也没有与其相关的工作机制。

图 10.27　动态帧的有效负载数据段

（5）对于接收节点，可以通过消息 ID 对接收帧数据进行过滤，只有满足条件的帧数据才会被接收存储。数据帧的检验由帧处理进程完成，与消息 ID 无关。

（6）有效负载数据段中是否含有消息 ID 由帧头的有效负载预先指示位确定。

10.5.3　FlexRay 帧尾

FlexRay 帧尾只有一个数据字段，即 24 位的帧 CRC。帧 CRC 由帧头和有效负载数据段两个部分的数据通过 CRC 多项式计算得到。该计算针对帧头、有效负载数据段中的所有字段。所有通道的 CRC 计算使用的多项式相同。CRC 的计算多项式如下：

$$x^{24} + x^{22} + x^{20} + x^{19} + x^{18} + x^{16} + x^{14} + x^{13} + x^{11} + x^{10} + x^8 + x^7 + x^6 + x^3 + x + 1$$
$$= (x+1)^2 \cdot (x^{11} + x^9 + x^8 + x^7 + x^5 + x^3 + x^2 + x + 1) \cdot (x^{11} + x^9 + x^8 + x^7 + x^5 + x^3 + 1)$$

根据数据帧传输通道的不同，节点为 CRC 多项式选择不同的初始化向量。

（1）当数据帧在 A 通道传输时，初始化向量为 0xFEDCBA。

（2）当数据帧在 B 通道传输时，初始化向量为 0xABCDEF。

关于数据帧 CRC 的计算，应按照网络上的传输顺序，将该数据帧各字段数据代入 CRC 多项式中进行计算，顺序为从预留位开始，到有效负载数据段的最后一个字节的末位结束。

10.6　FlexRay 帧编码

在 10.5 节中，按照帧格式规范组成的帧信号，是无法直接在 FlexRay 网络上传输的。为了能让数据帧在网络上顺利完成传输过程，必须对数据帧进行进一步处理，这就是帧编码与解码过程。

编码的过程实际上就是对要发送的数据帧进行相应的处理"打包"的过程，如加上各种校验位、ID 符等，形成可以在网络上传输的数据位流。解码的过程就是对收到的数据位流进行"解包"的过程。编码与解码主要由通信控制器与总线驱动器完成，如图 10.28 所示。

图中，RxD 为接收信号，TxD 为发送信号，TxEN 为通信控制器请求数据信号。编码和解码的过程，属于数据链路层的活动，独立于其下层的物理层，这里的信息均采用高低电平的二进制表示，采用"不归零"（NRZ）编码方式。

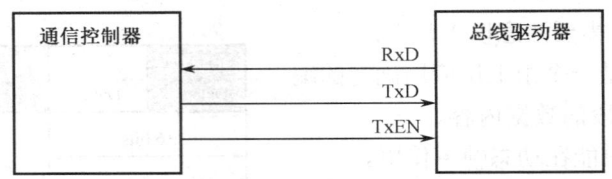

图 10.28　编码与解码

一个节点可以同时支持两个独立的物理通道（通道 A 和通道 B），各节点必须为通道 A 和通道 B 执行两套独立的编码和解码程序。

编码与解码的过程主要由三个过程组成：主编码与解码过程（CODEC）、位过滤（Bitstrobing）过程和唤醒模式解码过程（WUPDEC）。其中，以主编吗与解码过程为主要过程。

10.6.1　帧编码

帧编码主要完成以下工作：

①将帧数据拆解为一个个单字节；

②在数据的起始处加入 TSS（传输起始序列）；

③在 TSS 结束后添加一个 FSS（帧起始序列）；

④在帧内的每个数据字节前加入 BSS（字节起始序列），将帧数据转换为扩展字节序列；

⑤按照原来帧内数据字节的顺序把以上第④项转换后的扩展字节序列连接排列起来，形成连续的数据位流；

⑥计算出数据帧的 CRC 值，形成 CRC 字节，给这些字节前面加入 BSS，并连接起来，形成数据帧 CRC 的数据位流；

⑦在数据位流的结尾添加一个 FES（帧结束序列）

⑧如果数据帧在动态段中发送，则在 FES 后添加一个 DTS（动态尾部序列）。

根据以上步骤，绘制出静态段数据帧编码后形成的位流如图 10.29 所示，动态段数据帧编码后形成的位流如图 10.30 所示。

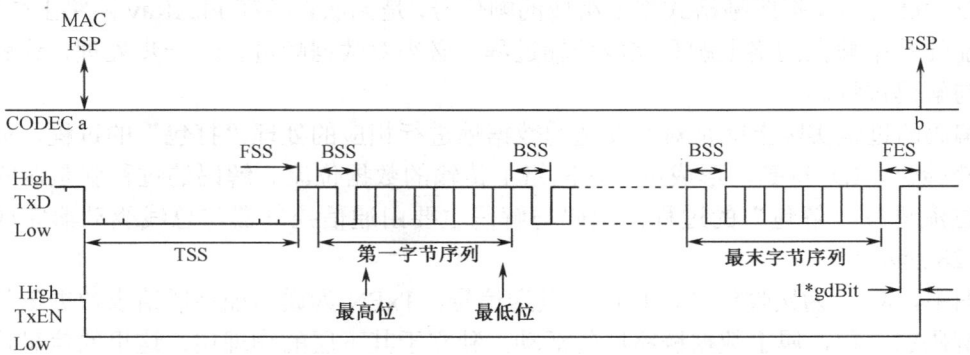

图 10.29　静态段数据帧编码

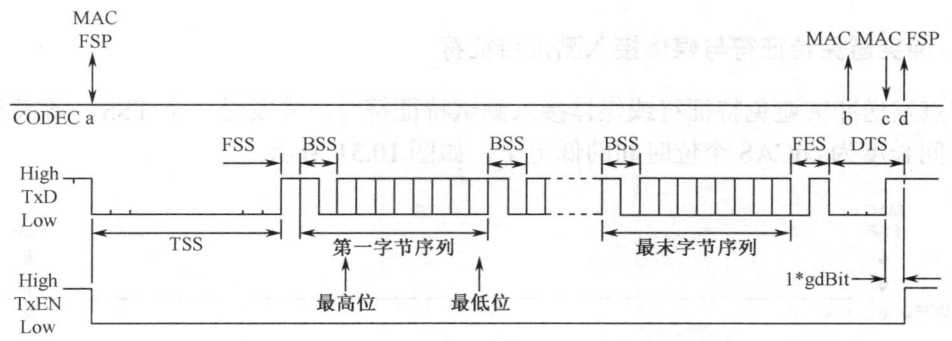

图 10.30　动态段数据帧编码

下面介绍以上数据帧编码过程中所用到的各种编码序列。

（1）传输起始序列（Transmission Start Sequence，TSS）

由持续一段时间的低电平构成，低电平的持续时间由参数 gdTSS Transmitter 指定。TSS 用于初始化传输节点与网络的对接，发起网络的通信连接。

（2）帧起始序列（Frame Start Sequence，FSS）

由一个位时间的高电平构成。设置 FSS 是为了补偿 TSS 之后第一个字节的起始序列中可能出现的量化误差。当节点在发送一个数据帧时，每个数据位流的 TSS 之后会紧跟一个 FSS。

（3）字节起始序列（Byte Start Sequence，BSS）

由一个位时间的高电平紧跟一个位时间低电平构成。用于向接收节点设备提供数据位流的定时信息。帧数据的每一个字节都是以一个扩展字节序列（Extended Byte Sequence）的形式发送到通道上的，也就是每个八位数据之前加一个 BSS，构成一个持续 10 位时间的数据位流。

（4）帧结束序列（Frame End Sequence，FES）

由一个位时间的低电平紧跟一个位时间的高电平组成。设置 FES 是为了向接收节点通知所发送的数据帧最后一个字节发送完毕。FES 紧跟在每一帧的数据位流最后一个扩展字节序列之后。

（5）动态尾部序列（Dynamic Trailing Sequence，DTS）

由连续 3 个位时间的低电平紧跟一个位时间的高电平构成。仅用于动态段中发送的数据帧，在其 FES 后紧跟一个 DTS。

10.6.2　特征符编码

FlexRay 协议有三种特征符：冲突避免特征符（Collision Avoidance Symbol，CAS）、媒体接入测试特征符（Media Access Test Symbol，MTS）和唤醒特征符（Wakeup Symbol，WUS）。其中 CAS 与 MTS 编码完全相同，接收节点根据当前的协议状态来加以区分。

1. 冲突避免特征符与媒体接入测试特征符

节点发送冲突避免特征符或媒体接入测试特征符时，先发送一个 TSS，紧跟着发送一段时间长度为 cdCAS 个位时间的低电平，如图 10.31 所示。

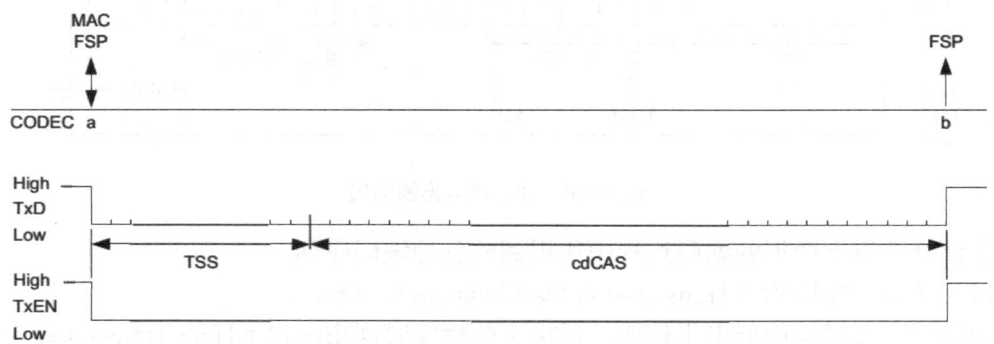

图 10.31　CAS 与 MTS 编码

2. 唤醒特征符

唤醒特征符的编码没有采用辅助信号 TSS，而是由 gdWakeupSymbolTxLow 个位时间的低电平和紧接着的 gdWakeupSymbolTxIdle 个位时间的"空闲（Idle）"组成，如图 10.32 所示。节点通过重复发送图中所示 WUS 共计 pWakeupPattern 次，生成一个唤醒模式（Wakeup Pattern，WUP）。

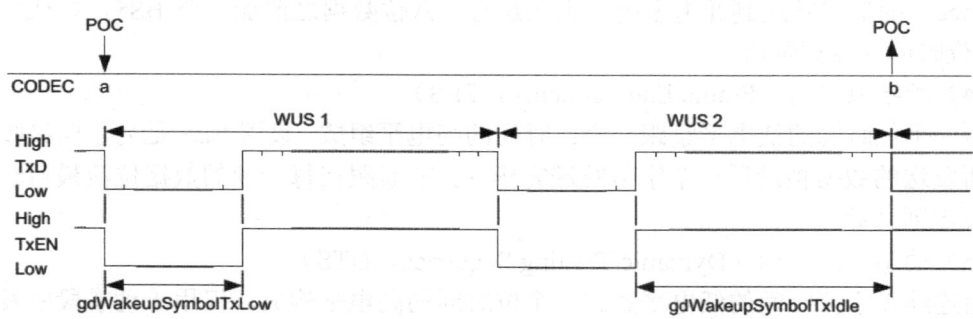

图 10.32　由两个 WUS 组成的 WUP

10.6.3　取样与多数判决

前面介绍了发送节点对数据帧进行编码的过程，编码后的数据由通信控制器通过 TxD 传送给总线驱动器，由总线驱动器将位流在网络总线上变成差分信号。

下面介绍接收节点怎样将总线上的差分信号还原成数据，并有选择地接收，作为本节点的可用信息。首先讨论怎样从总线上接收信号，即采样和多数判决。

如图 10.33 所示，接收节点的通信控制器对从总线驱动器送来的 RxD 信号进行取样（sampling）。取样时钟（channel sample clock）的周期是位时间的 1/8，也就是说，对每位数据都每隔 1/8gdBIT 进行一次取样，共进行 8 次取样，取样后将取样结果（高电平或低电平）暂存在存储器中（节点只临时存储最近的 cVotingSamples 个取样点数据，图 10.33 中 cVotingSamples=5），以备后面判决之用。

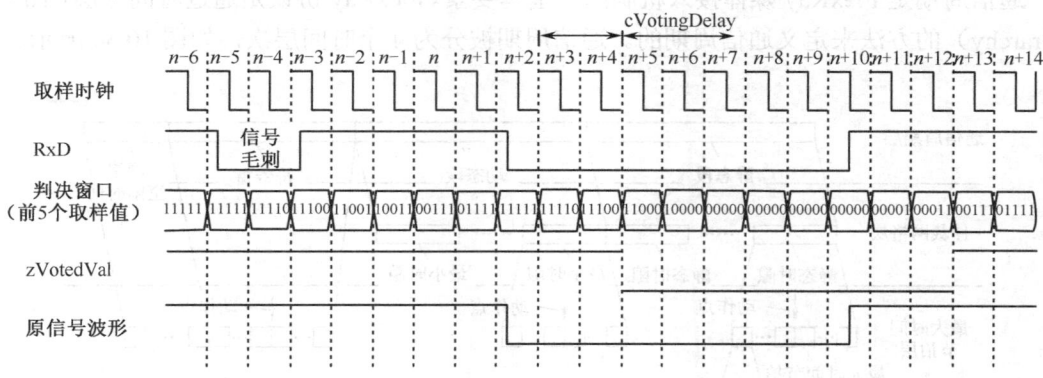

图 10.33　对 RxD 信号的取样与多数判决

为了对电路中出现的瞬态干扰（glitch，信号毛刺）进行抑制，避免因干扰造成传输数据误码，接收节点对存储的采样信号进行多数判决（majority voting）。多数判决机制相当于一个滤波器（采样 RxD 信号是滤波器的输入，信号 zVotedVal 是滤波器的输出），能够抑制输入信号 RxD 上的瞬态干扰。

如图所示，通信控制器在采样时钟 n 时刻，对存储器中存储的 $n-1$、$n-2$、$n-3$、$n-4$ 和 $n-5$ 连续 cVotingSamples（图中 cVotingSamples=5）个采样点时刻的数据进行多数判决。所谓多数判决就是计算采样值为高电平的数量，然后决定判决值，如果多数采样值为高电平，则判决单元输出信号 zVotedVal 为高电平，否则 zVotedVal 为低电平。

从图中比较采样判决系统的输入信号 RxD 与输出信号 zVotedVal 波形变化，可以看出以下两点：

①采样判决电路消除了毛刺（glitch）对信号传输造成的误码；

②zVotedVal 波形比 RxD 波形滞后了 cVotingDelay（图中是 2 个取样时钟周期）。

10.7　FlexRay 的媒体接入控制

FlexRay 协议的媒体接入控制（MAC）是在通信周期（Communication Cycle）的基础上实现的。在一个通信周期中，FlexRay 协议提供两种媒体接入机制：一种是静态 TDMA 机制，另一种是基于动态最小时隙的访问机制。

10.7.1　通信周期

1．通信周期的时间分层

通信周期是 FlexRay 媒体接入机制的最基本要素。FlexRay 协议是通过时间分层（Timing Hierarchy）的方法来定义通信周期的。通信周期被分为 4 个时间层次，如图 10.34 所示。

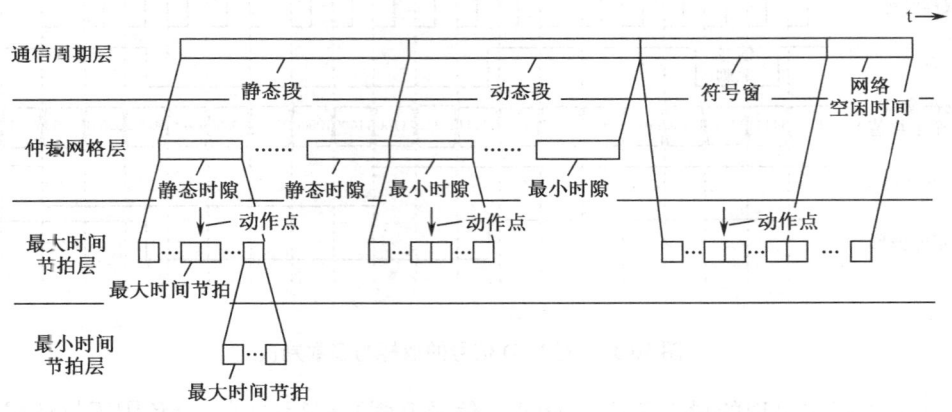

图 10.34　通信周期内的时间分层

最高层，即为通信周期层（Communication Cycle Level）。FlexRay 网络的通信过程是由若干个通信周期，按照顺序逐个排列在时间轴上构成的。每个通信周期都包括静态段（Static Segment）、动态段（Dynamic Segment）、符号窗（Symbow Window）和网络空闲时间（Network Idle Time，NIT）。在静态段中，通过静态 TDMA 机制仲裁总线数据传输。在动态段中，采用基于动态最小时隙的访问机制仲裁总线数据传输。符号窗是通信周期中的一段用于发送专用通信符号的时间。网络空闲时间是每个通信周期的结束部分，在这段时间内无数据通信。

最高层下的低一层次是仲裁网格层（Arbitration Grid Level）。仲裁网络（Arbitration Grid）构建了 FlexRay 媒体接入仲裁主体架构。在静态段中，仲裁网格是一组连续的静态时隙（Static Slot）（等长的时间间隔），由若干个静态时隙组成了通信周期静态段。在动态段中，仲裁网格是一组连续的最小时隙（Minislot）（另一种长度的时间间隔），由若干个最小时隙组成了通信周期动态段。

仲裁网格层建立在最大时间节拍层（Macrotick Level）之上。对最大时间节拍层来说，上一层的静态时隙、最小时隙、符号窗及 NIT 都是由不同数量的最大时间节拍（Macrotick）构成，也就是说，整个通信周期都是由众多的 Macrotick 组成的。

在最大时间节拍层中，某些 Macrotick 的边界被指定成 Action Point（动作点），动作点是指节点根据校准的本地时基执行指定动作的时间点，在静态段、动态段和符号窗中 Action Point 指示立即开始数据发送，有时（仅限在动态段中）Action Point 也用于指示结束数据发送。

最低层次是最小时间节拍层（Microtick Level）。Microtick 是比 Macrotick 更小的时间段，

若干个 Microtick 组成一个 Macrotick。

2．通信周期的执行

除了 FlexRay 网络刚开始启动的时间外，在通信正式建立后，总线上每个通信周期均按设定的时间长度执行。节点的通信周期计数器从 0 到 cCycleCountMax 进行计数。

静态段和动态段的数据传输仲裁均是建立在节点帧标识符（Frame Identifier，即时隙 ID）分配和计数机制的基础上的。在一个通信网簇中，一个节点在一个通道中分配哪个时隙，是由该通道分配给它的帧 ID 决定的，这种帧 ID 分配与节点唯一对应。节点对通信周期的计数机制也是根据时隙的编号分配实现的。一旦确定了节点的帧 ID，就确定了节点发送数据占用的时隙、时隙位于周期中哪段及数据帧发送的时间。帧 ID 范围是 1~cSlotIDMax。

一个通信周期一定包含静态段，静态段内包含的静态时隙数量 gNumberOfStaticSlots 是可配置的。所有的静态时隙均由一定数量的 Macrotick 组成。

一个通信周期可能包含动态段，动态段内包含的最小时隙数量 gNumberOfMinislots 是可配置的。所有的最小时隙均由一定数量的 Macrotick 组成。如果通信周期内没有设置动态段的需求，则可以将动态段中最小时隙数量 gNumberOfMinislots 配制成 0。

一个通信周期可能包含符号窗，符号窗内包含的 Macrotick 数量 gdSymbolWindow 是可配置的。如果通信周期内没有设置符号窗的需求，则可以将符号窗中 Macrotick 的数量 gdSymbolWindow 配置成 0。

一个通信周期可能包含网络空闲时间，通信周期内除分配给静态段、动态段和符号窗的 Macrotick 外，剩余数量的 Macrotick 构成网络空闲时间。

每个节点都设有周期计数器（Cycle Counter）的状态变量 vCycleCounter，用于记录当前周期数（周期数为 0~63 循环）。

图 10.35 所示为时基触发的通信周期总体执行示意图。

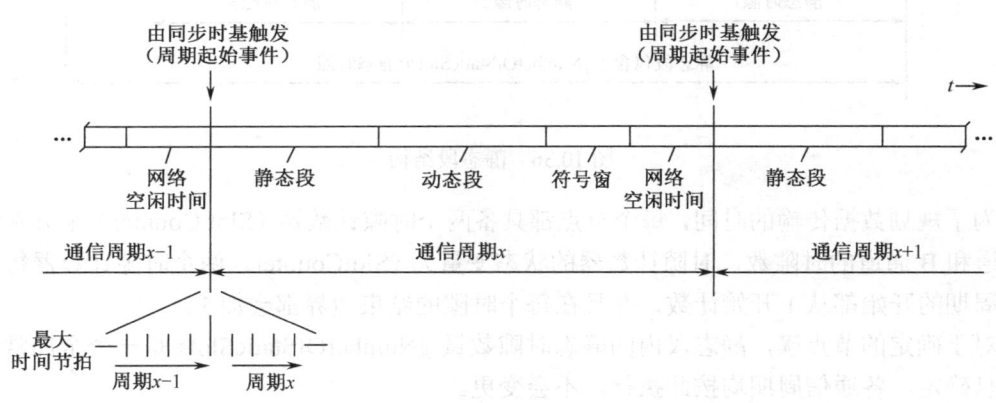

图 10.35　通信周期内的时间分层

从一个通信周期向下一个通信周期的时间转换是节点根据同步时基提供的触发时间触发的，在每个通信周期最后一个 Microtick 结束点，下一个周期的第一个 Microtick 开始，通信周期计数器的值 vCycleCounter 也在此刻在原数值的基础上加 1。

10.7.2 静态段

静态段的静态 TDMA 机制被应用于多路同等级的数据传输。TDMA 是指时分多路技术，就是将静态段划分成若干个相等的时间段（时隙），给每一个节点指定一个时隙，使每一个节点在一个通信周期中都有相等的通信时间，平等地传输自己的数据。

静态段中的所有静态时隙的时间长度均可配置且固定、相同，在静态时隙中传输的静态帧的帧长度可配置且固定、相同。

静态段为的通信遵循以下规则。

（1）同步帧应在所有已连接的通道上发送。

（2）非同步帧可以在一个或同时在两个通道上发送。

（3）只能有一个节点在指定通道上发送同一个指定帧 ID 的数据帧，即不允许多个节点在指定通道上发送同一帧 ID 的数据帧。

（4）如果簇被配置为单时隙模式，则所有非同步节点需要指定一个数据帧作为单时隙数据帧。

静态段结构如图 10.36 所示。从图中可见，每个通信周期中的静态段都由 gNumberOfStaticSlots 个静态时隙（Static Slots）组成，每个静态段持续时间为 gdStaticSlot 个 Macrotick。

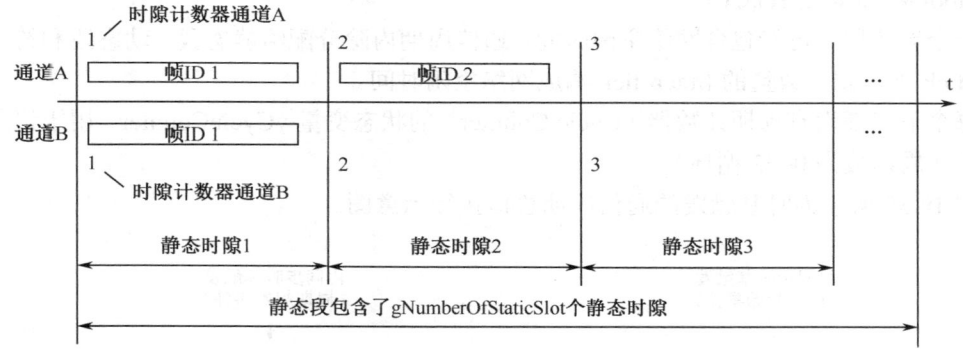

图 10.36　静态段结构

为了规划数据传输的时间，每个节点都具备两个时隙计数器（Slot Counter）来分别记录 A 通道和 B 通道的时隙数，时隙计数器的状态变量为 vSlotCounter。两个时隙计数器每次在通信周期的开始都从 1 开始计数，并且在每个时隙的结束边界都会加 1。

对于确定的节点簇，静态段内的静态时隙数量 gNumberOfStaticSlots 是一个全局常量，即一旦确定，各通信周期均按此执行，不会变更。

静态段计时如图 10.37 所示。所有静态时隙均包含相同数量的 Macrotick，数量参数为 gdStaticSlot。对于确定的节点簇，该参数也是全局常量。

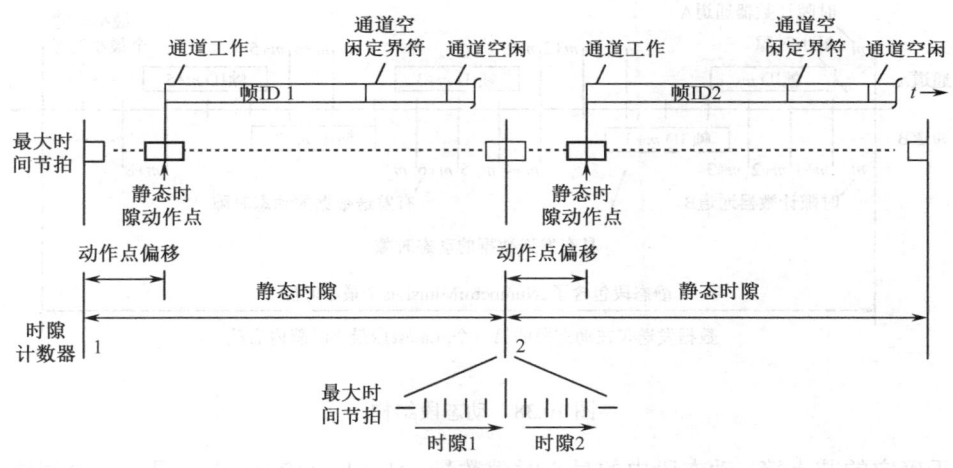

图 10.37　静态段时隙计数

在每一个静态时隙内部，共有 gdStaticSlot 个最大时间节拍（Macrotick）。其中，前几个 Macrotick（数量由 gdActionPointOffset 确定）作为静态时隙动作点偏移，用于节点内部数据传输的准备，从静态时隙动作点开始传输时隙所对应节点的数据帧，数据帧传输完后，紧接一个通道空闲定界符（channel idle delimiter），后面是通道空闲时间，直到下一个静态时隙到来。对于确定的节点簇，动作点偏移 gdActionPointOffset 是一个全局常量。

对于任何指定节点，一个静态时隙（通过 pKeySlotId 定义）可能被指定用于传输一个同步帧（通过 pKeySlotUsedForSync 辨识该时隙是否传输的是同步帧），即节点簇需要一个特定类型的数据帧用于通信同步。而同步帧也可以被指定为启动帧（通过 pKeySlotUsedForStartup 辨识该数据帧是否是启动帧）。

从一个静态段向下一个静态段的时间转换是节点根据同步时基提供的触发时间触发的，在每个静态段最后一个 Microtick 结束点，下一个静态段的第一个 Microtick 开始，Slot Counter 计数器的值 vSlotCounter 也在此刻在原数值的基础上加 1。

10.7.3　动态段

在动态段内，基于动态最小时隙的访问机制用于仲裁传输。在动态段内，每个动态时隙的时间长度都是变化可调的，因此，能够满足不同长度的动态帧的数据传输的需要。

为了规划动态段内数据传输的时间，每个节点仍然需要使用上文提到的两个时隙计数器（Slot Counter），监测每个通道的整个动态段。在静态段中，A 通道和 B 通道的计数器是同步累加计数的，但是在动态段中，两个计数器是根据动态仲裁机制分别独立累加计数的。

动态段结构如图 10.38 所示，两个通信通道的媒体接入不必同步发生。但是，两个通道均使用共同的基于最小时隙的仲裁栅格计时方法。

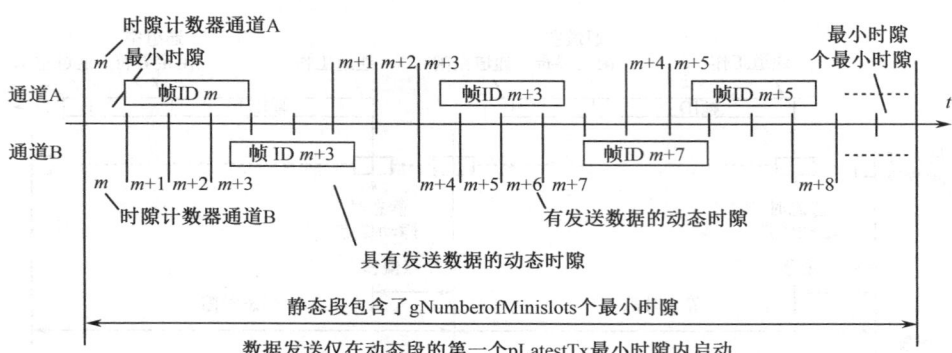

图 10.38　动态段结构

对于确定的节点簇，动态段内的最小时隙数量 gNumberOfMinislots 是一个全局常量。所有最小时隙均包含相同数量的 Macrotick，数量参数为 gdMinislot。对于确定的节点簇，该参数也是全局常量。

一个动态段内包含 gNumberOfMinislots 个最小时隙，由这些最小时隙组成一系列连续的动态时隙（Dynamic Slot），每个动态时隙包含一个或若干个最小时隙（与动态时隙发送的动态帧的帧长度有关）。动态时隙的时间长度取决于该时隙内是否进行通信及是否有数据帧的发送或接收。动态时隙的时间长度与各对应通道相关，即同一节点两个通道上的同一动态时隙的时间长度可以不同。从图 10.39 中可以看出，在两个通道上，有数据帧传输的动态时隙所持续的时间就比较长，没有数据帧的动态时隙持续长度仅为一个最小时隙。

节点按如下方式进行时隙计数。

（1）如果在该通道上没有发生通信，则动态时隙仅由一个最小时隙组成。也就是说，在该最小时隙的整个时间内，通信通道一直处于通道空闲状态。

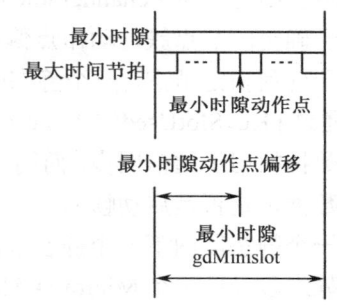

图 10.39　最小时隙内的计时

（2）如果在该通道上有通信进行，则动态时隙由多个最小时隙组成。

最小时隙计时如图 10.39 所示。每个最小时隙具有一个动作点，它距离最小时隙起始点存在一段偏移，这段偏移的时间长度为 gdMinislotActionPointOffset。对于确定的节点簇，该参数是一个全局常量。在动态段中，每个动态帧均在相应动态时隙内第一个最小时隙的动作点正式开始传输数据。同样，在某一个最小时隙的动作点结束数据传输。

动态段计时如图 10.40 所示，与静态时隙相比，动态时隙把动态时隙传输段（Dynamic Slot Transmission Phase）与动态时隙空闲段（Dynamic Slot Idle Phase）区分开来。动态时隙传输段从该动态时隙起始，延伸到最后一个最小时隙的结束，数据帧传输也在此停止。动态时隙空闲段作为一个动态时隙的结束部分，它紧随动态时隙传输段之后，是一段通信空闲时间。由于通信通道空闲监测的反应时间及接收节点处理数据帧的需要，动态时隙空闲段对于动态时隙是必须的。

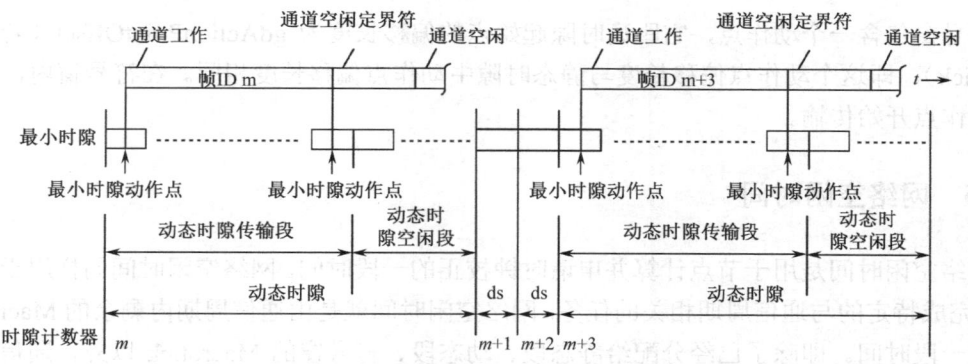

图 10.40　动态段内的计时

节点在每个通道的基础上执行时隙计数器的内务处理。在每个动态时隙的结束，时隙计数 vSlotCounter 累加 1。计数一直累加直到：

①通道时隙计数已经达到计数最大值 cSlotIDMax；

②动态段内的最小时隙数量已经达到 gNumberOfMinislots，也就是到了动态段结束部分。

一旦满足以上条件之一，则该节点在通信周期的剩余部分将相应的时隙计数器清零。

仲裁过程保证所有无故障的接收点能够知晓动态时隙开始数据传输。此外，保证所有无故障的接收点都能就最小时隙的时隙计数达成一致。因此，保证了所有这些接收节点的时隙计数与各无障碍的发送节点的时隙计数、各发送数据帧的帧 ID 保持一致。

10.7.4　符号窗

在符号窗内，发送单独一个特征符。本协议不提供对于多个不同发送者使用符号窗的仲裁机制。如果有这种仲裁需求，那么就必须通过更高一层的数据传输协议来定义和执行。符号窗计时如图 10.41 所示。符号窗和静态时隙相似。每个符号窗内所包含的 Macrotick 的数量为 gdSymbolWindow。对于确定的节点簇，该参数是全局常量。

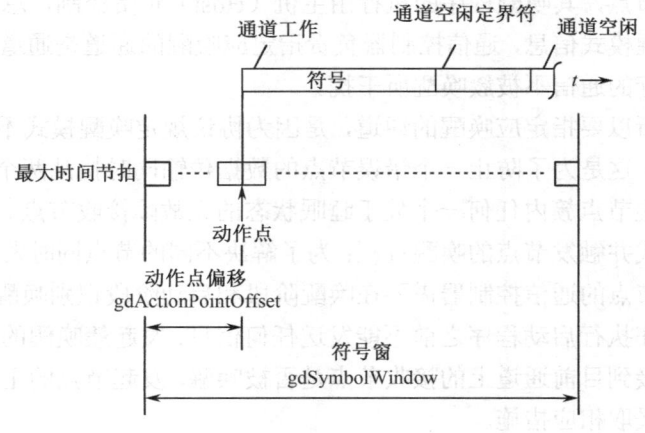

图 10.41　符号窗内的计时

符号窗包含一个动作点，它距离时隙起始点的偏移长度为 gdActionPointOffset（若干个 Macrotick），即这个动作点偏移长度与静态时隙中动作点偏移长度相同。在符号窗内，特征符在动作点开始传输。

10.7.5　网络空闲时间

网络空闲时间是用于节点计算并申请时钟校正的一段时间。网络空闲时间同样用于节点执行、完成特定的与通信周期相关的任务。网络空闲时间就是由通信周期内剩余的 Macrotick 构成的一段时间。即除了已经分配给静态段、动态段、符号窗的 Macrotick 以外，通信周期内其余的 Macrotick 所构成的时间段。

10.8　FlexRay 的簇唤醒与启动

10.8.1　簇唤醒

一个 FlexRay 网络内所有参加通信的节点，构成了一个节点簇。节点簇在没有数据传输通信的时候，处于睡眠模式。节点簇要从睡眠模式进入到正常的通信模式，就必须进行簇唤醒。

一个节点簇要实施簇唤醒必须具备以下条件：第一个条件是所有的节点总线驱动器都要供上电；第二个条件是每个总线控制器在其通道 A 或通道 B 上接收到唤醒模式时，能够唤醒自己节点的其他组成部分；第三个条件是节点簇中至少有一个节点收到外部输入的唤醒指令。

一个簇唤醒的过程如下：节点簇中的一个节点接到从外部输入的簇唤醒指令后，向总线发出簇唤醒模式信息，簇内其他各个节点接收到该信息，并执行唤醒程序，最终使簇内各节点都处于被唤醒状态。

发起簇唤醒的节点，其唤醒程序的执行由主机（Host）负责控制，总线控制器负责在其指定通道上传输唤醒模式信息，通信控制器负责指定应唤醒的通道是通道 A 还是通道 B，并确保通道上正在进行的通信不被簇唤醒所干扰。

通信控制器之所以要指定应唤醒的通道，是因为协议规定唤醒模式不能同时在 A、B 两个通道上进行传输，这是为了防止一个错误节点的数据传输同时扰乱两个通道上的通信。

唤醒模式将唤醒节点簇内任何一个处于睡眠状态的无故障接收节点。接收节点的总线驱动器识别出唤醒模式并触发节点的唤醒过程；为了解决不同的节点同时发出唤醒模式所造成的总线冲突，接收节点的通信控制器需要在唤醒阶段和启动阶段识别唤醒模式。

由于接收节点在执行启动程序之前不能发送任何信息，发起簇唤醒的节点的通信控制器并无法确定所有连接到目前通道上的接收节点是否被唤醒，发起节点的主机应该考虑到唤醒失败的可能性，并采取相应措施。

只有一个通道的单通道节点也可以在双通道系统中发送唤醒模式进行簇唤醒。簇内的另

一个双通道节点在完成第一个通道的簇唤醒后，在另一个通道上发送唤醒模式。唤醒程序允许多个节点在同一个通道同时尝试发起簇唤醒，并能处理这种矛盾，最终确保由一个节点来发送唤醒模式。即使由于出现错误，致使两个节点同时发送了唤醒模式，冲突结果所产生的信号仍能唤醒节点簇。

10.8.2　通信启动与重新集成

TDMA 通信机制要求参与簇通信的所有节点必须同步，所以节点簇被唤醒后在开始通信以前必须首先进行同步。FlexRay 对所有节点的初始同步设计了下面将要介绍的具有容错性的分布式启动策略。

实施通信启动的前提条件是节点簇必须是醒着的，也就是说节点簇的唤醒程序必须在执行通信启动程序前已经完成。

开始一个启动程序的行为被称为冷启动（Coldstart），FlexRay 规定只有有限个节点可以发起启动程序（Startup），这些节点被称为启动节点（Startup Node）。

在含有至少 3 个节点的节点簇中，至少设置三个节点为冷启动节点；在少于 3 个节点的节点簇中，每个节点都是冷启动节点。

冷启动的过程分为三步：第一步是一个冷启动节点发送一个冲突避免特征符（CAS），然后由这个节点在紧跟的四个周期内发送数据帧，而其他节点都没有在此四周期内发送数据帧的权利；第二步是其他冷启动节点加入该节点的簇通信；第三步是其他所有节点加入簇内进行通信。

在以上过程中，第一步发送 CAS 并有效启动节点簇的冷启动节点被称为主冷启动节点（Leading Coldstart Node），第二步跟随主冷启动节点而启动的冷启动节点成为从冷启动节点（Following Coldstart Node）。

一个冷启动帧要将配置参数 pKeySlotUsedForStartup 设置为 true，数据帧头的启动帧指示位设置为 1。每个启动帧同时也是一个同步帧，因此冷启动节点同时也是一个同步节点，参数 gColdStartAttempts 应该至少被设置为 2，簇的启动至少需要两个无故障的冷启动节点配合工作。

我们可以把以上冷启动过程的三步中的前两步合并成一个逻辑步骤，称作冷启动节点启动；第三步作为第二个逻辑步骤，称作非冷启动节点集成。

对冷启动节点启动的两点说明：①只有冷启动节点才可以发起节点簇的启动；②每个冷启动节点只要与其他冷启动节点中的一个建立起了稳定的通信，该冷启动节点就完成了它自身的启动。

对非冷启动节点集成的三点说明：①一个非冷启动节点必须收到两个以上不同冷启动节点发来的启动帧，才能将自己集成到簇通信中。这种要求保证了每个非冷启动节点总是能加入到大多数的冷启动节点构成的节点簇中；②需要集成到节点簇中的非冷启动节点，在冷启动节点完成启动程序之前，就要开始执行它自己的集成程序；③至少有两个冷启动节点完成启动程序，参加集成的非冷启动节点才可以结束它们的启动程序。

10.9　FlexRay 的时钟同步

10.9.1　时钟同步的概念

在分布式通信系统中，每个节点都有其自身的时钟。整个通信系统中各个节点在系统启动时需要把各节点的时钟同步起来，这需要进行时钟同步。各节点的时钟同步后，由于每个节点的温度变化、电压波动、时钟源的误差等因素的影响，系统内各节点的时钟在短时间内仍然会产生误差，需要进一步同步。特别是使用基于 TDMA 通信协议的系统，时钟同步是能够实现有效通信的最基本保证。因此，对于 FlexRay 网络而言，所有节点的时钟必须同步，并且最大偏差必须在限定范围内，这是实现通信的前提条件。

时钟偏差可以分为相位和频率偏差。相位偏差是两个时钟在某一特定时间的绝对时间差。频率偏差是相位偏差随着时间推移的变化率，它反映了相位偏差在特定时间的变化速率。

有多种方法可以通过相位校正和频率校正实现时钟同步。FlexRay 使用了一种综合方法，同时实施相位校正和频率校正。时钟同步系统是一个闭环控制系统，与其它的闭环系统一样，它也由测量、计算和调整功能组成。要测量每个时钟与其它时钟的偏差，所有节点都要在接收数据期间测量消息的到达时间。通过静态段的定时机制，每个节点都知道消息应当何时到达，如果消息比预计时间早到或晚到，将可以通过测量得出实际时间与预定时间之间的偏差。该偏差代表了发送和接收节点之间的时钟偏差。借助获得的测量值，可用容错平均算法计算出每个节点的校正值。在频率校正中，需要使用两个通信周期的测量值。这些测量值之间的差值反映每个通信周期中的时钟偏差变化。它通常用于计算双通信周期结束时的校正值。在整个后续的双通信周期中，都使用该校正值。

10.9.2　时间表示法

1．计时层级

FlexRay 节点的时间表示法是在通信周期、最大时间节拍和最小时间节拍的基础上建立起来的。一个通信周期由整数个最大节拍组成，一个最大节拍又由整数个最小节拍组成。计时层级如图 10.42 所示。

下面从图 10.42 的最底层（microtick level）开始介绍。这一层告诉我们，一个最大时间节拍由整数个最小时间节拍构成。

最小时间节拍是 FlexRay 节点的基本时间单元，它由各个节点自身通信控制器的最小节拍振荡器产生，也可由一个预计数器对节点时钟计数获得。最小时间节拍是节点内部本地时间的计量单位。从理论上讲，各个节点的最小时间节拍的时间长度不可能完全相同，会存在一定的差值。

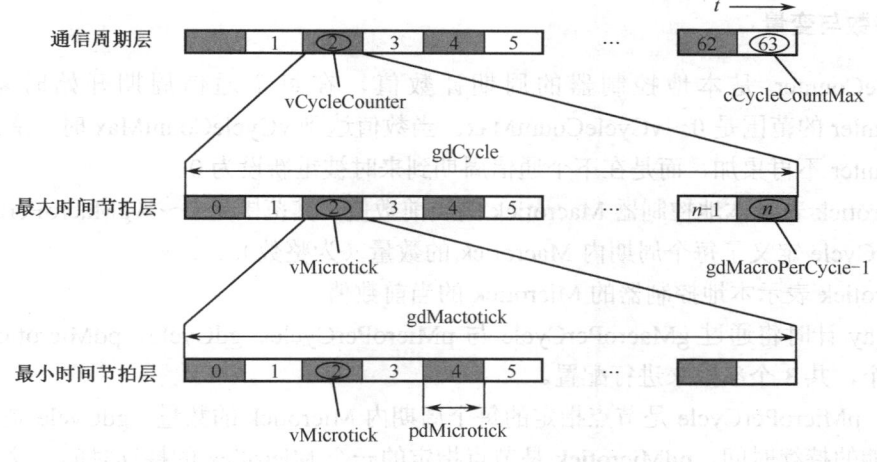

图 10.42　计时层级

从图 10.42 的中间层（macrotick level）看，一个通信周期由 n+1（gMacroPerCycle）个最小时间节拍构成。FlexRay 网络要求最大时间节拍在节点簇范围内保持同步，也就是说在互相通信的节点簇范围内，各个节点的最大时间节拍持续时间应该相同。

每个节点自己的最大时间节拍都由整数个自己的最小时间节拍组成。各节点最大时间节拍所包含最小时间节拍的数量，取决于每个节点振荡器的频率和预计数器。所以，虽然各同步节点的最大时间节拍的时间长度相同，但各节点最大时间节拍包含的最小时间节拍的数量有可能不同。由于上述原因，即使是同一节点，各最大时间节拍也可能包含不同数量的最小时间节拍（造成的误差在允许范围内即可）。尽管任何确定的最大时间节拍都是由整数个最小时间节拍组成的，但是在一个指定周期内所有最大时间节拍的平均持续时间可能并不是整数个最小时间节拍（有可能是整数个最小时间节拍加上一个最小时间节拍的一部分）。

从图 10.42 的最顶层（communicaition cycle level）看，FlexRay 网络通信过程在总线上的表现，就是由不同的通信周期按照一定的顺序在时间轴上排列而成的，通信周期的编号计数从 0 开始，直到 cCycleCountMax（图中为 63），计数的循环周期为 64 个通信周期。

2．全局时间与本地时间

一个节点簇的全局时间（Global Time）是簇内对时间的一种普遍共识。FlexRay 协议没有规定一个绝对参照的全局时间，每个节点对全局时间都具有其各自的理解。

本地时间（Local Time）是以节点自身时钟为基础，通过变量 vCycleCounter、vMacrotick 和 vMicrotick 来表示的时间。变量 vCycleCounter 和 vMacrotick 在应用中是可以被调用和查看的。在每个周期起始时，vCycleCounter 随着 vMacrotick 的计数更新而被更新。

本地时间是建立在节点自身对于全局时间认识的基础上的。每个节点均使用时钟同步算法来调整自己的时间以适应全局时间。

节点簇的同步精度（precision）是指簇内任意两个同步节点本地时间之间的最大差值。

3．参数与变量

vCycleCounter 是本地控制器的周期计数值，在每个通信周期开始时累加 1。vCycleCounter 的范围是 0～vCycleCountMax。当数值达到 vCycleCountMax 时，周期计数值 vCycleCounter 不再累加，而是在下个通信周期到来时被重新设为 0。

vMacrotick 表示本地控制器 Macrotick 的当前数值，其范围是 0～（gMacroPerCycle-1）。gMacroPerCycle 定义了每个周期内 Macrotick 的数量（为整数）。

vMicrotick 表示本地控制器的 Microtick 的当前数值。

FlexRay 计时将通过 gMacroPerCycle 与 pMicroPerCycle、gdCycle、pdMicrotick 三个参数中的两个，共 3 个参数来进行配置。

其中，pMicroPerCycle 是节点指定的每个周期内 Microtick 的数量，gdCycle 是节点簇一个通信周期的持续时间，pdMicrotick 是节点指定的一个 Microtick 的持续时间。这 3 个参数之间的关系是

$$pMicroPerCycle = round(\frac{gdCycle}{pdMicrotick})$$

其中，round（）是一个函数，表示对括号内的数字四舍五入取整。

10.9.3　同步进程

时钟同步主要包括两个同时进行的进程。一个是时钟同步进程（CSP），它在通信周期起始时执行初始化，负责测量并存储偏差数值，计算相位（也称作偏移）值和频率（也称作速率）的校正值；另一个是最大时间节拍生成（MTG）进程，它控制着通信周期与最大时间节拍计数器的工作，并且把 CSP 进程提供的频率与相位的校正值应用在控制中，从而实现时钟同步。

时钟同步功能的主要内容是确保一个簇内各节点间的时间差异保持在要求的精度范围之内。节点间时间差异分为相位（也称为偏移）差和频率（也称为速率）差两种类型。

FlexRay 同时采用两种方法来同步不同节点的本地时基：相位校正和频率校正（也称为偏移校正和速率校正）。

图 10.43 说明了这两个进程之间的计时关系及其与 MAC 进程的关系。

如图 10.43 所示，FlexRay 协议要求时钟同步必须遵守以下规则：

（1）所有节点采用相同方式来进行频率校正和相位校正。

（2）频率校正的执行贯穿于整个通信周期。

（3）相位校正仅在奇数通信周期的 NIT 期间执行，在 gOffsetCorrectionStart 处开始，并且必须在下一个通信周期开始之前完成。

（4）变量 vOffsetCorrection 称为相位校正值，是指为了达到相位同步的要求，需要在 NIT 相位校正阶段添加的 Microtick 的个数。vOffsetCorrection 可以是正值，也可以是负值，负值表示在 NIT 相位校正阶段减少的 Microtick 的个数。变量 vOffsetCorrection 的数值用时钟同步算法确定，计算是在单个通信周期内的测量数值的基础上进行的。每个周期内都会计

算 vOffsetCorrection，但只有在奇数通信周期结束时才会进行校正。

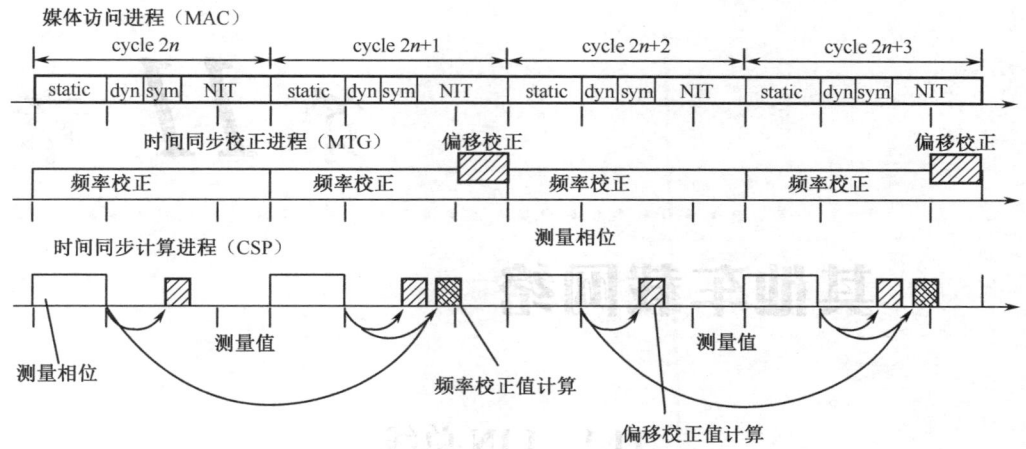

图 10.43　MAC、MTG、CSP 之间的计时关系

（5）变量 vRateCorrection 称为频率校正值，是指为了达到频率同步，需要在一个通信周期所配置的 Microtick 数量中增加的 Microtick 的个数。vRateCorrection 也同样可正可负。变量 vRateCorrection 的数值是用时钟同步算法确定的，计算是在测量数值的基础上进行的，该测量数值是在两个连续偶数-奇数双周期内测量所得到的。每两个周期计算一次该变量，且计算在奇数周期的静态段之后进行。

图中，MAC 一行表示在时间轴上排列的 Cycle 2*n* 到 Cycle 2*n*+3 的连续四个通信周期，Cycle 2*n* 和 Cycle 2*n*+2 是偶数周期，Cycle 2*n*+1 和 Cycle 2*n*+3 是偶奇数周期，每个通信周期都包含静态段、动态段、符号段和空闲时间四个段。

CSP 一行表示 CSP 进程在 Cycle 2*n* 到 Cycle 2*n*+3 的连续四个通信周期内所做的以下工作：①在每个通信周期的静态段期间，对相位进行测量，见图中无填充的部分；②每个通信周期内，根据相位测量的结果，对相位校正值进行计算，见图中斜线阴影部分；③在每个通信周期内，对频率进行测量；④在奇数通信周期内，根据连续两个通信周期的频率测量值，计算频率校正值，见图 10.43 中网状阴影部分。

MTG 一行表示 MTG 进程在 Cycle 2*n* 到 Cycle 2*n*+3 的连续四个通信周期内所做的以下工作：①在奇数通信周期的 NIT 期间，根据 CSP 进程所提供的相位校正值，对相位进行调整，见图中斜线阴影部分；②每个通信周期的整个通信周期内，MTG 进程都根据 CSP 进程所提供的频率校正值，对频率进行调整。

第 *11* 章

其他车载网络

11.1 LIN 总线

11.1.1 LIN 总线概述

局部互连网络 LIN（Local Interconnect Network）是一种串行通信网络，也是一个汽车底层网络协议，用于实现汽车中的分布式电子系统控制，可用作其它汽车网络的辅助网络。LIN 网络始创于 1998 年，由 Motorola、BMW、Daimler—Chrysler、Volkswagen、VOLVO 和 Volcano 组成的联营企业创建。

该网络共经历了以下几个发展阶段：

① 1998 年 10 月：围绕低成本/低速率的工作组建立；

② 1999 年 7 月：使用第一个规范文件；

③ 2000 年 3 月：由 Audi、Motorola、BMW、Daimler—Chrysler、Volkswagen、VOLVO 和 Volcano 组成的 LIN 联营企业创建；

④ 2000 年 11 月：发布 LIN1.2 规范；

⑤ 2003 年 9 月：发布 LIN2.0 规范；

⑥ 2004 年：雪铁龙第一次在新的 C5 车型上批量使用 LIN 网。

在车载网络中，LIN 属于低端网络，其传输速度低，结构简单，价格低廉。在多路传输功能要求不太高时，VAN 和 CAN 网络的操作就显得复杂且不经济，故引入 LIN 协议对 CAN 和 VAN 协议进行补充，从而降低成本，LIN 目前应用最多的是空调、车门、天窗等控制信号的传输，如图 11.1 所示。

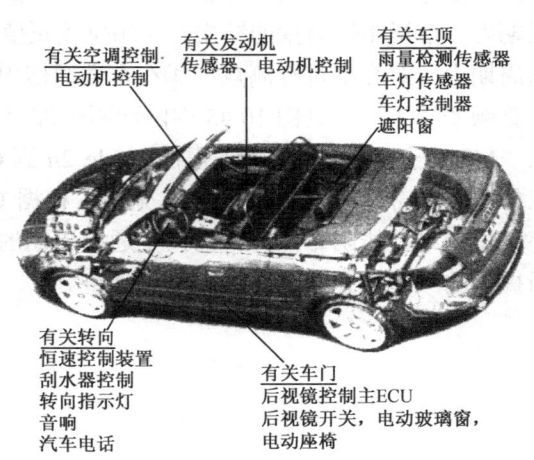

图 11.1 LIN 在汽车上的应用

11.1.2　LIN 总线的主要特征

LIN 总线基于 SCI（串行通信接口，Serial Communication Interface）/UART（Universal Asynchronous Receiver/Transmitter，通用异步接收/发送装置）数据格式，采用单主机多从机模式对信息进行传输，不需要总线仲裁机制，总线仅由三根导线组成（电源、地线和数据线）。LIN 总线的传输速率可达20kbit/s，通常一个 LIN 网络上节点数目不大于16个，共有64个标识符，其主要特征如表11.1所示

表 11.1　LIN 协议主要特征

传输媒介	1 根导线	标识符个数	64
传输速率	1～20kb/s	帧的数据大小	2～8B
节 点 数	<16	网络结构	单主/多从
传输距离	<40m	可 靠 性	小于 CAN 网和 VAN 网
成　　本	小于 CAN 网和 VAN 网	从 节 点	自同步

11.1.3　LIN 网络的结构、节点与信号

1．LIN 网络的结构

如图 11.2 所示，LIN 网络由一个主节点（又称主机节点、主任务节点）和一个或多个从节点（又称从机节点）构成，主节点可以执行主任务也可以执行从任务，但从节点只能执行从任务，总线上的信息传送由主节点控制。

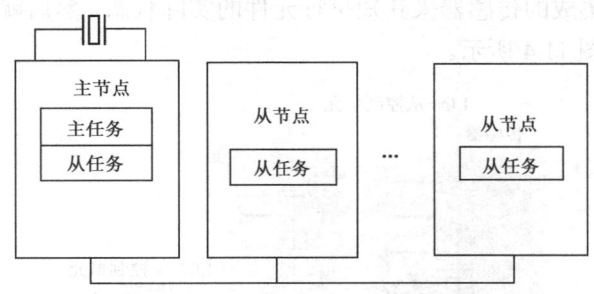

图 11.2　LIN 网络结构

（1）LIN 的主节点

LIN 的主节点连接在 CAN 数据总线上，它执行 LIN 的主功能，其主要功能包括以下四个方面：

① 监控数据传递和数据传递的速率，发送报文帧的帧头部分。

② 主节点的软件内已经设定了一个周期，这个周期用于决定何时将哪些信息发送到 LIN 数据总线上。

③ 主节点在 LIN 数据总线系统的 LIN 控制单元与 CAN 总线之间起"翻译"作用，它是 LIN 总线系统中唯一与 CAN 数据总线相连的控制单元。

④ 通过主节点进行从节点的自诊断，LIN 总线系统与自诊断接口及 CAN 数据总线的连接图如图 11.3 所示。

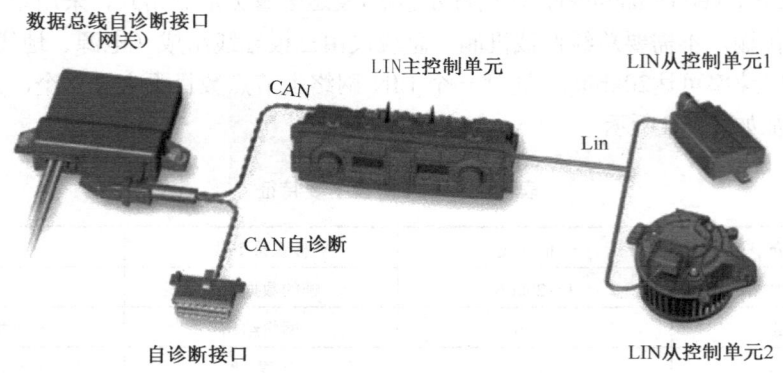

图 11.3　LIN 的主节点（主控制单元）与相关单元的连接

（2）LIN 的从节点

在 LIN 数据总线系统内，单个控制单元（如新鲜空气鼓风机的控制单元）或传感器及执行元件（如水平传感器及防盗警报蜂鸣器等）都可以看作 LIN 从节点，传感器内集成一个电子装置，该装置对测量值进行分析。测量值作为数字信号通过 LIN 总线传递。有些传感器和执行元件只使用 LIN 主节点插口上的一个针脚。

LIN 执行元件都是智能型的电子或机电部件，这些部件通过 LIN 主节点的 LIN 数字信号接受任务。

LIN 主节点通过集成的传感器来获知执行元件的实际状态，然后就可以进行规定状态和实际状态的对比，如图 11.4 所示。

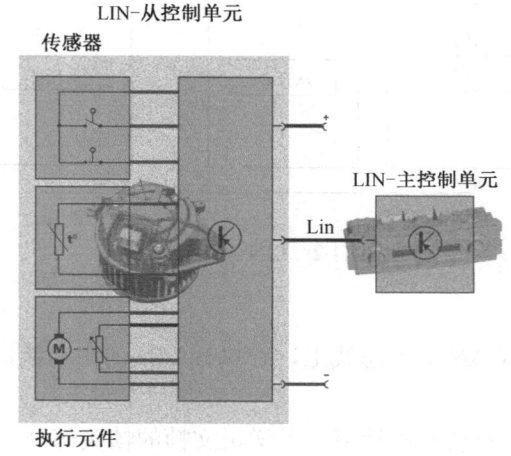

图 11.4　LIN 的从节点（从控制单元）

2．LIN 节点的结构

LIN 接口由协议控制器和线路接口单元两部分构成，如图 11.5 所示。

协议控制器集成在微控制器中的一个标准 UART 上实现，微控制器软件负责管理 LIN 协议，实现以下功能：

①发送/接收 8 位的字节；

②构成请求帧，接收响应帧；

③发送帧。

线路接口的功能：

①负责将 LIN 总线的信号翻译成无干扰的 RX 信号输入 LIN 协议控制器；

②或将协议控制器的 RX 信号进行翻译，并输往 LIN 总线。

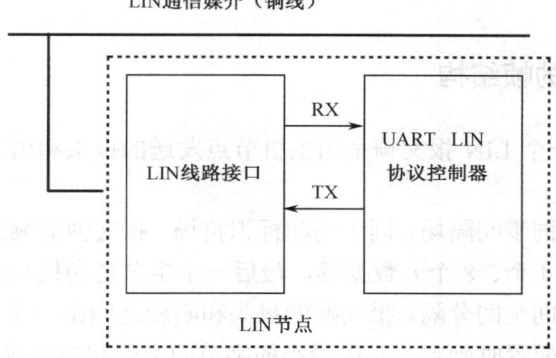

图 11.5　LIN 节点的结构

3．LIN 总线与信号

LIN 总线各个节点之间除了电源线和接地线之外，只采用单线连接，两个电控单元间的最大传输距离为 40m，总线驱动器和接收器的规范遵从改进的 ISO 9141 单线标准。

LIN 总线上的信号规范如图 11.6 所示。信号在发送节点要求隐性电平大于 V_{BAT}（供电的蓄电池电压）的 80%，显性电平电压小于 V_{BAT} 的 20%；在接收节点，要求收到的信号隐性电平大于 V_{BAT}（供电的蓄电池电压）的 60%，显性电平电压小于 V_{BAT} 的 40%。

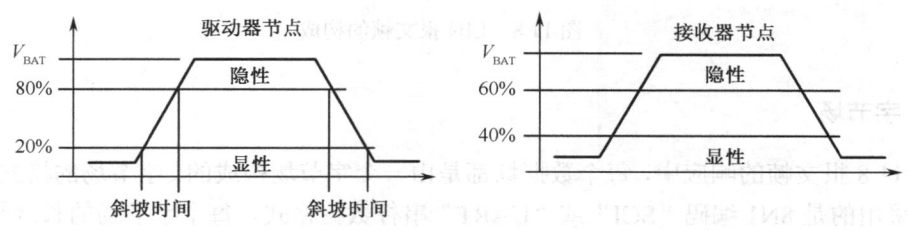

图 11.6　LIN 总线上的信号规范

图 11.7 给出了用示波器观察的 LIN 总线上的信号波形。

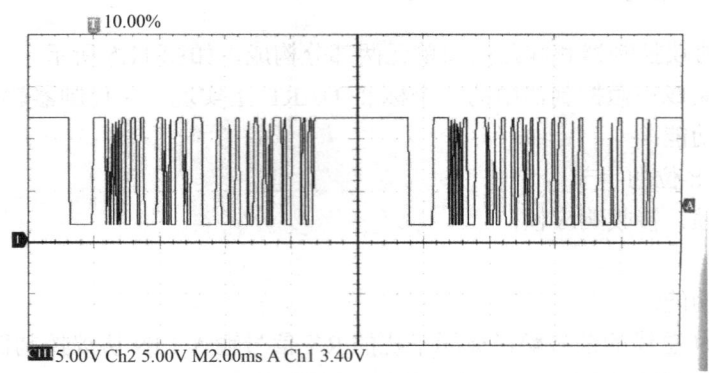

图 11.7　示波器上的 LIN 网络线路电压记录

11.1.4　LIN 报文帧的帧结构

如图 11.8 所示，一个 LIN 报文帧是由主机节点发送的报头和由主机或某一个从机节点发送的响应组成的。

报文帧的报头包括同步间隔场、同步场和标识符场。报文帧的响应则由 3 个到 9 个字节场组成，其口 2 个（或 4 个、8 个）数据场，最后一个字节场为校验和场。

字节场之间由字节间空间分隔，报文帧的报头和响应之间由一个帧内响应空间分隔。这两种空间的长度在网络配置时确定，其中最小的字节间空间和帧内响应空间长度是 0，最大长度由报文帧的最大长度 $T_{\text{FRAME\_MAX}}$（一个配置参数）限制。

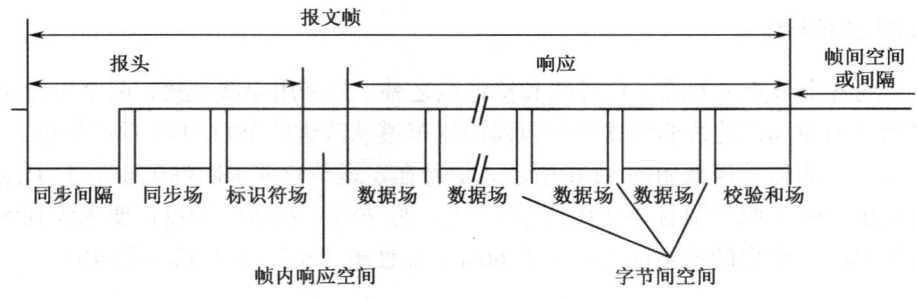

图 11.8　LIN 报文帧的构成

1. 字节场

图 11.8 报文帧的响应中，每个数据场都是由一个字节场构成的。字节场的格式如图 11.9 所示，采用的是 8N1 编码 "SCI" 或 "UART" 串行数据格式。每个字节场的长度是 10 个位定时。起始位是一个 "显性" 位，它标志着字节场开始；接着是 8 个数据位，首先发送最低

位；停止位是一个"隐性"位，它标志着字节场结束。

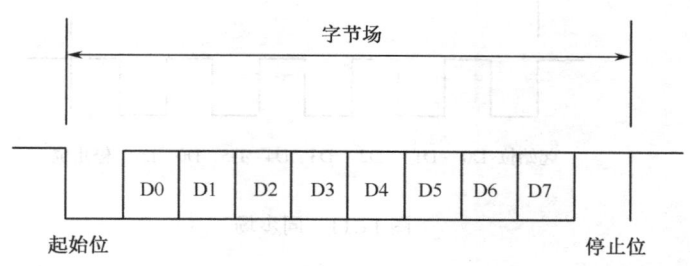

图 11.9　LIN 字节场的构成

2. 报头场

（1）同步间隔场

由图 11.8 可见，为了使 LIN 网络中的其他节点能清楚地识别出报文帧的开始，报文帧的第一个场是由主节点向总线上发送一个同步间隔。同步间隔场的作用是为所有从节点提供均等的与总线时钟同步的机会。

如图 11.10 所示，同步间隔场由两个部分构成。第一部分为一个持续 T_{SYNBRK} 或更长时间（不需要很严格，但不得小于 T_{SYNBRK}）的显性总线电平；第二部分为最小持续 T_{SYNDEL} 的隐性电平同步定界符。

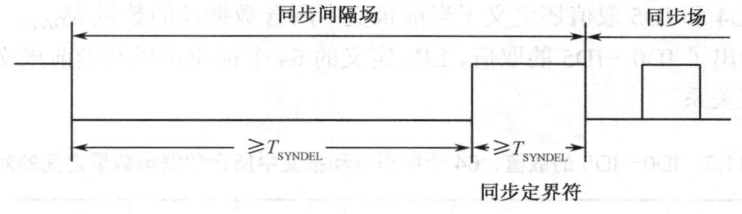

图 11.10　同步间隔场

（2）同步场

将字节场的数据从低位到高位 D0、D1、D2…D7 设置成 10101010，则其波形如图 11.11 所示，这就构成了同步场。

由于同步场内 10 个位（包括起始位和停止位在内）中的波形就像占空比为 0.5 的方波一样，包含了 5 个下降沿（即"隐性"到"显性"的跳变沿），和 5 个上升沿，可以给总线上的所有节点提供时钟的同步信息，因此就把它定义为同步场。

按照二进制数通常的表示方法，把同步场的数据取值 D0、D1、D2、…、D7，从高位到低位的顺序 D7、D6、D5、…、D0 排列起来，其取值就是 01010101。再把这个 8 位二进制数，按照 4 位一组，分成两组用十六进制数表示，则表示为 55，所以我们就用"0x55"来表示同步场的数据取值。其中，0x 表示十六进制（C^{++}语言的表示方法）。

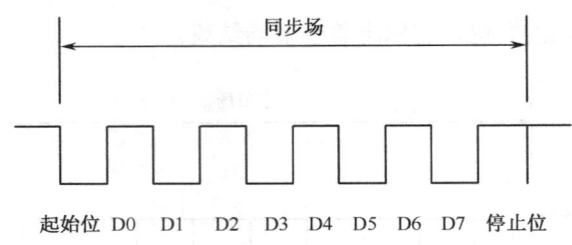

图 11.11 同步场

（3）标识符场

如图 11.12 所示，标识符场（ID 场）定义了报文的内容和长度，并且负责对标识符进行奇偶校验。

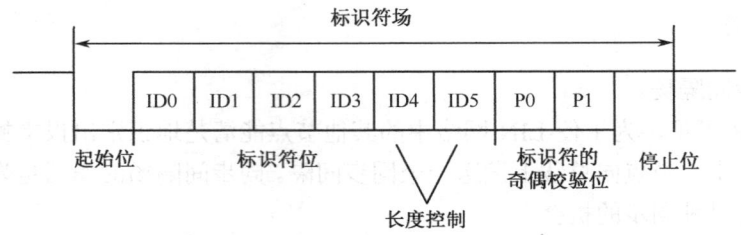

图 11.12 标识符场

其中，前 6 位 ID0～ID5 为标识符位，用于主任务节点向从任务节点传送当前报文的标识符；同时 ID4 和 ID5 取值还定义了当前报文中所含数据场的数量 N_{DATA}。

表 11.2 给出了 ID0～ID5 的取值、LIN 定义的 64 个标识符以及当前报文中所含数据场数量之间的对应关系。

表 11.2 ID0～ID5 的取值、64 个标识符和报文中所含数据场数量之间的对应关系

组别	ID5	ID4	ID3	ID2	ID1	ID0	标识符	N_{DATA}（字节个数）
第 0 组	0	0	0	0	0	0	0x00	2
	0	0	0	0	0	1	0x01	2
	0	0	0010—1110				0x02—0x0E	2
	0	0	1	1	1	1	0x0F	2
第 1 组	0	1	0	0	0	0	0x10	2
	0	1	0	0	0	1	0x11	2
	0	1	0010—1110				0x12—0x1E	2
	0	1	1	1	1	1	0x1F	2
第 2 组	1	0	0	0	0	0	0x20	4
	1	0	0	0	0	1	0x21	4
	1	0	0010—1110				0x22—0x2E	4
	1	0	1	1	1	1	0x2F	4

续表

组别	ID5	ID4	ID3	ID2	ID1	ID0	标识符	N_{DATA}（字节个数）
第 3 组	1	1	0	0	0	0	0x30	8
	1	1	0	0	0	1	0x31	8
	1	1		0010—1011			0x32—0x3B	8
	1	1	1	1	0	0	0x3C	8
	1	1	1	1	0	1	0x3D	8
	1	1	1	1	1	0	0x3E	8
	1	1	1	1	1	1	0x3F	8

　　由表 11.2 可见，根据 ID5、ID4 的取值不同，LIN 协议将把 64 个标识符分成 4 个组，每组 16 个标识符。

　　ID5、ID4 取值为 00 时，为第 0 组 0x00（二进制 000000）、0x01（二进制 000001）、0x02 二进制 000010）…0x0F（二进制 001111）共 16 个标识符，这些标识符所在的报文帧的响应部分包含 2 个数据场。

　　ID5、ID4 取值为 01 时，为第 1 组 0x10（二进制 010000）、0x11（二进制 010001）…0x1F（二进制 011111）共 16 个标识符，这些标识符所在的报文帧的响应部分包含 2 个数据场。

　　ID5、ID4 取值为 10 时，为第 2 组 0x20（二进制 100000）、0x21（二进制 100001）…0x2F（二进制 101111）共 16 个标识符，这些标识符所在的报文帧的响应部分包含 4 个数据场。

　　ID5、ID4 取值为 11 时，为第 3 组 0x30（二进制 110000）、0x31（二进制 110001）…0x3F（二进制 111111）共 16 个标识符，这些标识符所在的报文帧的响应部分包含 8 个数据场。

　　LIN 协议规定把标识符 0x3C、0x3D、0x3E 和 0x3F 保留用于命令帧（如：睡眠模式）和扩展帧。

　　标识符的奇偶校验位 P0、P1 通过下面的混合奇偶算法计算：

$$P0 = ID0 \oplus ID1 \otimes ID2 \oplus ID4 \quad（奇校验）$$

$$P1 = \overline{ID1 \oplus ID3 \otimes ID4 \oplus ID5} \quad（偶校验）$$

3．响应场

（1）数据场

数据场由通过报文帧传输的具有 8 位数据的字节场组成。首先被传输的是最低位（LSB）D0，其次是 D1，D2，…，最后是最高位（MSB）D7，如图 11.13 所示。

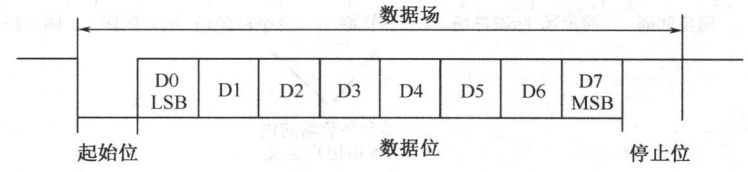

图 11.13　数据场

（2）校验和场

校验和场是所有数据字节相加得到的和模 256 后取反获得的结果，用于校验接收的数据是否正确。校验和用"带进位的加法"计算，每次加法的进位位都加到和结果的最低位（LSB）上，这就保证了数据字节 MSB 的安全。所有数据字节的和模 256 后加上校验和字节得出的值必须是"0xFF"。

校验分为经典校验（Classic Checksum）和增强校验（Enhance Checksum）两种。

经典校验只对数据场进行校验，而增强校验则需对标识符场和数据场都进行校验。

校验和场的构成如图 11.14 所示。

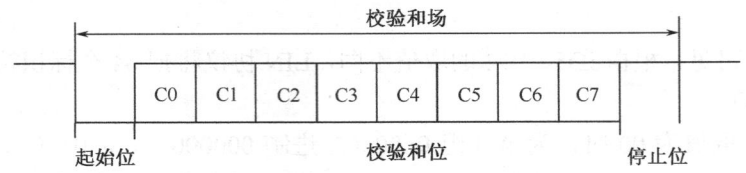

图 11.14　校验和场

11.1.5　命令帧与扩展帧的帧结构

11.1.4 节在介绍标识符时，提到了 4 个具有 8 个数据场响应的标识符被用作特殊的报文帧：2 个命令帧（标识符为 0x3C、0x3D）和 2 个扩展帧（标识符为 0x3E、 0x3F）。

1．命令帧结构

标识符为 0x3C、0x3D 的两个命令帧都包括 8 个字节场响应，可以用于主机节点向从机节点（或相反）下载（或上载）数据。这个特征用于软件升级，网络配置和诊断。帧的结构和普通的报文相同。响应场包含用户定义的命令场而不是数据场，举个例子，命令场可以使从机节点进入服务模式或睡眠模式。

命令帧月于主机向所有总线成员广播普通命令请求。如图 11.15 所示，它的帧结构和普通的 8 位报文帧相同，只由保留的标识符来区别。

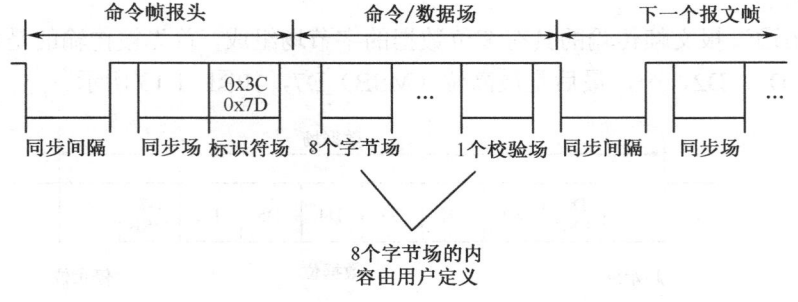

图 11.15　LIN 命令帧

标识符为 0x3C 时，图 11.12 中的奇偶校验位 P1、P0 的计算值为 00，所以标识符场取

值为 0x3C，这一帧定义为主机请求帧，其功能是主机节点向从机节点发送命令和数据。

标识符为 0x3D 时，图 11.12 中的奇偶校验位 P1、P0 的计算值为 01，所以标识符场取值为 0x7D，定义为从机响应帧，它触发一个从机节点向主机节点发送数据。

命令帧的第一个数据场是 0x00～0x7F 时，命令帧的含义由 LIN 协会定义。第一个数据场是 0x80～0xFF 时，命令帧的含义由用户定义。

比如，睡眠模式命令用于向所有总线节点广播睡眠模式。

主节点发送一个帧 ID 为 0x3C 的命令帧，其第一个字节为 0x00 其余全为 0xFF，来使处于工作状态的从节点进入睡眠。这帧报文称为睡眠指令。

在这个报文结束后直到总线上出现唤醒信号退出睡眠模式前的时间内，总线上没有通信活动。

2. 扩展帧的结构

扩展帧的帧结构如图 11.16 所示。

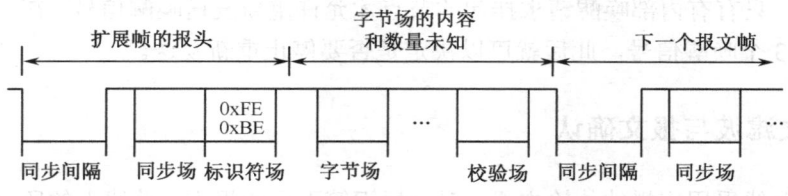

图 11.16　LIN 扩展帧

标识符为 0x3E 的扩展帧，其标识符场取值为 0xFE，定义为用户定义的扩展帧，允许在不改变现有 LIN 规范情况下，在 LIN 协议中嵌入用户定义的报文格式。

标识符为 0x3F 的扩展帧，其标识符场取值为 0xBF，现在还不能使用，保留给以后的 LIN 扩展版本，保证了 LIN 从机可以向上兼容将来的 LIN 协议修订版。

扩展帧标识符后面可以跟随任意数量的 LIN 字节场。帧的长度、通信概念和数据内容目前没有定义。ID 场的长度码对这两个帧不起作用。

从机可以接收扩展帧标识符，但如果不使用它的内容，则必须忽略所有的后续 LIN 字节区，直到接收到下一个同步间隔，即下一帧信号。

11.1.6　唤醒信号

总线的睡眠模式可以通过任何节点发生一个唤醒信号来中止。唤醒信号可以通过任何从任务发送，但只有总线之前处于睡眠模式而且节点内部请求被挂起时才有效。

唤醒信号如图 11.17 所示，由两个场构成。第一个场由 T_{WUSIG} 的显性位序列规定，即 8 个显性位（包括起始位）；第二个场是持续至少 T_{WUDEL} 的隐性唤醒定界符，即至少 4 个位定时（包括停止位和一个隐性停止位）。

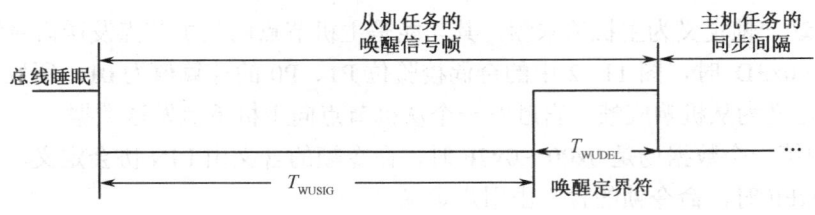

图 11.17　唤醒信号帧

　　在一个处于睡眠状态的 LIN 网络中，任何一个节点都可以发送唤醒信号。

　　总线上的每一个从节点都需要检测唤醒信号，当检测到唤醒信号之后，在 100ms 以内完成节点的初始化工作。

　　在唤醒信号发送到总线上后，所有的节点都运行启动过程并等待主任务发送一个同步间隔场和同步场。如果在唤醒信号超时时间内没有检测到同步场，请求第一个唤醒信号的节点将再一次发送一个新的唤醒信号。但这种情况将不超过 3 次。然后唤醒信号的传输将被 3 个间隔超时挂起。只有有内部唤醒请求挂起的节点才允许重新发送唤醒信号。在 3 个间隔超时后再重新发送 3 个唤醒信号，此后就可以决定是否要停止重新发送。

11.1.7　报文滤波与报文确认

　　由于 LIN 总线采用广播的传输方式，对于标识符不同的报文，总线上的所有节点均予以接收。在每个节点接收到报文后，首先要根据报文的标识符判断是否与自己有关，无关的报文一律舍弃，只处理和自己有关的报文，这个过程就是基于标识符的报文滤波。

　　LIN 总线要通过网络配置来保证只有一个从机任务对所发送的一个标识符作出响应。

　　报文确认的原则是：①如果直到帧的结尾都没有检测到错误，这个报文对发送器和接收器都有效；②如果报文被破坏，则主机和从机任务都认为报文没有被发送。

　　主机和从机任务在发送和接收到一个错误报文时所采取的行动并没有在协议规范中定义。像主机重新发送或从机进入低效运行（fall-back）操作都由应用的要求来决定，而且要在应用层中说明。

　　在总线上传送的事件信息也可能丢失，而且这个丢失不能被检测到。

11.1.8　LIN 总线的数据传输过程

　　LIN 上的数据传输都是按照图 11.8 所示的帧结构进行的，每一帧的报头部分都是由主任务节点发送，响应部分则根据送传送报文的类型不同，由主任务节点或从任务节点发送。

　　LIN 总线上所传输的帧可以分为无条件帧、事件触发帧、保留帧、零星帧、诊断帧和自定义帧 6 类。下面主要介绍无条件帧和事件触发帧数据传输的过程。

1．无条件帧的数据传输

无条件帧是标准的 LIN 帧类型，用于周期通信。

无条件帧是由主机节点发出报头，相应的从机节点在响应部分对报头进行回应，总线上的所有节点接收。

图 11.18 给出了典型的无条件帧的数据传输过程。首先由主机节点通过总线向从机节点发出报头，依次是同步间隔场、同步场和标识符场；而后从机节点通过总线向主机节点发出响应信息，依次是几个数据场和校验和场。

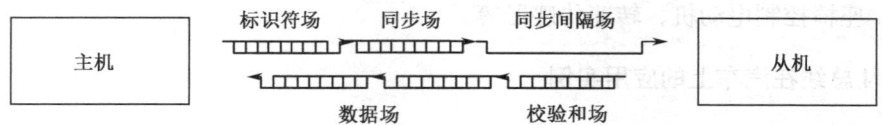

图 11.18　无条件帧的数据传输过程

2. 事件触发帧的数据传输

当应用系统对于某一个控制事件需要 LIN 总线传输几个数据时，如果用无条件帧传输，主机节点可能需要几个独立的帧分别对不同的从机节点使用无条件帧点对点传输，才能完成传输任务，这既增加了传输时间，又加大了数据传输量，降低了传输效率和控制可靠性。如果用一个帧，只发送一个帧头，把需要向不同从机节点传输的数据放到响应部分的不同数据场内进行传输，就可以提高传输的效率和可靠性。事件触发帧就实现了这一功能。

图 11.19 给出了事件触发帧的数据传输过程。首先由主机节点通过总线向两个从机节点发出报头，依次是同步间隔场、同步场和标识符场；而后再把需要向从机节点 A 和 B 传输的数据分别放在不同的数据场中向其发送，最后是校验和场。

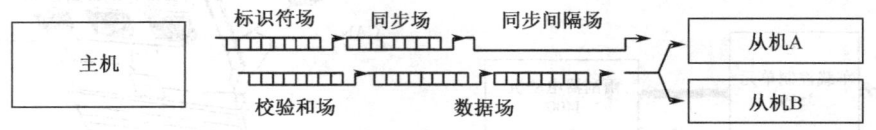

图 11.19　事件触发帧的数据传输过程

从机节点 A、B 在同一个事件触发帧的不同的数据场向主机节点传送数据的情况，在实际中也很常见。监测四门中控锁系统的门把就是事件触发帧的一个典型应用实例。

通过使用事件触发帧来检测轿车所有 4 个门，系统可以用较少的响应次数来实现这一功能，同时也可以使总线负担最小化。即使在有多个乘客同时按下几个门把的情况下，系统也不会错过任何乘客的按下指令。

11.1.9　LIN 总线在汽车上的应用

1. LIN 在汽车上的应用范围

典型的 LIN 总线应用是汽车中的联合装配单元，如门、方向盘、座椅、空调、照明灯、

温度传感器、交流电动机等。在以下的汽车电子控制系统中，使用 LIN 来使各种网络应用更加完美。

- 车顶：温度传感器、光敏传感器、信号灯控制、汽车顶棚等；
- 车门：车窗玻璃、中控锁、车窗玻璃开关、吊窗提手等；
- 车头：传感器、小电动机、方向盘、方向控制开关、雨刮器、方向灯、收音机、空调、座椅、座椅控制电动机、转速传感器等。

2．LIN 总线在汽车上的应用实例

实例 1：LIN 总线在雨刮器控制中的应用

如图 11.20 所示，雨刮器信号传递过程如下：

- 驾驶员将雨刮器杆放于雨刮器间歇位置；
- 转向柱电子设备 J257 读取雨刮器杆的实际位置；
- J257 经由舒适性 CAN 向车载控制单元发送此信息；
- 车载控制单元 J519 通过 LIN 向雨刮器 J400 发出指令，运行间歇位置模式。

实例 2：LIN 在汽车车门控制系统中的应用

车门控制 LIN 网络的结构及其在车门上的布置如图 11.21 所示，该网络由主机节点、后视镜从机节点、摇窗机从机节点、门锁从机节点构成。

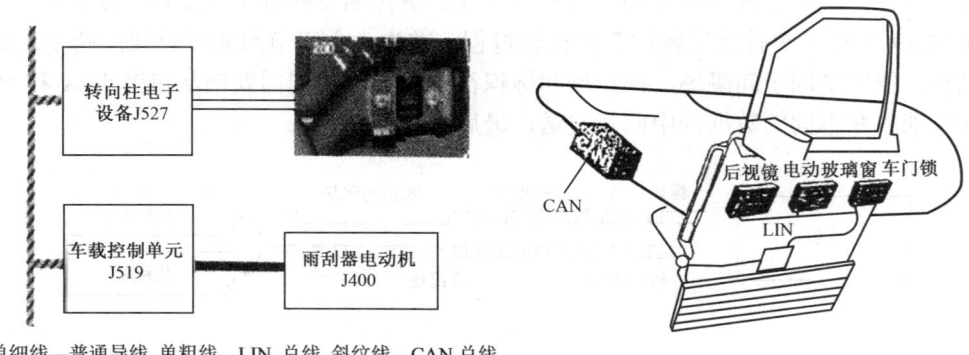

单细线—普通导线 单粗线—LIN 总线 斜纹线—CAN 总线

图 11.20 雨刮器操纵电路　　　　　　　图 11.21 车门控制 LIN 网络

主机节点采集本地各控制开关的状态并接收 CAN 总线上的远程信息，据此产生控制指令，并将指令转换为 LIN 报文帧通过 LIN 网络发送给相应从机节点；从机节点接收到与自己相关的报文帧后对报文帧进行拆封、解读，然后根据获得的指令控制相应的执行器动作，从而实现对车门各部件的控制。同时，在需要时从机节点分别将其控制部件所处状态反馈给主机节点，主机节点再将该状态信息通过指示灯或喇叭提供给驾驶员或通过 CAN 总线发送给其他控制单元。主机节点也作为本 LIN 网络与上层 CAN 网络连接的网关。

实例 3：LIN 在汽车车镜控制系统中的应用

如图 11.22 所示，车镜控制系统由一个 LIN 主节点和左右镜两个从节点构成。主节点一方面与 CAN 总线相连接，也与位于主驾驶车门上的车镜位置四向开关相连。

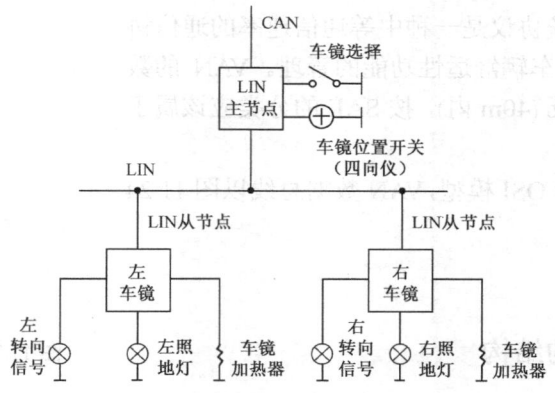

图 11.22　LIN 网络在车镜控制上的应用

实例 4：LIN 在汽车车灯控制系统中的应用

如图 11.23 所示的汽车车灯控制系统，该网络结构由 1 个主节点和 4 个从节点构成（分别为左侧前方车灯、右侧前方车灯、左侧后方车灯和右侧后方车灯）。主节点接收来自传感器和 CAN 总线的信号，经过一定处理后，发送不同报文帧头，以实现白天、傍晚、晚上、会车、左转和右转各个模式或组合模式下，各从节点车灯的状态控制。从节点 1 和从节点 2 包括远光灯、近光灯和侧向灯，从节点 3 和从节点 4 包括尾灯和驻车灯。此外，如果对于主节点发出的报文帧，从节点没有响应，则主节点上的报错指示灯点亮，并可以显示出是哪个从节点发生了故障。

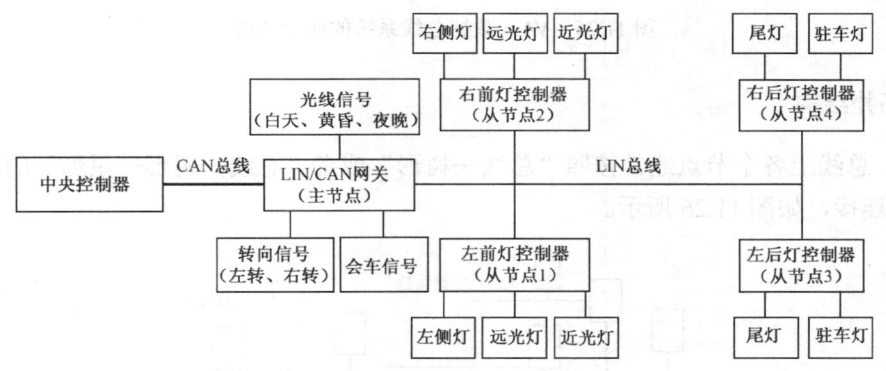

图 11.23　汽车车灯控制系统结构图

11.2　VAN 总线

11.2.1　VAN 总线概述

VAN 的全称是 Vehicle Area Network，即汽车局域网，是法国车系普遍使用的车载网络系统。VAN 是由法国雷诺汽车公司和标致-雪铁龙汽车集团联合开发的。

VAN 数据总线系统协议是一种中等通信速率的通信协议，适用于车身功能和车辆舒适性功能的管理。VAN 的数据传输速率可达 1Mbit/s (40m 内)，按 SAE 的分类应该属于 C 类汽车总线。

根据 ISO 标准中的 OSI 模型，VAN 数据总线以图 11.24 所示的方法进行分层。

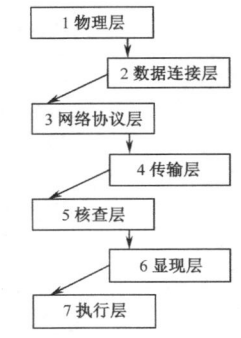

图 11.24　VAN 数据总线系统协议的 OSI 模型分层

11.2.2　VAN 总线的结构

1. 典型的 VAN 结构

VAN 数据总线系统的典型结构如图 11.25 所示。

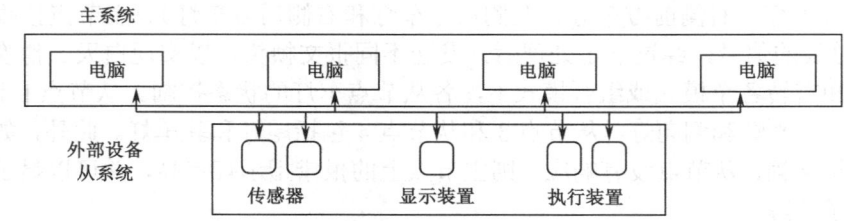

图 11.25　VAN 数据总线系统的典型结构

2. 拓扑结构

VAN 总线上各个节点通常按照"总线—树形"或者"总线—树形—星形"的拓扑方式进行相互连接，如图 11.26 所示。

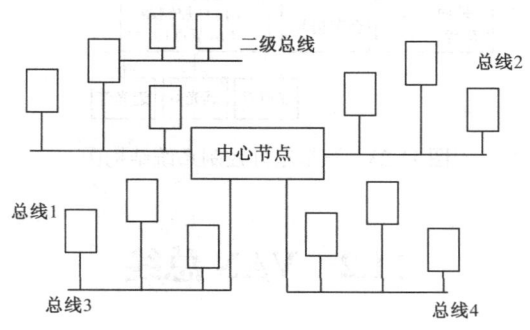

图 11.26　VAN 数据总线系统拓扑

3. 传输媒介

对于传输媒介，在 VAN 网标准中并没有强制规定。一般情况下，使用双绞线型铜线作

为传输媒介。

双绞线型铜线具有两根导线，分别称为 DATA 数据导线和 DATAB 数据导线（类似于 CAN 网络的 CAN-High 导线和 CAN-Low 导线）。VAN 的数据导线既可以采用铜质双绞线，又可以采用同轴电缆、光导纤维（即光纤或光缆）。

4. 节点结构

一个 VAN 数据总线系统的节点拥有一个标准接口（VAN 网标准），以便于同其节点之间处理信息数据，如图 11.27 所示。这种结构由协议控制器和线路接口两个主要部分组成。

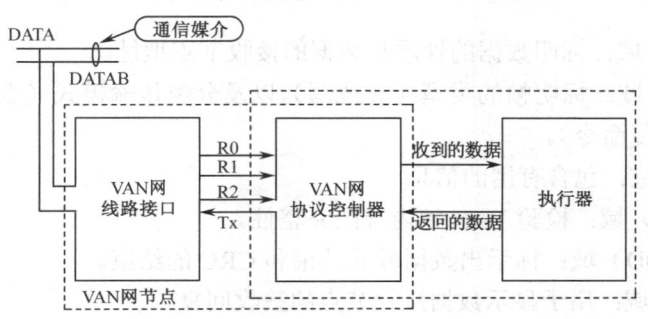

图 11.27 VAN 数据总线系统节点结构

（1）协议控制器

协议控制器（CPVAN）负责控制实现 VAN 数据总线系统协议中的下述重要功能：

- VAN 网信息输入和输出的编码/译码；
- 检测到空闲总线之后即进入该总线；
- 冲突管理；
- 错误管理；
- 与微处理器（或者微型控制器）的接口，完成传送任务。

（2）线路接口

线路接口负责将 VAN 数据总线系统的信号 DATA 和 DATAB 翻译成无干扰的 R0、R1 和 R2 信号送入协议控制器（CP VAN）。或者相反，将协议控制器（CP VAN）的 Tx 信号翻译成 DATA 和 DATAB 输往 VAN 数据总线系统。

11.2.3　帧结构

一个 VAN 数据总线系统的帧由 9 个域组成，如图 11.28 所示。

帧始（SOF，Start Of Frame）域：表示 VAN 数据总线系统帧结构的起始，它的作用是允许 VAN 总线外部设备自动适应 VAN 总线的速度。

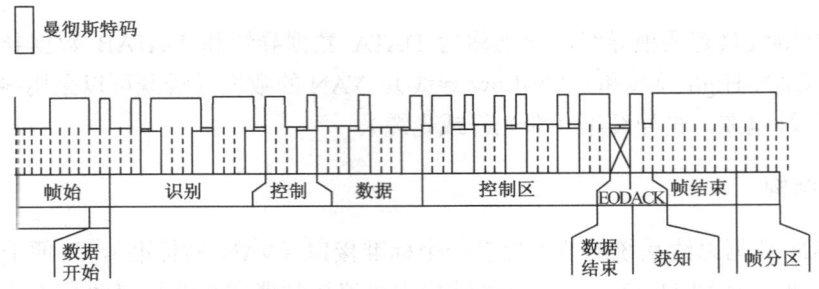

图 11.28　VAN 数据总线系统的帧结构

识别（IDEN）域：标明数据的性质和数据的接收节点地址。

控制（COM）域：标明帧的类型（读或写）以及分类传输模式（点对点或者广播，表明是否需要签收回复命令）。

数据（DAT）域：包含有用的信息。

控制区（CRC）域：检验 VAN 帧内容的完整性。

数据结束（EOD）域：标示出数据域的结束和 CRC 的结束。

获知（ACK）域：用于显示数据接收节点的签收回复。

帧结束（EOF）域：标示出 VAN 帧的结束和组成空余总线的第一部分。

帧分区（IFS）域：保障帧之间的最小空间以及组成空余总线的第二部分。

11.2.4　传输模式

VAN 数据总线系统拥有三种传输模式：

① 定时传输模式：VAN 数据总线系统定期向网络传送信息，在此期间必须保证间隔时间不是太短，以便于这项信息接收者有足够的时间取舍每条发送的信息；

② 事件传送模式：适用于传输 VAN 数据总线系统信息数据交换（视使用者的行为而定）；

③ 混合模式：定时模式和事件模式的混合，把前面所说的两种组合起来使用以便于保证对使用者所有操作的一个最大限度的回应，确保可以随时刷新信息。

11.2.5　传输冲突仲裁

VAN 节点在使用数据总线时必须先检测它是否空闲。如果能从总线连续读取 12 位的隐性电平（1）即被视为空闲。在总线空闲时，任何总线上的节点都可以发送信息。

VAN 数据总线系统按照"与逻辑"的方式运行，以满足以下功能：如果所有的 VAN 节点在总线上同时发送隐性电平（1），总线就呈现为隐性（1）；只要有一个 VAN 节点在总线上发送显性电平（0），即使所有其他节点都发送隐性电平（1），总线也会呈现出显性（0）。

每个 VAN 节点都在不间断地读取总线的值，和自己所发出的数据进行比较。如果两者相同，表明自己还拥有发送数据的权利，如果不同则说明自己已经被禁止发送数据。

在两个或者更多的 VAN 节点同时使用总线的情况下，就会有冲突，需要进行冲突仲裁。

数据传输的优先级取决于数据帧的识别域，ID 号码越小则优先级越高。仲裁过程举例如图 11.29 所示。

在判断中失利的 VAN 数据总线的节点将会立刻停止传输，并且等待 VAN 网总线重新空闲以进行新一轮的传送。

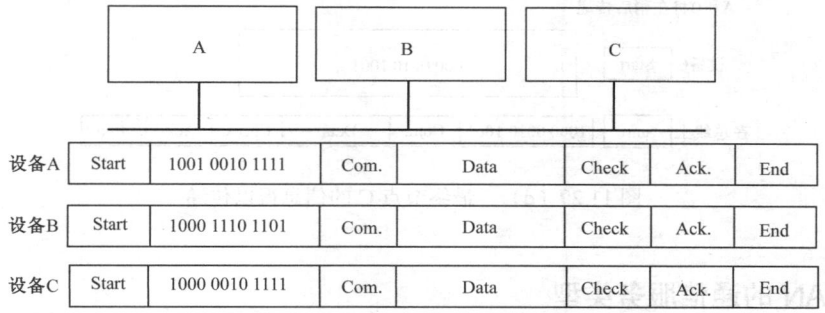

图 11.29（a）　A、B、C 三个节点想要同时发送自己的信息

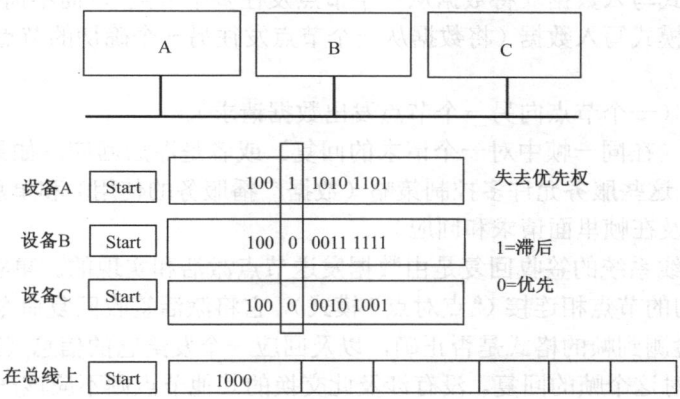

图 11.29（b）发送到帧识别域第 4 位时产生第 1 次冲突

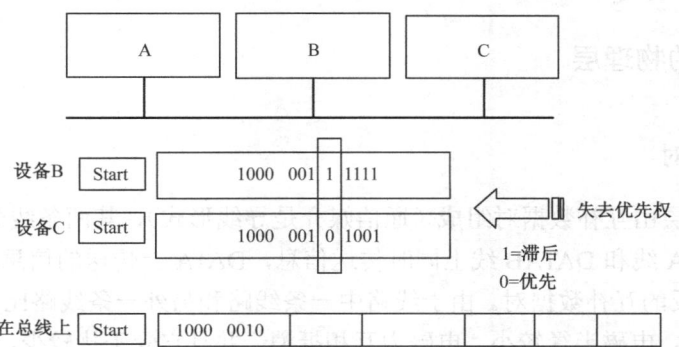

图 11.29（c）　发送到帧识别域第 8 位时产生第 2 次冲突

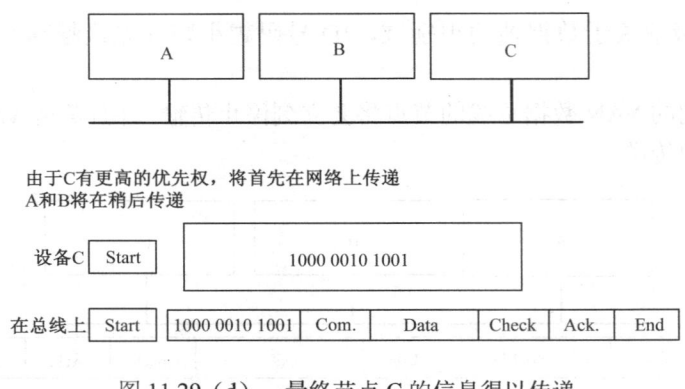

由于C有更高的优先权，将首先在网络上传递
A和B将在稍后传递

图 11.29（d）　最终节点 C 的信息得以传递

11.2.6　VAN 的通信服务类型

VAN 数据总线系统节点拥有 4 种通信服务：

① 用广播模式写入数据（将数据从一个节点发往多个节点），而不需在帧内签收回复。

② 用点对点模式写入数据（将数据从一个节点发往另一个确切的节点），需要在帧内签收回复。

③ 数据请求（一个节点向另一个节点发出数据请求）。

④ 帧中反应（在同一帧中对一个请求的回复）或者是滞后回应。如果节点没有在提出请求时马上回应，这些服务允许多控制策略（数据广播服务的使用）和单总线—多支线策略（点对点写入，以及在帧里面请求和回应）。

VAN 数据总线系统的签收回复是由数据发送节点激活和实现的。事实上，如果最后一个请求与一个确切的节点相连接（"点对点"模式），它将激活签收回复命令。在这种情况下，单一节点将会被检测到帧的格式是否正确，以及回应一个发给它的信息（IDEN 域将进行核实），以产生一个对这个帧的回复。没有涉及此交换的其他节点则不应该产生回复。相反地，如果这最后一个请求与几个节点或所以节点相连接，它将取消回复命令。在这种情况下，所有的节点将不会产生回复，只有相关节点处理这些信息。因此，VAN 数据总线系统协议同样适用于数据广播模式和点对点交换模式。

11.2.7　VAN 的物理层

1. 互补数据对

VAN 的物理层由互补数据对组成（通信媒介是导线形式），其两条线分别叫做 DATA 和 DATAB。在 DATA 线和 DATAB 线上同时传送信息，DATA 上传送的信息和 DATAB 上传送的信息正好是相反的互补数据对。由于线路中一条线路和另外一条线路比较靠近（就像双螺绞线型那种情况），电磁半径较小，电磁力互相抵消，并且它受干扰较少，因为 VAN 的物理层入口的差逻辑计算器可以将干扰消除，干扰的消除过程如图 11.30 所示。总线具有以下基本特征：

① 作为帧的传输载体，总线由两条绝缘截面积为 $0.6mm^2$ 的铜线组成；

② 这两条线被称为数据线 DATA 和数据线 DATAB，传输着极性相反的电平信号；

③ 为了抵抗电磁干扰，这两条线被铰接在一起，呈双绞状。

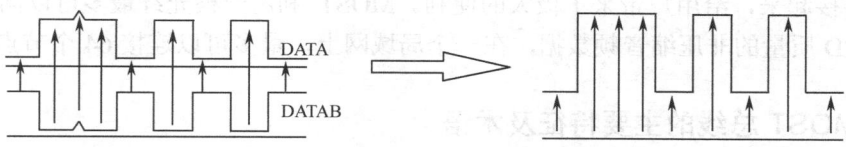

图 11.30　VAN 互补数据对干扰的消除

2. 总线上的信号电压

VAN 互补数据对的电压水平是统一的，信号波形如图 11.31 所示。示波器显示的 VAN 信号如图 11.32 所示，互补数据对形式的 VAN 信号如图 11.33 所示。

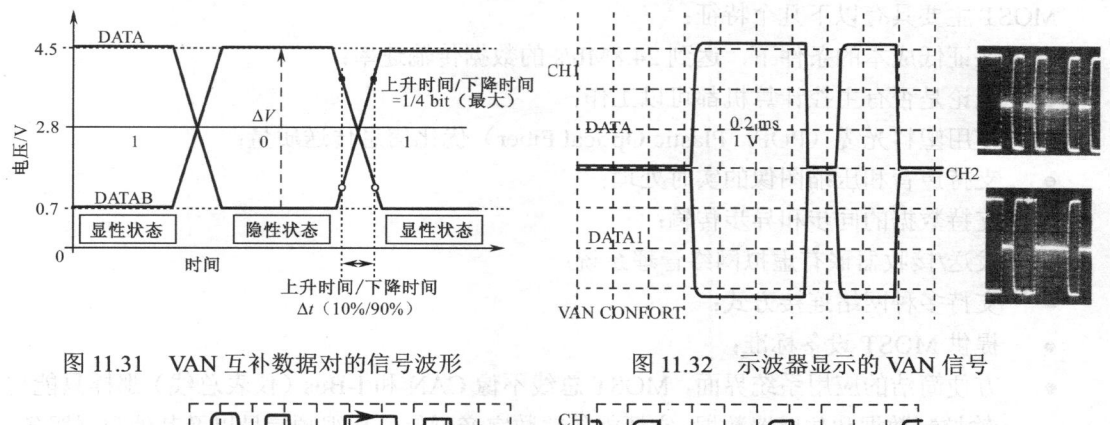

图 11.31　VAN 互补数据对的信号波形　　　　图 11.32　示波器显示的 VAN 信号

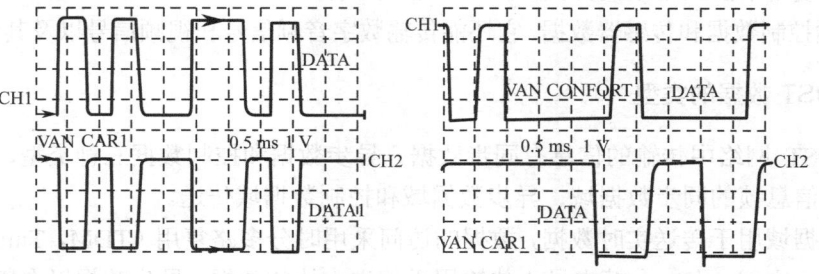

图 11.33　互补数据对形式的 VAN 信号

11.3　MOST 总线技术

11.3.1　MOST 总线概述

MOST（Media Oriented System Transport）是指多媒体定向传输系统，是专为在车辆中

使用而开发的一种多媒体应用通信技术，是多媒体时代的车载电子设备所必需的高速网络，MOST 将成为汽车用多媒体设备所不可缺少的技术。

MOST 采用塑料光缆（POF）的网络协议，将音响装置、电视、全球定位系统及电话等设备相互连接起来，给用户带来了极大的便利。MOST 利用一根光纤最多可以同时传送 15 个频道的 CD 质量的非压缩音频数据，在一个局域网上，最多可以连接 64 个节点。

11.3.2 MOST 总线的主要特征及术语

1. MOST 总线的特征

MOST 网络可以不需要额外的主控计算机系统，结构灵活，性能可靠，易于扩展。MOST 网络用光纤作为物理层的传输介质，可以连接视听设备、通信设备以及信息服务设备，支持"即插即用"方式，在网络上可以随时添加和删除设备。

MOST 主要具有以下几个特征：

- 保证低成本的条件下，达到 24.8Mb/s 的数据传输速率；
- 无论是否有主控计算机都可以工作；
- 使用塑料光缆（POF，Plastic Optical Fiber）优化信息传送质量；
- 支持声音和压缩图像的实时处理；
- 支持数据的同步和异步传输；
- 发送/接收器嵌有虚拟网络管理系统；
- 支持多种网络连接方式；
- 提供 MOST 设备标准；
- 方便简洁的应用系统界面，MOST 总线不像 CAN 和 I-Bus（仪表总线）那样只能传输控制数据和传感器数据，它还能传输数字音频信号和视频信号以及其他数据服务。

2. MOST 数据的类型

在 MOST 网络中传输的信息有同步数据、异步数据和控制数据三种类型，这三类数据分别由一个信息帧的同步数据域、异步数据域和控制数据域传送。

同步数据域用于传送实时数据，数据的访问采用时分多路复用（TDM，Time Divisione Multiplexing）方式。在一个帧中异步传输用于传送大块的数据，异步数据以令牌环的方式访问，控制数据域传输控制和其他数据。控制通道的协议采用载波监听多路复用（CSMA，Carrier Sense Multiple Access）访问方式。

3. MOST 总线的常用术语

a. MOST 数据通道（Channel）。在 MOST 网络中，信息以帧格式传送，一个帧又划分为一些数据段，总线上不断传送的信息帧的相同数据段连续不断地传送着某种信息，构成了这种信息的一个数据通道。

b. 通道带宽（Band width）。在网络物理介质上的信息传输率一定时，MOST 网络中一

个数据通道的信息传输速度由这个数据通道在一帧中占用的数据字节数量决定，字节越多，单位时间传输的数据越多，速度也越快。MOST 网络中，在一帧中分配给一个通道的字节数就是这个通道的带宽。

c. MOST 设备（Device）。MOST 设备可以是人机接口、音像设备、键盘以及控制开关等任何能连接到 MOST 网络上的装置。

d. MOST 功能（Fun Mon）和功能块（Fun Mon Block）。在 MOST 的应用层，一个设备可以有多个实现一定应用目的的组件，如放大器、调音器、CD 唱机等，它们称为功能块。MOST 的"功能"是指功能块的一些可以由外界访问的属性或操作。

e. 从功能块（Slaved）、控制功能块（Controller）和人机接口功能块（HMI，Human-Machin Interface）。只能接受其他功能块的操作，而不能对其他功能块施行操作的功能块称为从功能块；能够对其他功能块施行操作的功能块称为控制功能块；具有人机界面的功能块称为人机接口功能块。

f. 属性（Property）。属性是指功能块或设备的一些可以被访问的参数，如温度、音量、口令等，属性一般由变量表示。

g. 方法（Method）。在 MOST 协议中，方法是指施加于功能块的某种操作，功能块发出的一个方法请求可以带有执行这个操作需要的一些参数。当一个功能块发出一个方法请求后，被请求的功能块就会启动相关的处理过程，如果请求的操作过程不能被完成，接收到这个请求的功能块将返回给发出请求的功能块一个错误信息；如果请求的操作过程顺利完成，接收到方法请求的功能块在完成相应的过程后，将向发出请求的功能块发送一个有关执行情况的信息。

h. 事件（Event）。一个功能块的一些属性可能在没有外部请求的时候也会发生一些变化，这就是所谓的事件。如 CD 播放的延续时间、设备状态变化等。当一个功能块使用的其他功能块的参数需要不断被刷新时，它就会不断地发出读取请求，以便获得这个参数的当前状态（这种过程会占用大量的带宽资源）。如果功能块没有得到请求，在一些事件发生时也能自动发送信息，这样就会减少需要通过网络传输的信息量，降低网络通信负担。

i. 功能间的接口。为了使用一个功能，一个控制功能块或人机接口功能块必须知道这个功能需要的参数，可以进行的操作以及参数类型和限制等方面的知识；功能接口提供调用它时这些信息的描述，是这个功能与使用它的功能间的界面。功能接口的定义通常在使用一个设备时是已知的，可以通过人机接口动态配置。在系统运行中，功能接口的参数可能发生变化。在这种情况发生时，新的定义将被通知到所有使用这个功能的功能块。

11.3.3　MOST 总线的基本结构

1. MOST 节点结构

MOST 标准的节点结构模型如图 11.34 所示。MOST 网络可以连接基于不同内部结构和内部实现技术的节点，它的拓扑结构可以是环形网或星形网或菊花链。MOST 网络上的设备分享不同的同步和异步数据传输通道，不同类型的数据具有不同的访问机制。

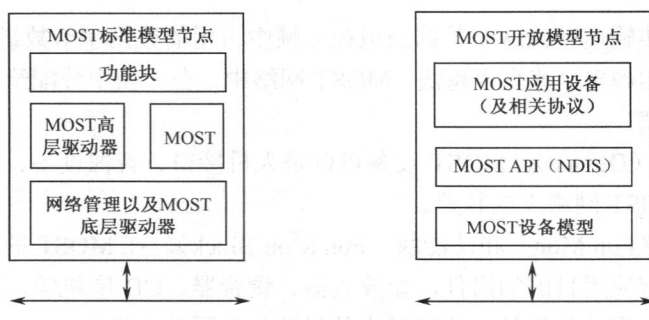

图 11.34　MOST 的节点结构模型

MOST 网络有集中管理和非集中管理两种管理模式。集中管理模式中，管理功能由网络上的一个节点实施，当其他节点需要这些服务时，必须向这个节点申请；非集中管理模式中，网络管理分布在网络上的节点中，不需要这种中心管理。

一个 MOST 网络系统由 MOST 连接机制、MOST 系统服务和 MOST 设备三个方面决定。MOST 网络启动时，为每一个网上设备分配一个地址；数据传输时，通过同步位流实现各节点的同步。

2. MOST 设备

连接到 MOST 上的任何应用层部分都是 MOST 设备。因为 MOST 设备是建立在 MOST系统服务层上的，它可以应用 MOST 网络提供的信息访问功能以及位流传送的同步频道和数据报文异步传送功能。它可以向系统申请用于实时数据传送的带宽，同时还可以以报文形式访问网络和发送/接收控制数据。MOST 网络中，在网络管理系统的控制下，这些设备可以协同工作，它们之间可以同时传送数据流，控制信息和数据报文。

逻辑上，一个 MOST 设备包括节点应用功能块、网络服务接口、发送/接收器以及物理层接口，如图 11.35 所示。一个 MOST 设备可以有多个功能块，如使用 CD，需要有"播放"、"停止"以及"设置播放时间"等功能，这些功能对于 MOST 设备来说是外部可以访问的。

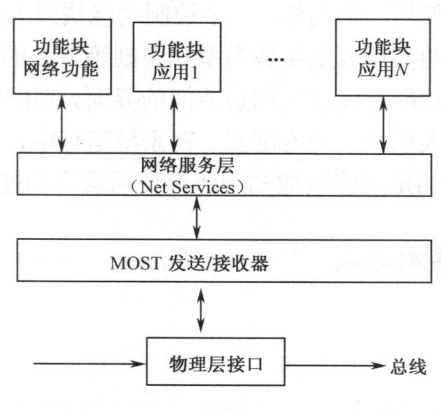

图 11.35　MOST 设备图

3．MOST 设备的硬件结构

MOST 设备的硬件结构如图 11.36 所示，其中 RX 表示输入信号，TX 表示发送信号，Ctrl 表示控制信号，在一些简单的设备中，可以没有微控制器部分，由 MOST 功能模块（MOST 发送/接收器）直接把应用系统连到网络上。

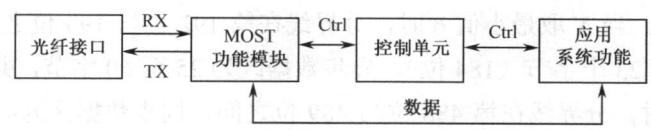

图 11.36 MOST 设备的硬件结构图

4．多媒体网络的特征

多媒体网络的一个基本特征是它不像 CAN 总线和仪表总线那样，只传输控制数据和传感器数据，除此之外一个多媒体网络还能传输数字音频信号和视频信号图形以及其他数据。

控制数据、传感器数据与数字音频信号、视频信号系统最大的区别在于数据容量，数字音频信号和视频信号的数据容量非常大（15Mb/s），采用高速的 CAN（1Mb/s）也无法及时、快速传递。MOST 目前提供的带宽为 22.5Mb/s，为了满足数据传输的各种不同要求，每一个 MOST 信息分为控制数据、异步数据和同步数据三部分。

11.3.4 MOST 总线的帧结构

1．帧结构

MOST 数据的基本结构是帧，每一帧由 512 位（64 字节）组成，16 帧组成一个数据块（Block）。帧结构如图 11.37 所示。

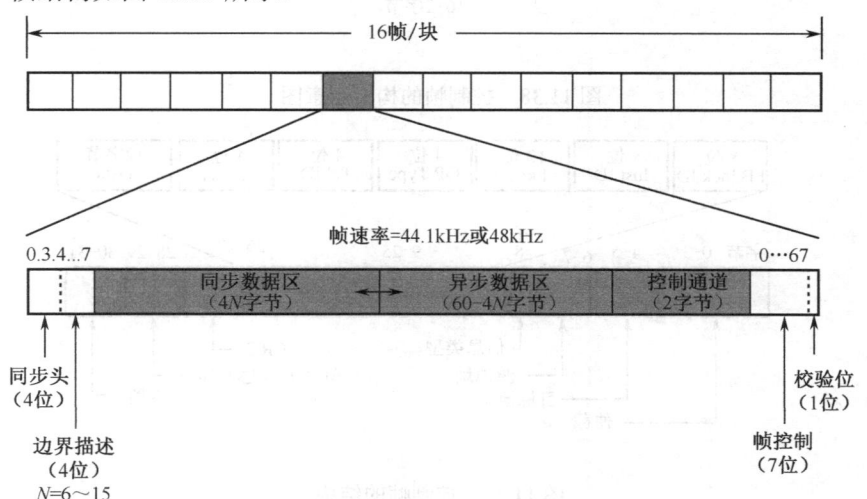

图 11.37 MOST25 帧结构示意图

帧内各个位含义如下：

第 0~3 位为起始区，传输 4 位的同步头。

第 4~7 位为分界区，主要用来划分数据区内同步数据区和异步数据区的界线，界限由 N 来决定，N 在 6~15 范围内取值。

第 8~487 位为数据区，前部分为同步数据区，后部分为异步数据区，两者的分界线由分界区内的 N 决定。当 N 取最小值 6 时，分界线在第 192 位与 193 位之间，同步数据区为第 2 至 24 字节，共 23 个字节（184 位），异步数据区为 25 至 60 字节，共 35 位（280 位）；当 N 取最大值 15 时，分界线在第 488 位与 489 位之间，同步数据区为第 2 至 61 字节，共 60 个字节（480 位），异步数据区为 0 字节，该数据帧数据区无异步数据，全为同步数据。

第 489~503 位为控制通道，共 16 位，2 个字节。

第 504~510 位为状态区，共 7 位。

第 511 位为奇偶校验区。

2．控制帧的帧结构

每个数据块包含 16 个帧，每一帧的第 489~503 位（第 61、62 字节）为控制通道，将一个数据块内每帧的 2 字节控制数据抽出来按照帧号排列起来，就构成了 32 字节的控制帧，如图 11.38 和图 11.39 所示。

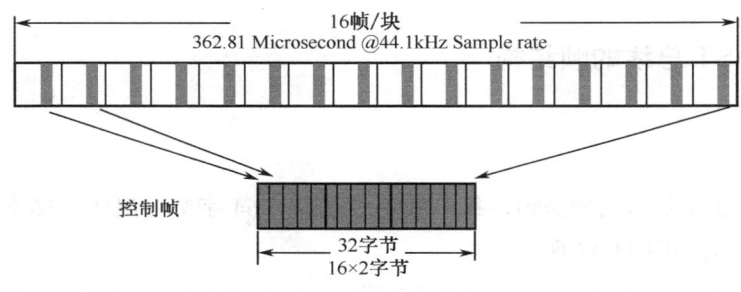

图 11.38　控制帧的构成示意图

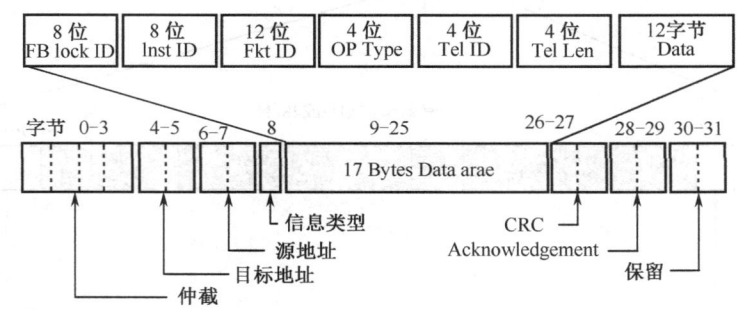

图 11.39　控制帧的结构

图 11.39 所示控制帧中各个字节含义如下：

第 0～3 字节为仲裁字节。

第 4～5 字节为数据块的目标地址。

第 6～7 字节为数据块的源地址。

第 8 字节为信息类型，将数据块所传输的数据分为普通信息类型和系统信息类型。

第 9～25 字节按位分配如下：

第 0～7 位：FBlockID，功能模块 ID。

第 8～15 位：InstID（辅助 ID），当网络内有两个相同的 FBlockID 时，用 InstID 来区分。

第 16～27 位：FktID，功能模块下的子功能 ID。

第 28～31 位：OPtype，操作类型。

第 32～ 位：TelID，报文 ID。

第 36～39 位：Tellen，报文有效长度，即后面的 12 个字节数据区字节数。

第 40～199 位：数据空间，共十二个字节，具体有效字节由 Tellen 决定。

第 26～27 字节为 CRC 校验。

第 28～29 字节为 Acknowledgement。

第 30～31 字节为保留字节。

11.3.5 MOST 总线控制单元的内部结构

MOST 每个节点的总线控制单元由光导纤维—光导插头、电气插头、内部供电装置、收发单元—光导发射器（FOT）、MOST 收发机、标准微控制器和专用部件等组成，如图 11.40 所示。

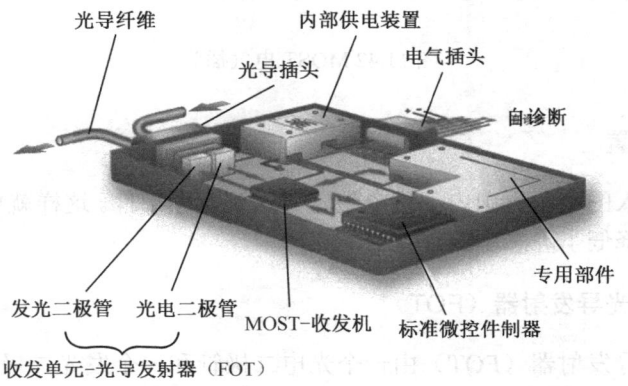

图 11.40 MOST 总线控制单元的内部结构

1. 光导纤维—光导插头

光信号通过光导纤维—光纤插头进入控制单元，或产生的光信号通过光导纤维—光纤插头传往下一个总线用户，如图 11.41 所示。

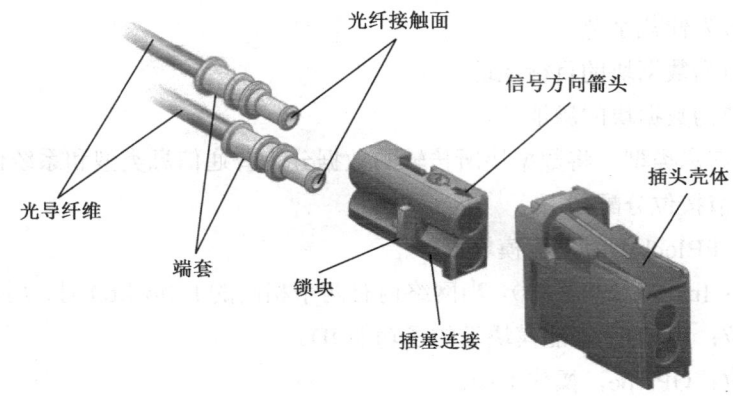

图 11.41　光导纤维—光导插头结构

2. 电气插头

该插头用于供电、环断裂自诊断以及输入/输出信号，如图 11.42 所示。

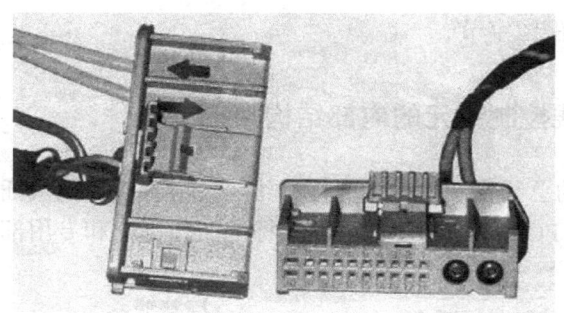

图 11.42 MOST 电气插头

3. 内部供电装置

由电气插头送入的电压再由内部供电装置分送到各个部件。这样就可单独关闭控制单元内某一部件，从而降低了静态电流。

4. 收发单元—光导发射器（FOT）

收发单元—光导发射器（FOT）由一个光电二极管和一个发光二极管构成，如图 11.43 所示。其中光电二级管的结构原理示意图如图 11.44 所示。

到达的光信号由光电二极管转换成电压信号后传至 MOST 收发机。发光二极管的作用是把 MOST 收发机的电压信号再转换成光信号，产生出的光波波长为 650nm 的可见红光，数据经光波调制后传送，调制后的光经由光导纤维传到下一个控制单元。

如图 11.44 所示，光电二极管内有一个 PN 结，光可以照射到这个 PN 结上，由于 P 型层很厚，绝缘层只能刚刚够得到 N 型层。在 P 型层上有一个触点，即正极，N 型层与金属底板（负极）接触。

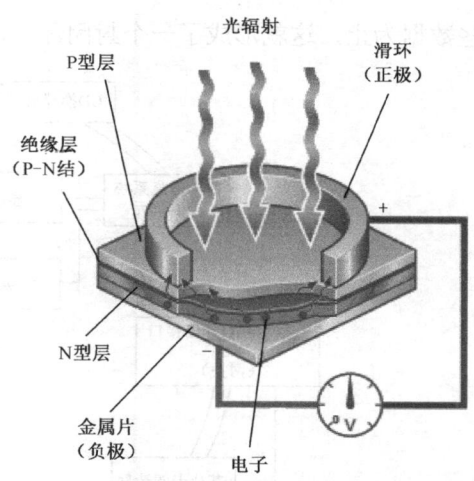

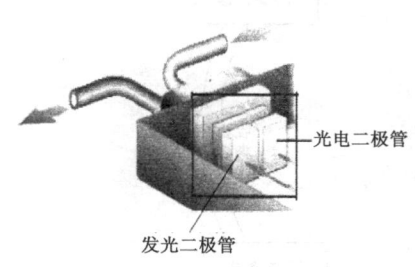

图 11.43　收发单元—光导发射器　　　　图 11.44　光电二极管的结构原理示意图

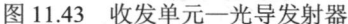

如果光或红外线辐射照到 PN 结，就会产生自由电子和空穴，从而形成一个穿越 PN 结的电流。也就是说，作用到光电二极管上的光越强，流过光电二极管的电流就越大，这个过程称为光电效应。光信号就是这样转换为电信号的。

5. MOST 收发机

MOST 收发机由发射机和接收机两个部件组成。发射机将要发送的信息作为电压信号传至光导发射器。接收机接收来自光导发射器的电压信号并将所需的数据传至控制单元内的"标准微控制器"（CPU）。其他控制单元不需要的信息由收发机来传送，而不是将数据传到 CPU 上，这些信息原封不动发至下一个控制单元。

6. 标准微控制器（CPU）

标准微控制器是控制单元的核心元件，它的内部有一个微处理器，用于操纵控制单元的所有基本功能。

7. 专用部件

这些部件用于控制某些专用功能，如 CD 播放机和收音机调谐器，因此并不是所有的控制单元都有专用部件。

11.3.6　MOST 总线的环形结构

MOST 总线的环形结构如图 11.45 所示。

1. 环形结构

MOST 总线系统的一个重要特征就是它的环形结构，控制单元通过纤维沿环形方向将数据发送到下一个控制单元，这个过程一直在持续进行，直至首先发出数据的控制单元又接收到这些数据为止，这就形成了一个封闭环。

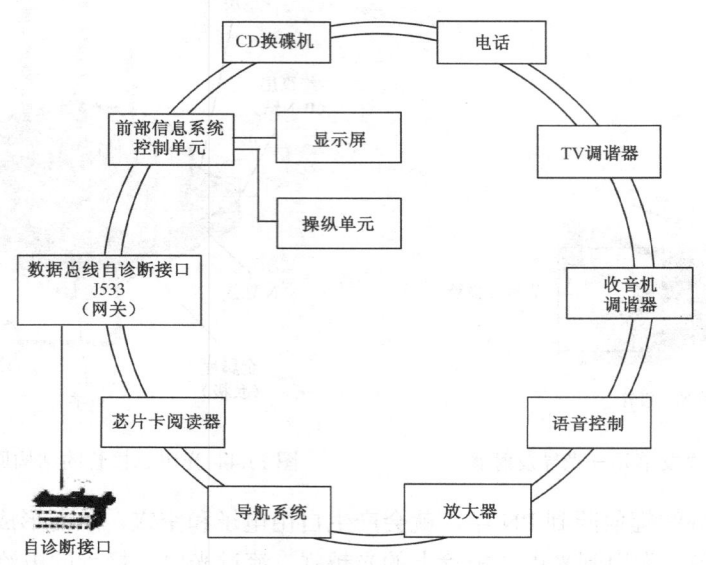

图 11.45　MOST 总线的环形结构

2. 系统管理器

系统管理器与诊断管理器一同负责 MOST 总线内的系统管理，系统管理器的作用如下：

- 控制系统状态；
- 发送 MOST 总线信息；
- 管理传输容量。

3. 诊断管理器

除系统管理器外，MOST 总线还有一个诊断管理器，该管理器执行环形中断诊断，并将 MOST 总线上的控制单元诊断数据传送给诊断控制单元。

11.3.7　MOST 总线系统的工作模式

1. 休眠模式

MOST 总线系统处于休眠模式时，MOST 总线内没有数据交换，所有的装置处于待命状态，只能由系统管理器发出的光启动脉冲来激活，静态电流被降至最小值。

进入休眠模式的前提条件如下：

- 总线上的所有控制单元显示为准备进入睡眠模式；
- 其他总线系统不经过网关向 MOST 提出要求；
- 诊断不被激活。

2. 备用模式

MOST 总线系统处于备用模式时，无法为用户提供任何服务，给人的感觉就好像是系统已经关闭一样，此时 MOST 总线系统在后台运行，但所有的输出介质（如显示屏、收音机放大器等）都不工作或不发声，这种模式在起动及系统运行时被激活。

进入备用模式的前提条件如下：

● 由其他数据总线经由网关得以激活，比如，驾驶坐位旁车门打开/关闭时；
● 可以由总线上的一个控制单元激活，比如一个要接听的电话。

3. 通电工作模式

MOST 总线系统处于通电工作模式时，控制单元完全接通，MOST 总线上有数据交换，用户可使用所有功能。

进入通电工作模式的前提条件如下：

● MOST 总线处在备用模式；
● 由其他数据总线激活；
● 激活的实现可以通过使用者的功能选择，通过多媒体的操纵单元进行。

11.3.8　MOST 总线在汽车上的应用举例

MOST 网络的特点非常适应汽车媒体设备应用环境的需要，所以汽车行业已经把 MOST 技术作为将来汽车上媒体系统的一个标准。汽车生产商采用 MOST，主要是由于其性能可靠、成本低、系统简单、结构灵活、数据兼容性好和良好的抗电磁干扰性能。通过 MOST 网络把人机语音接口与车上媒体设备、通信设备以及其他信息设备连接，是实现这种车上设备语音访问技术的有效方式。图 11.46 是用 MOST 实现这种车上媒体设备、信息设备链接的示意图。

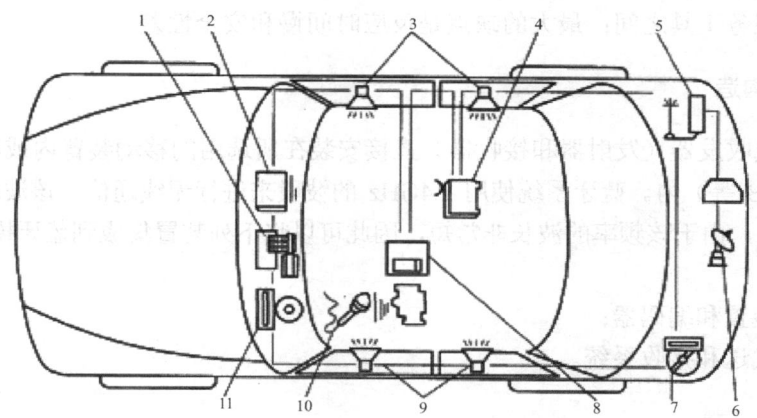

1— 计算机及键盘；2—显示器；3、9—音响；4—电视；5—无线信号发送接收器；6—卫星信号接收机；

7—CD—ROM（电子地图等数据）；8—车载电话；10—语音控制输入接口；11—CD（VCD）播放机

图 11.46　车上媒体设备、信息设备的 MOST 网络

11.4 蓝牙技术简介

11.4.1 蓝牙技术概述

1. 蓝牙技术的产生

"蓝牙"（Bluetooth）原是一位在 10 世纪统一丹麦的国王的绰号，他将当时的瑞典、芬兰与丹麦统一为一个国家。用他的名字来命名这种新的无线通信技术标准，暗示将把这一标准作为全球统一的通信标准来研究。

蓝牙的创始人是瑞典爱立信公司，爱立信早在 1994 年就已进行研发。1997 年，爱立信与其他设备生产商联系，并激发了他们对该项技术的浓厚兴趣。1998 年 2 月，5 个跨国大公司，包括爱立信、诺基亚、IBM、东芝及 Intel 组成了一个特殊兴趣小组（SIG），他们共同的目标是建立一个全球性的小范围无线通信技术，即现在的蓝牙。

蓝牙是一种支持设备短距离通信（一般 10m 内）的无线电技术。能在包括移动电话、PDA、无线耳机、笔记本电脑、相关外设等众多设备之间进行无线信息交换。利用"蓝牙"技术，能够有效地简化移动通信终端设备之间的通信，也能够成功地简化设备与因特网之间的通信，从而使数据传输变得更加迅速高效，为无线通信拓宽道路。蓝牙采用分散式网络结构以及快跳频和短包技术，支持点对点及点对多点通信，工作在全球通用的 2.4GHz ISM（即工业、科学、医学）频段。其数据速率为 1Mb/s。采用时分双工传输方案实现全双工传输。

2. 蓝牙技术的特点

蓝牙技术的最大优点是无线连接，它不仅可用在汽车和生产工具之间，还可以用在汽车和车主喜好的服务工具之间；最大的缺点是反应时间慢和安全性差。

3. 蓝牙的构造

短距离无线收发器（发射器和接收器）直接安装在所选用的移动装置内或集成在适配器（如 PC 卡、USB 等）内。蓝牙系统使用 2.4GHz 的波段来进行无线通信，该波段在全世界范围内都是免费的，由于该频率的波长非常短，因此可以将下列装置集成到蓝牙模块上。

- 天线；
- 控制装置和编码器；
- 整个发送和接收系统。

11.4.2 车载蓝牙系统的结构与原理

1. 车载蓝牙免提系统的功能

车载蓝牙免提系统是专为行车安全和舒适性而设计的，其主要功能是：自动辨识移动电

话，不需要电缆或电话托架便可与手机联机；使用者不需要碰触手机（双手保持在方向盘上）便可控制手机，用语音指令控制接听或拨打电话，使用者可以通过车上的音响或蓝牙无线耳机进行通话，当有来电或拨打电话时，车上音响会自动静音，通过音响的扬声器/麦克风进行语音传输。若选择蓝牙无线耳机进行通话，只需要耳机处于开机状态，当有来电时按下接听键就可以实现通话。

2. 车载蓝牙免提系统的组成

该系统一般由天线单元、链路控制（固件）单元、链路管理组成（软件）单元和蓝牙软件（协议）单元等 4 个功能单元组成，如图 11.47 所示。

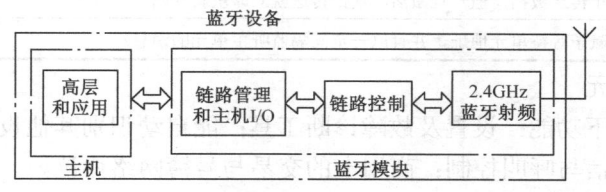

图 11.47 车载蓝牙免提系统的组成框图

一个蓝牙系统硬件组成包括天线、收发器和基带控制单元。组成硬件系统可选择多种方案，现在各个公司推出的硬件解决方案都包含天线射频单元（RF），基带（Baseband）、微处理器（Microcontroller）、存储器（Memory）4 个模块。根据各个公司不同的芯片制造工艺，有单芯片（4 个模块集成在 1 个芯片内）、3 芯片（射频单元和存储器分别集成在各自的芯片，而基带和微处理器集成在一个芯片内）、4 芯片（每个模块各自集成在 1 个芯片内）等三种方案。

（1）天线单元

蓝牙天线属于微带天线，蓝牙无线接口是基于常规无线发射功率 0dBm 设计的，指标是遵循美国联邦通信委员会（FCC）有关电平为 0dBm 的 ISM 频段的指标设计的。系统采用调频和扩展频谱技术，跳频速率为 1600 次/s，在 2.4～2.480GHz 之间，采用 19 个间隔为 1MHz 频点来实现，发射功率可达到 100mW，辐射范围 100m。

射频天线单元的传输功率可以分为 3 种：100 mW、2.5 mW 和 1 mW，100 mW 辐射范围为 100m，2.5 mW 是 10 m，1 mW 则是 10cm，但实验证明，当蓝牙设备的功率为 1 mW 时，其辐射范围一般可达到 10 m，然而这些辐射范围都是变化的，并且很难计算。材料、墙和来自其他 2.4GHz 信号源的干扰都可能改变其辐射的范围，在发射过程中，蓝牙使用了功率控制技术。

（2）链路控制单元

该单元执行基带协议和其他低层链路程序，包括建立网络连接、差错控制、鉴权和保密。基带控制单元有 3 种纠错方案：1/3 前向纠错、2/3 前向纠错、自动重传。

（3）链路管理单元

该单元负责链路的建立，鉴权、链路硬件配置和其他一些协议，链路管理能发现其他传输链路，并能通过链路管理器协议与之通信。链路管理单元提供发送和接收数据、设备号请求、链路地址查询、建立连接、鉴权、链路模式协商与建立、决定帧的类型及功能模式设置等服务。

为了在很低的功率状态下也能使蓝牙设备处于连接状态，蓝牙规定了 3 种节能状态：节能模式（等待状态）、保持状态、呼吸状态，如表 11.3 所示，这三种状态按照节能效率以升序排列为：呼吸状态—保持状态—等待状态。

表 11.3　蓝牙系统工作模式状态描述

工 作 模 式	状 态 描 述
呼吸状态	单元降低了从微网络"收听"消息的速率，一会儿睡一会儿醒，如同呼吸一样
保持状态	单元停止传送数据，但一旦激活，数据传送就立即重新开始
等待状态	单元被赋予等待单元地址，并且以一定间隔监听主单元的消息

（4）蓝牙软件单元

该结构需要有如下功能：设置及故障诊断工具；能自动识别其他设备；取代电缆连接；与外设通信；音频通信与呼叫控制；商用卡的交易与号簿网络协议。

3．车载蓝牙免提系统的连接

其连接原理如图 11.48 所示。

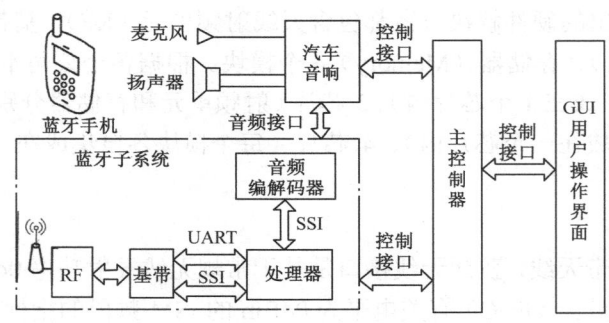

图 11.48　车载蓝牙免提系统的连接原理图

11.4.3　蓝牙技术在车载免提系统中的应用

市场上车载通信系统或免提装置主要有以下几种：

1．车载免提通信系统

该系统是指直接装载在车上的移动通信系统，该系统通话品质高，通话时音响自动静音。如摩托罗拉车载电话，主要用于高档车上。

该系统主要组成部分为主机、电话手柄和天线部分，主机多安装在车后箱的隐蔽位置，电话手柄或安放在车内固定的电话托架上或安装在驾驶员旁边的扶手箱上。电话的声音多是与汽车音响相连接，当电话来电时，自动静音或切换汽车音响的播放，进入通话状态，电话

的声音通过扬声器传出，通话结束后，自动转回到原来的播放状态。

2. 车载免提系统

该系统与手机配合使用，使用时手机必须放在固定支架上且与之通过线缆连接，通话时占用收音机固定频率（FM90MHz 或 108MHz），通话品质差，易受环境噪声干扰。该产品主要组成部分为控制盒、线缆，控制盒的一端需要与手机用专门的线缆连接，手机必须放在车架上，另一端用 RF 或者有线方式与汽车音响相连接。

3. 普通耳机和蓝牙耳机

人们认为行车时使用普通耳机或者蓝牙耳机接听电话可以增加行车安全，但由于现有的耳机都不能和音响互动，尤其是行车时既听音响又用耳机接电话，对行车安全更加不利，而且驾驶汽车时耳机在法规上也是禁止的。

4. 车载蓝牙免提系统

这种蓝牙免提系统是无线连接，具有蓝牙功能，适用于全部具有蓝牙功能的手机，用户只需要在初次上车时做好系统的识别配对即可，免提效果同车载免提通信系统相同。该类产品主要由电子单元、控制单元、麦克风及扬声器组成，电子单元为整套系统的"大脑"，蓝牙信号收发器就设计在这个单元上，应答、挂机、音响大小调节等按键都在控制单元上。

与其他免提系统相比，从用户及主机厂角度考虑，蓝牙车载免提系统无疑都是最好的选择。

第 *12* 章

奥迪车系车载网络系统

12.1 奥迪车系 CAN 系统概况

12.1.1 奥迪 A6 CAN 总线系统

奥迪 A6 CAN 系统包括驱动（动力）系统 CAN 总线、舒适系统 CAN 总线、信息系统 CAN 总线和诊断系统 CAN 总线等，三个总线都包括数个控制单元，如图 12.1 所示。

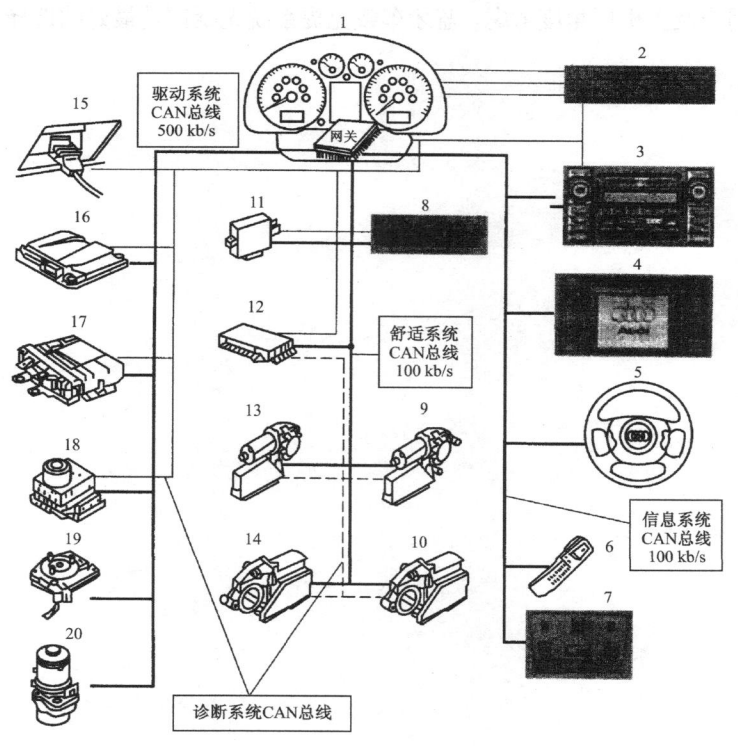

1—仪表控制单元 J285；2—收音机；3—音响；4—电子导航控制和显示系统 J402；5—多功能转向盘控制单元 J453；6—电话与控制单元 J412；7—声音控制系统；8—自动空调控制和显示单元 E87；9—前乘客侧门控制单元 J387；10—右后门控制单元 J389；11—辅助停车控制单元 J446；12—舒适系统中央控制单元 J393；13—驾驶员侧门控制单元 J386；14—左后门控制单元 J388；15—诊断系统；16—4LV 发动机控制单元 J537；17—自动变速器控制单元 J217；18—ESP 控制单元 J104；19—转向传感器 G85；20—动力转向控制单元 J500

图 12.1 奥迪 A6 CAN 系统组成

12.1.2　奥迪 A4 CAN 总线系统

奥迪 A4 CAN 系统也包括驱动系统 CAN 总线、舒适系统 CAN 总线、信息系统 CAN 总线、诊断系统 K 线和 L 线，如图 12.2 所示。奥迪 A4 电控单元位置如图 12.3 与图 12.4 所示。

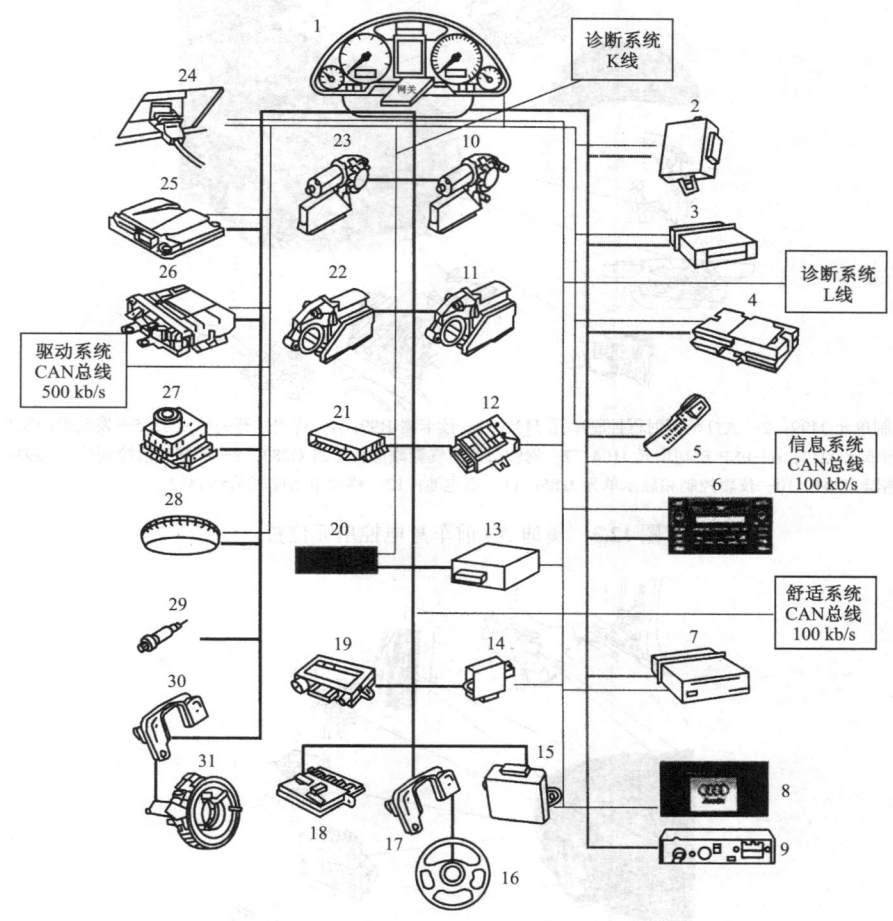

1—仪表控制单元 J1285；2—语音进入控制单元 J507；3—读卡器 R99；4—住处通信控制单元 J499；5—移动电话控制单元 J526；
6—收音机；7—导航系统控制单元 J401；8—电子导航控制和显示系统 J402；9—导航接触界面 R94；10—乘客侧门控制单元 J387；
11—右后门控制单元 J389；12—轮胎压力监控控制单元 J502；13—辅助加热器控制单元 J162；14—停车辅助控制单元 J446；
15—座椅调节和记忆控制单元 J136；16—多功能转向盘控制单元 J453；17—转向柱控制单元 J527；18—车身电子系统控制单元
J519；19—拖车识别控制单元 J345；20—空调控制和显示 E87；21—舒适系统中央控制单元 J393；22—左后门控制单元 J388；
23—驾驶员侧门控制单元 J386；24—诊断系统；25—发动机控制单元 J220；26—自动变速器控制单元 J217；27—ESP 控制单元 J104；
28—气囊控制单元 J234；29—NO_x 传感器（仅美国使用）；30—转向柱控制单元 J527；31—转向角度传感器 G85

图 12.2　奥迪 A4 CAN 系统组成

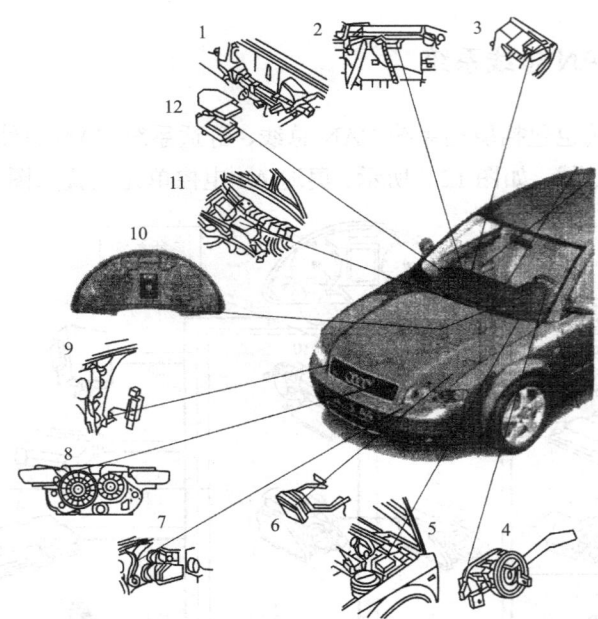

1—信息通信控制单元 J499；2—大灯范围射程控制单元 J431；3—读卡器 R99；4—转向柱开关单元 J；5—发动机控制单元 J220 和自动变速器控制单元 J217；6—ESP 控制单元 J104；7—驾驶员侧前气囊碰撞传感器 G283；8—冷却风扇控制单元 J293；9—乘客侧前气囊碰撞传感器 G284；10—仪表控制和显示单元 J285；11—蓄电池；12—移动电话控制单元 J412

图 12.3　奥迪 A4 前车身电控单元位置

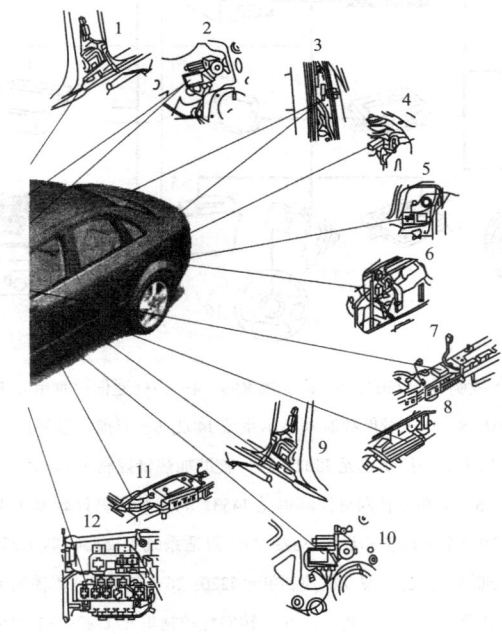

1—乘客侧气囊碰撞传感器 G180；2—乘客侧门控制单元 J387 和右后门控制单元 J389；3—驾驶员侧后和乘客侧后碰撞传感器；4—拖车识别控制单元 J345；5—停车辅助控制单元 J446；6—轮胎压力监控控制单元 J502；7—气囊控制单元 J234；8—舒适系统中央控制单元 J393；9—驾驶员侧气囊碰撞传感器 G179；10—驾驶员侧门控制单元 J386；11—ESP 传感器；12—车身电控系统控制单元 J519

图 12.4　奥迪 A4 后车身电控单元位置

12.1.3　奥迪车系 CAN 总线系统组成

CAN 数据总线连接所属的控制单元形成一个整体系统。2001 款奥迪 A4 车型安装的 CAN 网络控制系统包含 3 个 CAN 子系统：驱动系统 CAN 总线、舒适系统 CAN 总线及信息系统 CAN 总线。信息系统 CAN 总线在新款车中改为 MOST 总线。

驱动系统 CAN 总线、舒适系统 CAN 总线及信息系统 CAN 总线之间由仪表盘控制单元作为网关，控制 CAN 总线之间数据的交换。

（1）驱动系统 CAN 总线

驱动系统 CAN 总线组成如图 12.5 所示。驱动系统 CAN 总线连接发动机控制单元、变速器控制单元、制动 ESP 控制单元、安全气囊控制单元、电子驻车制动控制单元、大灯照程调节系统控制单元等。

点火开关关闭后，CAN 通信一直有效。通信断路时（如拔下插头或某一控制单元供电断路）会产生故障记忆，在重新连接正常后，必须删除所有控制单元的故障存储后才可以正常运行。

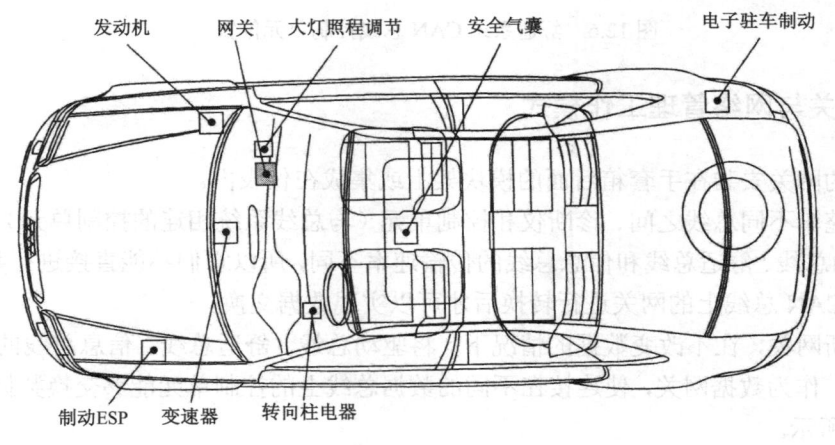

图 12.5　驱动系统 CAN 总线控制单元组成与位置

驱动系统 CAN 总线具有如下特点：

- 500kb/s 高速传输；
- 级别 CAN/C；
- 采用双绞线：CAN-H 线为橙色/黑色，CAN-L 线为橙色/棕色；
- 在一根线断路/短路时，所有功能都会停止。

（2）舒适系统 CAN 总线

舒适系统 CAN 总线连接空调控制单元、停车辅助控制单元、挂车控制单元、蓄电池能量管理单元、车门控制单元、电子转向柱锁控制单元、驻车加热控制单元、轮胎气压监控单元，以及多功能转向盘、电子后座椅等控制单元。这些控制器的位置如图 12.6 所示。

舒适系统 CAN 总线具有如下特点：

- 传输率 100kb/s；

- 级别 CAN/B；
- 采月双绞线：CAN-H 线为橙色/绿色，CAN-L 线为橙色/棕色。

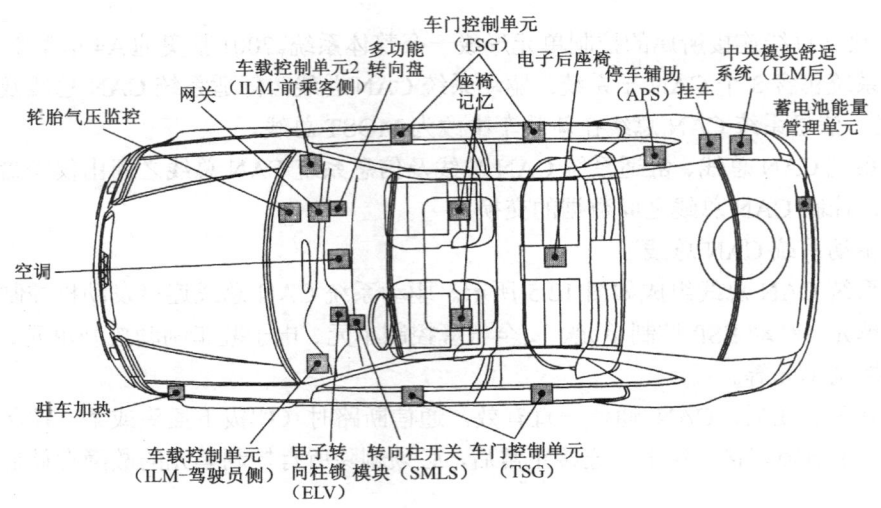

图 12.6　舒适系统 CAN 总线控制单元位置

12.1.4　网关与网络管理工作模式

奥迪车的网关安装在手套箱后面的模块架上或集成在仪表内。

网关是整车不同总线之间、诊断仪和控制单元（与总线系统相连的控制单元）之间的接口。由于驱动总线、舒适总线和信息总线的传输速率不同，所以它们不能直接进行数据交换，而由连接在 CAN 总线上的网关进行转换后才可以实现数据交换。

作为诊断网关，在不改变数据的情况下，将驱动总线、舒适总线、信息总线的诊断信息传递到 K 线。作为数据网关，使连接在不同的数据总线上的控制单元能够交换数据。网关电路如图 12.7 所示。

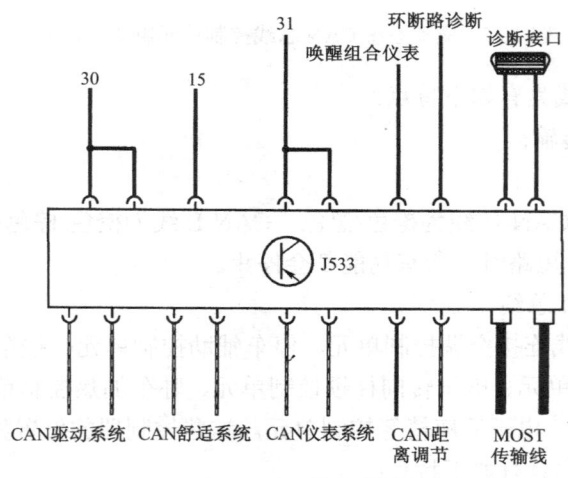

图 12.7　网关电路图

网络管理工作模式有睡眠和唤醒两种。在关闭点火开关后，有时还需要保持必要的总线通信功能。通过关断通信功能来限制线路静态电流的模式，称为睡眠模式；当车辆处于锁车状态时，在有需求的情况下启动通信功能的模式，称为唤醒模式。

总线系统上的所有控制单元都要纳入到网络管理中。控制单元的睡眠状态是为了降低静态电流消耗，由于功能分配，所有控制单元必须一起进入睡眠准备状态。正常情况下，车辆关闭大约 15min，发出睡眠准备结束信号（睡眠指示字位），总线将进入睡眠模式（总线静止）。控制单元睡眠模式（停止模式）在车辆关闭 2 h 后主处理器不再供电。同时，由于功能分配，所有控制单元必须同时唤醒。唤醒模式分为两种，即 CAN 总线唤醒（从总线静止中醒来）和控制单元唤醒（从停止模式中醒来）。

12.2　奥迪车系 LIN 系统

LIN 网络是奥迪车系运用最多的车载网络之一。车上各个 LIN 总线系统之间的数据交换是由控制单元通过 CAN 数据总线实现的。LIN 总线组成如图 12.8 所示。

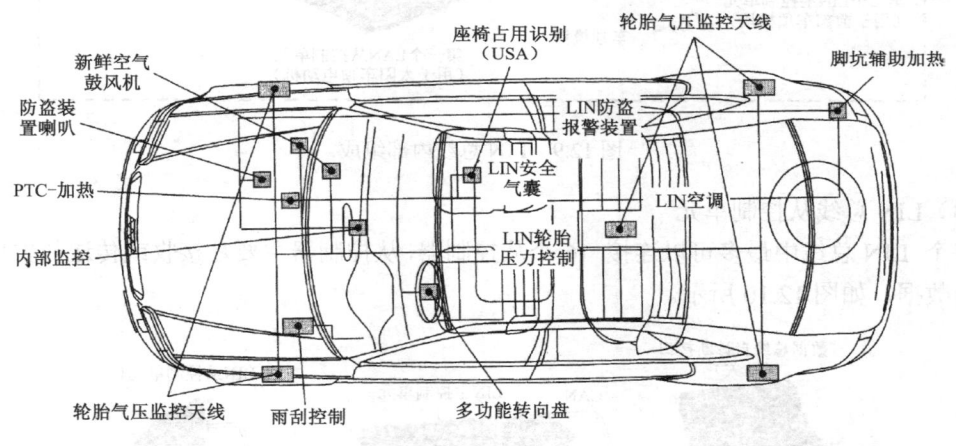

图 12.8　LIN 总线组成

LIN 总线系统是单线式总线，底色是紫色，有标志色。该总线的横截面积为 $0.35mm^2$，不需要屏蔽。LIN 总线系统允许一个 LIN 主控制单元与最多 16 个 LIN 从控制单元进行数据交换。

（1）LIN 总线传输特征

LIN 总线的传输特征如下：

- 最大传输速率为 19.2kb/s；
- 单线，基本色为紫色＋标识色；
- 使用主控制器的地址来进行诊断。

（2）LIN 总线主控制单元

LIN 总线主控制单元连接在 CAN 数据总线上，在 LIN 数据总线系统的 LIN 控制单元与

CAN 总线之间起翻译作用，它是 LIN 总线系统中唯一与 CAN 数据总线相连的控制单元。如图 12.9 所示，空调控制单元和天窗控制单元就是两个 LIN 主控制单元。前风窗加热器、鼓风机和两个温度传感器是空调控制单元中的从控制单元；天窗控制电动机则是天窗控制单元中的从控制单元。

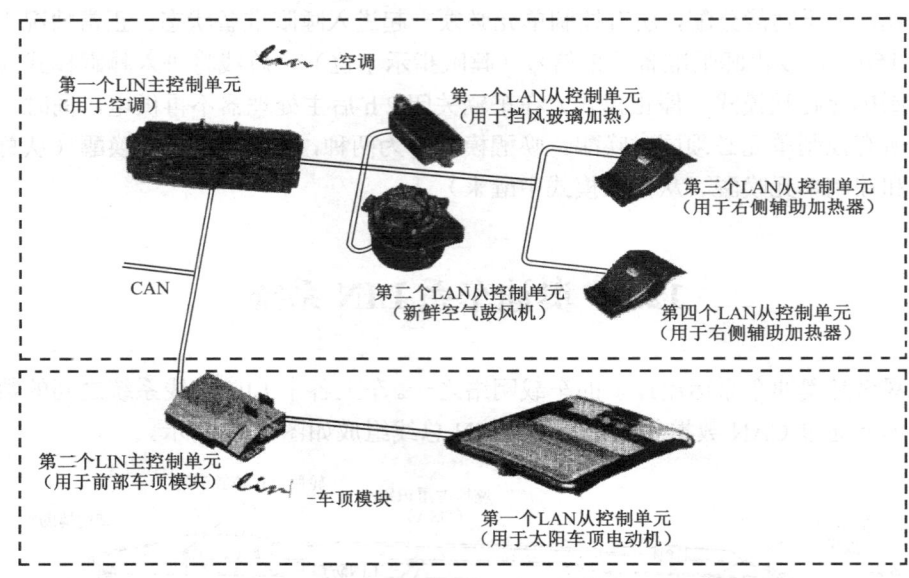

图 12.9　LIN 总线内部组成

（3）LIN 总线从控制单元

　　每个 LIN 总线中最多可以连接 16 个从控制器，从控制器主要是接收或传送与主控制器有关的数据，如图 12.10 所示。

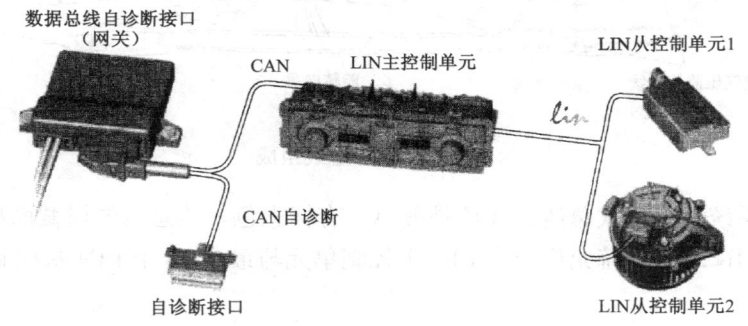

图 12.10　LIN 总线的构成

　　从控制器诊断的内容（测量数据块、执行元件测试、设定、故障存储器查询）在主控制器地址的帮助下被读出或激活。在几次尝试通信无效后，主控制器的故障存储器里会产生一个故障记忆"控制单元 xx 无信号/通信"。LIN 通信对醒来的舒适系统 CAN 总线有效，在通信断开时（拔下插头，使通信参与者的供电断路），主控制单元里产生一个故障存储。

12.3　奥迪车系 CAN 总线系统检测与故障诊断

CAN 总线系统的检测和故障诊断通常使用的仪表主要有数字存储示波器 DSO（Digital Storage Oscilloscopes）或专用测试仪 VAS5051 和 CAN 总线检测盒等。本书以应用 DSO 和 VAS5051 测试仪为例进行讲解，运用 VAS5051B、 VAS5052 VAS5053 及其他仪器进行检测时，可参考相关仪器的使用说明书。

CAN 总线检测盒可以连接在汽车仪表板左侧或者右侧的 CAN 中央接线插座上。根据电路图确定的引脚布置，正确连接测量仪，即可对 CAN 系统进行检测。

12.3.1　驱动系统 CAN 总线的检测

使用 VAS5051 测试仪 DSO 功能测量和分析驱动系统 CAN 总线的电压波形，应采用无干扰模式。测试仪、检测盒与测试线的连接如图 12.11 所示。在通道 A 中，用红色的测量线连接 CAN-H 线，黑色的测量线接地；在通道 B 中，用红色的测量线连接 CAN-L 线，黑色的测量线接地。两条 CAN 总线上的电压信号分别通过各自的示波器通道进行显示测量。

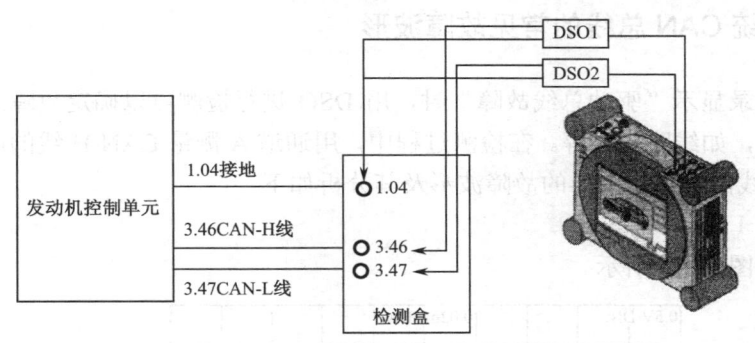

图 12.11　DSO 检测仪器连接

DSO 设置方式如下：

- 通道 A 测量 CAN-H 线，通道 B 测量 CAN-L 线；
- 将通道 A 和通道 B 的零线坐标重合；
- 通道 A、B 的电压单位值设定为 0.5V/div；
- 触发点设定于被测信号的范围内，即 CAN-H 2.5～3.5V，CAN-L 1.5～2.5V；
- 时间单位值应尽可能选择得小些，取 0.02ms/div。

CAN 总线的信息传送通过两个逻辑状态 "0"（显性）和 "1"（隐性）来实现。每一个逻辑状态都对应于一个相应的电压值，控制单元应用其电压差值获得数据，如图 12.12 所示。

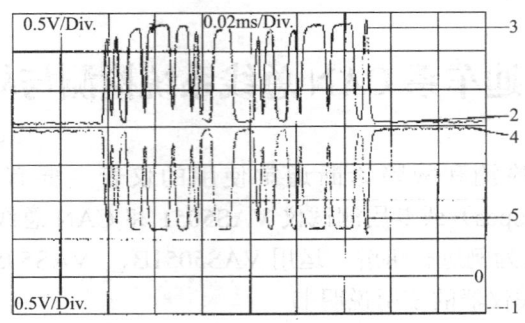

图 12.12　CAN 总线上电压信号的波形

图 12.12 中，DSO 的设置说明如下：

1——通道 A 和通道 B 的零线重合；

2——CAN-H 线的隐性电平幅值大约为 2.6V（逻辑"1"）；

3——CAN-H 线的显性电平幅值大约为 3.8V（逻辑"0"）；

4——CAN-L 线的隐性电平幅值大约为 2.4V（逻辑"1"）；

5——CAN-L 线的显性电平幅值大约为 1.2V（逻辑"0"）。

12.3.2　驱动系统 CAN 总线的常见故障波形

当故障存储记录显示"驱动总线故障"时，用 DSO 进行检测可以确定故障点的位置以及引发故障的原因，如线路短路等。在检测过程中，用通道 A 测量 CAN-H 线的电压，用通道 B 测量 CAN-L 线的电压，测得的故障波形及其分析如下。

（1）故障波形 1

故障波形 1 如图 12.13 所示。

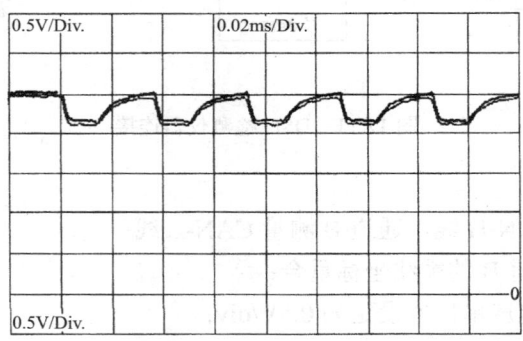

图 12.13　故障波形 1

故障描述：CAN-H 线与 CAN-L 线之间短路。

故障分析：电压置于隐性电压值（大约 2.5V）。

故障判断：通过依次插拔驱动系统 CAN 总线上的控制单元，可以判断是不是由于控制单元引起的故障，如果不是控制单元引起的故障，则为 CAN-H 线和 CAN-L 线之间短路引起

的故障。此时，将 CAN-H 线和 CAN-L 线从节点处依次拔出，当故障线组被取下时，DSO 的图形恢复正常。

（2）故障波形 2

故障波形 2 如图 12.14 所示。

故障描述：CAN-H 线对蓄电池正极短路。

故障分析：CAN-H 线的电压被置于直流 12V，CAN-L 线的隐性电压被置于大约 12V。这是由于在控制单元的收发器内的 CAN-H 线和 CAN-L 线的内部错接引起的。

该故障的判断方法与故障 1 相同。

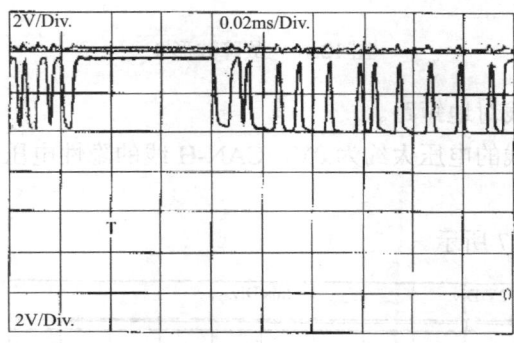

图 12.14　故障波形 2

（3）故障波形 3

故障波形 3 如图 12.15 所示。

故障描述：CAN-H 线对地短路。

故障分析：CAN-H 线的电压位于 0V，CAN-L 线的电压也位于 0V，但在 CAN-L 线上还能够看到一小部分的电压变化。

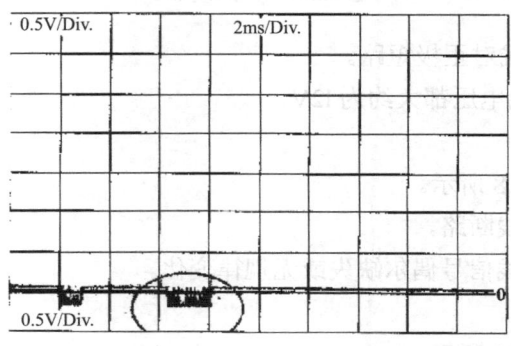

图 12.15　故障波形 3

（4）故障波形 4

故障波形 4 如图 12.16 所示。

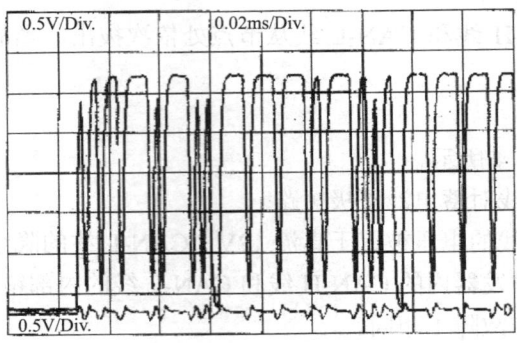

图 12.16　故障波形 4

故障描述：CAN-L 线对地短路。

故障分析：CAN-L 线的电压大约为 0V，CAN-H 线的隐性电压也被降至 0V。

（5）故障波形 5

故障波形 5 如图 12.17 所示。

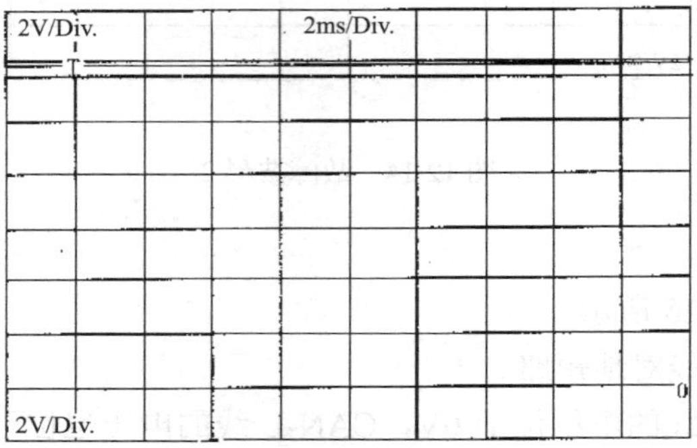

图 12.17　故障波形 5

故障描述：CAN-L 线对正极短路。

故障分析：两条总线电压都大约为 12V。

（6）故障波形 6

故障波形 6 如图 12.18 所示。

故障描述：CAN-H 线断路。

故障分析：CAN-H 线信号偶尔缺失或无规律变化。

（7）故障波形 7

故障波形 7 如图 12.19 所示。

故障描述：CAN-L 线断路。

故障分析：CAN-L 线信号偶尔缺失或无规律变化。

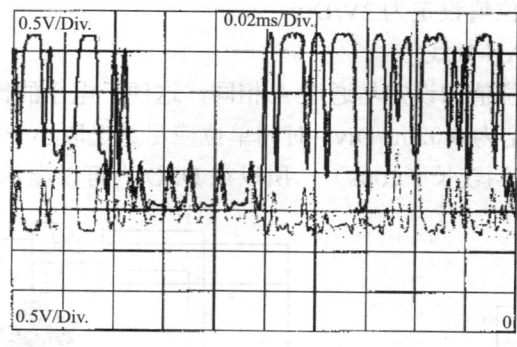

图 12.18 故障波形 6

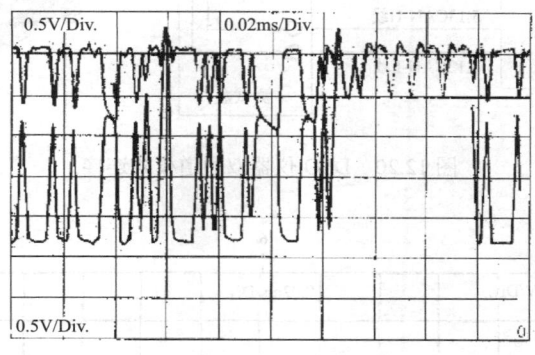

图 12.19 故障波形 7

12.3.3 舒适系统和信息系统 CAN 总线的检测

舒适系统和信息系统 CAN 总线的数据传输信号电压和传输速率相同，而且可以单线工作。下面以舒适系统 CAN 总线的检测与诊断为例来介绍这两种系统总线的检测与诊断。

1．运用双通道模式检测舒适系统 CAN 总线

由于需要单一的电压测量值，舒适系统 CAN 总线和信息系统 CAN 总线采用双通道测量有利于判定"单线工作"故障。

DSO 可以对舒适系统 CAN 总线进行测量，双通道模式连接如图 12.20 所示，两条 CAN 总线每一条分别通过一个通道进行测量。例如，可以利用测试盒连接舒适系统中央控制单元。

（1）DSO 的设置

DSO 仪器的设置如图 12.21 所示。

图 12.21 中的标注说明如下：

1——通道 A 和通道 B 的零坐标线等高，通道 A 的零标记已被通道 B 所掩盖。在读取
　　　数值时，可以将零线相互分开；

2——通道 A 显示 CAN-H 线；

3——通道 A 电压单位值设定为 2V/Div；

4——通道 B 显示 CAN-L 线；

5——通道 B 电压单位值的设定与通道 A 相同，这便于电压的比较分析；

6——时间单位值设定为 0.02ms/Div。时间单位应尽量选取小一些，由于 CAN 舒适系统总线和信息系统总线的周期较长（10μs），所以在 DSO 内可以显示 1bit。

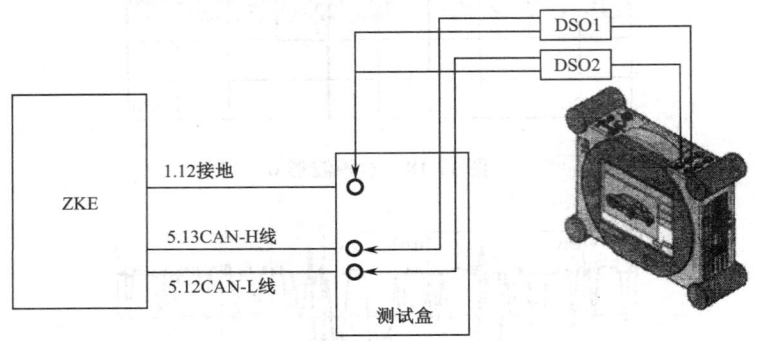

图 12.20　DSO 仪器双通道模式连接

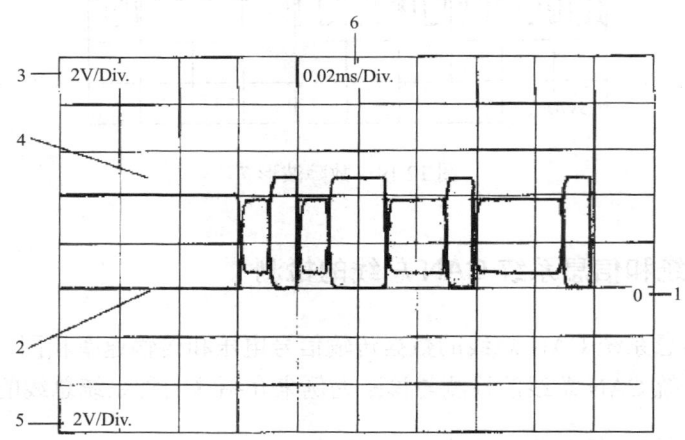

图 12.21　DSO 仪器设置

（2）电压信号分析

电压信号分析如图 12.22 所示。

图 12.22 中标注说明如下：

1——通道 B 的 CAN-L 线显示；

2——通道 A 的 CAN-H 线显示；

3——通道 B 的零线；

4——CAN-L 线的显性电压向下没有达到零线坐标；

5——CAN-L 线的隐形电压；在总线不工作的状态下，5V 的隐形电压切换到 0V；

6——通道 A 的零线坐标和 CAN-H 线的隐性电压值；

7——CAN-H 线的显性电压值；

8——1bit 的显示时间（10μs）。

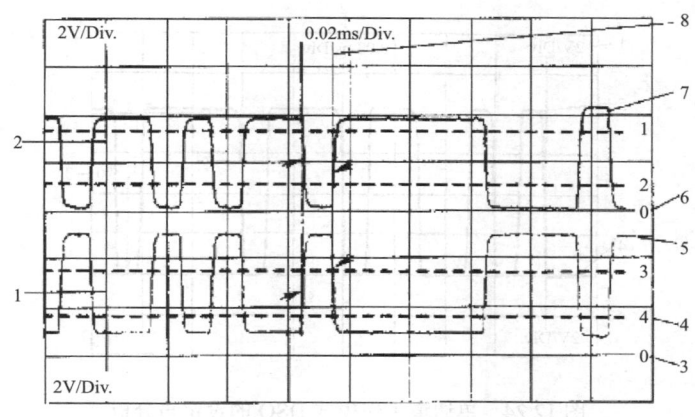

图 12.22　电压信号分析图

2．运用单通道模式检测舒适系统 CAN 总线

舒适系统 CAN 总线的电压波形可以用 DSO 单通道工作模式直接测量。单通道工作模式的连接如图 12.23 所示。

当用单通道的 DSO 对两个 CAN 信号进行测量时，显示数为电压差值。单线工作模式主要用于快速查看总线是否为激活状态，不利于故障查询。如在短路故障情况下，以单通道模式进行检测是不可行的。

DSO 的分析与设定如图 12.24 所示。

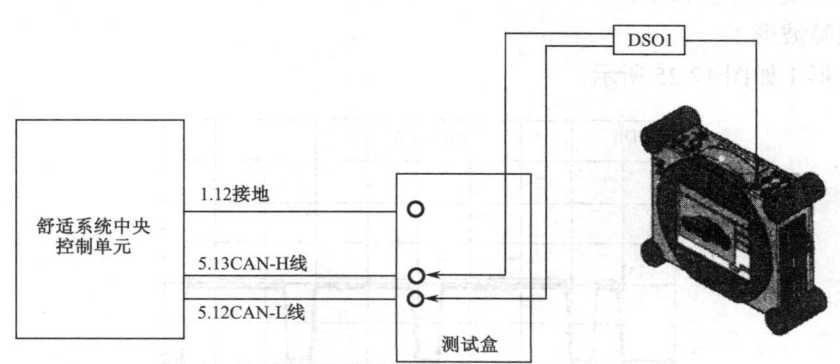

图 12.23　单通道工作模式连接图

图 12.24 中，标注说明如下：

1——通道 A 的电压单位值设定为 2V/Div；

2——时间单位值设定为 0.02ms/Div；

3——通道 A 的零线；显性电压值高于零线，隐性电压值低于零线；

4——隐性电压值；对电压差测量隐性电压值为-5V；

5——显性电压值；对电压差测量显性电压值为3V。

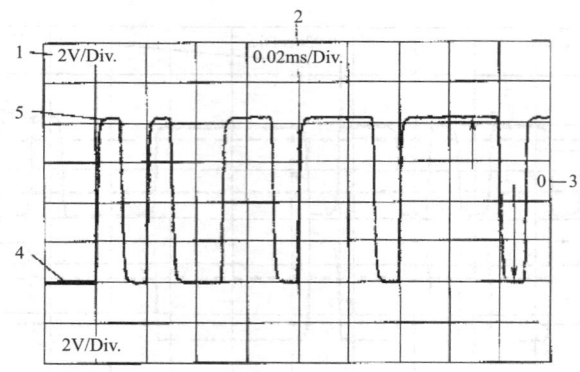

图 12.24　单通道工作模式 DSO 的设定与分析

12.3.4　舒适系统 CAN 总线的常见故障波形

当故障存储记录为"舒适总线故障"时，用 DSO 进行检测可以确定故障点的位置以及引发故障的原因，如线路短路等。

当出现故障时，舒适系统 CAN 总线转入单线工作，这意味着在故障存储记录中，若出现"舒适总线单线工作"故障时，可以用 DSO 进行检测，以确定两条 CAN 总线中哪一条有故障。

在检测过程中，用通道 A 测量 CAN-H 线的电压，用通道 B 测量 CAN-L 线的电压，测得的故障波形及其分析如下。

（1）故障波形 1

故障波形 1 如图 12.25 所示。

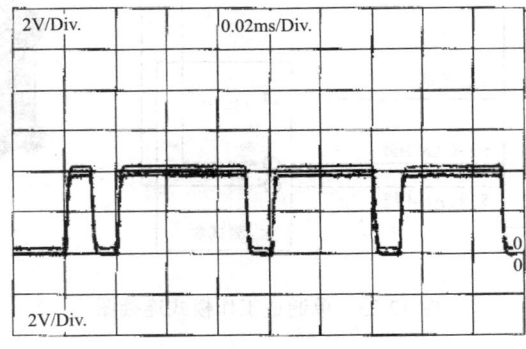

图 12.25　故障波形 1

故障描述：CAN-H 线与 CAN-L 线之间短路。

故障分析：图形中通道 A 和通道 B 的零线坐标重叠，可以看出 CAN-H 线和 CAN-L 线

的电压信号相同。

　　CAN-H 线与 CAN-L 线之间短路，舒适系统 CAN 总线采用单线工作模式进行工作。这意味着仅有一条线路的电压信号起作用，控制单元利用该电压信号对地值确定传输数据。

　　（2）故障波形 2

　　故障波形 2 如图 12.26 所示。

　　故障描述：CAN-H 线对地短路。

　　故障分析：CAN-H 线的电压信号恒为 0V，即没有信号，CAN-L 线的电压信号正常。在该故障情况下，舒适系统 CAN 总线变为单线工作。

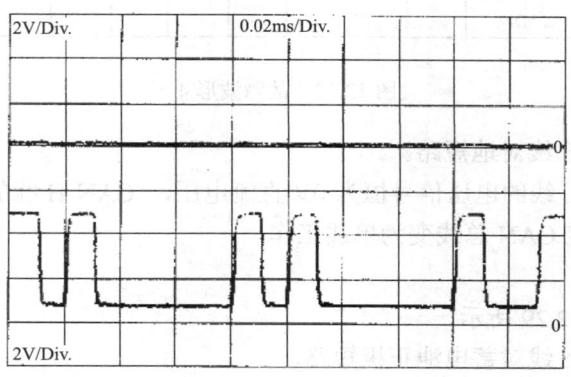

图 12.26　故障波形 2

　　（3）故障波形 3

　　故障波形 3 如图 12.27 所示。

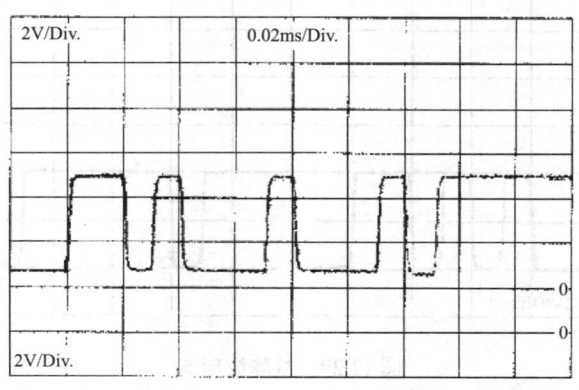

图 12.27　故障波形 3

　　故障描述：CAN-H 线对蓄电池正极短路。

　　故障分析：CAN-H 线的电压波形大约为幅度为 12V 或者为蓄电池电压的直流电压，CAN-L 线的电压正常。在该故障情况下，舒适系统 CAN 总线变为单线工作。

　　（4）故障波形 4

　　故障波形 4 如图 12.28 所示。

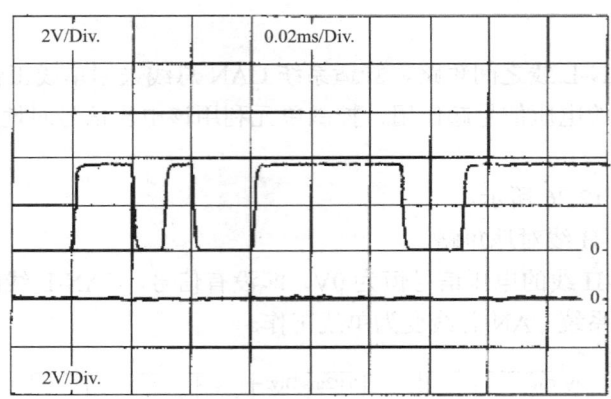

图 12.28　故障波形 4

故障描述：CAN-L 线对地短路。

故障分析：CAN-L 线的电压信号恒为 0V 直流电压， CAN-H 线的电压波形正常。在该故障情况下，舒适系统 CAN 总线变为单线工作。

（5）故障波形 5

故障波形 5 如图 12.29 所示。

故障描述：CAN-L 线对蓄电池正极短路。

故障分析：CAN-L 线的电压波形大约为 12V 或者为蓄电池电压的直流电压，CAN-H 线的电压信号正常。在该故障情况下，舒适系统 CAN 总线变为单线工作。

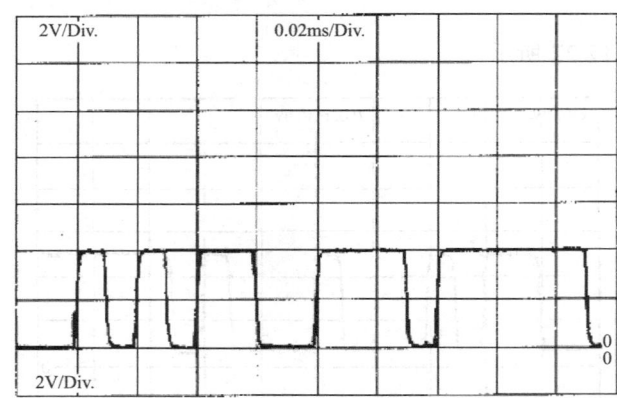

图 12.29　故障波形 5

（6）故障波形 6

故障波形 6 如图 12.30 所示。

故障描述：CAN-L 线断路。

故障分析：CAN-H 线电压信号正常。在 CAN-L 线上有 5V 的隐性直流电压和 1bit 长的 1V 显性电压波形。当一个信息内容被正确地接收时，控制单元发送这个显性电压波形。图 12.30 中 A 部分是信息的一部分，该信息被一个控制单元所发送，在 B 时间段接收到正

确的信息内容，则接收控制单元用一个显性的电压信号给予答复。在 B 时间段，由于收到正确的信息，所有控制单元都同时发送一个显性的电压波形，正因为如此，该比特的电压幅度要大一些。

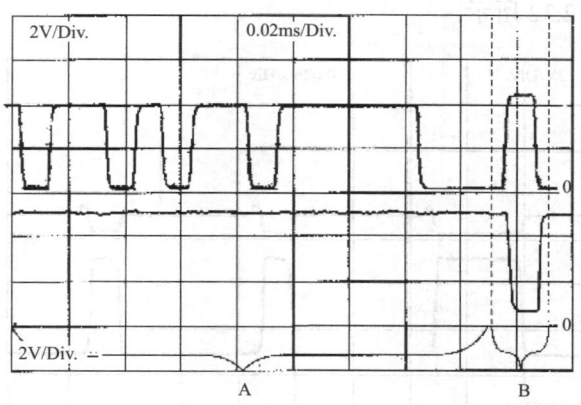

图 12.30　故障波形 6

前面介绍的短路都是没有电阻连接的直接线路短路故障，也就是说，假设短路时 CAN 线与地或蓄电池正极良好接触，接触电阻约等于 0 的情况。在实际中经常出现的情况是由于线束的破损导致的短路，破损的线束靠近接地或者正极，经常还带有潮气，这将使该处产生的连接电阻大于 0，有几欧姆或更多。图 12-31 至图 12-35 所示的 DSO 图形为有连接电阻情况的短路。

（7）故障波形 7

故障波形 7 如图 12.31 所示。

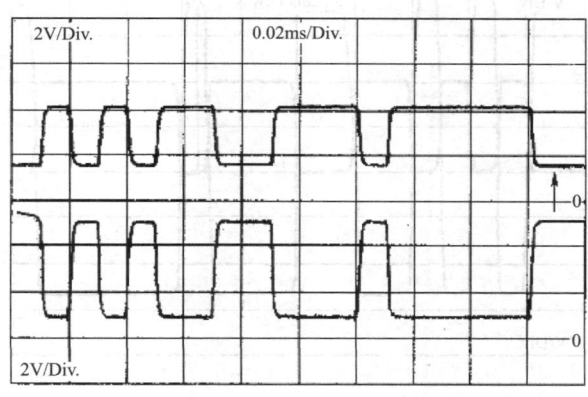

图 12.31　故障波形 7

故障描述：CAN-H 线通过连接电阻对蓄电池正极短路。

故障分析：CAN-H 线的隐性电压波形拉向正极方向。CAN-H 线隐性电压幅值大约为 1.8V，正常时大约为 0V，该电压的变化是由于连接电阻引起的。电阻越小，则隐性电压幅值越大。在 CAN-H 线与蓄电池良好接触时（连接电阻约等于 0），该电压值应等于蓄电池电压。

（8）故障波形 8

故障波形 8 如图 12.32 所示。

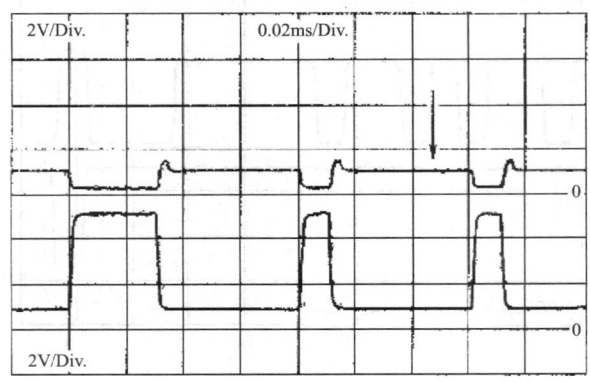

图 12.32　故障波形 8

故障描述：CAN-H 线通过连接电阻对地短路。

故障分析：CAN-H 线的显性电压波形移向接地方向。CAN-H 线的显性电压大约为 1V，正常时大约为 4V。显性电压受连接电阻影响，电阻越小，则显性电压越小。在没有连接电阻的情况下短路，则该电压为 0V。

（9）故障波形 9

故障波形 9 如图 12.33 所示。

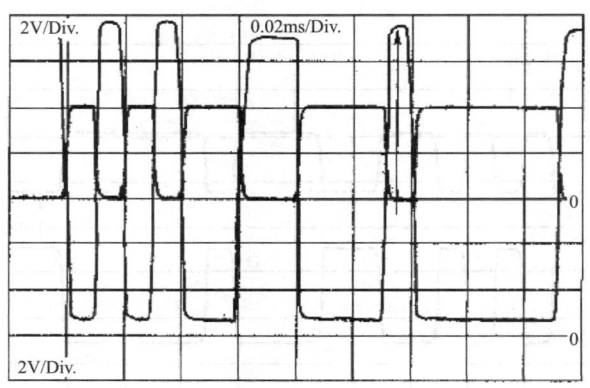

图 12.33　故障波形 9

故障描述：CAN-L 线通过连接电阻对正极短路。

故障分析：CAN-L 线的隐性电压波形被拉向正极方向。从 DSO 图形上可以看出，CAN-L 线隐性电压幅度大约为 1.3V，正常时大约为 5V。该电压的变化是由于连接电阻引起的，电阻越小，则隐忄电压幅值越大。在没有连接电阻的情况下，该电压值应等于蓄电池电压。

（10）故障波形 10

故障波形 10 如图 12.34 所示。

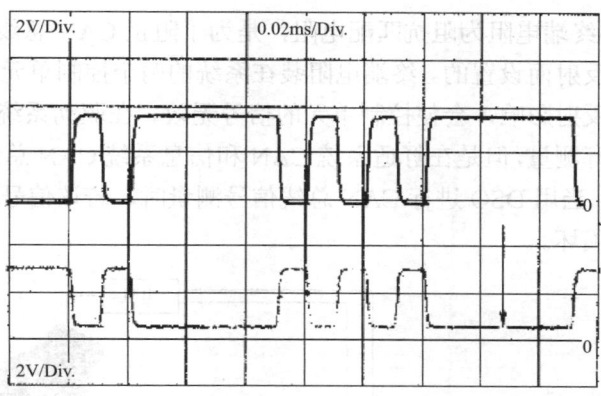

图 12.34　故障波形 10

故障描述：CAN-L 线通过连接电阻对地短路。

故障分析：CAN-L 线的隐性电压波形拉向 0V 方向。CAN-L 线隐性电压幅值大约为 3V，正常时大约为 5V。该电压变化是由于连接电阻引起的，电阻越小，则隐性电压幅值越小。在没有连接电阻的情况下，该电压为 0V。

（11）故障波形 11

故障波形 11 如图 12.35 所示。

故障描述：CAN-H 线与 CAN-L 线之间通过连接电阻短路。

故障分析：在短路的情况下，CAN-H 线与 CAN-L 线的隐性电压波形相互靠近。CAN-H 线隐性电压大约为 1V，正常值为 0V；CAN-L 线的电压大约为 4V，正常值为 5V。CAN-H 线、CAN-L 线的显性电压波形正常。

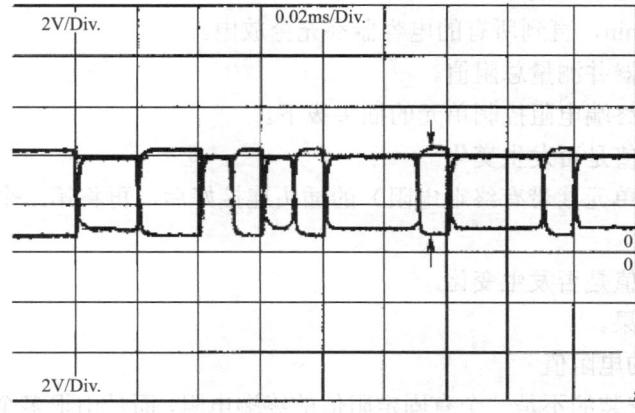

图 12.35　故障波形 11

12.3.5　终端电阻的检测与诊断

　　CAN 数据总线的终端电阻为阻抗匹配电阻，是为了阻止 CAN 总线信号在 CAN 总线上产生交流信号电压的反射而设置的。终端电阻装在系统的两个控制单元内。当终端电阻出现故障时，由于线路的反射影响，会使控制单元的信号无效。在驱动系统 CAN 总线上的终端电阻可以用万用表进行测量，但是在舒适系统 CAN 和信息系统 CAN 总线上不能用万用表测量，如图 12.36 所示。当用 DSO 进行 CAN 总线信号测量时，若该信号与标准信号不相符，则说明终端电阻可能损坏。

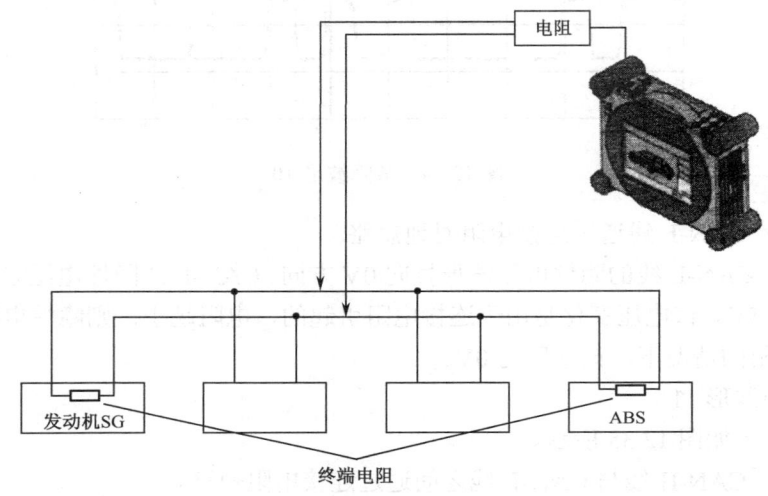

图 12.36　终端电阻测试示意图

　　（1）终端电阻的测量步骤

　　① 将蓄电池的电极线拔除。

　　② 等待大约 5min，直到所有的电容器都充分放电。

　　③ 连接测量仪器并测量总阻值。

　　④ 将一个带有终端电阻控制单元的插头拔下。

　　⑤ 检测总的阻值是否发生变化。

　　⑥ 第一个控制单元（带有终端电阻）的插头连接好后，再将第二个控制单元的插头拔下来。

　　⑦ 检测总的阻值是否发生变化。

　　⑧ 分析测量结果。

　　（2）终端电阻的电阻值

　　在控制单元内安装的不是一个有固定阻值的终端电阻，而是由很多个被测量的电阻组合在一起而形成的终端电阻。作为标准值或者试验值，两个终端电阻分别以 120Ω 为起始值。在奥迪车上还使用另一种终端电阻，即在带油泵喷嘴单元的 1.9TDI 车型上，发动机控制单元所安装的是 66Ω 的终端电阻。

对总的阻值测试完毕后，还需要将一个带有终端电阻控制单元的插头拔下，分别对两个电阻单元进行测量。若控制单元被拔除后测量的阻值发生了变化，则说明两个阻值都正常。

操作程序也是很重要的，因为每一种车型终端电阻的阻值不同。例如，奥迪 A3-1.9TDI车型在 ESP 控制单元出现了故障，阻值显示为 66Ω，这说明仅测量到了带有 66Ω 的发动机控制单元的阻值。将该发动机控制单元拔下后，阻值变为无穷大，在这种情况下如果不按照测量步骤拔除控制单元进行测量，就会误以为该车辆是正常的，误将 66Ω 认为是两个 120Ω的并联形成的阻值。

（3）终端电阻的测量举例

① 以奥迪 A2 1.4 车型为例，测量其驱动系统 CAN 总线的总阻值

测量值：0.058kΩ

带有终端电阻的两个控制单元是连接相通的，测量的结果是每一个终端电阻大约为1200Ω，总阻值为 600Ω。通过该测量可以得出判断，连接电阻是正常的。

② 以 A2 1.4 车型为例，测量其驱动系统 CAN 总线的单个阻值

测量值：0.108kΩ

在测出总的阻值后，将一个带有终端电阻控制单元的插头拔下，若所显示的阻值发生变化，判断这是一个控制单元的终端电阻。若测出的阻值没有发生变化，则说明系统中存在问题，可能是被拔除的控制单元的终端电阻损坏或者是 CAN 总线出现断路。若显示的阻值变为无穷大，则说明连接中的控制单元终端电阻损坏，或者是连接到该控制单元的 CAN 总线出现故障。

12.3.6　测量数据块的读取

使用 DSO 检测 CAN 数据总线非常直观，但 DSO 不能显示总线的信息内容和处于通信状态的所有控制单元，这时需要使用 VAS5051 读取测量数据块。

（1）读取测量数据块中的 CAN 通信状态

进入数据总线诊断接口后，输入组号 125，读取测量数据块中的 CAN 通信状态。若 CAN状态为 1，则表示被执行自诊断的控制单元正从指定的控制单元接收数据信息。若 CAN 通信状态为 0，则表示被执行自诊断的控制单元没有从指定的控制单元接收数据信息。

（2）读取测量数据块的工作状态

使用 VAS5051 读取测量数据块的工作状态，确定 CAN 总线系统处于"单线工作"或"双线工作"状态。

若显示为"单线工作"，则说明 CAN 总线的通信仅能通过一条 CAN 总线上的电压传输数据值。在"单线工作"的显示区存在 3 种显示状态。

① 常显示"双线工作"（系统正常）；

② 常显示"单线工作"；

③ "单线工作"与"双线工作"交替变换。

在 CAN 总线所有系统置于单线工作情况下，显示始终为"单线工作"；在 CAN 总线局部系统置于单线工作情况下，则显示为"单线工作"和"双线工作"交替变化，如图 12.37 所示。

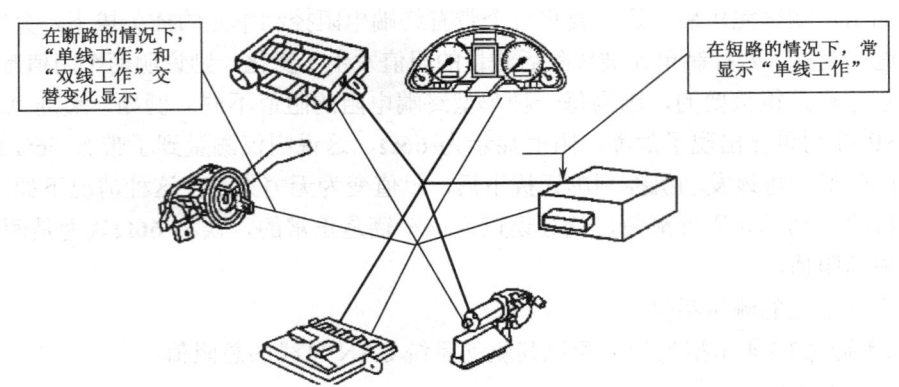

图 12.37　"单线工作"与"双线工作"显示

以下情况常显示 "单线工作"：

- CAN-H 线与 CAN-L 线之间短路；
- CAN-H 线对正极短路；
- CAN-H 线对地短路；
- CAN-L 线对正极短路；
- CAN-L 线对地短路。

在以下情况，常显示为 "单线工作" 和"双线工作"交替变化：

- 连接到控制单元的 CAN-H 线断路；
- 连接到控制单元的 CAN-L 线断路。

（3）通过 CAN 总线的输入信号读取测量数据块

我们难以通过 DSO 读出 CAN 总线上所传输信息的内容，也无法通过 VAS5051 读出 CAN 总线上的某个控制单元向 CAN 总线上发送的数据的内容，但可以在数据传输完成后，通过读取接收单元中的测量数据块来获取发送数据的控制单元向 CAN 总线输入的信号。

使用 VAS5051 通过 CAN 总线的输入信号读取测量数据块。例如，开关设置信息从某一个控制单元经 CAN 总线发送，该信息被需要该信息的控制单元通过读取测量数据块所访问。

此时读取测量数据块显示的是网络控制单元从另一个控制单元所获得的接收信息。在分配功能下，控制单元从其他控制单元获取该信息，并利用该信息执行一个局域内的控制单元功能。信息是否被正确的接收可以从测量数据块中读取。读取测量数据块的优点是，利用它可以使所有来自开关的信息输入都被显示。

12.3.7　静态电流及其检测

舒适系统 CAN 总线和信息系统 CAN 总线的睡眠和唤醒功能出现问题时，将会增大静态工作电流（静态模式下点火开关和车门处于关闭状态）。如下规则适合睡眠和唤醒模式。

- 在舒适 CAN 总线和信息 CAN 总线上所有控制单元共同处于"唤醒"状态；
- 在舒适 CAN 总线和信息 CAN 总线上所有控制单元一起处于"休眠"状态。

这意味着，一个控制单元不准备休眠模式，则其他所有控制单元都保持"唤醒"状态，

这将导致有更高的静态电流消耗。

如图 12.38 所示，CAN 总线处于激活状态，由仪器可读出激活总线的静态电流高达 0.394A。

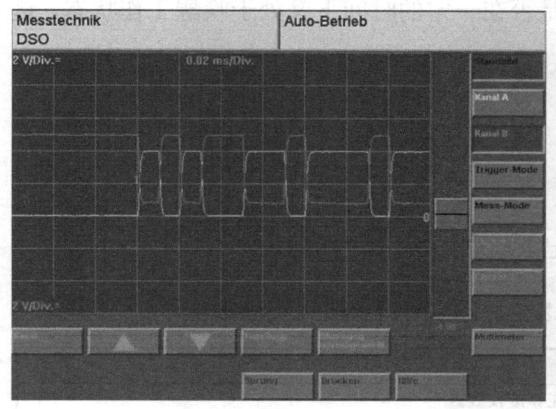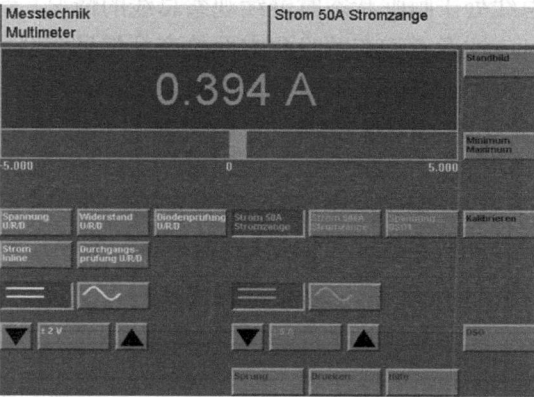

图 12.38　CAN 总线处于激活状态

如图 12.39 所示，CAN 总线处于未激活状态，由仪器可读出未激活总线的静态电流为 0.087A。

通常情况下，过高的静态电流消耗是由一般性的电器故障或是由 CAN 总线的休眠/唤醒功能出现问题引起的。如果所有的控制单元都一起休眠或唤醒，无法使用自诊断仪器判断故障位置。

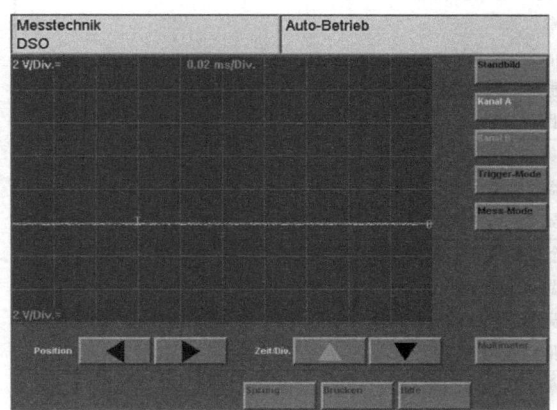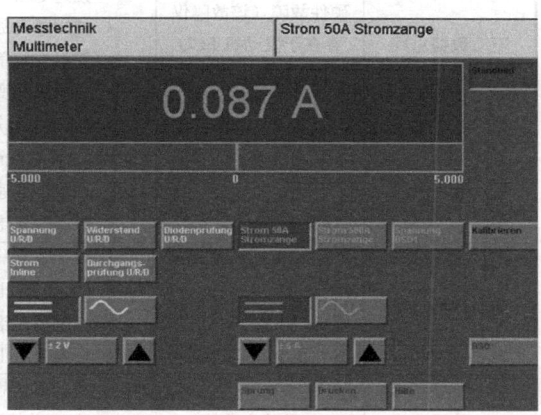

图 12.39　CAN 总线处于未激活状态

在检测分析静态电流时可以按照以下步骤进行。

① 若电流过高，可用传统的办法（拔熔断丝）进行检查，判定故障是否是由于电器线路内的故障引起的。

② 如果不是，则可用 DSO 波形对 CAN 总线进行检测，此时车辆应处于闭锁状态，并注意观察 DSO 波形。

③ 如果总线未处于休眠状态（总线继续为激活状态），应该查找产品信息资料。

④ 如果总线处于休眠状态（总线不再为激活状态），应注意静态电流。如果静态电流仍高，则说明过高的静态电流消耗是由电器系统故障引起的；如果静态电流变为正常，则在总线处于睡眠状态时继续观察总线的情况，看是否在一定的时间下又处于唤醒工作状态，这时应注意查询有关唤醒方面的产品信息资料。

12.3.8 故障存储

（1）驱动系统 CAN 总线故障存储记录

驱动系统 CAN 总线可能发生的故障存储记录类型如表 12.1 所示。

表 12.1 驱动系统 CAN 总线可能发生的各种故障存储记录类型表

故 障 源	故 障 类 型	说 明
驱动数据总线	没有通信	• 控制单元不能够接收数据 • CAN 总线断路 • 在驱动系统 CAN 总线上安装错误的或者存在有故障的控制单元 • 一个控制单元出现 Time-out（功能信息故障时间大于 500ms） • 控制单元的软件状态不匹配
驱动数据总线	失效	• 在故障存储记录中，当一个控制单元出现连续两次总线关闭状态时（既不发送 CAN 信息，也不接收 CAN 信息） • 控制单元故障
驱动数据总线	硬件故障（该故障仅存在于发动机 ECU 和变速器 ECU）	• 在故障存储记录中，当一个控制单元出现连续两次总线关闭状态时（既不发送 CAN 信息，也不接收 CAN 信息） • 控制单元故障 • 错误控制单元 • 发动机和变速器之间的线路断路或者短路 • CAN 总线短路
驱动数据总线	缺少某一个 ECU 的信息	• CAN 总线断路或者短路 • 在拔下变速器控制单元插头的情况下打开点火开关 • 控制单元错误或者有故障
驱动数据总线	不可靠信号	• 仅接收到一个控制单元信息内容的一部分 • CAN 总线断路或者短路 • 控制单元错误或者有故障 • 一条信息出现 Time-out
驱动数据总线	软件状态监控	• 控制单元故障 • CAN 总线断路 • 在拔下变速器控制单元插头的情况下打开点火开关
舒适系统 CAN 总线	读取故障存储	• 在总线上至少有一个控制单元有一个故障记录
总线显示（提示信息系统 CAN 总线）	读取故障存储	• 在总线上至少有一个控制单元有一个故障记录
驱动数据总线	读取来自某 ECU 的故障存储	• 在该 ECU 上有故障

（2）舒适系统 CAN 总线和信息系统 CAN 总线故障存储记录

舒适系统 CAN 总线和信息系统 CAN 总线可能发生的故障存储记录类型如表 12.2 所示。

表 12.2　舒适系统 CAN 总线和信息系统 CAN 总线可能发生的各种故障存储记录类型表

故 障 源	故 障 类 型	说 明
集团性-舒适总线或总线显示（例如，信息系统 CAN 总线）	故障	· 在故障存储记录中，当一个控制单元出现连续两次总线关闭状态时（既不发送 CAN 信息，也不接收 CAN 信息）
集团性-舒适总线或总线显示	没有通信（或者没有信号）	· 当没有接收信号记录持续 2s · 为执行一项功能，从另一个控制单元获得信息，当所需时间超过 2s 而未接收到时 · 只接收到所需信息的一部分内容，这个故障类型为"不可靠信号" · 一个信息出现 Time-out
集团性-舒适总线或总线显示	单线工作	· CAN 总线单线工作超过 2s · CAN 总线断路 · CAN 总线短路
集团性-舒适总线或总线显示（说明：带有 KWP2000 才具有该功能)	电路电器故障	· CAN 总线单线工作超过 2s · 整体单线工作（断路） · 所有控制单元都处于单线工作状态
集团性-舒适总线或总线显示（说明：带有 KWP2000 才具有该功能）	断路	· 单线、断路状态（没有短路） · CAN 总线断路 · 一个控制单元都处于单线工作状态
某 ECU	没有通信	· 为执行一项功能，从另一个控制单元获得信息，当所需时间超过 2s 而未接收到时 · 该控制单元出现 Time-out
集团性-舒适总线或总线显示	没有通信	· 当至少 2s 没有接收信号时 · 一个控制单元没有接收到另一个控制单元的网络管理信息
某 ECU	读取故障存储	· CAN 信息的发送控制单元，信息内容标明为故障信息，并有故障存储记录。每一个利用该信息的接收控制单元因此进入应急工作状态，在发送控制单元有警告提示 · 在控制单元内的故障存储
驱动数据总线	读取故障存储	· 在驱动 CAN 总线上的一个控制单元有故障记录

附录 A MCS-51 系列单片机指令表（按类型排列）

类型	助记符	功能简述	指令字节数	机器周期数
数据传送与交换类指令	MOV A, Rn	A←(Rn)	1	1
	MOV A, direct	A←(direct)	2	1
	MOV A, @Ri	A←((Ri))	1	1
	MOV A, #data	A←data	2	1
	MOV Rn, A	Rn←(A)	1	1
	MOV Rn, direct	Rn←(direct)	2	2
	MOV Rn, #data	Rn←data	2	1
	MOV DPTR, #data16	DPTR←data16	3	2
	MOV direct, A	direct←(A)	2	1
	MOV direct, Rn	direct←(Rn)	2	2
	MOV direct1, direct2	direct1←(direct2)	3	2
	MOV direct, @Ri	direct←((Ri))	2	2
	MOV direct, #data	direct←data	2	2
	MOV @Ri, A	(Ri)←(A)	1	1
	MOV @Ri, direct	(Ri)←(direct)	2	2
	MOV @Ri, #data	(Ri)←data	2	1
	MOVX A, @DPTR	A←((DPTR))外	1	2
	MOVX A, @Ri	A←((Ri))外	1	2
	MOVX @DPTR, A	(DPTR)外←(A)	1	2
	MOVX @Ri, A	(Ri)外←(A)	1	2
	MOVC A, @A+DPTR	A←((A)+(DPTR))	1	2
	MOVC A, @A+PC	A←((A)+(PC))	1	2
	XCH A, Rn	A←→(Rn)	1	1
	XCH A, direct	A←→(direct)	2	1
	XCH A, @Ri	A←→(Ri)	1	1
	XCHD A, @Ri	(A)0-3←→(Ri)0-3	1	1
	SWAP A	(A)7-4←→(Ri)3-0	1	1
	PUSH direct	SP←(SP)+1 SP←(direct)	2	2
	POP direct	direct←((SP)) SP←(SP-1)	2	2
算术运算类指令	ADD A, Rn	A←(A)+(Rn)	1	1
	ADD A, direct	A←(A)+(direct)	2	1
	ADD A, @Ri	A←(A)+((Ri))	1	1
	ADD A, #data	A←(A)+data	2	1
	ADDC A, Rn	A←(A)+(Rn)+(CY)	1	1
	ADDC A, direct	A←(A)+(direct)+(CY)	2	1

续表

类型	助记符	功能简述	指令字节数	机器周期数
算术运算类指令	ADDC　A, @Ri	A←(A)+((Ri))+(CY)	1	1
	ADDC　A, #data	A←(A)+data+(CY)	2	1
	SUBB　A, Rn	A←(A) - (Rn) - (CY)	1	1
	SUBB　A, direct	A←(A) - (direct) - (CY)	2	1
	SUBB　A, @Ri	A←(A) - ((Ri)) - (CY)	1	1
	SUBB　A, #data	A←(A) - data - (CY)	2	1
	MUL　AB	BA←(A)×(B)	1	4
	DIV　AB	A←A/B(商)　B←余数	1	4
	INC　A	A←(A)+1	1	1
	INC　Rn	Rn←(Rn)+1	1	1
	INC　direct	direct←(direct)+1	2	1
	INC　@Ri	(Ri)←((Ri))+1	1	1
	INC　DPTR	DPTR←(DPTR)+1	1	2
	DEC　A	A←(A) - 1	1	1
	DEC　Rn	Rn←(Rn) - 1	1	1
	DEC　direct	direct←(direct) - 1	2	1
	DEC　@Ri	(Ri)←((Ri)) - 1	1	1
	DA　A	十进制调整	1	1
逻辑运算与循环类指令	ANL　A, Rn	A←(A)∧(Rn)	1	1
	ANL　A, direct	A←(A)∧(direct)	2	1
	ANL　A, @Ri	A←(A)∧((Ri))	1	1
	ANL　A, #data	A←(A)∧data	2	1
	ANL　direct, A	direct←(direct)∧(A)	2	1
	ANL　direct, #data	direct←(direct)∧data	3	2
	ORL　A, Rn	A←(A)∨(Rn)	1	1
	ORL　A, direct	A←(A)∨(direct)	2	1
	ORL　A, @Ri	A←(A)∨((Ri))	1	1
	ORL　A, #data	A←(A)∨data	2	1
	ORL　direct, A	direct←(direct)∨(A)	2	1
	ORL　direct, #data	direct←(direct)∨data	3	2
	XRL　A, Rn	A←(A)⊕(Rn)	1	1
	XRL　A, direct	A←(A)⊕(direct)	2	1
	XRL　A, @Ri	A←(A)⊕((Ri))	1	1
	XRL　A, #data	A←(A)⊕data	2	1
	XRL　direct, A	direct←(direct)⊕(A)	2	1
	XRL　direct, #data	direct←(direct)⊕data	3	1
	CPL　A	A←(/A)	1	1
	CLR　A	A←0	1	1
	RL　A	A 逐位左循环一位	1	1
	RLC　A	A 带 CY 位左循环一位	1	1
	RR　A	A 逐位右循环一位	1	1
	RRC　A	A 带 CY 位右循环一位	1	1

续表

类型	助记符	功能简述	指令字节数	机器周期数
子程序调用与转移类指令	ACALL addr11	PC0~10←addr11，断点入栈	2	2
	LCALL addr16	PC←addr16，断点入栈	3	2
	AJMP addr11	PC0~10←addr11	2	2
	LJMP addr16	PC←addr16	3	2
	SJMP rel	PC←(PC)+rel	2	2
	JMP @A+DPTR	PC←(A)+(DPTR)	1	2
	JZ rel	若 A=0 则 PC←(PC)+2+rel	2	2
	JNZ rel	若 A≠0 则 PC←(PC)+2+rel	2	2
	DJNZ Rn, rel	Rn 字节内容减 1，不为 0 则转	2	2
	DJNZ direct, rel	direct 字节内容减 1，不为 0 则转	3	2
	CJNE A, direct, rel	若 A≠(direct)，则转	3	2
	CJNE A, #data, rel	若 A≠data，则转，否则继续	3	2
	CJNE Rn, #data, rel	若 Rn≠data，则转	3	2
	CJNE @Ri, #data, rel	若((Ri))≠data，则转	3	2
调用返回	RET	子程序返回	1	2
	RETI	中断服务子程序返回	1	2
	NOP	空操作	1	1
位操作类指令	CLR C	清进位 CY←0	1	1
	CLR bit	清位地址 bit←0	2	1
	SETB bit	置位地址 bit←1	2	1
	CPL C	进位位求反	2	1
	CPL bit	位地址求反	1	1
	ANL C, bit	进位位和位地址相"与"	2	2
	ANL C, /bit	进位位和位地址的反码相"与" CY←(CY)∧(/bit)	2	2
	ORL C, bit	进位位和位地址相"或"	2	2
	ORL C, /bit	进位位和位地址的反码相"或" CY←(CY)∨(/bit)	2	2
	MOV C, bit	位地址送入进位位 CY←(bit)	2	1
	MOV bit, C	进位位送入位地址	2	2
	JC rel	进位位(CY)=1，则转移 若(CY)=0，则 PC←(PC)+2 顺序执行	2	2
	JNC rel	进位位(CY)=0，则转移 若(CY)=1，则 PC←(PC)+2 顺序执行	2	2
	JB bit, rel	位地址(bit)=1，则转移 若(bit)=0，则 PC←(PC)+3 顺序执行	3	2
	JNB bit, rel	位地址(bit)=0，则转移 若(bit)=1，则 PC←(PC)+3 顺序执行	3	2
	JBC bit, rel	位地址(bit)=1，则转移，该位清 0 若(bit)=0，则 PC←(PC)+3 顺序执行	3	2

附录 B 单片机最小开发系统完整版原理图

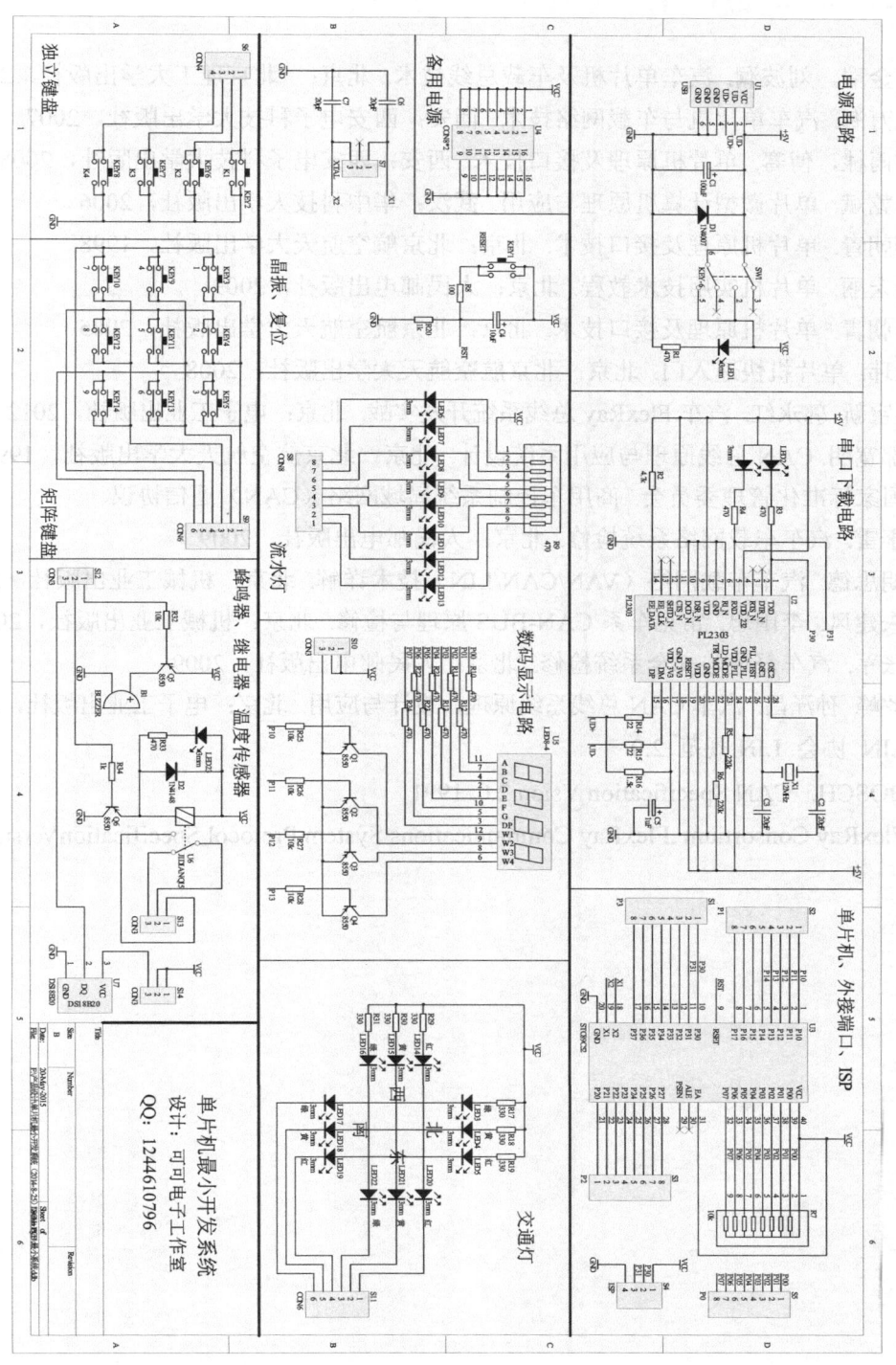

参考文献

[1] 南金瑞，刘波澜. 汽车单片机及车载总线技术. 北京： 北京理工大学出版社，2005

[2] 于万海. 汽车单片机与车载网络技术. 西安：西安电子科技大学出版社，2007

[3] 刘雨棣，傅骞. 单片机原理及接口技术. 西安：西安电子科技大学出版社，2008

[4] 胡乾斌. 单片微型计算机原理与应用. 武汉：华中科技大学出版社，2006

[5] 李朝青. 单片机原理及接口技术. 北京：北京航空航天大学出版社，1998

[6] 杨宏丽. 单片机实用技术教程. 北京：人民邮电出版社，2009

[7] 李朝青. 单片机原理及接口技术. 北京：北京航空航天大学出版社，2005

[8] 徐玮. 单片机快速入门. 北京：北京航空航天大学出版社，2008

[9] 吴宝新 郭永红. 汽车 FlexRay 总线系统开发实战. 北京：电子工业出版社，2012

[10] 邬宽明 CAN 总线原理与应用系统设计. 北京：北京航空航天大学出版社，1996

[11] 国家标准化管理委员会. 商用车控制系统局域网络（CAN）通信协议

[12] 李雷. 汽车车载网络系统检修. 北京：人民邮电出版社，2009

[13] 胡思德. 汽车车载网络（VAN/CAN/LIN）技术详解. 北京：机械工业出版社，2007

[14] 朱建风. 李国忠. 常见车系 CAN-BUS 原理与检修. 北京：机械工业出版社，2006

[15] 张军. 汽车舒适与安全系统检修. 北京：人民邮电出版社，2009

[16] 罗峰 孙泽昌. 汽车 CAN 总线系统原理、设计与应用. 北京：电子工业出版社，2010

[17] LIN 协会.LIN 规范 2.0

[18] BOSCH. CAN Specification Vsion 2.0. 1991

[19] FlexRay Consortium .FlexRay Communications System Protocol SpecificationVersion 2.1

反侵权盗版声明

电子工业出版社依法对本作品享有专有出版权。任何未经权利人书面许可，复制、销售或通过信息网络传播本作品的行为；歪曲、篡改、剽窃本作品的行为，均违反《中华人民共和国著作权法》，其行为人应承担相应的民事责任和行政责任，构成犯罪的，将被依法追究刑事责任。

为了维护市场秩序，保护权利人的合法权益，我社将依法查处和打击侵权盗版的单位和个人。欢迎社会各界人士积极举报侵权盗版行为，本社将奖励举报有功人员，并保证举报人的信息不被泄露。

举报电话：（010）88254396；（010）88258888

传　　真：（010）88254397

E-mail：　dbqq@phei.com.cn

通信地址：北京市万寿路 173 信箱

电子工业出版社总编办公室

邮　　编：100036